国家社科基金重大项目"构建全民共建共享的社会矛盾纠纷多元化解机制研究"（15ZDC029）阶段性成果

中国调解研究文丛（理论系列）
总主编　廖永安

多元化纠纷解决机制促进法研究

龙飞　著

中国人民大学出版社
·北京·

中国调解研究文丛（理论系列）

编委会

总主编：廖永安
顾 问：李少平
主 任：谢 勇
副主任：胡仕浩 廖永安
委 员（按照姓氏笔画排序）：
　　　　王会伟　王国征　王俊峰　王福华　龙　飞
　　　　刘　超　齐树洁　纪洪强　李　浩　吴英姿
　　　　汪世荣　陈辽敏　范　愉　罗伟雄　赵　蕾
　　　　胡军辉　唐　力　黄鸣鹤　蒋惠岭　韩红俊
　　　　傅郁林　蔡　虹　熊跃敏　戴勇坚

总　序

美国法理学者富勒曾言："法治的目的之一在于以和平而非暴力的方式来解决争端。"在所有第三方纠纷解决机制中，调解无疑是合意最多、强制最少的和平方式。从古代儒家的"无讼"理念，到抗日民主政权时期的"马锡五"审判模式，再到新时代的"枫桥经验"，调解凝聚为中华民族独特的法律文化意识，不仅是外显于中华社会的治理模式，而且是内嵌于淳朴人心的处事习惯与生活方式；不仅是人们定分止争的理想选择、思维习惯，而且是为人称颂的息事宁人、和睦相处的传统美德。更为弥足珍贵的是，源自东方的调解文化，在发展和传播的过程中，其理念和价值早已为域外文明所接受，成为西方话语主导下的现代司法体系中一个难得的东方元素和中国印记。

然而，在我国现代化转型的过程中，调解制度仍主要遵循由政府主导的自上而下式发展进路，要么在法治现代化改革中被边缘化，要么在维护社会稳定大局中被急功近利地运动化推进，导致各种调解制度处于不确定、不规范的运作状态。与之相伴随的是，法律人对调解的研究也大多埋首于优势、意义等"形而上"的宏大叙事问题，对调解现代化面临的困境与对策则缺乏深入分析。调解研究就像一只"无脚的鸟"，始终没有落到可以栖息、生长的实地，呈现浮躁、幼稚的状态。在现实的调解实战中，调解队伍庞大但调解员素质参差不齐、调解基准多样但缺乏法律支撑、调解程序灵活但少有必要规范、调解方法多元但囿于直接经验等，这些都成为制约调解实践进一步发展的瓶颈。由此观之，我国调解在现代化转型中仍滞留在经验层面，缺乏理论化、系统化、规模化、现代化的升华，以致有些人视其为"与现代法治精神相悖"的历史遗留，对中华民族自身的调解传统、制度和实践缺乏足够的道路自信、理论自信、制度自信和文化自信。

放眼域外，西方法治发达国家为克服对抗式诉讼代价昂贵等固有弊端，自20世纪70年代末以来，提倡推行以调解为核心的非诉纠纷解决机制，形成了接近正义运动的"第三次浪潮"。目前，在不少西方发达国家，调解的学科化或科学化发展趋势十分明显。社会学、心理学、经济学等研究成果在调解领域的广泛应用，不仅大大提升了调解的科学化水平，还使调解成为一门新兴的综合学科。体系化、标准化的调解课程不仅是调解员培训必修的课程，而且成为法学院的常规课程。调解学科的兴起，还催生了一个行业。在一些国家，调解已经成为人们可以终身从事的一种职业。

因此，在调解的现代化转型上，不得不承认在不少方面我们已经落后了。这引起了我们的忧思。我们的文化传统在异域他乡能呈现科学化、体系化、职业化与商业化的欣欣向荣景象，实用主义的引导与作用，或许可以成为答案之一，但从技术层面而言，精细化的研究始终是一个不可逾越的基础。如果我们再不警醒，再不转变调解的研究方式，再不提升调解的精细化研究水平，长此以往，调解话语权的失去将成为必然。因此，调解的实践者和研究者需要有持之以恒的毅力去推动中国调解制度的发展。基于这样的使命感，我们策划出版了"新时代调解研究文丛"，力图在以下方面有所裨益。

其一，促进调解制度改革，提升社会治理水平。党的十九大报告提出，要打造全民共建共治共享的社会治理格局，强调加强预防和化解社会矛盾机制建设，正确处理人民内部矛盾。毋庸置疑，调解在我国社会矛盾化解中起着举足轻重的作用。而政策性因素对调解的长久发展而言，更像是一个"药引子"，真正让调解养成"健康体魄"的还是制度性因素。我国现行的调解制度主要包括人民调解、法院调解、行政调解、仲裁调解、商事调解、行业调解等。文丛将充分回应如何夯实人民调解制度、规范行政调解制度、改革法院调解制度、发展商事调解等新型调解制度等关键问题，并注重各种制度之间的对接、协调与平衡，探寻科学的制度创新与改革路径，以此建立起一套科学高效的社会矛盾化解机制，提升我国的社会治理水平。

其二，创新调解研究范式，构建调解的"中国话语体系"。调解研究范式不论是彻头彻尾的洋腔洋调，还是墨守成规的自说自话，抑或是一孔之见的片面窥探，都无法铿锵有力并落地生根。我们只有立足本土资源，把握国际调解新动向，并展开跨学科研究，才有可能使调解的中国话语掷地有声。文丛就实证性而言，它客观、可信，考证严密；就国际性而言，它深刻、独到，视野宽阔；就跨学科性而言，它多元、缜密，交叉融合，希冀为构建调解的"中国话语体系"指明基本方向。

其三，建立调解教材体系，增强调解人才培养能力。开发一套科学、系统、规范、实用的调解教材，为调解人才培养提供强有力的理论指导和体系化的培训支撑，具有重要的现实意义。文丛力图填补国内系统化调解教材的空白，改进当前少量既有教材存在的理论性不彰、实践性不强、操作性不便等不足，希望抓住调解员这一核心要素，从调解经验总结、调解经典案例评析、社会心理学在调解中的应用、中国调解文化解读、调解策略梳理等多维度构筑我国调解教材体系，进而提升我国培养调解人才的能力。

文丛的开发得到了最高人民法院和司法部的鼎力支持，并分为两个子系列：一个是理论系列，由最高人民法院李少平副院长担任顾问，其编写主要依托最高人民法院与湘潭大学共建的多元化纠纷解决机制研究基地；另一个是实务系列，由司法部刘振宇副部长担任顾问，其编写主要依托司法部与湘潭大学共建的调解理论研究与人才培训基地。此外，文丛的编写与出版还获得了中国民事诉讼法学研究会 ADR 理论研究专业委员会、中国仲裁法学研究会调解与谈判专业委员会、调解研究领域的知名学者、调解实务界权威专家以及中国人民大学出版社的大力支持。我们期望并相信，文丛的面世将为构筑我国科学的调解人才培养培训体系提供理论指导，为全面发挥调解在促进社会矛盾化解、社会治理创新中的作用提供智力支持，为构建适应我国现代化进程和独具中国特色的调解话语体系作出贡献。

是为序。

谢　勇　廖永安
2019 年 2 月

序　言

　　龙飞同志的专著《多元化纠纷解决机制促进法研究》即将付梓，作为她的博士研究生导师，我很高兴把她多年的研究成果推荐给关注多元化纠纷解决机制建设的各位同仁。

　　多元化纠纷解决机制作为国家治理体系的重要组成部分，已经成为中央统筹、党政主导、社会协同、多元共治、司法保障的全社会共同参与的重大系统工程。近年来，在中央的统一部署下，多元化纠纷解决机制改革取得了一系列成就，最高人民法院出台了一系列改革政策性文件和司法解释，有力推动了多元化纠纷解决机制建设。在厦门首开地方立法先河之后，山东、黑龙江、福建、安徽、四川等地相继出台了多元化纠纷解决机制的地方性法规，在一定程度上进行了制度创新。北京、上海、浙江、广东、四川等各地法院均出台了深化多元化纠纷解决机制改革的政策文件。但是，目前的改革政策和地方立法无法突破多元化纠纷解决机制缺乏法律支撑的发展困境，实现构建多元化纠纷解决体系的目标亟待国家层面的法律予以支持。

　　龙飞同志以其在最高人民法院司法改革领导小组办公室多年的实践为基础，从宏观社会背景、微观司法需求以及现实条件出发，认为当前我国既要建构一个各种纠纷解决制度或程序独立运行的空间，又要构建一个诉讼与非诉讼纠纷解决方式相互衔接、功能互补的多元化纠纷解决体系；既要强调法治思维和法治方式，又要强调法治与其他社会控制之间的协调互动。

　　该书以制定中国特色的多元化纠纷解决机制促进法为主要目标，系统阐述了国内外关于多元化纠纷解决机制建设以及立法方面的研究现状和理论前沿问题。该书对我国多元化纠纷解决机制立法背景、理论基础、立法原则、立法内容，以及调解、仲裁与诉讼等多元化纠纷解决机制建设中相关部门职能设置、衔接机制、组织建设与保障体系等问题进行了深入研究，提出了实现多元化纠纷解决机制的规范化、体系化、立法化的具体建议，具有较高的学术价值和实践价值。可以说，该书是国内第一部关于多元化纠纷解决机制立法的著作，也是一本来源于多元化纠纷解决机制改革实践，提炼升华中国司法改革实践的著述，将为后续多元化纠纷解决机制促进法的出台提供一定的理论参考。

该书践行新思想、新观点，"从实践中来到实践中去"。当前，多元化纠纷解决机制建设中还存在资源调配不畅、程序衔接不规范、各项保障不到位等问题，系统化、常态化的协调联动机制也未真正形成。推进多元化纠纷解决机制立法研究，将中央关于多元化纠纷解决机制改革的方针、政策、决策部署转化为具体的法律规定，有利于从更高的法律位阶规范多元化纠纷解决机制的运行，合理配置解纷资源，将各种诉讼与非诉讼纠纷解决渠道打通，形成符合解纷规律、有机衔接、协调联动、高效便捷的矛盾纠纷化解体系。该书建设性地提出了《中华人民共和国多元化纠纷解决机制促进法》（建议稿），这对推进我国多元化纠纷解决机制立法建设具有一定的参考价值。

"法律是治国之重器，良法是善治之前提。"在全面推进依法治国的背景下，建立全方位、立体化的社会纠纷解决体系，不断提升预防和化解社会矛盾的水平，依法有效处理各类矛盾纠纷，需要发挥制度与体制的优势，构建以法律为核心、注重制度理性的多元化纠纷解决机制。研究多元化纠纷解决机制立法问题，有助于落实全面依法治国重大战略，打造共建共治共享的社会治理格局、推进"法治中国"建设，不仅能明晰国家治理功能在当代社会矛盾领域的具体表现，而且可以看到国家治理在社会领域中的缩影，保障社会力量参与解决社会矛盾，满足人民群众对公平正义、公共治理、社会和谐等价值理念的追求，更大限度地激发社会自治力量。全面依法治国是国家治理体系和治理能力现代化建设中的一场深刻革命。研究多元化纠纷解决机制立法问题，从社会矛盾纠纷治理发展规律出发，不仅能够丰富和发展社会矛盾的理念、规则和制度，而且能够促进社会治理总体格局的构建，最大限度促进矛盾纠纷的解决、强化国家治理、促进政权建设、指引规范社会行为、推动法治进步。

在这个维度上，我想《多元化纠纷解决机制促进法研究》一书的出版，将对我国多元化纠纷解决机制改革立法与实践发挥指导与推动之功效。

是为序。

贾　宇

2020年3月6日

摘　要

根据《中共中央关于全面深化改革若干重大问题的决定》《中共中央关于全面推进依法治国若干重大问题的决定》等重要文件，多元化纠纷解决机制的建立已经上升到国家治理体系和治理能力现代化的战略高度，成为中央统筹、党政主导、社会协同、多元共治、司法保障的全社会共同参与的重大系统工程。

近年来，多元化纠纷解决机制改革在中央以及最高人民法院的推动下，取得了一系列成就，多地相继以地方性法规的形式落实政策文件，并在一定程度上进行了实践创新。但是，改革依然面临很多问题：各类纠纷解决资源并未得到充分优化，改革缺乏法律支撑，各地发展水平不均衡，各部门职能定位不清晰，解纷机制衔接不顺畅，工作保障不充分等。

本书从宏观的社会背景、微观的司法需求以及现实状况出发，认为当前我国既需要建构程序独立运行，又相互衔接、功能互补的多元化纠纷解决体系，还需要强调法治思维和法治方式，强调法治与其他社会管理方式之间的协调互动。目前的改革政策和地方立法无法突破缺乏法律支撑的发展困境，实现构建多元化纠纷解决体系的目标亟待国家层面的法律予以支持。

本书的研究意义在于对多元化纠纷解决机制立法中的重大问题进行学理论证，促进纠纷解决体系的规范化，并为推动《中华人民共和国多元化纠纷解决机制促进法》的立法进程提供学术支持，助力多元化纠纷解决机制改革的实践创新，发挥各类解纷方式的优势，促进多元化纠纷解决机制的体系化和现代化，以保证其在制度规范与实践层面以公正与效率为价值追求、以高效便捷解纷为核心目标。

本书重点论证了立法的必要性、可行性和正当性，并研究了《多元化纠纷解决机制促进法》立法建议文本可能涉及的一些重要问题，初步搭建了以立法指导思想、立法目的、基本原则、相关部门的职能定位、非诉纠纷解决途径的引导与运用、诉讼与非诉讼纠纷解决机制的程序衔接、纠纷解决保障举措为主要结构的立法框架，形成了从概念界定到制度构建的体系。本书包括绪论、正文、结论等几个主要部分。正文部分共有六章，结论是多元化纠纷解决机制立法问题的总结性观点。具体内容如下。

第一，我国多元化纠纷解决机制立法的必要性、可行性和正当性，是其时代价值的重要体现。多元化纠纷解决机制立法是社会治理法治化和健全法律体系、完善多元解纷机制的需要。立法的使命不仅仅在于设计具体的制度规则，更应强调一种多元解纷理念。协商治理理念奠定了立法的思想基础，解纷实践理性奠定了立法的社会基础，法治目标追求奠定了立法的价值基础。从正当性价值出发，我们必须把握协商民主价值与民主自治理论、协同治理价值与社会系统理论、社会善治价值与社会治理理论、法治秩序价值与接近正义理论、公平效率价值与博弈衡平理论、利益最大化价值与效益成本理论之间的关系。通过立法在全社会树立多元价值观、合理配置公共资源、理性构建多元化纠纷解决体系，实现诉讼与非诉讼机制的协同互动和有效衔接，形成更合理的社会善治模式。

第二，多元化纠纷解决机制法律的属性、模式、指导思想、目标任务、基本原则等是立法需要明确的基本问题。对国内外立法的特点和内容进行比较研究后发现，多元化纠纷解决机制立法在性质上应为非诉讼程序法，具有综合性法律属性。我国多元化纠纷解决机制立法的模式应为"促进法"，并以"多元化纠纷解决机制促进法"为名更为适宜。该法的指导思想应包括坚持党的领导、以人民为中心、尊重客观规律；目标任务应包括健全多元化纠纷解决机制、打造社会治理共同体、实现社会治理协同化。立法的基本原则包括合法性原则、合意性原则、开放性原则和多元共治原则。

第三，多元化纠纷解决机制立法应对相关部门的职能进行准确定位，有效推动各部门及时、充分地做好本职工作，促进纠纷快速高效地化解。目前多元化纠纷解决机制建设涉及的部门众多，相关部门因职能定位不清，难免存在角色错位、职责交叉，甚至相互推诿的情况。通过立法可以明确各个职能部门的职能，例如社会治理部门的主要职能为综合协调，人民政府的主要职能为宏观规划，人民法院的主要职能为引领、推动和保障，人民检察院的主要职能为法律监督，基层社会组织以及人民团体的主要职能为预防与化解纠纷等。

第四，多元化纠纷解决机制中各类解纷组织在自身建设方面的随意性较大，致使解纷组织自身发展缓慢，无法发挥各自的积极作用。多元化纠纷解决机制立法应当对民间性社会调解组织、法院附设调解组织、仲裁机构、公证机构以及行政性纠纷化解机构的组织建设问题作出规定，统一谋划信息互通、优势互补、协作配合的多元化纠纷解决机制的组织建设。

第五，多元化纠纷解决机制的设置与衔接是多元化纠纷解决机制立法的核心。协商和解、调解、仲裁、公证等非诉讼纠纷解决方式各有优势。为科学整合与优化配置解纷资源，立法应明确诉讼与非诉讼解纷机制之间的程序衔接，具体包括调解与诉讼、仲裁与诉讼、调解与公证等衔接机制。这些衔接机制可以实现以特定程序快速有效地分流化解纠纷、恢复社会秩序、维护社会和谐的目标。

第六，多元化纠纷解决机制的保障体系，主要涉及经费保障、人才保障和信息技术保障等。多元化纠纷解决机制立法对保障体系的规定应包含以下内容：一是在经费保障体系上，健全以国家财政保障或专项经费为主，以政府采购、公益基金、社会捐赠等社会保障方式为辅，以市场化收费为补充的经费保障体系。二是在人才保障体系上，规定调解员的储备、分级管理、资质认证、行为准则、评价体系以及培训机制等。三是在信息技术保障体系上，建立企业自我解纷平台、法院解纷平台、专业性纠纷多元化解平台、综治矛盾纠纷多元化解平台等信息共享平台，通过信息化建设和大数据运用，为国家治理体系提供咨询和政策指引。

目　录

绪　论 ……………………………………………………………… 1
  第一节　国内外多元化纠纷解决机制的研究现状 ……………… 1
    一、域外替代性纠纷解决机制研究 …………………………… 2
    二、国内多元化纠纷解决机制研究 …………………………… 3
  第二节　国内外多元化纠纷解决机制的立法状况 ……………… 9
    一、国际社会及域外立法成果 ………………………………… 10
    二、国内制度建设与立法进程 ………………………………… 17
  第三节　立法研究的理论及现实意义 …………………………… 20
    一、理论意义 …………………………………………………… 21
    二、现实意义 …………………………………………………… 23
  第四节　立法研究的创新之处和难点 …………………………… 25
    一、创新之处 …………………………………………………… 25
    二、研究难点 …………………………………………………… 26

第一章　多元化纠纷解决机制立法的时代价值 ………………… 28
  第一节　多元化纠纷解决机制立法的背景 ……………………… 28
    一、多元化纠纷解决机制立法的宏观社会背景 ……………… 29
    二、多元化纠纷解决机制立法的微观司法背景 ……………… 34
  第二节　多元化纠纷解决机制立法的必要性 …………………… 37
    一、促进社会治理法治化的需要 ……………………………… 38
    二、健全中国特色社会主义法律体系的需要 ………………… 39
    三、完善多元化纠纷解决制度和机制的需要 ………………… 41
  第三节　多元化纠纷解决机制立法的可行性 …………………… 43
    一、协商治理理念奠定了立法的思想基础 …………………… 43

二、解纷实践理性奠定了立法的社会基础 …………………… 44
　　三、法治目标追求奠定了立法的价值基础 …………………… 46
　第四节　多元化纠纷解决机制立法的正当性及其理论基础 ……… 46
　　一、协商民主价值与民主自治理论 …………………………… 47
　　二、协同治理价值与社会系统理论 …………………………… 49
　　三、社会善治价值与社会治理理论 …………………………… 52
　　四、法治秩序价值与接近正义理论 …………………………… 54
　　五、公平效率价值与博弈衡平理论 …………………………… 57
　　六、利益最大化价值与效益成本理论 ………………………… 60

第二章　多元化纠纷解决机制立法的属性和基本原则 ……………… 63
　第一节　多元化纠纷解决机制立法的法律属性 …………………… 63
　　一、非诉讼程序法的性质 ……………………………………… 64
　　二、综合性法律属性 …………………………………………… 64
　　三、"促进法"立法模式的选择 ……………………………… 65
　　四、多元化纠纷解决机制立法名称的定位 …………………… 66
　第二节　多元化纠纷解决机制立法的指导思想和目标任务 ……… 67
　　一、立法的指导思想 …………………………………………… 67
　　二、立法的目标任务 …………………………………………… 70
　第三节　多元化纠纷解决机制立法的基本原则 …………………… 72
　　一、合法性原则 ………………………………………………… 72
　　二、合意性原则 ………………………………………………… 73
　　三、开放性原则 ………………………………………………… 74
　　四、多元共治原则 ……………………………………………… 75

第三章　多元化纠纷解决机制促进法中相关主体的职能定位 ……… 78
　第一节　社会治理部门的职能定位 ………………………………… 78
　　一、社会治理部门职能定位的内涵 …………………………… 79
　　二、社会治理部门行使职权面临的困难 ……………………… 82
　　三、优化职能定位的具体对策 ………………………………… 82
　第二节　人民政府及其各部门的职能定位 ………………………… 83
　　一、人民政府的职能定位 ……………………………………… 83
　　二、司法行政机关的职能定位 ………………………………… 86

三、其他政府部门的职能定位 …………………………………… 101
　　四、人民政府及其职能部门遇到的问题及对策 ………………… 105
第三节　司法机关的职能定位 ……………………………………… 106
　　一、人民法院的职能定位 ………………………………………… 106
　　二、人民检察院的职能定位 ……………………………………… 110
第四节　基层社会组织、人民团体的职能定位 …………………… 117
　　一、基层自治组织的职能 ………………………………………… 117
　　二、人民团体的职能 ……………………………………………… 120

第四章　多元化纠纷解决机制促进法中的解纷组织建设　125
第一节　民间性社会调解组织建设 ………………………………… 126
　　一、人民调解组织的发展现状及问题 …………………………… 126
　　二、行业调解组织的身份问题及发展方向 ……………………… 133
　　三、商事调解组织的市场化发展机遇和全球化挑战 …………… 136
　　四、律师调解组织的探索创新和发展困境 ……………………… 145
　　五、其他民间性调解组织的发展趋势 …………………………… 146
第二节　行政性纠纷化解组织建设 ………………………………… 149
　　一、行政性纠纷解决组织的现状和问题 ………………………… 149
　　二、行政调解组织的范围 ………………………………………… 149
　　三、行政裁决、行政仲裁机构的建设 …………………………… 150
第三节　司法关联型纠纷解决组织建设 …………………………… 152
　　一、法院附设调解组织的功能 …………………………………… 152
　　二、仲裁机构在纠纷解决机制中的作用 ………………………… 157
　　三、公证机构在纠纷解决机制中的辅助功能 …………………… 162

第五章　多元化纠纷解决机制促进法中的机制构建与相互衔接问题 …… 165
第一节　非诉解纷机制的类型及各自优势 ………………………… 165
　　一、非诉解纷机制的概述及分类 ………………………………… 165
　　二、合意性纠纷解决机制的典型——协商和解 ………………… 167
　　三、第三方调解方式的优势 ……………………………………… 169
　　四、行政纠纷解决方式的优劣 …………………………………… 174
第二节　诉讼与非诉解纷机制的程序衔接 ………………………… 182
　　一、诉讼与非诉解纷机制衔接的总体设计 ……………………… 182

二、纠纷解决机制的告知程序和优先选择程序 ················ 182
　第三节　调解与诉讼的衔接机制 ································ 184
　　一、诉调对接平台建设 ·· 184
　　二、特邀调解制度中的委派调解和委托调解 ················ 187
　　三、先行调解原则到调解前置程序 ···························· 189
　　四、调解协议的司法确认制度 ·································· 194
　第四节　仲裁与诉讼的衔接机制 ································ 201
　　一、商事仲裁与诉讼的对接 ····································· 201
　　二、劳动人事争议仲裁与诉讼的对接 ························· 203
　　三、农村土地承包争议仲裁与诉讼的对接 ··················· 207
　第五节　调解与公证的衔接机制 ································ 209
　　一、"委派"调解与"委托"调解启动方式 ················ 209
　　二、公证机构参与调解的职责 ·································· 210

第六章　多元化纠纷解决机制促进法中的保障体系 ·········· 214
　第一节　健全多元立体的经费保障体系 ························ 214
　　一、目前纠纷解决机构经费保障面临的障碍 ················ 214
　　二、经费保障体系中的财政保障机制 ························· 215
　　三、经费保障体系中的社会保障机制 ························· 220
　　四、经费保障体系中的市场化运作机制 ······················ 222
　第二节　完善多元化纠纷解决机制的人才保障 ··············· 227
　　一、调解员的资质认证和管理培训的现状和问题 ··········· 228
　　二、域外调解员管理经验的比较研究 ························· 231
　　三、我国调解员资质认证和管理培训的制度设计 ··········· 237
　　四、调解员的行为准则以及评价体系 ························· 244
　第三节　构建多元化纠纷解决机制的信息化保障 ············ 247
　　一、互联网时代的纠纷解决机制 ······························· 247
　　二、在线纠纷解决平台（ODR）的功能 ····················· 252
　　三、在线纠纷解决平台存在的问题 ···························· 256
　　四、纠纷解决机制信息共享平台的建设 ······················ 258

结　　论 ·· 261

参考文献 ·· 266

附　录 ……………………………………………………………… 283
　　附录1 《中华人民共和国多元化纠纷解决机制促进法》（建议稿）…… 283
　　附录2 国内多元化纠纷解决机制促进条例 ……………………… 298
后　记 ……………………………………………………………… 299

绪　论

天下从事者，不可以无法仪；无法仪而其事能成者，无有。

——《墨子·法仪》

马克思认为："人们奋斗所争取的一切，都同他们的利益有关。"[①] 而从人的本质和社会关系的角度讲，无论在什么情况下，每个人都会以自身出发考虑问题。但是每一个人的欲望、本性以及满足欲望的方式相互之间是连在一起的，因此个人与个人之间便不得不结成各种各样的关系[②]。因此，社会的发展和进步与矛盾相伴相生，"矛盾"在促进社会发展的同时，也给社会带来不稳定因素，在社会生产和生活交往中人与人之间利益关系的调整以及冲突的解决是国家与社会治理的主要内容。在人类社会发展的任何阶段，都存在各种各样的矛盾与纠纷，都需要与之适应的纠纷解决手段与方式。

当前，我国正处于社会转型的历史时期，由各种利益引发的纠纷日益成为影响稳定的重大问题。为了更好地推动纠纷的多元化解，合理配置和使用社会解纷资源，需要构建规范化、制度化的多元化纠纷解决机制，而推动多元化纠纷解决机制立法则是实现规范化、制度化的基本保证。

第一节　国内外多元化纠纷解决机制的研究现状

在社会交往中，人与人的关系不和谐必然会带来矛盾与冲突，影响社会和谐稳定，也会阻碍社会的繁荣发展。因此，对社会矛盾进行治理成为国家

---

① 马克思，恩格斯．马克思恩格斯全集：第1卷．北京：人民出版社，1956：82.
② 马克思．马克思箴言．汪培伦，编译．北京：中国长安出版社，2010：27.

治理的重要内容。本书从国内外替代性纠纷解决机制的研究入手，总结归纳出我国多元化纠纷解决机制立法过程中可以吸取和借鉴之处。

一、域外替代性纠纷解决机制研究

域外替代性纠纷解决机制（Alternative Dispute Resolution，ADR）的形成与发展与其社会学法学的发展密切相关。由于社会学法学强调法律与社会之间的内在联系和相互影响，认为法学的研究重心不在于立法和司法判决，而在于社会本身。[①] 于是，在纠纷解决领域，人们的相关研究注重观察纠纷解决机制建设和实践中的社会效果。全球 ADR 的发展经历了试验阶段、快速发展阶段、精细化管理阶段、统一立法阶段等四个阶段。1976 年美国"庞德会议"掀开了现代 ADR 运动的序幕。1990 年代，域外 ADR 不同程度地被纳入各国司法改革进程，各种混合性诉讼外纠纷解决新方法不断创新并得到广泛运用。在意大利法学家 M. 卡佩蒂莱主编的《福利国家与接近正义》、美国法学家诺内特和塞尔兹尼克的《转变中的法律与社会：迈向回应型法》、唐·布莱克的《社会学视野中的司法》、罗伯特·C. 埃克里森的《无需法律的秩序》、美国学者西蒙·罗伯茨的《纠纷解决过程 ADR 的形成：ADR 与形成决定的主要形式》等著作中，学者们注重从现实社会对法律需求和变革的视角探寻纠纷解决的问题。日本学者专注于调停的法律化、规范化和制度化：小岛武司提出了"正义的综合体"概念、井上治典提出了"并列配置论"[②]、田中成明主张"多元化调整形态"[③]、棚濑孝雄对纠纷解决的"过程分析"[④] 等，为研究纠纷解决机制的理论开辟了一个新的视角。

到了 21 世纪，许多国家颁布了 ADR 法，美国、澳大利亚、英国、日本、蒙古等国均有各种 ADR 法。近年，ADR 出现系统化、类型化、规范化以及全球化的发展趋势。"系统化"意味着 ADR 不仅限于纠纷解决领域，还涉及谈判心理、冲突管理、社会学等诸多研究领域，是社会治理的系统工程；"类型化"主要表现在纠纷处理从普遍规律到各种类型化纠纷的细化处

[①] 吕世伦. 现代西方法学流派：上卷. 北京：中国大百科全书出版社，2000：276-279.

[②] 小岛武司. 自律型社会与正义的综合体. 陈刚，林剑锋，段文波，等译. 北京：中国法制出版社，2006：15-16.

[③] 小岛武司. 自律型社会与正义的综合体. 陈刚，林剑锋，段文波，等译. 北京：中国法制出版社，2006：16；小岛武司，伊藤真. 诉讼外纠纷解决法. 丁婕，译. 北京：中国政法大学出版社，2005：226-229.

[④] 棚濑孝雄. 纠纷解决与审判制度. 王亚新，译. 北京：中国政法大学出版社，2004：4-10.

理;"规范化"意味着越来越多的国家出台相应的促进法律和调解规则;"全球化"说明在全球经济一体化的情况下,ADR 逐渐从替代性纠纷解决变成"适当的(appropriate)"以及"友好的(amicable)"纠纷解决方式,并且席卷全球。西蒙·罗伯茨提出了处理民事纠纷的宏大的比较视角,重点关注协商和调解的中心过程[①]。斯蒂芬·B. 戈尔德堡等所著的《纠纷解决:谈判、调解和其它程序》,从理论和实践两个层面介绍国际上的非诉讼纠纷解决,从不同的角度展现了美国学者对司法 ADR 的质疑和忧虑[②]。其他 ADR 研究成果有 Emmanuel Jolivet 所著的 *ADR-International Applications*(2001)、Naomi Creutzfeldt 所著的 *Ombudsmen and ADR:A Comparative Study of Informal Justice in Europe*(2018)、Gerardus Blokdyk 所著的 *ADR Complete Self-assessment Guide*(2017)等。国内对域外纠纷解决机制的研究主要有最高人民法院蒋惠岭主编的《域外 ADR:制度·规则·技能》,以及厦门大学齐树洁教授主编的《外国 ADR 制度新发展》和《外国调解制度》等。这些著作都不同程度地反映了域外 ADR 研究的最新状况。

二、国内多元化纠纷解决机制研究

在国外对 ADR 的研究如火如荼的同时,国内多元化纠纷解决机制改革得到了理论界与实务界的广泛关注,相关的研究进展较快,大量有关纠纷解决的著作和文章也相继问世。

一是关于著作文献的梳理。关于多元化纠纷解决机制的著作近年来相继出版,数量颇多,例如,范愉的《多元化纠纷解决机制》《多元化纠纷解决机制与和谐社会的构建》《非诉讼纠纷解决机制研究》《纠纷解决的理论与实践》;汪世荣等的《"枫桥经验":基层社会治理体系和能力现代化实证研究》《"枫桥经验":基层社会治理的实践》《人民调解的"枫桥经验"》;强世功编写的《调解、法制与现代性:中国调解制度研究》;何兵的《现代社会的纠纷解决》,徐昕的《论私力救济》;沈恒斌主编的《多元化纠纷解决机制原理与实务》,王亚新等的《法律程序运作的实证分析》,左卫民等的《变革时代

---

① 西蒙·罗伯茨(Boberts S.),彭文浩(Palmer M.). 纠纷解决过程:ADR 与形成决定的主要形式. 2 版. 刘哲玮,李佳佳,于春露,译. 北京:北京大学出版社,2011.
② 斯蒂芬·B. 戈尔德堡(Stephen B. Goldberg),弗兰克·E. A. 桑德(Frand E. A. Sander),南茜·H. 罗杰斯(Nancy H. Rogers). 纠纷解决:谈判、调解和其它程序. 蔡彦敏,曾宇,刘晶晶,译. 北京:中国政法大学出版社,2004.

的纠纷解决》；宋朝武等的《调解立法研究》，邱星美、王秋兰的《调解法学》，唐峰的《纠纷和解研究》，张勤、彭文浩主编的《比较视野下的多元纠纷解决理论与实践》；齐树洁主编的《外国调解制度》《外国ADR制度新发展》；范愉、李浩的《纠纷解决——理论、制度与技能》，蒋惠岭主编的《域外ADR：制度·规则·技能》等。

二是关于中国知网文献的梳理。本书通过文献检索方法对1999年至2019年间关于多元化纠纷解决机制的研究文献进行综述。在中国知网（CNKI）以"多元""纠纷解决机制"为主题进行检索，共检索到1 935篇初始文献。统计结果如图1所示：

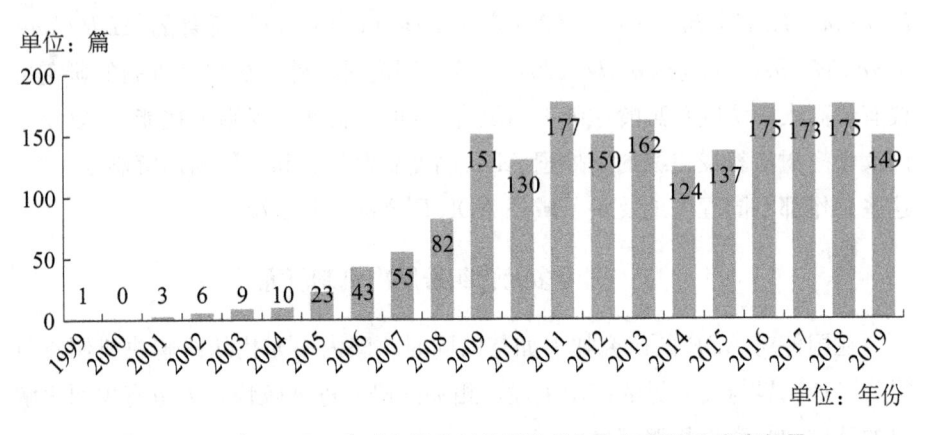

单位：篇

年份	1999	2000	2001	2002	2003	2004	2005	2006	2007	2008	2009	2010	2011	2012	2013	2014	2015	2016	2017	2018	2019
篇数	1	0	3	6	9	10	23	43	55	82	151	130	177	150	162	124	137	175	173	175	149

单位：年份

图1　1999年至2019年"多元化纠纷解决机制"知网论文发表数量

图1表明，中国知网关于多元化纠纷解决机制的研究论文自1999年开始出现，1999—2004年的论文数量很少，1999年只有1篇论文，2000年0篇论文，2004年才突破个位数，达到10篇。这个时期多元化纠纷解决机制建设处于探索实践阶段，中央层面的政策还未出台，理论界还未近距离关注。由于2008年多元化纠纷解决机制改革纳入了中央司法改革的整体部署，2009年最高人民法院出台了《关于建立健全诉讼与非诉讼相衔接的矛盾纠纷解决机制的意见》（以下简称《诉非衔接意见》），这项改革逐渐走入研究者的视野，研究成果增多，2009年发表论文高达151篇，较之2008年的82篇增长近一倍。2016年最高人民法院出台了《关于人民法院进一步深化多元化纠纷解决机制改革的意见》（以下简称《深化多元改革意见》），这一年的研究成果较多，高达175篇。

图2显示，自2008年中央提出"建立诉讼与非诉讼相衔接的矛盾纠纷解决机制改革"之后，相关研究文献上升趋势明显，特别是2009年、2011

年、2013年、2016年、2017年、2018年的数量突破150篇。此时实践部门经过多年的探索和经验总结，也不断思索这项改革涉及的理论问题，同时学术界的学者也密切关注此项改革，理论层面的研究迅速发展。

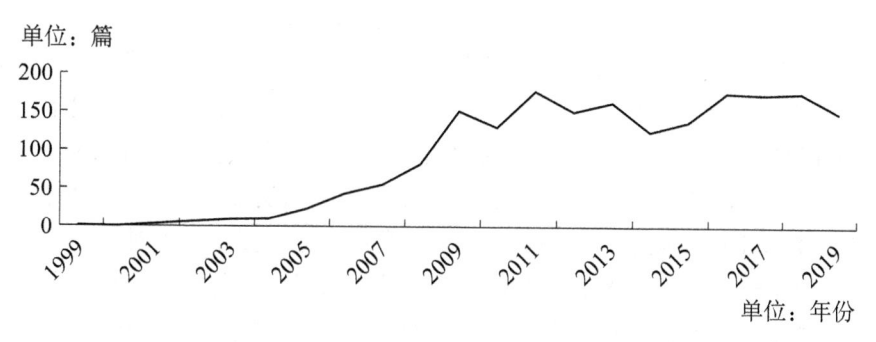

图2 1999年至2019年"多元化纠纷解决机制"知网论文发表数量整体趋势

从中国知网可以查阅到多元化纠纷解决机制的研究主题主要有纠纷解决机制、当事人、纠纷解决、多元纠纷解决机制、司法机关、多元化纠纷解决、ADR、民事纠纷、解决机制、多元化纠纷解决机制、行政调解、人民调解员、社会矛盾纠纷、解纷机制、人民调解、法院调解、诉调对接、人民法院、调解制度、司法制度、非诉讼纠纷解决机制等。这些主题对多元化纠纷解决机制进行了跨学科、多维度的探讨，无论是对司法改革实践领域的推动，还是对理论自身的发展都意义重大。

1. 关于纠纷解决基础理论研究。范愉教授首次提出非诉讼纠纷解决机制理论，并指出："非诉讼纠纷解决方式是现代社会纠纷解决机制中的重要组成部分。在法治的前提下提倡社会成员的自治性；在注重纠纷解决的公平的同时，兼顾效益与效率；在弘扬依法维权意识的同时，提倡协商与双赢的精神；在健全民事诉讼制度的同时，重视发挥传统和新型的ADR的作用，并使二者达到协调和互补，建立适应我国社会现实的多元化纠纷解决机制。"[①] 范愉和李浩教授合著的《纠纷解决：理论、制度与技能》[②]，对纠纷解决原理、非诉讼纠纷解决机制的类型及其起源与发展、纠纷解决制度与程序以及纠纷解决实务技能进行了阐述。宋朝武教授的《调解立法研究》是国内为数不多的关于调解立法的专著，书中指出："我国传统的法律文化土壤，现实的制度需求，社会转型所带来的众多矛盾，都要求我们必须深入研究调解制

---

① 范愉.非诉讼纠纷解决机制研究.北京：中国人民大学出版社，2000：29，34.
② 范愉，李浩.纠纷解决：理论、制度与技能.北京：清华大学出版社，2010.

度这一固有的本土制度资源,实现应有的制度创新与变革,建立科学的替代纠纷解决机制,在各种制度价值目标之间达到协调与平衡。同时,关注西方国家的制度发展,研究他国经验,特别是借鉴西方国家对我国调解制度的'借鉴',从而保持调解制度长久的生命力和国际影响力。"①

2. 关于纠纷解决机制程序和实务研究。关于程序的研究范围很广,季卫东、苏力、强士功、顾培东、汤维建、李浩、左卫民、章武生、肖建华、肖建国等教授对民事诉讼、仲裁制度和纠纷解决程序和实务做过系统的研究;王亚新、傅郁林等教授对基层司法和法律服务等的实证研究具有相当深度;湛中乐教授对行政调解、和解制度进行过深度研究;贾宇教授对刑事和解制度有深度研究;王万华教授对行政程序立法进行过深入的研究;顾培东教授提出:"我国非常规性纠纷解决的有效的现实机制是党委、政府牵头,各部门全力配合的机制,维护稳定是非常规性纠纷解决的主要价值目标,恩威并济与利益平衡是非常规性纠纷解决的主导方式。"②齐树洁教授认为:"在当今世界,ADR 的利用和发展已经成为一种时代潮流,不仅发挥着重要的社会功能,而且已经或日益成为与民事诉讼制度并行不悖、相互补充的社会机制。调解是最为常见和最重要的 ADR 方式,也是所有其他 ADR 方式的基础。"③ 在司法实践领域,廖永安教授带领的团队出版了一套调解技能培训的丛书,有《中国调解学教程》《谈判调解实训教程》《中美调解培训启示录:如何当好调解员》等,围绕如何提升调解员的综合素质,展开全面、系统的研究,对西方调解的历史沿革、理念与原则,我国传统调解制度的概述、我国现代调解制度的主要内容,现代调解的步骤与技巧,社会心理学在调解中的运用,调解未来的机遇与挑战等进行了专题研究。笔者作为最高人民法院从事多元化纠纷解决机制改革的工作人员,研究了"国家治理体系的新形势对深化多元化纠纷解决机制改革提出的纠纷解决理念、解纷主体、解纷资源、解纷人才、物质保障、顶层设计等新要求"④,并指出,"在互联网时代,纠纷解决方式因科技而转型,以互联网思维与技术为基础重新构建一种新的在线纠纷解决机制,更加方便当事人诉讼、更好地实现正义以及更能适应时代的要求,提出在线纠纷解决机制的平台建设、便民服务、解纷规则等五大

---

① 宋朝武. 调解立法研究. 北京:中国政法大学出版社,2008.
② 顾培东. 试论我国社会中非常规性纠纷的解决机制. 中国法学,2007 (3).
③ 齐树洁. 论我国民事审前程序之构建. 法治研究,2010 (4).
④ 龙飞. 论国家治理体系视角下我国多元化纠纷解决机制建设. 法律适用,2015 (7).

发展趋势"①。

3. 关于专门领域纠纷解决机制的研究。包括诸如劳动争议、环境争议、医疗纠纷、消费者纠纷、知识产权、证券期货、电子商务、行政争议等领域。这些研究注重实体法与程序法相结合，纠纷解决实践与制度改革相结合，尤其强调和解与调解作用的发挥。潘剑锋和刘哲玮教授认为："协商、调解以及其他的各种替代性纠纷解决机制，并非是取代了传统的诉讼和审判模式，而只是增加了纠纷解决的途径。"② 肖建国教授认为："委托调解制度一方面回应了当代世界 ADR 的发展趋势和潮流，满足了社会大众的诉讼需求和分流案件、缓解法院工作压力，以及建设和谐社会的现实需要；另一方面在观念上也打破了过去对民事司法的机械的、僵化的理解，在司法和诉讼的内涵中注入了一股灵动、鲜活的力量，使司法机关与其他相关部门在纠纷解决上形成了水乳交融的关系，司法和诉讼由此摆脱了封闭性特征而表现出开放的品格。"③ 中国人民大学法学院多元化纠纷解决机制研究中心（DRRC）出版了纠纷解决原理与实务系列教材，其中包括家事纠纷解决、消费纠纷解决、物业纠纷解决、商事纠纷解决实务等，是国内研究专门领域纠纷解决机制比较权威的系列丛书④。张树义教授以行政裁决为中心专门对行政解决机制进行了深度研究，对我国行政解纷方式的发展具有重要的理论价值⑤。

4. 关于纠纷解决过程、行为的社会科学研究。包括法学以外的人类学、社会学、经济学、心理学、公共政策研究、行为科学、政治学等人文社会科学领域的学者对基层自治、基层民众纠纷解决的实证研究，城市社区自治及公共参与、民间社团的作用等方面也有大量成果。例如，贾宇、汪世荣、赵旭东、郭星华、胡洁人等教授关于社会治理、人民调解的研究调查；社会学家贺雪峰教授对基层法治状况的实证研究等。苏力教授强调："法治的过程

---

① 龙飞. 中国在线纠纷解决机制的发展现状及未来前景. 法律适用，2016（10）.
② 潘剑锋，刘哲玮. 论法院调解与纠纷解决之关系——从构建和谐社会的角度展开. 比较法研究，2010（4）.
③ 肖建国. 司法 ADR 建构中的委托调解制度研究——以中国法院的当代实践为中心. 法学评论，2009（3）.
④ 这套丛书包括熊金才、陈义权的《家事纠纷解决——理论与实务》，肖建国、黄忠顺的《消费纠纷解决——理论与实务》，范愉、刘臻荣、连艳的《物业纠纷解决实务》，徐伟、杨华中的《商事纠纷解决实务》。上述书籍均由清华大学出版社出版。
⑤ 张树义. 纠纷的行政解决机制研究——以行政裁决为中心. 北京：中国政法大学出版社，2006.

实际上是立法、行政、司法等方面的协同运作，还包括整个社会以非正式的制度和非制度的运行，共同构成了我们的法治，整体利益上的法治，必然就包括很多纠纷解决机制。"① 徐昕教授指出："转型中国迫切需要建立和完善有效的多元化纠纷解决机制——公力救济、社会型救济、私力救济，关键在于发挥比较优势，形成相互并存、衔接、配合和补充的良性互动的多元化纠纷解决机制，并赋予当事人充分的选择机会，通过多元化、多层次的途径接近多样性的正义图景，从而妥善解决纠纷，化解社会冲突，保障社会秩序在动态中实现均衡。"②

5. 关于域外纠纷解决机制比较研究。2012年时任最高人民法院司法改革办公室副主任蒋惠岭主编的《域外ADR：制度·规则·技能》首次介绍了域外ADR的理念，以及美洲、欧洲、澳洲、亚洲等地区的调解制度，汇总了域外各国及地区的ADR制度和法律规定，是国内难得的一本研究域外ADR制度的书籍。齐树洁教授组织厦门大学一批研究人员于2016年共同撰写了《外国ADR制度新发展》《外国调解制度》，系统介绍了域外30多个国家的ADR制度和调解制度，是近年来国内研究域外ADR制度的集大成者。我国香港、澳门、台湾地区对调解的研究也有许多成果。

6. 关于纠纷解决机制立法研究。国内关于多元化纠纷解决机制立法研究的著作较少，仅集中在部分研究论述中。范愉教授指出："随着当代非诉讼纠纷解决机制的发展及法制化，世界各国有关非诉讼程序立法逐步系统完善，中国非诉讼程序法律体系也初步形成。与其他国家相比较，中国非诉讼程序法具有自身特点，体系相对粗放，渊源形式更加多样，并显示出一定的不确定性和保守性。鉴于社会背景和立法能力的局限，目前立法在多元化纠纷解决机制的建构中作用相对有限，而各地实践创新以及司法机关的推动则具有更为重要的意义。"③ 笔者认为："社会转型期，人民群众日益增长的纠纷解决需求与纠纷解决机制发展不充分之间的矛盾越来越突出，多元化纠纷解决机制改革遇到制约发展的法律瓶颈问题，亟须从国家治理的角度考虑制定一部具有中国特色的多元化纠纷解决机制促进法，以解决纠纷解决部门职

---

① 苏力. 司法的边界. 法制资讯，2009 (11).
② 徐昕. 迈向社会自治的人民调解. 学习与探索，2012 (1).
③ 范愉. 中国非诉讼程序法的理念、特点和发展前景. 河北学刊，2013 (5).

能不清、社会解纷资源不平衡、衔接机制不顺畅、保障制度不到位等问题。"① 福建省厦门市人大内务司法委员会秘书处的李明哲同志专门撰文介绍了《厦门经济特区多元化纠纷解决机制促进条例》(以下简称《厦门条例》)制定的理论和实践背景，立法意图和起草思路，重点从多元化纠纷解决的理念更新、组织体系、路径引导、程序衔接、保障机制等方面，对条例的主要精神和制度设计作了较为全面的解析②。福建厦门市委政法委副书记姚新民、厦门中院研究室副主任黄鸣鹤撰写的《关于多元化纠纷解决机制地方立法设计的调研报告》论述了立法的背景、立法需要解决的问题、体例设计，并重点阐述了《厦门条例》所具有的"推动、培育、整合、规范、引导"五大功能③。

综上，我们可以看出，第一，关于多元纠纷解决与调解的研究具有内在的联系性，而且关系十分紧密，呈现交织状态。第二，研究者及其研究活动各自独立、比较分散，基础理论研究还比较薄弱，理论界和实务界缺少交流和合作，还未形成大批研究成果。第三，域外研究需要进一步增强系统性。有的域外研究资料陈旧，对当代世界纠纷解决理论，不同法系、不同文化背景下的国家解纷机制缺乏系统的比较研究。第四，对国内各种纠纷解决机制、制度深耕细作的研究不够，对互联网时代的新型纠纷解决机制缺乏建设性研究，存在进一步提升的空间。第五，近二十年的研究说明，自 1999 年已有学者涉足多元化纠纷解决机制领域，理论界对这一领域的基本问题的探讨已经基本完成，研究的视角转向新的增长点。但真正专注于立法论述的却为数甚少。这种现象说明对多元化纠纷解决机制的立法研究还没有引起学术界的关注和重视，相关文献较少。随着实践的不断发展，立法问题将成为理论界和实务部门共同关注的重点。

第二节 国内外多元化纠纷解决机制的立法状况

纠纷解决机制的功能与意义在于通过特定方式和程序来解决纠纷。国际

---

① 龙飞. 多元化纠纷解决机制立法的定位与路径思考——以四个地方条例的比较为视角. 华东政法大学学报，2018 (3).
② 李明哲. 多元化纠纷解决机制的地方立法探索——以厦门为样本. 法律适用，2015 (7).
③ 姚新民，黄鸣鹤. 关于多元化纠纷解决机制地方立法设计的调研报告. 东南司法评论，2015 (1): 200-212.

社会以及域外国家很早就认识到立法是促进多元化纠纷解决机制发挥作用、有效运行的最佳手段。在我国，通过政策来推进改革是传统做法，但多元化纠纷解决机制从政策上升到法律还有一段距离。了解和掌握国内外的立法现状，是本书进行立法研究的基础。

一、国际社会及域外立法成果

（一）立法背景

"替代性纠纷解决机制（ADR，全称为 Alternative Dispute Resolution）泛指诉讼之外的其他各种纠纷解决方式、程序和制度的总称，有的也称为非诉讼程序或非诉讼纠纷解决机制。由于它是一个总括性、综合性的概念，其内涵和外延均难以准确界定。"[①] 传统上的普通法系国家不认同以调解为主解决纠纷的 ADR 方式，倾向于司法对抗制度。随之，当事人在诉讼中面临高昂的诉讼费、司法程序的延误、复杂的程序规则等带来的问题，人们似乎忽略了文化和价值的多元性，程式化的纠纷解决方式有时反而会损害当事人的利益，也浪费司法资源。人们开始寻找简便快捷的解决纠纷的途径。在此背景下，美国自 1970—1980 年代开始建立社区正义中心（community justice center），普通法系国家基于自下而上的诉求开启了对 ADR 的探索[②]。1976 年的美国"庞德会议"掀开了美国 ADR 运动的序幕[③]。基于实践的需求，调解成为纠纷解决的主要方式。为了解决劳资纠纷，1947 年美国成立了联邦调解服务局[④]。1990 年美国颁布《民事司法改革法》（CJRA），法院成为 ADR 发展的核心力量。

在大陆法系国家，特别是亚洲国家，调解是纠纷解决的传统方式。日本在 1951 年制定了《民事调解法》。欧洲大陆国家的法官，例如德国的法官认

[①] 范愉，李浩. 纠纷解决——理论、制度与技能. 北京：清华大学出版社，2010：28. 本书为了方便论述，将替代性纠纷解决机制或者非诉讼纠纷解决机制一律简称为"ADR"机制。

[②] 熊浩. 知识社会学视野下的美国 ADR 运动——基于制度史与思想史的双重视角. 环球法律评论，2016（1）：24-43.

[③] Norman W. Spaulding. The Impersonation of Justice: Lynching, Dueling, and Wildcat Strikes in Nineteenth-CenturyAmerica//The Routledge Research Companion to Law and Humanities in Nineteenth-Century America（Nan Goodman & Simon Stem eds. , 2017）.

[④] 詹姆斯·E. 麦奎尔，陈子豪，吴润卿. 美国调解与替代诉讼纠纷解决方案. 北京：法律出版社，2011：9.

为，他们已经有促进和解的传统，不需要引入其他的多元化纠纷解决形式①。实践中，在大陆法系国家，诉讼程序复杂以及诉讼费用高昂的问题并不像普通法系国家那么严重。因此，大陆法系对 ADR 的系统性研究比普通法系起步要晚。2000 年以后，荷兰、意大利、瑞士、德国等国家才接受美国的 ADR 制度。近年来，大陆法系国家的 ADR 立法没有取得飞跃性的发展。现将域外多元化纠纷解决机制的法律文本（不包括仲裁法）汇总如下（见表1）。

表 1　　　　　　　域外多元化纠纷解决机制的法律文本

年份	国家/国际组织	综合型立法	单行型立法	融合性立法
1951	日本		《民事调停法》	
1990	美国		《行政纠纷解决法》鼓励并授权联邦政府出台政策时选择 ADR 方式	
1991	韩国		《民事调解法》规定法官可以依职权将诉讼案件交付调解程序	
1991	南非		《特定民事案件速裁与调解法》促使当事人达成法院之外的和解方案；设立普通治安法院（又称"速裁法院"）	
1996	法国		《家事非讼事件法》；《德国破产法》（1999）强制债权人和债务人在启动诉讼程序前提交商事调解组织调解	《新民事诉讼法典》在民商事领域引入调解人名册制度，由法院管理调解人名册
1997	加拿大		《农场债务调解法》规定了破产农民无力偿还借款纠纷的调解程序	

---

① 周翠. 调解在德国的兴起与发展——兼评我国的人民调解与委托调解. 北大法律评论，2012（1）：64-92.

续表

年份	国家/国际组织	综合型立法	单行型立法	融合性立法
1998	美国	《ADR法》针对行政争议，授权和鼓励联邦机构使用ADR方式		
1999	英国			《民事诉讼规则》吸收了英国民事司法改革报告内容，明确将ADR引入法院系统，规定了诉前议定书、案件管理、诉讼费罚则等
2000	德国	《法庭外争议解决促进法》引入强制诉前法院外调停制度	《费用修正法》（1994）规定"和解费"，鼓励律师促成当事人优先选择ADR	《民事诉讼实施法》增设特定案件诉前强制调解程序（也称"审前调解"）
2001	德国			《民事诉讼改革法》引入强制审前和解辩论
2001	美国		《统一调解法》跨越各州统一全美的纠纷解决模式，推动模范立法的统一化进程	
2002	蒙古国	《ADR促进法》		修订《民事诉讼法典》
2003	奥地利		《民事案件调解法》（欧洲第一部法典化的调解规定）规定了私人调解和部分案件类型调解前置程序，建立奥地利调解网络	
2003	加拿大			《新民事诉讼法典》规定了和解会议、案件管理制度
2004	越南			《民事诉讼法》规定了法院附设调解在一审审前准备阶段强制适用

续表

年份	国家/国际组织	综合型立法	单行型立法	融合性立法
2005	比利时			《司法法》修正案将调解制度法律化；《调解规范》规定了在线调解
2005	波兰	《促进友好型纠纷解决法》（2016）	《调解法》将调解程序纳入民事诉讼程序	修订《民事诉讼法》，明确一般民商事案件都可以适用调解程序，修订了诉讼费用规则，鼓励当事人使用调解
2007	日本	《关于促进利用裁判外纷争解决的法律》（又称《ADR促进法》）规定了司法ADR、行政ADR、民间ADR	《金融ADR法》（2010），纠纷发生后，消费者和金融机构均可先向指定的ADR机构提出申请。ADR机构由行政机关监督	
2008	欧盟	《欧盟调解指令》明确欧盟成员国根据指令转化为国内法		
2008	挪威	《纠纷解决法》增设了独立的小额诉讼程序、集体诉讼程序		修订新的《民事诉讼法》，为庭外调解建立标准协议
2009	匈牙利		《调解法》（修改2002年的调解法）规定了调解协议确认、在线调解制度	《民事诉讼法典》（1952）
2009	葡萄牙		修改《治安法院法》，新增调解协议确认制度、调解导致诉讼时效中断、普通诉讼程序中适用调解等规定	修改《民事诉讼法》，增加调解协议确认制度
2010	意大利		调解法案第5492号（2005）规定了部分类型案件强制调解	《民事诉讼法》（1940）就有调解制度，2010年新颁布法令引入强制调解规定

续表

年份	国家/国际组织	综合型立法	单行型立法	融合性立法
2010	希腊		《调解法》赋予当事人启动、终结调解程序的自主性，但规定了诉讼费罚则	《民事诉讼法典》(1967)
2010	加纳	《ADR法》规定了完整的 ADR 程序。首席大法官设立了独立的国家 ADR 理事会，在全国普遍建立 ADR 教育中心		
2011	澳大利亚	《民事纠纷解决法》规定了调解前置程序		
2011	瑞士			《联邦民事诉讼法》鼓励各州积极使用调解方法解决民事纠纷
2011	俄罗斯		《调解法》规定了部分类型案件强制调解程序，以及诉讼费罚则	
2011	克罗地亚		《调解法》	
2011	哈萨克斯坦		《调解法》	
2011	尼泊尔		《调解法》	
2012	德国	《法庭外争议解决促进法》	《调解法》	修改《民事诉讼法》时增加和解法官制度和转介调解制度
2012	西班牙		《民商法纠纷调解法》创新规定了简易调解、在线调解	
2013	葡萄牙		《调解法》规定了私人或者公共部门均可以提供调解服务	
2015	巴西		《调解法》	

续表

年份	国家/国际组织	综合型立法	单行型立法	融合性立法
2016	波兰		《促进友好型纠纷解决法》	
2017	新加坡		《调解法》规定和解协议转为庭令	
2018	联合国	修订《联合国贸法会国际商事调解和调解所产生的国际和解协议示范法》		
2019	联合国	《联合国关于调解所产生的国际和解协议公约》（又称《新加坡调解公约》）是首个关于调解的公约		

资料来源：娜嘉·亚历山大．全球调解趋势．北京：中国法制出版社，2011；齐树洁．外国ADR制度新发展．厦门：厦门大学出版社，2017；齐树洁．外国调解制度新发展．厦门：厦门大学出版社，2018.

（二）域外ADR立法模式

美国《ADR法》规定："替代性纠纷解决机制通常包括调解、早期中立评估、仲裁、小型审判、私人法官等多种形式，其中调解是最重要的ADR形式。"[1] 域外ADR立法规范主要包括案例法、成文法、组织机构的流程规则、政府政策以及法院规则和政策[2]，其规范范围从法院高度集中的"多门法院"到相对分散的各种社区调解制度[3]，形式多样。经比较研究，域外ADR立法模式可以分为以下几种。

一是综合型立法。20世纪末，美国颁布了世界上第一部《ADR法》，许多国家后来也陆续制定了《ADR促进法》等综合型的立法。2012年德国颁布《法庭外争议解决促进法》，并对《民事诉讼法》《家事事件和非讼事件程

---

[1] 美国1998年《ADR法》对ADR的定义：替代性纠纷解决方法包括任何审判法官的判决以外的程序和方法，在这种程序中，通过诸如早期中立评估、调解、小型审判和仲裁等方式，中立第三方在论争中参与协助解决纠纷。

[2] S. Press. International Trends in Dispute Resolution. Alternative Dispute Resolution Bulletin, 2000（21）：21-22.

[3] Nadja Alexander. Mediation and the Art of Regulation. Queensland U. Tech. L. & Just. J., 2008，8 (1).

序法》《劳动法》等法律进行了修改①。日本于 2007 年颁布《ADR 促进法》，成立"ADR 促进法调查委员会"专门对实施情况进行实证研究②。2016 年，波兰颁布《促进友好型纠纷解决法》。这些 ADR 法明确了 ADR 的地位、方向和功能，并明确了主管部门和司法机关的相关责任，对促进全球 ADR 法治化的发展进程功不可没③。

二是单行型立法。即单独就调解、仲裁等制度制定国际公约或国家单行法。在国家制定单行法方面，关于调解的单行法有，1951 年日本的《民事调停法》，1990 年韩国的《民事调解法》，匈牙利于 2009 年修改了《调解法》，希腊于 2010 年颁布了《调解法》，俄罗斯于 2011 年实施了《调解法》，2012 年西班牙颁布了《调解法》，同年，德国也颁布了《调解法》，2013 年，葡萄牙颁布了《调解法》；关于仲裁的单行法，1697 年的《英国仲裁法》，是世界上第一部仲裁法。目前，各个仲裁机构建立了自己的仲裁规则，如美国仲裁协会、国际商会仲裁院、新加坡国际仲裁中心、香港国际仲裁中心、伦敦国际仲裁院等都有自己的仲裁规则。在国际公约方面，调解方面的国际公约有，2008 年欧盟的《关于民商事调解若干问题的 2008/52 号指令》（又称《欧盟调解指令》），2018 年联合国贸法会通过了《国际商事调解和调解所产生的国际和解协议示范法》。2019 年联合国签署的《关于调解所产生的国际和解协议公约》（以下简称《新加坡调解公约》），旨在推动国际商事调解协议的执行。仲裁方面的国际公约有 1958 年《纽约公约》，截至目前已经有 157 个成员国，还有 1976 年《联合国国际贸易法委员会仲裁规则》，1985 年《国际商事仲裁示范法》等。国际公约的签署使得国际商事仲裁的立法和实践得到空前的协调和统一④。

三是融合型立法。有的国家将 ADR 与民事诉讼程序融合。如英国的《民事诉讼法》规定了调解制度；德国的《民事诉讼法》规定了和解法官制度以及转介调解制度；葡萄牙于 2009 年修改了《民事诉讼法》，增加了司法确认和调解保密义务等规定；意大利于 2009 年修改《民事诉讼法》，在诉讼法中完善了调解制度，并于 2010 年通过法令引入强制调解；瑞士 2011 年的

---

① 张泽涛，肖振国.德国《调解法》述评及其启示.法学评论，2013（1）.

② 齐树洁.外国 ADR 制度新发展.厦门：厦门大学出版社，2017：22；陈飏.日本家事调停制度研究.河北法学，2010（1）.

③ 龙飞.多元化纠纷解决机制立法的定位与路径思考——以四个地方条例的比较为视角.华东政法大学学报，2018（3）：108.

④ 赵秀文.国际商事仲裁现代化研究.北京：法律出版社，2010：320.

《联邦民事诉讼法》对民事程序中的调解制度予以统一规范①。

此外，有的国家通过宪法鼓励适用非诉讼程序，如南非宪法规定适用调解实现社会和谐。有的国家制定授权性立法，授权某些部门、地区或社会团体实施ADR项目，如美国联邦及各州的ADR立法属于授权性立法。

上述内容在笔者所写的《替代性纠纷解决机制立法的域外比较和借鉴》一文中有集中论述，该文提出了域外替代性纠纷解决机制立法中关注的五对关系：ADR立法和司法体制的关系、ADR立法的统一性与实践的丰富性的关系、调解自愿性和强制性之间的关系、调解民间性与职业性之间的关系、ADR的公益性与市场化之间的关系等，并认为前两对关系是立法方法上需要处理好的关系，后三对关系是在立法内容上需要处理好的关系②。正如范愉教授所言，域外ADR立法发展呈现两个趋势：一方面，部分非诉讼程序被纳入司法程序，二者形成了衔接互补关系；另一方面，民间自治性和行政性的纠纷解决机制的正当性、功能、优势也得到了重视和发挥，形成了国家与社会互动的多元化治理格局③。我们归纳总结了域外ADR立法的趋势和一些带有共性、规律性的问题，以期对中国多元化纠纷解决机制立法有所借鉴。

二、国内制度建设与立法进程

(一) 概况

从立法的角度观察，我国还没有多元化纠纷解决机制国家层面的立法。从制度建设的角度讲，随着矛盾纠纷化解实践的发展，纠纷呈现多样化、复杂化，解纷需求也相应地多样化和个性化，迫切需要建立多元化纠纷解决机制体系。

最高人民法院在《人民法院第二个五年改革纲要（2004—2008）》中最早提出完善多元化纠纷解决机制的改革任务，从实际出发提出制度构想，2009年出台的《诉非衔接意见》使法院系统的多元化纠纷解决机制制度建设迈出了关键一步，影响深远。为了适应我国经济体制深刻变革与社会转型期矛盾突出的新形势、促进社会和谐、维护社会稳定，2011年我国第一部专门、系统、完备规范人民调解的法律《人民调解法》正式颁布实施。2012年《民事诉讼法》修改，增加了"先行调解"原则，增加了"调解协议司法确

---

① 齐树洁. 外国ADR制度新发展. 厦门：厦门大学出版社，2017：23-24.
② 龙飞. 替代性纠纷解决机制立法的域外比较和借鉴. 中国政法大学学报，2019 (1).
③ 范愉. 中国非诉讼程序法的理念、特点和发展前景. 河北学刊，2013 (5).

认程序"。最高人民法院连续数年强调司法调解的重要性,出台了诸多司法解释和政策性文件。从中央政策层面来看,顶层制度设计也于 2014 年提上日程。2014 年党的十八届四中全会提出:"健全社会矛盾纠纷预防化解机制,完善调解、仲裁、行政裁决、行政复议、诉讼等有机衔接、相互协调的多元化纠纷解决机制。"① 2015 年 12 月,中共中央办公厅、国务院办公厅出台了《关于完善矛盾纠纷多元化解机制的意见》(以下简称两办《意见》),首次提出完善矛盾纠纷多元化解法律制度,推动相关法律法规立改废释和政策的制定完善工作,促进从法律层面推进矛盾纠纷多元化解机制建设。法院作为矛盾纠纷化解的阵地,为贯彻落实中央部署,积极支持地方立法,将改革实践成果制度化、法律化。

在最高人民法院的推动和支持下,一些地方省市积极尝试多元化纠纷解决机制的制度建设,各省市的法院、行政机关以及解纷组织都出台了化解纠纷的实施方案、操作流程或指导意见,为多元化纠纷解决机制的制度建设奠定了基础。2015 年,《厦门条例》首创我国多元化纠纷解决机制立法先河,山东省(2016 年)、黑龙江省(2017 年)、福建省(2017 年)、安徽省(2018 年)、四川省(2019 年)等多元化纠纷解决机制建设的地方性法规(以下简称 6 个《多元条例》)相继出台(详见表 2)。目前,吉林省等的地方立法也在积极推进中。地方立法逐渐呈现出繁荣景象,已经从思想理念、司法实践、政策指导转向立法规范的发展阶段。自 2015 年关于多元化纠纷解决机制的立法议案首次提出后,全国人大代表和政协委员连续五年在全国两会上提出议案和建议 12 次。但是,多元化纠纷解决机制立法目前还没有纳入全国人大常委会的立法规划中,还需要社会各界不断地呼吁。

表 2 国内关于多元化纠纷解决机制的法律和条例文本

时间	法律和条例文本
1991 年通过,2007 年第一次修改,2012 年第二次修改	《民事诉讼法》规定诉讼程序中的调解 2012 年修订《民事诉讼法》,增加"先行调解"与"调解协议司法确认制度"的内容
1994 年通过,2009 年第一次修改,2017 年第二次修改	《仲裁法》

---

① 中共十八届四中全会在京举行 习近平作重要讲话. [2019 - 03 - 01]. http://cpc.people.com.cn/n/2014/1024/c64094 - 25898158.html.

续表

时间	法律和条例文本
2005年通过，2015年第一次修改，2017年第二次修改	《公证法》
1993年通过，2009年第一次修改，2013年第二次修改	《消费者权益保护法》专门规定了争议解决
2007年通过	《劳动争议调解仲裁法》
2009年通过	《农村土地承包经营纠纷调解仲裁法》
2010年通过	《人民调解法》
2015年4月1日通过	《厦门经济特区多元化纠纷解决机制促进条例》
2016年7月22日通过	《山东省多元化解纠纷促进条例》
2017年10月13日通过	《黑龙江省社会矛盾纠纷多元化解条例》
2017年11月24日通过	《福建省多元化解纠纷条例》
2018年11月23日通过	《安徽省多元化解纠纷促进条例》
2019年11月28日通过	《四川省纠纷多元化解条例》

（二）地方立法的特点

多元化纠纷解决机制地方立法既有个性，也有共性。共同的特征是，6个《多元条例》皆包含总则、职责分工、纠纷解决途径、纠纷解决程序衔接、纠纷解决组织建设、保障措施、管理监督考核、附则等内容，这为国家立法提供了借鉴。

一是明确了解纷主体的职能。综治部门、行政机关、人民法院、各级基层组织、社会团体的角色定位在地方立法中得到界定，为解决以往职能部门的推诿扯皮提供了制度支撑。二是解纷机制得到创新和发展。6个《多元条例》在现有法律空间内进行了制度创新，如，确定了商事调解和行业调解的地位，确立了无争议事实记载、民商事纠纷中立评估、无异议方案认可机制，创新了在线纠纷机制。三是完善了衔接机制。6个《多元条例》对各职能部门之间如何协调配合、纠纷解决方式如何对接都进行了详细规定。四是促进了纠纷解决理念的更新。6个《多元条例》中都贯穿始终"国家主导、司法推动、社会参与、多元并举、法治保障"的现代纠纷解决理念[1]，有利于促进社会治理走上法治化道路。五是建立了考核监督制度。如，山东省规

---

[1] 龙飞.论国家治理视角下我国多元化纠纷解决机制建设.法律适用，2015（7）.

定了将纠纷化解工作纳入政府和综治部门年度工作考核和社会治安综合治理考核体系，同时建立了责任追究制度①。四川省条例明确，开展重大行政决策社会稳定风险评估，从源头上预防和化解社会稳定风险事件和重大群体性纠纷；健全行政执法监督和纠错机制，将行政争议预防和化解纳入行政执法责任制考核，从源头上预防和化解行政争议；建立纠纷排查分析工作制度；建立纠纷分级分类管理和分级递进调处机制；建立多发生、群体性和重大疑难复杂纠纷研究、预防、督办机制等。

综上，我们可以得出以下几点启示：一是立法中需要引入解纷市场化模式。有的《多元条例》规定了政府购买调解服务，鼓励解纷服务多元化的供给。构建市场化运作的民间调解系统，优化解纷资源配置，促进民间解纷机制发展。二是引入调解前置程序。在6个《多元条例》立法讨论过程中，有人建议增加调解前置程序改革的内容。但是，调解前置程序属于民事诉讼程序内容。必须通过全国人大常委会授权试点；待试点成熟后，再考虑修改《民事诉讼法》，明确适用法定调解前置程序的案件范围、程序规则、衔接机制以及保障措施等，确保调解前置程序的案件调解不成时能够便捷快速转入诉讼程序。

第三节　立法研究的理论及现实意义

党的十六届四中全会《决定》首次提出，要"建立健全党委领导、政府负责、社会协同、公众参与的社会管理格局"，初步形成了吸纳多元主体共治的理念；党的十八大将"法治保障"纳入社会管理体制当中；党的十八届三中全会通过的《中共中央关于全面深化改革若干重大问题的决定》提出："全面深化改革的总目标是完善和发展中国特色社会主义制度，推进国家治理体系和治理能力现代化"②；党的十九大提出："打造共建共治共享的社会治理格局……提高社会治理社会化、法治化、智能化和专业化水平"③；党的

---

① 龙飞.多元化纠纷解决机制立法的定位与路径思考——以四个地方条例的比较为视角.华东政法大学学报，2018（3）.

② 中国共产党第十八届中央委员会第三次全体会议公报．［2019－03－01］．http：// politics.people.com.cn/n/2013/1112/c1024－23519136.html.

③ 新华社全文播发习近平在中国共产党第十九次全国代表大会上的报告．［2019－03－01］．http：//china.cnr.cn/news/20171028/t20171028_524003229.shtml.

十九届四中全会通过的《中共中央关于坚持和完善中国特色社会主义制度推进国家治理体系和治理能力现代化若干重大问题的决定》，明确了坚持和完善中国特色社会主义制度，推进国家治理体系和治理能力现代化的战略目标。这一系列党的政策方针对坚持和完善共建共治共享的社会治理制度提出了明确要求，为新时代加强和创新社会治理和推进多元化纠纷解决机制的制度建设指明了方向。深入总结实践经验，加强多元化纠纷解决机制立法研究，具有十分重要的理论意义和实践意义。

一、理论意义

在国家治理背景下加大多元化纠纷解决机制立法研究力度，是落实全面依法治国方略、推动国家治理创新的重大问题。本书从立法的视角，研究立法应当具备的理论基础、立法的原则以及建立衔接机制等，阐明多元化纠纷解决机制立法研究的理论意义。

（一）促进社会治理现代化

党的十八届四中全会提出："法律是治国之重器，良法是善治之前提。"[①]时代的发展需要构建以法律为核心，注重制度理性的多元化纠纷解决机制的治理体系。"多元化纠纷解决机制，是指一个社会中由各种不同性质、功能和形式的纠纷解决方式，包括诉讼与非诉讼两大类型，相互协调互补，共同构成的纠纷解决和社会治理系统。"[②] 在这个体系建构中，各种纠纷解决机制处于何种地位、应当如何有效进行衔接、传统的纠纷解决资源如何改造创新、各种纠纷解决资源如何积极参与纠纷解决实践、国家应当给予什么样的保障机制、纠纷解决人才如何培养和储备？这些问题的解决，需要通过多元化纠纷解决机制立法予以统筹考虑，这也是国家治理中需要解决的现实问题。从社会矛盾纠纷治理发展规律出发，研究多元化纠纷解决机制立法问题，有助于落实全面依法治国重大战略，打造共建共治共享的社会治理格局、推进"法治中国"建设。加大多元化纠纷解决机制立法研究，回应社会需求、权衡利益考量、解决冲突纠纷、制定规范规则，构建规范化的体制机制，是实现多元化纠纷解决机制的制度化、规范化，实现社会治理体系和治理能力现代化的重要内容。

---

① 中共十八届四中全会在京举行 习近平作重要讲话．[2019 - 03 - 01]．http：//cpc. people. com. cn/n/2014/1024/c64094 - 25898158. html.

② 范愉，李浩. 纠纷解决——理论、制度与技能. 北京：清华大学出版社，2010：21.

（二）推进民主政治进步

当前我国社会治理领域的矛盾纠纷主要属于人民内部矛盾的范畴，我国主要运用民主协商的方式建立多元化的矛盾纠纷解决机制，整合各种社会力量，有效解决中国现代化进程中出现的问题。习近平总书记指出："国家治理体系和治理能力是一个国家的制度和制度执行能力的集中体现……尽快把党和国家机关、企事业单位、人民团体、社会组织等的工作能力都提高起来，国家治理体系才能更加有效运转。"[1] 党的十九大提出"打造共建共治和共享的社会治理格局……加强预防和化解社会矛盾机制建设，正确处理人民内部矛盾……加强社区治理体系建设，推动社会治理重心向基层下移，发挥社会组织作用，实现政府治理与社会调解、居民自治良性互动"[2]。但是，现实的制度运行中，各种解纷机制在运行上不仅分散而且孤立，存在职责交叉、衔接不足等诸多问题，矛盾纠纷不能及时有效化解，导致群体性、极端事件发生。这些问题的出现，暴露了多元化纠纷解决机制建设方面的缺陷。如何适当处理矛盾纠纷，如何提升党和国家机关、企事业单位、人民团体、社会组织等的工作能力，值得我们进行理性反思。我们认为，构建多元化纠纷解决机制立法框架，应当回应人民群众的关切与现实需求，与社会矛盾解决状况相适应。从研究的视角观察多元化纠纷解决机制的立法重大问题可以看到，基层民主参与纠纷化解体现了民主协商在国家治理中的价值，蕴含着民主与法治的因素。

（三）维护国家安全和社会稳定

在全面推进依法治国的背景下，建立立体化的社会纠纷解决体系，需要注重依法治理，不断提升预防和化解社会矛盾的水平，不断创新排查和化解社会矛盾方式，有效处理各类矛盾纠纷，这需要发挥制度体制的优势。推进多元化纠纷解决机制立法研究，不仅能够丰富和发展社会矛盾的理念、规则和制度，而且能够促进社会治理总体格局的构建，最大限度促进矛盾纠纷的解决，强化国家治理，促进政权建设，指引规范社会行为，推动法治进步。研究多元化纠纷解决机制立法中的重大问题，不仅能明晰国家治理功能在当代社会矛盾领域的具体表现，还可以看到国家治理在社会领域中的缩影。如

---

[1] 习近平. 在省部级主要领导干部学习贯彻十八届三中全会精神全面深化改革专题研讨班开班式上的讲话. [2019-02-23]. http://politics.people.com.cn/n/2014/0222/c1001-24436220.

[2] 习近平在中国共产党第十九次全国代表大会上的报告［2019-02-23］. http://cpc.people.com.cn/n1/2017/1028/c64094-29613660.html.

何保障社会力量参与解决社会矛盾,也是长期实践发展和理性思考时迫切需要解决的问题。立法研究要集中体现纠纷解决机制在维护国家安全、政权安全以及意识形态安全等方面发挥的作用,要体现服务和保障"五位一体"总体布局、"四个全面"战略布局,还要体现将国家治国理政的经验与智慧上升到法律层面,服务乡村振兴战略和"一带一路"倡议的实施,以社会主义核心价值观弘扬当代精神,将自治、法治和德治有机融合起来,推动社会矛盾多元共治和源头治理、基础治理、综合治理,为经济社会发展创造安全稳定的社会环境和公平正义的法治环境。

二、现实意义

理论离不开实践,实践是提升理论的发展动力。因此,理论必然从实践中来又回到实践中去。多元化纠纷解决机制立法研究为改革提供理论基础,形成国家治理与社会自我管理良性互动的局面,从而有助于构建具有中国特色的纠纷解决体系,推动多元化纠纷解决机制在法治的轨道上发展。多元化纠纷解决机制立法可以从多个视角进行研究,通过考察国内外立法情况,对多元化纠纷解决机制立法的社会现实状况和背景进行分析,论述立法的可行性、必要性和正当性,具有极强的现实意义。

(一)构建规范化的多元化纠纷解决体系

当前,多元化纠纷解决体系中的各个解纷机制之间还未形成规范化的运作机理,常态化的联动机制也未真正形成。推进多元化纠纷解决机制立法研究,将中央关于多元化纠纷解决机制改革的方针、政策、决策部署转化为具体的法律规定,有利于从更高的法律位阶规范多元化纠纷解决机制的运行,合理配置解纷资源,形成符合解纷规律、有机衔接、协调联动、高效便捷的矛盾纠纷化解体系。一是有助于促进联动机制的常态化。各个解纷机制不再是各自独立地应对纠纷,长期缺少协作与沟通的局面也将得到改善,因立法的保障将形成规范化、经常化的沟通协作机制。二是有助于促进纠纷解决机制的制度化。其内在发展规律是提高解纷主体之间的协调性,而其间的协作、互动需要制度的保障,立法可以为解纷机构的沟通、对接提供制度支持。三是有助于促进多元化纠纷解决机制的系统化。整合多种解纷资源使之成为有机结合的整体是立法的使命所在,矛盾冲突的复杂性与交织性需要各种解纷机制的互相支持、配合,综合运用解纷手段,各种解纷主体形成系统化的整体是必然选择。

(二) 实现升级版的多元解纷机制衔接

加强立法研究，理清和解、谈判、调解、仲裁等机制的各自优势，丰富救济权利的渠道，可以充分发挥解纷机制的效能，减少和化解矛盾。正如有学者所说："一个社会的目标不应当是消灭纠纷，而应当是减少纠纷尤其是恶性纠纷，而减少恶性纠纷的主要方法就是建立一套有序的纠纷解决程序装置。防止纠纷扩大化、恶性化，从而实现一种长治久安的社会局面。"[①] 多元化纠纷解决机制立法以优化整合资源、及时化解纠纷为目的，建立畅通的诉求表达机制、矛盾调处机制，提供灵活多样、方便有效的纠纷解决途径，节约矛盾纠纷解决成本，实现公正与效率，满足人民群众对矛盾纠纷化解的新要求和新期待。一些非诉讼纠纷解决程序需要法律予以确认，才能得以发展。例如，调解协议司法确认制度的确立，就是基层试点上升为法律制度的生动实例。正在开展的调解前置程序改革，也在改变我国目前的诉讼体制，更有效地发挥诉讼外纠纷解决机制的功能，理顺诉讼与调解的关系。

(三) 满足多元化的人民群众需求

研究多元化纠纷解决机制立法，寻找符合人类社会发展规律，采取民主协商的方式体现以人民为中心的发展理念，为人民群众提供便捷适宜的纠纷解决方式。正如最高人民法院原副院长景汉朝同志所说，多元化纠纷解决机制建设"好比你修路，除了高速公路外，还要有普通公路甚至羊肠小道，路修好后走哪一条道方便合适，应当交给老百姓自己决定，国家的义务，是修好这些道并保证它们畅通无阻"[②]。研究多元化纠纷解决机制立法问题，满足人民群众对公平正义、公共治理、社会和谐等价值理念的追求，最大限度地激发社会自治、能动的力量，充分尊重当事人的参与权与选择权，将各种诉讼与非诉讼的纠纷解决渠道打通，统筹社会资源和力量、平衡社会各种利益关系，鼓励行政机关、社会团体、行业自治组织和个人积极参与纠纷的化解，为人民群众提供灵活多样、方便有效、富有温情的解纷方式，真正解决人民群众最关心、最直接、最现实的切身利益问题，促进人的自由与全面发展。

[①] 何兵. 现代社会的纠纷解决. 北京：法律出版社，2003：7.
[②] 景汉朝. 以科学发展观为指导 建立健全多元化纠纷解决机制——在2008年北京多元化国际会议上的讲话.

第四节 立法研究的创新之处和难点

一、创新之处

立法作为国家主权活动中的一项重要内容，是一项科学性很强的工作。清末沈家本的立法思想就揭示了立法的精髓："法之修也不可审，不可不明。而欲法之审，法之明，不可不穷其理。"随着《立法法》的颁布，我国的立法工作走上了法治化的轨道。学术界对非诉讼纠纷解决机制的理论基础与基本架构进行研究，形成了一批研究成果。实务界从中央到地方的多元化纠纷解决机制改革如火如荼地开展，积累了大量实践经验。

1. **理论的创新**。笔者从研究多元化纠纷解决机制立法的过程中发现，立法的使命不仅在于设计具体的制度规则，更应该强调通过立法在全社会树立多元价值观，普及新的现代纠纷解决理念。本书提出，协商治理理念奠定了立法的思想基础，解纷实践理性奠定了立法的社会基础，共同目标追求奠定了立法的价值基础。从正当性价值出发，本书提出了协商民主价值与民主自治理论，协同治理价值与社会系统理论，社会善治价值与社会治理理论，法治秩序价值与接近正义理论，公平效率价值与博弈衡平理论，利益最大化价值与效益成本理论等。这些理论上的深度思考，是对多元化纠纷解决机制理论的创新贡献。

2. **制度的创新**。针对多元化纠纷解决机制，目前最高层级的政策性文件是党的十八届四中全会决定、十九大报告、两办《意见》等，但因是政策性文件，比较宏观。国内只有个别地方有多元化纠纷解决机制的立法，国家层面全国性的立法还没有启动。许多制度设计迫切需要通过法律来加以固定。推动全国性的多元纠纷解决机制立法是一个全新的领域，关系到在整个纠纷解决体系中，如何建构社会治理结构，实现诉讼与非诉讼机制的协同互动和有效衔接，避免解纷资源与解纷成本的浪费，形成更合理的社会善治模式，包括：国家职能部门的职能分工、社会解纷资源的配置、各类纠纷解决机制的衔接、对解纷机制的经费保障和解纷人才培养等等。

3. **方法的创新**。本书采用了多元的研究方法：通过文本研究法对中外立法文本加以分析、提炼和研究，从文本的表层深入规范的深层，探索现有规范背后的关联和冲突之处，综合分析各个文本的规范性意义，以保证最后提出的立法建议具有针对性；通过系统研究法，梳理各种实践模式，对纠纷解决体系化建构进行重点研究；通过实证调研法，收集分析全国各地关于多元化纠纷解决机制改革的典型案例和实践事例，归纳一些具有普遍规律的经验做法；通过比较研究法对域外制度以及国内立法进行比较研读和归纳；通过跨学科研究法综合运用哲学、社会学、法学、政治学、管理学等学科理论，力图从多维视角揭示多元化纠纷解决制度的"生存理论"；通过价值分析法，研究纠纷处理体系的价值取向、根本目的，达到整个社会的稳定、有序。

二、研究难点

本研究的重点在于路径探索和制度建构，即在对全国多元化纠纷解决机制改革实证调研的基础上，将当前改革中的各项创新机制进行整理，并从制度构建的角度有针对性地起草我国多元化纠纷解决机制立法文本，同时考虑构建适合我国国情的多元化纠纷解决体系。本书的研究难点在于以下几个方面。

1. 纠纷解决涉及法律领域较多。多元化纠纷解决机制的立法并不仅限于民事法律层面，还涉及国家各个行政管理领域、各个职能部门之间的职权配置，涉及社会纠纷解决资源的合理配置、经费保障制度，以及全社会公民意识、纠纷解决文化的培养等。纠纷解决工作是一个庞大的系统工程，涉及的主体众多，有负有推动职责的执法主体，如司法行政部门；有负责纠纷化解的义务主体，如调解组织、仲裁机构，有既负责推动又负责化解纠纷的双重主体，如人民法院、行政机关；还有许多社会组织、人民团体。这些主体在纠纷化解中存在角色错位、职责交叉的情况。厘清各主体的职责定位是一个难度很大的问题。同时，这些主体在履行这项工作职责时的责任和义务如何确定？各部门如何衔接？由于涉猎的领域纷繁复杂，难免挂一漏万，需要笔者对各个领域进行更加深入的研究。

2. 域外替代性纠纷解决制度的研究文献分散。关于域外 ADR 制度的域外研究文献浩如烟海，涉及领域广泛且不乏深度，正确领会这些文献的意旨，需要笔者从语言能力、知识储备、思维能力等各方面下苦功夫。国外 ADR 研究发展很快，从"庞德会议"建立"多门法院"，到费斯等对 ADR 运动提出质疑，再到亚历山大提出调解全球化趋势，兰德忧虑地总结出"审判正在成为逐渐消失的现象"。域外许多国家和地区都有 ADR 法。但是，这些域外经验到底对中国的立法有多少借鉴意义？在学习借鉴的过程中需要把握哪些规律？这些问题绝非一日之功可以解决。

3. 国内实证研究地域广、难度大。实证调研是一项复杂、艰巨的研究任务，如何合理选取样本、设计调研方案、整理分析后期成果等，这些问题时刻考验着研究者的综合素质。我国多元化纠纷解决机制在司法实务中形成各具特色的操作程序，考察各地实践情况，总结规律，形成统一的、规范化的操作流程，是个难点。在针对行政机关参与纠纷解决的职能研究时，面临着国家机构改革，许多行政机关的职能进行了重新调整，还有许多没有到位的问题，研究起来难度较大。哪些制度是实践中已经比较成熟的，可以写入法律文本中？哪些是需要不断探索创新，需要时间来验证的？哪些是在现行法律框架下可以突破的，前瞻性地加以规定的？在立案登记制、员额制改革以及人员分类化管理、智慧法院建设、诉讼服务中心平台建设等过程中，法院如何发挥对多元化纠纷解决机制的引领、推动和保障作用，在诉前对纠纷进行筛选、分流？如何进行诉调对接，将法院外力量调解、化解纠纷的成果"导入"进行司法确认？如何更好地运用互联网技术，建立线上与线下融合的多元化解纠纷机制，并科学合理地设置程序双重转换机制等？通过立法是否能够解决有关行政调解组织、行政裁决机构的主体地位？商事调解组织的主体资格、市场化运行机制如何创新？等等，这些问题都是立法研究中的难点。

4. 与其他法律的关系复杂。目前的非诉讼纠纷解决机制法律包括人民调解法、仲裁法、公证法、劳动争议调解仲裁法、农村土地承包经营纠纷调解仲裁法等法律，它们与本书所主张的"多元化纠纷解决机制促进法"相比而言，后者属于一种综合性法律，包括实体法和程序法。其中涉及的调解前置、司法确认适用范围等问题属于民事诉讼法中规定的内容，是当前多元化纠纷解决机制急需解决的问题。这些前瞻性问题受到现有民事诉讼法规定的限制，只能通过修改民事诉讼法才能予以完善。所以，在立法研究中处理好多元化纠纷解决机制促进法与已有法律的关系，强化促进法的功能，也是比较难以把握的难点。

第一章 多元化纠纷解决机制立法的时代价值

从多元化纠纷解决机制改革的历史沿革来看，多元化纠纷解决机制的制度建设经历了从无到有、从单一到多元、从"单兵作战"到逐步体系化的演进过程，为制度的生长提供了实践基础。从特性讲，多元化纠纷解决机制是程序衔接、良性互动、彼此支持、功能互补的有效解纷体系，以"非争诉性"为本质特征，以各种纠纷为处理对象，以预防纠纷和确定事实状态为主要目标，这一特性决定了多元化纠纷解决机制必须遵循与其特征相适应的程序机理和制度设计。顺应历史发展大势，在法治背景下构建多元化纠纷解决机制，应将其纳入法治化、制度化和程序化轨道，使之有序运行，稳步推进。

第一节 多元化纠纷解决机制立法的背景

"任何社会不可能是没有矛盾的。冲突是不可避免的，纠纷的发生和解决构成了人类社会发展的一对永恒性的矛盾，人类社会正是在解决这对矛盾的过程中不断趋于进步的。"[1] 纵观古今，横看国内外，人类的社会交往中如家庭、邻里、商业伙伴、商家与消费者等各种社会关系之间均存在着纠纷。而纠纷需要通过一定的渠道、方式予以化解，使纠纷各方回归到各自的稳定关系中去。社会、政治、经济发展程度，乃至文化、宗教等多方面因素共同决定了一个国家及地区对纠纷解决方式与机制的具体内容。社会矛盾纠纷的发展规律证实，目前已经进入了主体多元与关系多向度的社会治理时代，需要透过多元化纠纷解决机制的立法保证纠纷解决系统的内在协调，透过立法稳定解纷主体间的互动。社会治理对法治功能的依赖凸显了多元化纠纷解

---

[1] 查尔斯·霍顿·库里. 社会过程. 洪小良, 等译. 北京: 华夏出版社, 2000: 28.

机制的立法需求,需要在立法的基本环节作出积极回应,转变治理理念,优化机制建设方略,这也是建设法治国家、法治社会的必然诉求。

一、多元化纠纷解决机制立法的宏观社会背景

随着改革进入深水区,社会矛盾纠纷呈现出新变化,出现了新趋势,新的风险点不断爆发,新的矛盾纠纷层出不穷且形式多样。适应社会矛盾纠纷的新变化和人民群众的新要求,寻求更加规范化的社会治理方式,是现实的选择。人类社会历史的发展表明,社会治理模式的选择对法治具有更强的依赖性。有学者认为:"法治是治理的基本要求,没有健全的法制就没有善治。"[①] 因此,多元化纠纷解决机制促进法及其功能的释放是社会治理有效性的保障,在此过程中,立法本身的价值与功能也进一步得到明确和凸显。

(一) 社会主要矛盾发生变化

我国现阶段的社会主要矛盾的新变化亟须提升多元化纠纷解决机制的法治化。当前,我国正处于社会转型期,党的十九大报告明确指出,"我国社会主要矛盾已经转化为人民日益增长的美好生活需要和不平衡不充分的发展之间的矛盾"[②],其中,"美好生活需要"涵盖了更加复杂、广泛以及多元化的内容,而"不平衡不充分的发展"也包括了经济、文化等多领域跨区域的弥合差距的问题。在深化改革的进程中,当涉及深层次矛盾和重大利益调整时,社会矛盾明显增多,各种利益冲突日益明显。社会主要矛盾的转变,意味着人民价值观多元化与社会发展出现新形态与深层次的矛盾;改革逐步深化,意味着不同领域各个层面新旧交替的矛盾。由此,矛盾纠纷呈现出类型多样化、主体多元化、内容复合化、矛盾易激化等特点。面对各种各样的纠纷,人们更多地选择通过诉讼渠道解决。然而,司法本身也面临着人民对公平正义的需求与司法供给能力之间的矛盾,司法效率与质量供给不能完全满足社会司法需求。同时,诉讼并不能"包治百病",对于诸如家庭、邻里之间的纠纷,诉讼可能会导致社会关系的破裂;对于商业纠纷,诉讼可能严重影响交易关系的进一步发展。随着社会发展,社会中各种关系发生频次高、内容更加复杂与具体,由此引发的纠纷无论是数量还是复杂程度都更甚于以往。在其他纠纷解决机制衰落的情况下,大量纠纷涌入司法程序,诉讼量的

---

① 俞可平. 中国治理评估框架. 经济社会体制比较,2008 (6).
② 习近平在中国共产党第十九次全国代表大会上的报告. [2019-03-01]. http://china.cnr.cn/news/20171028/t20171028_524003229.shtml.

增长与司法资源的严重不足之间的矛盾更加尖锐与突出。过多的诉讼不仅加剧了社会关系的对抗和紧张,增加了经济生活和市场运行的成本,也破坏了道德诚信、自治协商、家庭温情、社会宽容和责任、传统习俗等重要的价值观念和社会规范。

不同的纠纷应当有适合的纠纷解决方式,有些矛盾纠纷还需要整合国家、社会、私人等力量,优化社会资源,运用法律、行政、经济等方法实施综合调控。一个健全稳定的社会纠纷解决机制,应当有司法权的参与,但同时还应当有行政权的适当介入与社会力量的积极参与,方能从国家与社会层面形成一套体系化强、资源调配适度的纠纷解决体系。古今中外,都经历过、正在经历着矛盾纠纷的积聚、爆发。马克思唯物主义的观点认为,矛盾纠纷的存在是客观的,是不以人的意志为转移的。在新时期,运用法治化的手段提升矛盾化解能力,建立有效的多元化纠纷解决体系,实现社会治理现代化、法治化,是我们的责任所在。我国经济社会的各个方面、各个领域出现了新形势、新情况,各种矛盾纠纷叠加交织,解纷需求不断走向多元化,推动了多元化纠纷解决机制的发展,激发了多元化纠纷解决机制的立法需求。从国家治理角度来看,对纠纷解决机制这样一项影响社会生活各方面的制度进行立法,是提升依法治国能力的重要基石,是实现治理能力现代化的重要支点,也是完善多元化纠纷解决机制建设的关键。

马克思主义法律观认为,法是由物质生活条件决定的,是受客观规律制约的。立法应当解决现实问题,基本的世情、国情、省情、市情、县情是立法的社会基础。因此,立法需求具有历史性,不同历史时期有不同的立法需求。法所反映的社会关系和社会秩序是以物质生活条件为基础的,尽管立法要体现一定的意志,"但立法的基础不是意志和权力而是社会物质生活条件","立法不过是表明和记载物质生活条件的活动而已"[1]。要立什么法以及何时立法受到立法规划、立法者等诸多因素的影响,立法者"必须把经济上和社会上的要求与立法活动联系起来,制定出反映人民意志和愿望的法律"[2]。在此意义上,立法内容是立法需求的表达。多元化纠纷解决机制立法是社会立法需求的反映,鉴于此,需要认识社会立法需求的内容及其根植的社会经济条件。分析多元化纠纷解决机制立法需求与社会变迁的关系,可以

---

[1] 周旺生.立法学.北京:法律出版社,2009:37.
[2] 约翰·亨利·梅利曼.大陆法系.顾培东,禄正平,译.北京:法律出版社,1984:94.

帮助我们认清影响立法的关键因素，有的放矢地开展立法活动。"要理解立法就必须理解它所依赖的物质生活条件和它与该物质生活条件的联系。"① 因此，对多元化纠纷解决机制立法需求的研究不仅要考量立法的内容，更需要考察立法需求与社会经济因素之间的关系结构，从而判断通过立法表达的立法需求是否根源于社会经济生活本身。新时代的社会发展速度与经济增长等变量催生了制度和秩序的需求，是影响立法的主要因素，社会发展会带来一系列难以解决的矛盾冲突，环境、资源能源、就业、住宅、教育、医疗、市政建设等方面的纠纷会越来越多，为确保社会治理的现代化，要求实施规则之治，多元化纠纷解决机制立法呼之欲出。

（二）社会纠纷解决理念发生转变

理念决定方法。改革时期，我国社会纠纷理念也在发生着变化，这是多元化纠纷解决机制立法的思想基础。当下中国社会的主要矛盾在国家治理层面体现为社会公共事务处理需求和社会管理模式的功能局限之间的矛盾。"这是中国社会必须由'管理'（Administration）迈向'治理'（Governance）的根本原因所在，也是法治社会建设的现实背景和基本主题。"② 社会治理与社会管理有着明显的不同，治理重视权力来源的多样性，更强调上下平等协商、协调互动、合作治理。社会治理理念的变化，决定了纠纷解决理念。

新中国成立初期，人民调解的东方经验享誉国外，"和为贵"的思想被传播到世界各地；改革开放初期，人民的法律意识不断提高，"秋菊打官司"的维权意识初步觉醒，逐渐形成了"有纠纷打官司"的观念；20世纪90年代起，各地陆续开展"大调解""诉非衔接"等非诉讼调解机制的创新，由此，纠纷解决机制开始逐步成为国家治理体系中的重要组成部分。纠纷解决机制从以往过于倚重司法，逐渐演进成"国家主导、司法推动、社会参与、多元并举、法治保障"③ 的现代纠纷解决理念。国家站在整个社会治理的高度谋划全社会的纠纷解决体系的建立，党委和政府发挥着主导作用，具有高效、统一、权威等优点；而司法机关仅是这一体系中的主要力量之一，诉讼仅是多种纠纷解决路径的环节之一。司法机关在纠纷解决机制中，要发挥法

---

① 周旺生. 立法学. 北京：法律出版社, 2009：37.
② 江必新, 王海霞. 社会治理的法治依赖及法治的回应. 法制与社会发展, 2014（4）.
③ 最高人民法院《关于人民法院进一步深化多元化纠纷解决机制改革的意见》. [2019-02-23]. http：//www.court.gov.cn/fabu-xiangqing-22742.html.

律规则指引的"龙头老大"作用,同时,通过诉调对接、效力赋予、人才培养、参与立法等途径,让更多的纠纷通过非诉讼渠道解决;鼓励和支持社会各方面参与,让多元的纠纷解决方式共同发挥作用,实现政府治理和社会自我调节、居民自治良性互动;最终由法治为纠纷解决机制提供保障。

现代纠纷解决理念在全社会逐步养成,诉讼与非诉讼的解纷基本得到优化配置,这与我国人民群众的主体意识不断增强密切相关。人民群众是国家权力的主体,也是国家治理的主体。主体意识的养成是推进国家治理体系与治理能力现代化的关键环节,这也推动了人民群众在纠纷解决领域民主参与性的提高,在全社会树立了纠纷化解人人有责、人人受益的理念,推动了各种解纷机制在解纷领域协同治理、民主协商。改革开放以来,党和政府一直强调"公民的有序参与"。胡锦涛曾指出:"要丰富社会主义基层民主政治的实现形式,适应我国经济社会发展和人民群众参与愿望增强的要求,从基层经济、政治、文化、社会生活等方面,扩大人民群众的有序参与"①。公众的参与可以有效协调各种利益关系,妥善化解利益纷争,自主达成的协议容易被接受,达成更多的共识,也会逐渐形成协商共治的局面,人民群众之间以及他们与政府之间也就容易和谐相处。

推进多元化纠纷解决机制立法可以为人民群众民主参与社会矛盾纠纷化解提供制度保障。现代治理理念更强调政府与民众之间形成良好的协同合作关系,人民群众是社会治理的主体,是推进国家治理体系和治理能力现代化的基础力量,也是历史的创造者。把人民群众的积极性主动性调动起来,通过畅通各种解纷渠道,利用各种解纷形式,保证人民群众在矛盾纠纷化解中有广泛持续深入参与的权利,使人民群众的主体意识在社会治理实践中得到体现,这也是良法善治的实质所在。在此过程中,不断培育人民群众的主体精神,发挥他们在国家治理中的作用,挖掘蕴藏在他们身上的智慧,可以有效集中民智并调动民力,同时也是健全民主政治制度体系、保证人民当家作主的集中体现。在多元化纠纷解决机制立法中,健全、完善公民参与纠纷化解的制度和机制,人民群众的参与才能做到有法可依,从而维护人民群众的正当参与权利,促进人民群众参与纠纷化解的制度化、程序化和规范化。通过建立适当的激励机制,鼓励人民群众通过参与纠纷化解为国家的稳定与和

---

① 提高社会主义基层民主政治建设水平,保证基层人民群众直接行使民主权利. [2019-02-23]. www.npc.gov.cn/zgrdw/npc/xinwen/szyw/zhbd/2006-12/04/content_354674.htm.

谐作出贡献。

（三）服务国家重大战略实施呼唤立法

完备的立法是推动国家重大战略实施的重要保障，也是打造"法治中国"的关键所在。党的十九大报告指出："全面依法治国是国家治理的一场深刻革命，必须坚持厉行法治，推进科学立法、严格执法、公正司法、全民守法。"① 立法的完善有利于经济发展和社会稳定，促进国家重大战略落地。我国实施的"一带一路"倡议和乡村振兴战略具有独特性，对推进多元化纠纷解决机制立法的需求尤为明显。

"一带一路"倡议的实施需要沿线国家和地区共同努力，需要以法治思维、法治方式推进，促进"一带一路"倡议的稳步发展。"一带一路"沿线国家的法治水平与法治文化差异很大。由于缺乏统一的国际规则，增加了交易风险，对仲裁、公证、调解等法律服务提出了更高的要求。要推动国际规则体系完善、创新，需要强化多边、双边合作机制，坚持共商共建共享原则，推动形成和完善全球性商事法律规则。2018年6月，中共中央办公厅、国务院办公厅印发的《关于建立"一带一路"国际商事争端解决机制和机构的意见》提出："坚持纠纷解决方式多元化原则。充分考虑'一带一路'倡议参与主体的多样性、纠纷类型的复杂性以及各国立法、司法、法治文化的差异性，积极培育并完善诉讼、仲裁、调解有机衔接的争端解决服务保障机制，切实满足中外当事人多元化纠纷解决需求。通过建立'一带一路'国际商事争端解决机制和机构，营造稳定、公平、透明、可预期的法治化营商环境。"② 因此，在"一带一路"倡议的法治化发展中，建立一个便捷高效、多元协作、共享共赢的多元化纠纷解决机制至关重要。

实施乡村振兴战略是党的十九大作出的重大决策部署，2018年《中共中央国务院关于实施乡村振兴战略的意见》发布，对实施乡村振兴战略进行全面部署。在城镇化加速推进过程中，乡村仍然是法治建设的薄弱环节。一方面，乡村社会矛盾多发、高发；另一方面，乡村面临着法治力量不足、村民法治意识淡薄等问题。婚姻家庭、相邻关系、人身损害赔偿等纠纷通过多元化的柔性方式及时化解，可以避免"一场官司几代仇"的现象。推进多元化

---

① 习近平在中国共产党第十九次全国代表大会上的报告. [2019-02-23]. http://cpc.people.com.cn/n1/2017/1028/c64094-29613660.html.

② 中共中央办公厅、国务院办公厅印发《关于建立"一带一路"国际商事争端解决机制和机构的意见》. [2019-02-23]. http://www.xinhuanet.com/politics/2018-06/27/c_1123046194.htm.

纠纷解决机制立法是推动乡村振兴战略的重要保障。由于基层社会的矛盾纷繁复杂，我们需要面向基层、面向农村、面向群众，服务群众在最前沿，为人民群众提供多元选择的纠纷解决方式，满足人民群众的多元司法需求，促进乡村社会和谐稳定，确保乡村振兴战略顺利实施。

二、多元化纠纷解决机制立法的微观司法背景

社会的有效治理要求厘清社会关系背后的主要矛盾，通过了解实际情况，弄清楚问题的症结，寻找到适当的纠纷解决主体与适当的纠纷解决方法，统筹把握不同解纷资源的优化配置，最大限度地化解人民内部矛盾，并逐步构建矛盾多元化解制度，平衡短期功效与长远福祉、局部效果与全局影响的关系，达到整体性、系统性的治理效果。然而，现实表明，社会治理的目标方式方法未达到理想的状态，大量纠纷进入诉讼渠道，出现司法需求与司法供给之间的矛盾，法院亟须将纠纷案件分流。与此同时，解决纠纷的社会力量不断壮大，在法院推动引领下，多元化纠纷解决机制建设不断升级。

（一）司法需求与司法供给之间的矛盾加剧

近年来，法院诉讼案件的剧增和司法资源短缺的矛盾不断激化，随着经济社会的高速发展，人民法院的案件数量呈几何级增长。20世纪80年代末到90年代末，全国各级法院在恢复重建的基础上，司法观念、审判机构、审判组织、审判方式、人事管理模式等得到相应发展[①]。从1978年至2019年的40余年间，法院案件数量激增（见图3）。

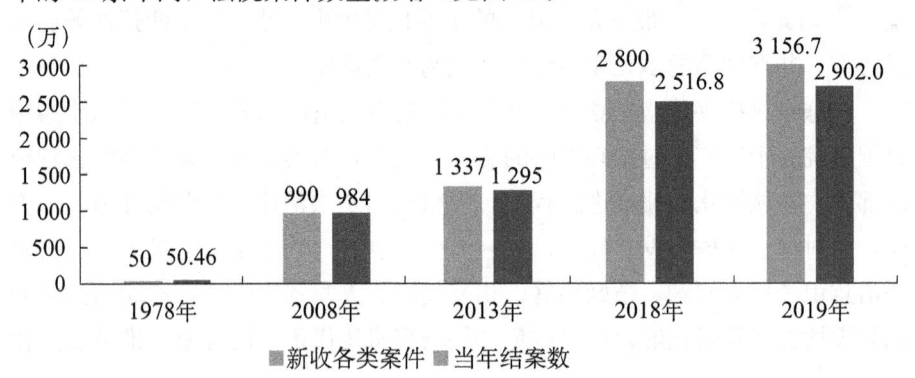

图3　1978—2019年全国法院新收案件数量增长情况

---

① 王斗斗. 法治中国30年：回望人民法院三大审判三十载前行足迹．(2008-07-27)．http://politics.people.com.cn/GB/1026/7568790.html．

2008年法院案件数量是1978年的19.5倍；2013年达到1978年的25.7倍；2018年达到1978年的50.3倍。其中，民商事案件收案数量增长最快，从图4中我们可以看出全国法院民事案件呈上升趋势。1982年新收各类民商事案件84万件，近20年后的2001年新收507万件，30余年后的2013年新收844万件，比1982年增长9倍左右①。36年后的2018年新收民商事案件1 243.5万件（民事901.7万件＋商事341.8万件）②，比1982年增长14倍左右。2019年新收民商案件1 617.7万件，逐年上升趋势未变。

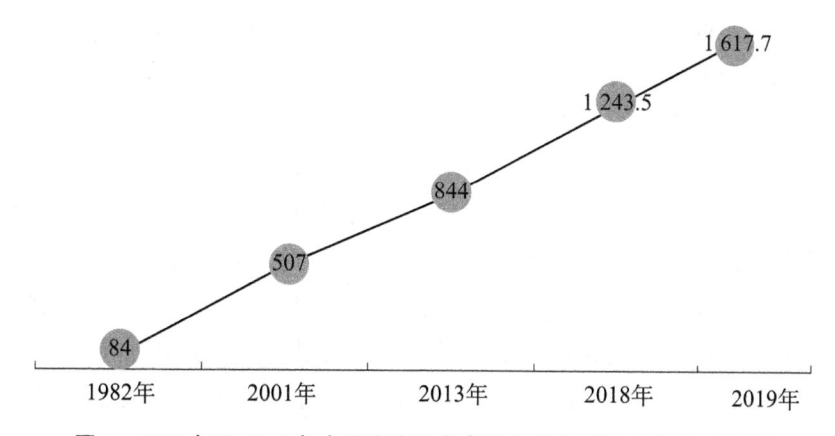

图4　1982年至2019年全国法院民商事案件新收情况（单位：万件）

法院的民事案件数量大幅增加的同时，案件类型更加多样化。除了传统的家事纠纷、合同纠纷以外，涉及专业领域的知识产权纠纷、金融证券纠纷、海事海商纠纷、劳动争议、企业破产、电子商务纠纷、涉外商事纠纷等大量涌入法院，案件的处理难度越来越大，审理周期拉长。

（二）案件激增与法官减少之间的冲突显著

全面深化司法体制改革，是党中央作出的重大战略部署，对完善中国特色社会主义司法制度、促进国家治理体系和治理能力现代化具有重大意义。党的十八大以来，以习近平同志为核心的党中央高度重视司法体制改革。2014年1月22日至2018年12月31日，中央全面深化改革领导小组、中央全面深化改革委员会共召开45次会议，审议通过涉及人民法院的重要改革文件35个，其中涉及司法责任制改革、立案登记制改革、设立最高人民法

---

① 上述数据从最高人民法院历年的工作报告中摘录。因涉及报告较多，无法一一列举。
② 2019年最高法工作报告（实录全文）．[2019-03-12]．http://news.sina.com.cn/c/2019-03-12/doc-ihsxncvh1817568.shtml.

院巡回法庭等法院领域的重要改革方案,为人民法院推进司法改革提供了根本遵循[1]。

人案矛盾的激增是长期以来内外因素相结合的结果,与人民法院的外部环境和内部因素密切相关,是社会性的问题。从外部因素来讲,一方面,立案登记制改革将立案的大门敞开,加之法院诉讼费的收费标准大幅降低,降低了诉讼成本,导致大量矛盾纠纷涌入法院,形成诉讼爆炸的局面;另一方面,随着经济发展,人们交往的密切,产生的矛盾也不断增多,尤其是民商事案件数量不断增加。从法院层面看,全国法院案件受理量出现井喷式增长。从法官层面看,与案件数量成倍增长相比,法官的人数没有增加反而下降。"1979年全国法官人数为59 000人,每万人口法官数量为0.6人。2005年至2009年法官人数一直保持在19万人左右,每万人法官数量为1.4人。"[2] 在案件数量比1979年增长25倍的情况下,法官数量仅增长了2.31倍,而且一线法官更少,导致各地法院案多人少的矛盾日趋突出。同时,法官断层、人才流失等问题也越来越严重[3]。2015年,按照中央统一部署,最高人民法院围绕司法责任制改革,开展了员额制改革。全国法院从21万名法官中遴选产生12万名员额法官。截至2018年底,全国员额法官有12.5万人[4]。

法官数量减少与法院受案数量增加形成一对矛盾,法官们尤其是基层法院的法官进入了超负荷工作状态[5]。如何解决案多人少矛盾,如何通过优化多元化纠纷解决机制,更多地依靠人民调解、行政裁决、行政调解、行业调解、商事调解、仲裁等途径分流矛盾纠纷,减少案件进入法院的数量,这是迫切需要解决的问题,也是破解基层法院案多人少矛盾的外部条件。习近平总书记在2019年中央政法工作会议上指出:"完善党委领导、政府负责、社会协调、公众参与、法治保障的社会治理体制,打造共建共治共享的社会治

---

[1] 《中国法院的司法改革(2013—2018)》白皮书全文.(2019-02-27)[2019-03-01]. https://www.sohu.com/a/298046502_117927.

[2] 朱景文.中国法律发展报告2012·中国法律工作者的职业化.北京:中国人民大学出版社,2013:2-3.

[3] 新华views:两会授权发布2018年《最高人民法院工作报告》.www.xinhuanet.com/politics/20181h/2018-03/25/c_1122587194.htm.

[4] 同①.

[5] 有的基层法院尤其是东部沿海发达地区基层法院法官年均办案量超400件、500件,工作压力可想而知。

理格局。""要全面落实司法责任制,让司法人员集中精力尽好责、办好案,提高司法质量、效率、公信力。"① 要坚持把非诉讼纠纷解决机制挺在前面,从源头上减少诉讼增量。

(三)政府治理与社会自治之间的共治形成

当前,社会治理已经成为国家治理的重要领域,社会治理围绕保障和改善民生,追求促进人的自由幸福和全面发展,坚持以共治善治为目标,以科学化、系统化、法治化、智能化为支撑,不断更新理念、创新体制机制和方法手段,社会治理体系趋向完善。人民群众的主体地位得到保障,建立了群众自治、各方参与、开放包容的治理模式,在社会治理过程中注重倾听民声民意,支持人民群众通过民主协商自主处理社会性、群众性强的事务,只要有助于治理效果达成的各类社会组织、公民都纳入社会治理体系中来,才能形成共商共建共治局面。随着市场经济体制的逐步建立,我国已经基本形成了人民调解、劳动仲裁、行政调解、行业调解、商事仲裁、商事调解等多种非诉讼纠纷解决机制共存的局面。

总的来说,我国社会矛盾纠纷的规律、类型、特点发生了新变化。社会矛盾纠纷的复杂性、多样性,客观上要求解决纠纷的机制多层次、多元化。诉讼外的解纷力量得到蓬勃发展,纠纷解决主体走向多元性,解纷主体的关系也具有多维度性,是推动矛盾纠纷多元化解的前提条件。通过立法研究,推进机制建设的制度化、系统化、规范化,有利于促进矛盾纠纷的源头治理、依法治理、综合治理、系统治理,对推进国家治理体系法治化和现代化具有重大的现实意义。

第二节 多元化纠纷解决机制立法的必要性

纠纷解决需求的增长,促使多元化纠纷解决机制建设得到快速发展。在中央、最高人民法院大力推进和指引下,各地法院根据中央、最高人民法院的改革政策和司法解释,结合自身的司法实际,在制度建设、机制对接、人员配备、工作成效等各个方面取得了一系列成果。但是,相对于多元化纠纷

---

① 习近平出席中央政法工作会议并发表重要讲话. [2019-02-23]. http://www.xinhuanet.com/politics/2019-01/16/c_1123999899.htm.

解决机制建设实践发展速度而言，有关纠纷解决的制度建设还比较滞后，存在一些法律制度、机制衔接、组织机构建设、人才队伍建设、经费保障方面的困境，这些不足需要通过立法予以完善。

一、促进社会治理法治化的需要

习近平总书记指出："国家治理体系和治理能力是一个国家的制度和制度执行能力的集中体现，两者相辅相成……一个国家选择什么样的治理体系，是由这个国家的历史传承、文化传统、经济社会发展水平决定的，是由这个国家的人民决定的。"[1] 推进多元化纠纷解决机制立法是国家治理体系和治理能力现代化趋势下提升党的执政能力的方略选择。"党的十八大、十九大对推进全面依法治国、提升社会治理水平、推进全社会多层次多领域依法治理作出重要部署。"[2] 党的十八届四中全会《关于全面推进依法治国若干重大问题的决定》（以下简称十八届四中全会《决定》）明确提出了"健全社会矛盾纠纷预防化解机制，完善调解、仲裁、行政裁决、行政复议、诉讼等有机衔接、相互协调的多元化纠纷解决机制"，这是第一次从中央层面系统地对矛盾纠纷多元化解机制建设做了整体部署，标志着多元化纠纷解决机制改革进入一个全面系统推进的新时代[3]。国家治理和社会治理是通过多种多样的治理方式来实现的，包括政治、德治、法治、自治、综治等各种渠道[4]，这些治理方式各有所长，形成不同于别国的中国式社会治理体系。构建具有中国特色的多元化纠纷解决机制，推进多元化纠纷解决机制建设的立法进程，是社会治理体系中的主要治理方式之一，也是实现国家治理体系和治理能力现代化的重要举措[5]。

通过多元化纠纷解决机制立法提升国家治理能力，主要体现在：一是关注协调好各种利益关系。党的十六大、十七大从实现与维护广大人民群众的根本利益出发，提出可持续发展战略，将构建和谐社会和增强执政能力作为

---

[1] 习近平. 习近平谈治国理政. 北京：外文出版社，2014：105.
[2] 龙飞. 我国多元化纠纷解决机制的制度创新. 东南司法评论，2015. 厦门：厦门大学出版社，2015：183.
[3] 张文显. 习近平法治思想研究（中）——习近平法治思想的一般理论. 法制与社会发展，2016（3）.
[4] 同[3].
[5] 龙飞. 多元化纠纷解决机制立法的定位与路径思考——以四个地方条例的比较为视角. 华东政法大学学报，2018（3）.

全党的工作重点，坚持以人为本，协调好各种利益关系，应对改革开放以来社会上涌现出的各类矛盾纠纷。正如胡锦涛所言："构建社会主义和谐社会的过程，就是在妥善处理各种矛盾中不断前进的过程。"① 二是有效预防和化解社会矛盾。党的十八大和十九大强调国家治理能力和治理体系现代化，从依法治国的高度着眼于矛盾纠纷解决，把治理的重点放到矛盾纠纷的解决上。正如习近平所言："我们要全面推进依法治国，用法治保障人民权益、维护社会公平正义、促进国家发展。我们要让全面深化改革、全面推进依法治国如鸟之两翼、车之双轮，推动全面建成小康社会的目标如期实现。"② 三是建构"小政府大社会"格局。"在当代中国，民间的解纷方式与官方的解纷方式，传统的解纷方式与新型的解纷方式，强制型的解纷方式与非强制型的解纷方式，司法主导型解纷方式与行政主导型解纷方式，中介组织主导型、民间主导型的解纷方式等并存不悖，呈现出多样化发展的格局，具有中国特色的多元化纠纷解决体系正在逐步形成。"③ 在社会治理领域，政府通过职能转变，引入市场机制，规范社会行为，充分发挥各种解纷资源的作用，吸引各类调解组织提供多样化、高质量的解纷服务，预防化解矛盾，满足人民群众的不同需求。四是多元协同共治。按照社会治理的基本规律，纠纷解决机制也应当遵循其自身的客观规律，只有优化配置各类纠纷解决资源，使其各就其位、各取所长、各得其所、各尽其能，让当事人选择最适合的纠纷解决方式，才是中国多元化纠纷解决机制体系之真谛。"在真正多元化的状态下，ADR不再只是'替代性纠纷解决机制'，而且会成为'适当的纠纷解决机制'或者'友好的纠纷解决方式'。"④

二、健全中国特色社会主义法律体系的需要

2001年3月，李鹏在第九届全国人大四次会议上所作的《全国人大常委会工作报告》中指出："中国特色社会主义法律体系划分为七个法律部门，即宪法及宪法相关法、民法商法、行政法、经济法、社会法、刑法、诉讼与非诉讼程序法。"该报告在确立中国特色社会主义法律体系的同时，首次提

---

① 十六大以来重要文献选编：中．北京：中央文献出版社，2006：714．
② 习近平．2015年新年贺词．人民日报，2015-01-01．
③ 左为民．变革时代的纠纷解决及其研究进路．四川大学学报（哲学社会科学版），2007（2）．
④ 蒋惠岭．诉调对接注活力各得其所真多元．人民法院报，2015-04-17．

出非诉讼程序法的概念,并将其划归在诉讼法大类中①。"关于非诉讼程序法的法律制度建设,目前有人民调解法、仲裁法、劳动争议调解仲裁法等。随着我国非诉讼纠纷解决机制的迅速发展,目前仅有的这些非诉讼程序法远远不能满足社会的需求,因为缺少法律的支撑而无法保障各类非诉讼纠纷解决机制的正常运行和健康发展,亟须制定一部多元化纠纷解决机制促进法,确定非诉讼纠纷解决机制的正当性以及国家鼓励其发展的战略目标;明确其法律地位和原则,界定各个职能部门和社会各界在非诉讼纠纷解决机制中的职能分工;提供必要的公共财政和人力资源等的实际支持;提高非诉讼纠纷解决机制和程序的合理性和规范性,保障其在法治的框架下健康发展。"②

推进多元化纠纷解决机制是构建中国特色社会主义法律体系的应有之义。党的十八届三中全会通过的《中共中央关于全面深化改革若干重大问题的决定》指出,到2020年形成系统完备、科学规范、运行有效的制度体系③。党的十八届四中全会《决定》对全面推进依法治国作出战略部署,明确提出"建设中国特色社会主义法治体系,必须坚持立法先行""完善以宪法为核心的中国特色社会主义法律体系"④。这为新形势下推进多元化纠纷解决机制立法工作确定了方向、目标,提出了任务、要求。习近平总书记指出,"我们有我们的历史文化,有我们的体制机制,有我们的国情,我们的国家治理有其他国家不可比拟的特殊性和复杂性,也有我们自己长期积累的经验和优势"⑤。我们要以十八届四中全会精神为指引,在新的起点上推进多元化纠纷解决机制立法工作,按照立足中国、借鉴国外,总结过去、把握当代、面向未来的思路,着力构建有中国特色的多元化纠纷解决制度,并以此来推动以宪法为核心的中国特色社会主义法律体系的完善与发展,为坚持和发展中国特色社会主义制度提供有力保障。

---

① 范愉,李浩. 纠纷解决——理论、制度与技能. 北京:清华大学出版社,2010:126.

② 龙飞. 多元化纠纷解决机制立法的定位与路径思考——以四个地方条例的比较为视角. 华东政法大学学报,2018(3):110.

③ 《中共中央关于全面深化改革若干重大问题的决定》指出,"到二〇二〇年,在重要领域和关键环节改革上取得决定性成果,完成本决定提出的改革任务,形成系统完备、科学规范、运行有效的制度体系,使各方面制度更加成熟更加定型。"

④ 习近平. 关于《中共中央关于全面深化改革若干重大问题的决定》的说明. [2019-02-23]. http://www.xinhuanet.com/politics/2013-11/15/c_118164294.htm.

⑤ 习近平:立德树人德法兼修抓好法治人才培养 励志勤学刻苦磨炼促进青年成长进步. [2019-02-23]. http://bbs1.people.com.cn/post/1/1/2/162500558.html.

三、完善多元化纠纷解决制度和机制的需要

从实践层面讲，近年来多元化纠纷解决机制改革一直是通过中央出台政策和最高人民法院发布改革文件和司法解释来推动的。但是，由于多元化纠纷解决机制的立法建设还十分欠缺，在改革过程中还存在许多无法破解的问题。

一是多元化纠纷解决机制建设缺乏法律支撑，致使整体优势未能真正体现出来。例如，调解前置程序，如果没有修改立法或者全国人大授权试点，则无法突破法律障碍。又如，调解协议司法确认机制尚不完善，司法确认案件管辖标准有待进一步明确。调解协议内容超出基层法院级别管辖范围的，是否属于基层法院管辖范围？中级人民法院立案前委派调解的纠纷，达成调解协议的，中级人民法院能否出具司法确认裁定？调解组织受理当事人申请调解的纠纷是否有管辖限制？即如果这个纠纷根本与调解组织所在地没有任何实际联系，调解组织可否受理并作出调解协议？司法确认审查的尺度如何把握？这些问题的解决都需要立法进一步予以明确。

二是各地发展水平不均衡。从各地的发展情况可以看出，多元化纠纷解决机制工作，不仅表现为同一地区不同阶段发展态势不稳定，而且表现为地区之间发展不均衡。一方面，这项工作受地方党委和政府重视程度影响较大，即党委和政府高度重视且支持力度大的地区，多元化纠纷解决机制建设就会发展比较好，党委政府不够重视、支持力度不充分的地区则工作发展较慢；另一方面，受法院自身重视程度影响较大，即有的法院本身重视多元化解工作，推进较快、成效较好，不重视的，则没有开展或者成效不好。甚至同一省级、市级行政区划内，各地发展状况截然不同，有的地方因工作成绩突出已经成为全国示范法院，而有的地方还悄无声息，甚至处于停滞状态。

三是各职能部门的职责定位不清晰。多元化纠纷解决机制具有开放性，涉及的解纷主体众多，明确各职能部门的主体责任和具体职责，是实现矛盾纠纷多元化解的基本前提。实践中，由于没有统一的立法规定，存在角色定位不准、职能交叉、相互推诿的现象。在解纷体系中，人民政府和各职能部门、各综治单位、政法各机关、居民委员会、村民委员会以及社会团体的职责需要通过全国性的立法来统一规定，解决职责不清、错位、缺位和越位的问题。

四是各部门之间的衔接不顺畅。很多地方反映仅有法院牵头推动，难度大，效果差，无法形成社会综治合力、有效整合各类纠纷化解资源。有些职

能部门认为多元化纠纷解决机制的建设主要是为了解决法院案多人少的问题，因此参与积极性不高。这个问题普遍存在于各地，即便是发展较好的地区，某些负有监督、管理职责的机关、部门、组织机构也存在着互相推诿的现象，不合理地加重了法院的负担，制约了工作的进一步发展。

五是多元化纠纷解决机制建设的工作保障不充分。其一，考核评价机制欠缺。很多地方尚未建立考核评价机制，非诉化解纠纷的工作量无法纳入工作绩效，影响开展诉调对接工作的积极性。其二，调解经费等保障机制欠缺。由于调解组织经费匮乏，司法行政部门和法院聘请的专兼职调解员参与调解案件的补助较少，有些地方甚至没有任何补贴，严重影响了调解员的积极性，也难以吸引到优质的调解员。

六是调解员队伍建设不稳定，高素质调解人才缺乏。其一，调解员队伍的人员结构比较单一，不符合调解案件类型多样的实际需求。调解员队伍不稳定，兼职调解员居多。兼职调解员身兼数职，时间、精力难以保障，兼而不调的现象突出。其二，专职调解员队伍缺口较大，人员流动过于频繁。一些地区的诉前调解员力量严重不足，专职调解人员不充足，难以保障调解工作取得工作实效和长远发展。其三，调解员能力参差不齐，政策水平和法律知识缺乏，责任心不强，积极性不高。一些专业性的纠纷如劳动争议、医疗纠纷等对调解员的专业知识、调解技能要求较高，现有调解员无法胜任。其四，调解员的培训、监管机制尚未完全建立。一些法院仍未对调解员建立起科学有效的业绩考评机制，只有少数法院定期对法院的特邀调解员开展培训。

总体而言，通过对制度层面和实践层面现状的梳理和反思，上述存在的问题表明，社会现实需求与现有制度供给出现紧张关系，无论是从制度的内容看，还是从程序的相互衔接看，抑或是从功能定位看，存在单一化和滞后性。从实然层面看，制度的设立应与现实问题相匹配，需要立法作出回应。立法的缺位导致解纷程序、解纷制度、机制衔接协调、价值与目标契合等方面缺乏系统性，"各种纠纷解决途径发展不平衡、功能划分不够清晰、规范标准不够严谨、各种解纷机制之间的关系不够协调等"[①]，从而激发了立法需求，催生了立法任务，需要我们增强制度供给的及时性，妥善解决立法需求与立法供给之间的矛盾。

---

① 龙飞. 多元化纠纷解决机制立法的定位与路径思考——以四个地方条例的比较为视角. 华东政法大学学报，2018（3）.

第三节　多元化纠纷解决机制立法的可行性

从国家治理的未来发展形势来看，多元化纠纷解决机制的制度建设必须适应社会治理发展目标的需要。面对新时代背景下的新期待和新要求，推进多元化纠纷解决机制立法成为当务之急。马克思、恩格斯认为："一切划时代的体系的真正的内容都是由于产生这些体系的那个时期的需要而形成起来的。"① 我国纠纷解决机制改革在经历了十多年的发展历程后，形成了一系列改革成果。协商治理理念奠定了立法的思想基础，解纷实践理性奠定了立法的社会基础，法治追求目标奠定了立法的价值基础，彰显了多元化纠纷解决机制立法在中国发展的可行性。

一、协商治理理念奠定了立法的思想基础

协商治理是我国民主政治发展的战略选择。中共十三大提出，为了正确处理不同的社会利益与矛盾，"必须使社会协商对话形成制度"，其基本原则是"发扬'从群众中来、到群众中去'的优良传统，提高领导机关活动的开放程度，重大情况让人民知道，重大问题经人民讨论"②。协商民主是具有中国特色的民主制度，发展至今其内涵不断丰富、渠道不断拓宽。习近平总书记指出："协商民主是中国社会主义民主政治中独特的、独有的、独到的民主形式，它源自中华民族长期形成的天下为公、兼容并蓄、求同存异等优秀政治文化，源自近代以后中国政治发展的现实进程，源自中国共产党领导人民进行革命、建设、改革的长期实践，源自新中国成立后各党派、各团体、各民族、各阶层、各界人士在政治制度上共同实现的伟大创造，源自改革开放以来中国在政治体制上的不断创新，具有深厚的文化基础、理论基础、实践基础、制度基础。"③ 可见我国协商民主的历史源远流长，为今天我国各领域的民主协商提供了思想源泉。党的十九大报告中指出："我国社会主义民主是维护人民根本利益的最广泛、最真实、最管用的民主。发展社会主义民

---

① 马克思．恩格斯．马克思恩格斯全集：第3卷．北京：人民出版社，1960：544.
② 中国共产党第十三次全国代表大会文件选编．北京：人民出版社，1987：53.
③ 习近平．在庆祝中国人民政治协商会议成立65周年大会上的讲话．[2019-02-23]．http://www.xinhuanet.com//politics/2014-09/21/c_1112564804.htm.

主政治就是要体现人民意志、保障人民权益、激发人民创造活力,用制度体系保证人民当家作主。"[1] 当前,协商民主已经成为社会共识,协商民主理念渗透到社会的各个领域。

  在社会矛盾纠纷解决领域,协商治理成为推进社会治理的主要方式。协商成为人民群众解决纠纷的选择,也成为解决社会矛盾的一种机制。协商本身具有自治性、合法性、灵活性,且在各种纠纷解决机制中体现出最大的自主性,人们自愿就纠纷解决达成一致。协商能使交往系统中各主体处于良性发展状态,促进社会秩序重构,促进社会和谐。协商治理的自治、灵活属性,决定了其中意思表达的真实性,因而协商治理中的"民主"更加贴近于民意的真实表达,协商程序由此更具有公共理性,这在处理人民内部矛盾上具有重要作用。多元化纠纷解决机制是协商治理的具体体现,参与协商是它的主要特性,它是治理形式上的协商民主。协商和其他社会纠纷的解决方式构成有机整体机制,协商治理理念为多元化纠纷解决机制立法提供了理论上的准备,国家在此基础上将理性认识上升为公共政策即多元化纠纷解决机制立法,通过法律对解纷机制的协商进行有效规制,确立各种纠纷解决机制相互衔接的制度,这也将成为党和国家治国理政的经验。

二、解纷实践理性奠定了立法的社会基础

  多元化纠纷解决机制是实践性很强的解纷方式,在没有国家立法和制度构建的情况下,社会需求和社会治理形势推动实务部门不断解放思想,实事求是,大胆探索,蹚出一条新路,可谓是"摸着石头过河"。"应当允许与鼓励在不妨害最为根本的基本法律原则的前提下,允许各主体进行改革之试点,以便发现改进方案,如何为有效、如何为成功以及如何为改革之最佳途径。"[2] 法院系统面临诉讼案件数量急剧上升的问题,推出许多各具特色的多元化纠纷解决机制。尤其是从 2006 年起,党中央、国务院统一部署,全国各地开展平安建设,建设平安中国成为全国各条战线、各行各业的宏大社会实践。实践中注重发挥体制机制优势,坚持"预防为主、调解为先、民生为重、整合力量、方便群众"的理念[3],形成了党委政府总揽、政法综治牵头

---

  [1] 习近平在中国共产党第十九次全国代表大会上的报告. [2019 - 02 - 23]. http://cpc.people.com.cn/n1/2017/1028/c64094 - 29613660.html.
  [2] 左卫民. 变革时代的纠纷解决及其研究进路. 四川大学学报(哲学社会科学版), 2007 (3).
  [3] 曾志滨. 党领导下的社会综治法制建设历程及启示. 法制与社会, 2011 (30).

协调、各部门协同配合、人民群众积极参与的平安建设工作格局，形成了一套相当完整的社会治安综合治理的体制机制①。从机制的运行来看，社会综合治理机制中包括多元化纠纷解决机制。从发展过程看，多元化纠纷解决机制在实践过程中不断进行理论反思，总结经验教训，不断升华，形成一系列行之有效的机制制度，不断从实践智慧走向理论智慧。

多元化纠纷解决机制立法力图从全局考虑，从社会学的角度观察，进行纠纷管理，不拘泥于研究某一种纠纷解决机制，而是致力于全社会纠纷解决机制的整体性研究。非诉讼纠纷解决机制针对性更强，解决纠纷更具专业性，也更高效。例如，美国NBA球队发生的纠纷大多通过内部的纠纷解决机制来解决。社会自治组织的发展为社会治理体系建设提供了条件，多元化的社会纠纷解决机制的制度建设大步向前。党的十八届四中全会为多元化纠纷解决机制建设指明了方向，两办《意见》、最高人民法院《深化多元化纠纷解决机制改革意见》、中办与国办印发的《关于进一步把社会主义核心价值观融入法治建设的指导意见》等等，为社会治理提供了制度保障。开展多元化纠纷解决机制立法，有助于建立系统性、科学性、协调性的纠纷解决体系，立法将更加关注各种解纷机制的沟通协作、相互协调乃至竞争，从社会治理的视角思考多元化纠纷解决机制如何更好地发挥作用，从国家与社会治理的角度思考未来的发展，促进社会资源协商机制的培育，从而促进更深层次的社会秩序的形成，实现政事顺遂、国泰民安。

实践证明，"社会需求是制度生长的土壤，实践不断发展，发展着的实践也推动着理论的发展，多元化纠纷解决体系构建是实践经验推动的结果，我们需要在深刻把握解纷机制发展现状的前提下，科学理性地进行制度建构，通过立法促进制度建设完善"②。制度的构建需要尊重传统和经验，在改革实践中建立具有合理性和正当性的多元化纠纷解决制度体系，也就是构建一个由国家主导的、以司法来推动的、以社会为依托的协调的纠纷解决体系③。立法及相关理论是影响其走向的一种力量，要以反思性的立场审视实践，以建构和演进相结合的进路，推进多元化纠纷解决机制立法。

---

① 李宝柱. 坚持社会治安综合治理，努力实现"平安中国梦". [2019-02-23]. http://news.sina.com.cn/o/2013-06-20/085927449858.shtml.
② 左卫民. 变革时代的纠纷解决及其研究进路. 四川大学学报（哲学社会科学版），2007（2）.
③ 同②.

三、法治目标追求奠定了立法的价值基础

多元化纠纷解决机制立法的使命不仅在于设计具体的制度规则，更应强调一种多元解纷理念。多元化纠纷解决机制改革的目标，不是简单地为了缓解法院工作压力，更为重要的是为民众提供越来越大的自由意识和行为的空间，尊重普通民众自由选择纠纷解决方式的权利，适应现代法治国家可持续发展的需要。多元化纠纷解决制度有自己独特的设计理念和目标要求，决定了它必须有自己的制度表达方式。在文本形式上，我们希望通过立法实现多元化纠纷解决机制运行的制度化、规范化、法治化，尝试制定一部系统化、科学化、专业化的多元化纠纷解决机制法律，为国家治理提供制度支持，解决程序功能认识混乱、程序分类粗放、具体内容不协调等问题。在实质目标追求上，立法则肩负着平衡公正与效率、推进民主协商进步、实现社会治理善治的使命，通过构建社会治理命运共同体，进而达到提升依法治国能力、促进社会治理的法治化和现代化、推动经济发展和维护社会稳定的目标。

目的明确、体系严密、内在协调的制度体系是实现立法宗旨的必要条件，是有效发挥制度功能的基础，但我国当前的多元化纠纷解决机制制度建设离这个目标还存在相当大的差距。多元化纠纷解决机制要求在全社会树立多元价值观、合理配置公共资源和权力、实现诉讼与非诉讼机制协同互动等等，但是由于缺少科学的立法，导致诸多不利因素制约这一机制功能的发挥。只有通过多元化纠纷解决机制的理性构建，通过法律规范，确定基本原则、具体制度、程序等，才能促进各种解纷机制的有效衔接，形成更合理的社会善治模式。近代启蒙思想家洛克曾说："上帝把整个地球留给了世人，由人类共有。但对其的享用，上帝却没有做事先的安排，而是留给了理性的人类自己去解决。"[①] 推进多元化纠纷解决机制立法，不只是单纯的技术问题，而是要综合考虑纷繁复杂的社会环境以及现有的法律体系，结合中国国情，适应国家体制创新的需要，服务国家发展战略，彰显法律的功能与价值追求。

第四节 多元化纠纷解决机制立法的正当性及其理论基础

任何一项制度的建立，都必须有其正当性价值和理论基础。多元化纠纷

---

① 洛克.政府论：下.翟菊农，叶启芳，译.北京：商务印书馆，1997：18.

解决机制立法的核心价值是在全社会树立现代纠纷解决理念，倡导通过协调、和谐、适合、友好的方式解决纠纷。它的正当性价值包括协商民主价值、协同治理价值、社会善治价值、法治秩序价值、公平效率价值和利益最大化价值。与上述的价值目标相对应的理论基础包括民主自治理论、社会系统理论、社会治理理论、接近正义理论、博弈衡平理论、效益成本理论。我们只有把多元纠纷解决机制立法的正当性价值分析透彻，将其存在的理论基础研究清楚，才能确认立法的必要性。

一、协商民主价值与民主自治理论

（一）协商民主的价值

人民内部矛盾要依靠人民的力量化解，社会矛盾要依靠社会化解。正确处理人民内部矛盾需要创新社会治理模式，寻找协调人民内部矛盾的可行方式。协商民主的公共治理模式为社会协商治理提供了理论基础。"协商民主是指政治共同体中的自由、平等公民通过参与立法和决策等政治过程，赋予立法和决策以合法性的治理形式。其核心概念是协商或公共协商，强调对话、讨论、辩论、审议与共识。"[1] 作为民主运动的一种形式，协商民主就是不同的机构、组织、团体、公民个人对社会问题如何解决进行民主协商。党的十九大报告指出："我国社会主义民主是维护人民根本利益的最广泛、最真实、最管用的民主。发展社会主义民主政治就是要体现人民意志、保障人民权益、激发人民创造活力，用制度体系保证人民当家作主。"[2] 多元化纠纷解决机制在社会治理过程中注重民主协商的真实性，注重民主自治与基层治理的结合，在正确处理人民内部矛盾过程中发挥了积极作用。

协商与民主的价值在于解决纠纷、优化国家治理和培育公民社会自治。"在世界范围内许多简单社会中，交涉是处理较多冲突的首要形式。"[3] 协商解决纠纷在社会生产生活的各个领域日益发达。随着工业文明的日渐成熟，这种状况得到加强。到了20世纪80年代，美国传统的纠纷解决方式受到人们的怀疑，社会开始提倡"有原则的交涉"的合作解决纠纷的途径[4]。"于是在美

---

[1] 陈家刚. 协商民主与政治协商. 学习与探索，2007（2）.
[2] 中国纪检监察报：我国社会主义民主是维护人民根本利益的最广泛、最真实、最管用的民主．[2019-01-23]. http://theory.gmw.cn/2018-01/07/content_27287426.htm.
[3] 唐纳德·布莱克. 冲突处理的基本形式. 徐昕，田璐，译//徐昕：迈向社会和谐的纠纷解决. 北京：中国检察出版社，2008：198.
[4] 何兵. 现代社会的纠纷解决. 北京：法律出版社，2003：104-105.

国这样的诉讼大国，超过95%的民事纠纷是通过谈判协商解决，而不是通过向法院起诉解决。"① "美国90%的刑事案件，特别是属于轻罪的案件通过诉辩交易解决，法院的作用只限于给交易盖上合法的章。"② 多元化纠纷解决机制的追求目标与中国平和自然的传统价值观相契合，也符合"轻讼重情"的纠纷处理习惯，人民群众在处理纠纷时更愿意选择协商，如果能够为社会公众提供协商解决的一整套机制与平台，并从国家层面给予种种合法的"私了"方式以法律保障，那么，大量纠纷将通过非诉讼渠道得到有效化解，这不仅可以减少国家投到具体纠纷解决中的直接成本，也可以间接减少维护社会关系的成本，从根本上改进社会治理方式，培育公民社会自治能力。中国公民社会自治能力的培育主要在于培育公民自主性，自主解决自己的纠纷是公民自主性培育的重要内容③。

（二）民主自治理论

"民主自治理论注重沟通、互助、协商、协同、共赢等，从而形成多元、互动的民主自治格局。"④ 自治理论是多元化纠纷解决机制的理论基点，现代法治社会是以尊重当事人的自治和处分权为前提的。自治意味着个人或者社会共同体的自我管理或控制。国家在不超越法律规定的强制性、禁止性限制边界的前提下，应当最大限度地保留个人或群体的自主性和积极性，为社会主体提供一个自由的活动范围或者空间。

个人自治，是基于自由主义或公民私权自治的原理得到确认的。"权利的设定是为了赋予公民以更大的自由，而不是为了剥夺他们的选择权和自主权。公民私权自治是指公民在处分自己的合法权利时，只要不违反公共利益、不违背社会公德、不侵犯他人合法权利，其自主的选择权和处分权必须得到充分的尊重和保护。"⑤

在特定的纠纷解决过程中，当事人程序主体性原则赋予了当事人广泛的"自我决定"、全程参与的权利，强调当事人的自治地位，重视纠纷解决过程中当事人自律性，被称为程序保障说的"第三次浪潮"⑥。所以，私权自治和

---

① X. M. 弗拉斯科纳，H. 李·赫瑟林顿. 法律职业就是谈判——律师谈判胜利战略. 高如华，译. 北京：法律出版社，2005：3.
② 朱景文. 中国诉讼分流的数据分析. 中国社会科学，2008（3）：87.
③ 郜爱红. 我国公民社会的兴起与公民意识的培育. 中国特色社会主义研究，2004（6）：38.
④ 赵秀玲. "微自治"与中国基层民主治理. 政治学研究. 2014（5）.
⑤ 冯洲静. 多元化纠纷解决机制的法理学研究. 沈阳：沈阳师范大学，2013.
⑥ 赵蕾. 多元化纠纷解决机制改革的理论提升. 人民法院报，2016-07-13（2）.

当事人的处分权具有优先于国家权力的地位,在给予平等、自愿、充分程序保障的前提下,当事人对纠纷解决方式和结果的选择,等同于对权利保护的选择与处分,应当优先,当事人有权在强制与合意之间寻求最符合自身需要的方式。

"群体自治则是根据群体认同感或凝聚力而形成的。群体内部的纠纷属于自治范围,共同体可以依据自身的规则、程序及权威解决其内部纠纷,无须国家的干预或介入。在社会治理中,个人或群体的自治力量越强,国家干预的范围就会相应缩小;反之,如果国家对社会自治加以严格限制或社会自治能力本身很弱,则对国家权力和法律控制手段的依赖程度必然越高。"[1]

多元化纠纷解决机制建设关注个人自治和群体自治的结合,共同促进社会和谐。"进入21世纪以来,社会成员的人际关系出现了新趋势——合作的领域越来越广泛,协商性纠纷解决机制应运而生,在促进和谐中所发挥的作用愈来愈重要。作为纠纷解决机制的民主自治基础上的协商,其本身是解决社会矛盾的一种机制"[2],协商的价值是追求正义,其各项内容皆围绕正义展开。在当前"诉讼爆炸"的情况下,协商可以减少社会管理体系用于解决社会纠纷的资源,通过协商解决经济和生活交往中产生的大量纠纷,直接促进了和谐,还可以有效提升人们的道德认知和伦理意识,最终必然推动社会法治文化的发展。"只有人终于成为自己的社会结合的主人,从而也就成为自然界的主人,成为自己本身的主人——自由的人的时候,人的全面发展才成为现实。"[3] 民主自治基础上的协商通过促进和谐使广大人民群众实现自由,也促进了人的全面发展。

二、协同治理价值与社会系统理论

(一) 协同治理价值

协同治理价值为多元主体参与纠纷解决提供了思想的源泉,协同治理价值"强调主体的多元性、子系统的协同性、方式的多样性、过程的动态性和持续性。多元主体协同共治是其精髓"[4]。协同治理的目标是促进各子系统的协同合作,激发系统释放整体效能。从方法论上讲,需要从系统论的视角看

---

[1] 叶娜. 群体认同的结构与动机研究. 武汉:华中师范大学, 2009.
[2] 马蕾. 社会协商研究综述. 重庆社会学院学报, 2015 (4).
[3] 马克思,恩格斯. 马克思恩格斯选集:第3卷. 北京:人民出版社, 1972:443.
[4] 张丽艳,夏锦文. 国家治理视域下的区域司法协同治理. 南京社会科学, 2016 (5).

待多种纠纷机制的协同，将纠纷体系看成大系统，系统中有多个子系统，它们既相互独立，又相互影响，既有竞争，又相互协作。在系统运行中，当每个子系统的独立性凸显的时候，忽视了大系统的整体性，大系统则呈现为竞争的无序状态；当各个子系统能够互相协调、共同行动时，大系统则呈现为协作的有序状态。因此，系统论注重"整体性"。多元化纠纷解决机制的治理目标在于促进各子系统的协作，从而发挥出系统释放的效能。但是，协同是动态性发展的，在这个过程中，各子系统之间既有竞争，又有协作，一些力量想要维持现存状态，另一些力量想要改变现有状态，这源于系统的多样性。由于多元化纠纷解决机制内部具有分化、专门化的特征，存在目标、利益的多元，于是产生了向心力、离心力之间的角力。从另一个角度看，这也是系统发展的动力，因为系统最终将会从分散凝聚为整体，从无序走向有序。从协同治理价值的目标看，在于在尊重差异性的基础上，从相互竞争的力量中寻找整合的路径，构建人们都能接受的共同规则，实现各个子系统的协同，达到子系统各方的共赢。从多元化纠纷解决机制的协同治理的角度看，在于超越解纷机制自身的界限，为了国家依法治国方略的实施，最大限度地求同存异，实现"同频共振"，推进社会治理体系和治理能力的现代化、法治化。

协同治理是多元化纠纷解决机制的重要内容。在实践中，全国法院系统以协同联动为突破口，建立诉调对接平台作为纠纷解决的调度站。截至2017年年底，全国法院设立诉调对接中心3 320个。"诉调对接中心作为诉讼外调解机制，依托于法院的工作平台，配备专门的工作人员，建立完备的工作制度，明确相应的工作职责。相关调解组织可以在法院诉调对接中心设立调解室，办理法院委派或委托调解的案件。诉调对接中心是法院主导下的纠纷处理工作平台、集散地和调度站。这个平台负责承载与社会各种纠纷解决机制的衔接，形成了人民法院与社会调解组织在职能上的良性互动、在作用上的优势互补；形成了法院诉前调解机制、民商事案件速裁机制与传统审判机制的纵向流转；也形成了非诉调解协议司法确认与各类社会解纷资源的横向结合，整合了各种纠纷解决资源，实现资源共享，建立了立体化纠纷多元解决机制体系，丰富了我国司法制度的内涵。"[1]

（二）社会系统理论

德国社会理论家卢曼提出了社会系统理论，认为"社会系统是在一个封

---

[1] 龙飞. 我国多元化纠纷解决机制的制度创新. 东南司法评论，2015（8）：183.

闭循环的过程中不断地由沟通制造出沟通的自我制造系统，它既具有（操作上的）封闭性又具有（对于环境的）开放性的特点"①。其基本功能有四项：一是适应，也就是系统对内外环境的变化能适当地应对并保持弹性；二是目标达成，完成社会系统自身目标，需要动员所有的力量、资源；三是模式维持，在不断补充新成员的同时，又以社会化的方式使新成员接受系统模式；四是整合，维持子系统之间的协调性，整合资源确保系统功能的实现。马克思最早论及社会有机体是在1842年，他分析了"国家生活的有机体"："我们要求人们不要突然离开现实的、有机的国家生活，而重新陷入不现实的、机械的、从属的、非国家的生活领域。我们要求国家不要在应当成为它内部统一的最高行为的行为中解体。"②"'国家生活的有机体'的不同部分是相互联系、共同作用的，是一个统一体"③。马克思主义的社会系统理论强调社会是包含政治、经济、社会意识形态的有机整体，形成相应的三个子系统，只有子系统内部以及系统之间相互协调才能保持系统稳定。这为社会治理提供了思想基础。

面对日趋复杂的社会，需要运用宏观的理论，把多元化纠纷解决机制立法在微观层面存在的或然性，以及宏观层面的矛盾纠纷化解与社会的相互作用都纳入社会变迁的视野中，以便使社会治理对社会变迁保持反思性。基于社会系统理论对社会矛盾纠纷化解机制建设进行创新，为探求其运作中蕴含的动力机制、构建可持续的多元化纠纷解决机制提供了理论营养。通过社会系统理论对多元化纠纷解决机制系统进行外部观察，从社会整体的视角来思考，关系到实际运作过程的和谐统一、步调一致，充分考量现代社会治理的动力、经济基础、文化传统等问题，建立共振机制，这些影响多元化纠纷解决体系的实际运作，我们应致力于现代社会治理的全面化和理性化。

社会系统理论注重在宏观视野下观察矛盾纠纷多元化解机制的立法问题。关注宏观理论的运用，既能够帮助我们运用一般化的思维对多元化纠纷解决机制立法作出描述，又能够使我们运用具体化的思路对现代社会治理背景下多元化纠纷解决机制发展的脉络作出说明。社会系统理论聚焦于系统之间的相互影响、相互联系，为我们提供了观察、一般化以及建构的视角，可以使各种解纷机制超越部门内部狭窄的自我认识，能够从"价值中立"的立

---

① 程萍．从卢曼理论看科技人才评价．评价与管理，2012（6）．
② 马克思，恩格斯．马克思恩格斯全集：第1卷．2版．北京：人民出版社，1995：334．
③ 同②．

场看待多元化纠纷解决机制立法,观察现代社会治理过程中矛盾纠纷多元化解与现代社会变迁如何共同演进。社会系统理论根植于现代社会治理发展的一般规律以及基本趋势,贯穿始终如一的社会价值预设和政治立场,能够避免关注片面和局部的局限。

社会系统理论在多元化纠纷解决机制立法方面独特的功能在于,使多元化纠纷解决体系对其他社会系统诸如家庭、伦理、族群、阶层等的需求进行回应;以历史的眼光观察社会变革对社会治理方式提出的新期待,从理论上审视其蕴含的政治、文化、经济等社会原因;在实践中影响多元化纠纷解决机制体系的运作,促进多元化纠纷解决机制在充分发掘积极作用与抑制负面作用之间保持平衡,从而为实现现代社会治理的理性化提供动力。

三、社会善治价值与社会治理理论

(一) 社会善治价值

"善治(Good Governance)即良好的治理,是使公共利益最大化的社会管理,其本质特征是政府与公民对公共事务的合作管理。"[①] 董仲舒在《对贤良策》中指出:"当更化而不更化,虽有大贤不能善治也。故汉得天下以来,常欲善治而至今不可善治者,失之于当更化而不更化也。"这里的善治萌发了社会治理的良好愿望。新的治理理论强调社会管理主体的多元化,俞可平教授认为,善治是"公共利益最大化的管理过程"[②],张尚仁认为"善治"出自老子《道德经》的"正善治"。"《道德经》提出了'善治'社会管理理论,认为对社会应以柔性管理为主。"[③] "善治意味着管理方式、管理手段的多元化。而善治模式则认为政府应该运用各种可行的办法来达到公共事务的良好管理。"[④] "就治理结果而言,善治是'善态治理',是一种多元治理、和谐治理的境界,虽然矛盾与冲突仍会出现,却能最大限度地被社会所包容、被制度所接收、被机制所化解。"[⑤] "越来越多的人认为,在经济全球化、政治民主化和文化多样化的今天,善治已经成为人类政治发展的理想目标。简单地说,善治就是使公共利益最大化的社会管理过程和管理活动。善治的本质特

[①] 陈广胜. 走向善治. 杭州:浙江大学出版社,2007:102.
[②] 何哲. 善治概念的核心分析——一种经济方法的比较观点. 理论与改革,2011(5).
[③] 张尚仁. 道德经"善治"的社会管理理论. 思想战线,2012(2).
[④] 王浦劬. 政治学原理. 北京:中国广播电视大学出版社,2004:163-164.
[⑤] 同①2.

征，就在于它是政府与公民对公共生活的合作管理，是政治国家与公民社会的一种新型关系，是两者的最佳状态。"[1]结合中国实践，需要探索多元治理的新格局，让社会组织、民间公益组织、基层群众自治组织等非政府主体，都成为社会治理的主体，主体之间崇尚合作，实现分工协作、运行协调、良性互动的多元共治[2]。善治坚持以人为本，引导公民自愿参与，赋予公民更多机会和权利，实现公共利益最大化[3]。

（二）社会治理理论

"社会治理理论兴起于上世纪80年代末90年代初，是传统的'统治'理论的一种新的发展形式。'治理'作为公共管理领域中最核心的概念之一，相关理论被广泛运用于国际、国内社会的各个领域。"[4] "治理理论的兴起拓展了国家与市民社会关系的分析架构，超越了自由主义与国家主义的传统对立，凸显了国家与市民社会之间实现正和博弈关系的可行性，是一种新型的国家与市民社会关系范式。"[5] 社会治理理论主张多元主体共同参与社会治理，运用平等、合理协调机制，有效表达利益、综合利益、协调利益，充分调动一切积极因素，促进公民、企业、政府、社区、社会组织等主体间的互动协同，整合并增进资源优势，最终实现公共利益最大化[6]。多元化纠纷解决机制立法的价值不仅将目光聚焦在具体的制度设计上，还透过制度设计洞察其对社会的影响。

社会治理具有四个特性：过程、调和、多元、互动。目标在于构建共建共治共享的社会治理格局。那么，多元化纠纷解决机制立法的核心价值就是在全社会树立现代纠纷解决理念，倡导通过协商、和谐、适合、友好的方式解决纠纷。"现代多元化纠纷解决机制的优点可以归纳为以下几点：1. 以协商对话和相互妥协、而不是以对抗的方式解决纠纷，有利于维护需要长久维系的合作关系和人际关系，以及共同体的凝聚力和社会的稳定。2. 经过当事人理性的协商，可能得到双赢的结果。3. 根据需要，充分发挥各种非法律专家在纠纷解决中的作用。4. 在法律规范相对滞后的情况下，探索解决新型纠纷的规则、社会政策和方法。5. 允许当事人根据自主和自律原则选择适用的

---

[1] 俞可平. 善政是通向善治的关键. 学习时报，2014-11-03.
[2] 陈广胜. 走向善治. 杭州：浙江大学出版社，2007：110-111.
[3] 王辛梓. 善治理论视角下基本公共服务公共性的流失及回归. 群文天地，2012 (3).
[4] 赵蕾. "枫桥经验"的理论提升. 法律适用，2018 (17).
[5] 郁建兴，吕明再. 治理：国家与市民社会关系理论的再出发. 求是学刊，2003 (4).
[6] 王春福. 多元治理模式与政府行为的公正性. 理论探讨，2012 (2).

规范，如地方惯例、行业习惯和标准等解决纠纷，达到情、理、法的融合。"①

当代社会的非诉讼纠纷解决机制本身是法治和善治机制的组成部分。随着当代社会对社会和谐和价值多元化的认同的增多，人们越来越推崇协商对话。非诉讼纠纷解决机制从纯粹私人之间的纠纷解决领域不断向社会公共领域拓展，逐渐在处理社会冲突、利益协调、弱势群体扶助、促进各种文化传承以及价值观共存等方面发挥了积极作用。"在公共突发事件、群体性事件和大规模侵权实践的处理上，非诉讼机制的应对灵活性、及时性、有效性等优势更是凸显。"②关注人民群众对矛盾纠纷解决的个性化需求，使解纷服务实现个性化的供给，推出"私人定制"的公共服务，这也是法治的发展和善治的目标追求。

"当代法治理念不仅更加重视法与社会的协调，尊重社会自治，而且还显示出一种纠纷解决和社会治理理念的变化——从对抗走向协商对话，从对立走向和谐，从单一价值走向多元化，从胜负决斗走向双赢的结局"③，也就是社会的善治。非诉讼纠纷解决机制的发展，归根结底是法治社会自身需要和发展的结果。

四、法治秩序价值与接近正义理论

（一）法治秩序价值

我国法治秩序的建构并非只有司法这个单一的维度所能承担。我国法治秩序的建立应当深深扎根于中国的土壤，通过具体制度建构多元解纷机制的准司法化，最大限度促进矛盾纠纷的解决，促进社会和谐，强化基层社会治理，促进政权建设，指引、规范社会行为，推动法治进步。多元解纷机制不仅可以促使矛盾纠纷双方握手言和，还能平息纷争，降低对抗，通过讲明道理，分清是非，诠释法律，输送社会正义。在新时期，通过推进多元化纠纷解决机制立法，可以不断提升社会矛盾纠纷化解、管理与控制能力，实现社会治理现代化、法治化，维护社会秩序，促进平安中国建设。

保障改革、发展与稳定，是社会管理制度建设的政治责任，也是多元化

---

① 范愉，李浩. 纠纷解决——理论、制度与技能. 北京：清华大学出版社，2010：38.
② 范愉. 群体性侵害事件的多元化纠纷——三鹿奶粉与日本C型肝炎诉讼案件的比较研究. 法学家，2009（2）.
③ 张佳鑫. 协商解决纠纷机制研究. 长春：吉林大学，2011.

纠纷解决机制建设的政治担当。一方面，需要考虑社会治理的要求，尤其是当具体纠纷的处理牵涉到社会稳定时，要对政治、社会、经济等诸多因素加以权衡与考量；另一方面，矛盾纠纷往往具有社会性因素，这些纠纷的解决，需要地方党委、政府和其他社会力量的配合。在社会变迁中产生的新矛盾，如果处理不当，极易引发群体性事件，影响社会的稳定。比如，拆迁过程中的利益冲突尖锐，具有普遍性与辐射性，拆迁纠纷的解决远远超越了个案的界限，已经上升到了社会稳定的层面，与维护社会大局稳定息息相关。需要用柔和的方式去化解，通过法院与社会力量的共同努力，多种解纷机制的共同参与，控制社会风险，促进社会稳定。社会转型引发的诸多新型纠纷，与经济利益、风俗习惯、社会结构等多种因素直接或间接产生联系，需要综合多种解纷机制以满足不同的解纷需求。社会矛盾纠纷对社会关系的危害是不容忽视的，"从社会学的角度来说，社会矛盾和纠纷实际反映的是社会成员间具有抵触性、非合作性，甚至滋生敌意的社会互动关系或社会关系"[1]。从政治学的视角看，现阶段的大部分纠纷属于人民内部矛盾范畴，一般情况下不具有对抗性，但人民内部矛盾"如果处理得不适当，或失去警觉，麻痹大意，也可能发生对抗"[2]。从古到今，从国内到国外，都经历过也正在经历着纠纷、冲突的积聚和爆发。马克思唯物主义的观点认为，矛盾纠纷是客观存在的，不以人的意志为转移。关键的问题是，我们要正确看待矛盾的存在，直面社会中不和谐的问题，注重矛盾纠纷的化解与平息。需要直面问题，紧跟时代的脚步，通过立法对解纷理念、机制和制度作出调整和变革，建立起社会矛盾冲突的综合反应机制，引导人民群众仔细权衡诉讼和非诉纠纷解决渠道的成本收益问题，自愿作出理性的选择。发挥非诉解纷机制的独特优势，更多地运用具有亲和力的、柔性的社会组织的力量化解纠纷。比如相邻关系、婚姻家庭、人身损害赔偿等纠纷运用调解的方式更能够及时化解，避免出现"一代官司几代仇"的情况。

（二）接近正义理论

"接近正义运动（access to justice）起源于上世纪 60 年代，主要目的就是消除当事人实现正义之路上的所有障碍；在确保公平的前提下提高纠纷解决的效率。接近正义运动的重点是降低低收入者的诉讼成本，为那些没有钱

---

[1] 陈益龙. 纠纷解决的法社会学研究：问题及范式. 湖南社会科学，2009 (1).
[2] 毛泽东. 毛泽东文集：第7卷. 北京：人民出版社，1999：211.

到法院打官司的人提供平等的救济机会，是为了实现更经济、更简便、更快捷的司法程序所做的各种努力的一种总称。"① 接近正义是指"获得司法帮助"。接近正义的价值在于当事人能够获得平等的救济机会，能够高效地解决纠纷，确立多元化纠纷解决机制是让人民群众接近正义的有效途径。"接近正义包含两个方面：一是'接近'的过程与可能；二是'正义'的结果与现实。'接近'强调寻求权利救济和纠纷解决的渠道与资源，比如可以方便地向法院提起诉讼、可以获得便宜的法律服务等；'正义'强调权利救济和纠纷解决机制的程序和实体正义，比如法庭审理过程不偏倚、调解结果符合法律规定、公序良俗等。"② 英国司法认为"接近正义"包括三项基本原则：消除障碍、确保公平与提高效率。在这一理念和背景下发展起来的非诉讼纠纷解决机制就是期待 ADR 对司法的辅助作用，缓解司法的压力和危机，并促进民众利用司法的便利化。

美国首席大法官约翰·杰伊认为，过去的历史表明，将正义运送到每个人家门口的益处是显而易见的。法院系统在满足人民群众多元司法需求方面作出了积极努力，2015 年 4 月 9 日召开的全国法院多元纠纷解决机制改革工作推进会上，周强院长强调："人民群众的司法需求到哪里，人民法院的司法服务和保障就要跟进到哪里。要优化法院内外资源配置，努力在全社会树立'国家主导、司法推动、社会参与、多元并举、法治保障'的现代纠纷解决理念，努力实现六个转变③。"这成为让人民群众接近正义的方式之一。

从解纷主体的角色看，多元化纠纷解决机制需要为国家中心工作服务，保障经济社会发展，维护社会稳定。从解纷服务的对象看，面对的纠纷具有多样性，既有农村基层乡民之间"家长里短"式的传统型纠纷，也有"一带一路"建设中的国际商事纠纷，还有证券金融期货等行业纠纷，等等。从功能上看，多元化纠纷解决机制既要秉承便民、利民的理念解决纠纷，又要以务实的方式维护稳定，宣传法治理念。从目的上看，多元化纠纷解决机制追求法律效果和社会效果以及"情、理、法"的有机统一。它的价值不仅在于稳妥地解决乡民之间的纠纷，还在于维护社会秩序，对人民群众生活秩序的

---

① 赵蕾. "枫桥经验"的理论提升. 法律适用，2018 (17).
② 程骞，徐亚文. 中国农村治理变迁与获致司法正义——法律赋能的启示. 北方法学，2015 (1).
③ 六个转变是：将诉调对接平台从单一平面的衔接功能向多元立体的服务功能转变，将诉调对接机制从单向输出向双向互动转变，将诉调衔接对象从重点突破向全面启动转变，将诉调对接操作规范从零散差异向系统整合转变，将解决纠纷人才的培养从经验型向职业型转变，将法院内部调解机制从粗放型向精细化转变 [2019 - 02 - 23].

建构产生积极的影响。

多元化纠纷解决机制在效果上追求社会效果与政治效果和法律效果的统一。通过将解纷资源下沉，使纠纷得到源头治理，进入诉讼渠道的纠纷减少，"案多人少"压力将会得到缓解。同时，人民陪审员制度改革促进了多元化纠纷解决机制的发展，习近平总书记在 2016 年 4 月初中央全面深化改革领导小组第十一次会议上强调："人民陪审员制度是社会主义民主政治的重要内容。要通过改革人民陪审员制度，推进司法民主，促进司法公正，提升人民陪审员制度公信度和司法公信力"[①]。为了让人民陪审员更好地发挥作用，推进司法民主，促进司法公正，多元化纠纷解决机制可以为人民陪审员参与调解提供巨大的施展空间。尤其是在基层社会，随着人民陪审员倍增计划的完成，队伍不断壮大。人民陪审员选任在其所在的乡镇，他们具有了解当地社情民意和文化传承以及乡规民约和独特的文化元素的优势，使得处理矛盾更加方便，更能做到"案结事了"。这在一定程度上减轻和缓解了地方党委与政府的信访压力，促进群众法律意识提升，有效化解一些恶性事件和群体性纠纷，"小事不出村，大事不出乡镇"有了坚实保障，基层综合治理体系得到优化。

多元化纠纷解决机制的目标是争取将纠纷化解在源头，尽量不形成诉讼，当然不排除有的案件必须成讼。总体而言，希望依托社会方方面面的力量来共同化解矛盾，特别是婚姻家庭、相邻关系、一般损害赔偿等案件，争取能够在萌芽状态解决，通过非正式司法方式，及时、有效、公正地解决矛盾，预防犯罪、减少民事纠纷、为私人排难解忧，维护社会的秩序与安全。就多元化的特性而言，它追求的是建设"法治社会、和谐社会"，通过化解纠纷，释理明法，增强群众的守法意识，同时加强预防，在经济社会发展、人民生活水平提高、经济活动日益活跃、人员流动愈加频繁的情况下，将社会的纠纷尽可能地控制在最少的状态，争取实现经济高速增长的同时纠纷数量大幅下降，使两者形成反比态势，推动国家走向规则之治。

五、公平效率价值与博弈衡平理论

（一）公平效率价值

社会矛盾纠纷的解决需要考量纠纷化解的资源分配与成本效益。从当事

---

① 习近平：深刻把握全面深化改革关键地位　自觉运用改革精神谋划推动工作．人民日报，2015－04－02．

人的立场考虑，由于诉讼会消耗大量的时间和金钱，寻求诉讼外的纠纷解决渠道如调解或和解等可以迅速化解纠纷，效率是其追求的主要价值。当然，在诉讼外解决纠纷，当事人也需要得到公平公正的结果，公正亦是其追求的首要价值。从国家的立场考虑，国家在治理过程中希望能够高效解决社会矛盾，追求效率是其主要目标。但是，这种效率是在保障公正前提下的效率，牺牲公正谈效率可谓舍本逐末的短期行为。各种解纷机构需要在国家宪法和法律的框架下进行，不超越法律的界线，这是解决社会矛盾时应当遵循的基本原则。在面对弱势一方当事人时，保护弱者的权利是首要的职责，因为纠纷解决的过程中也在宣扬并构建人民群众的社会价值，如果仅仅追求效率而不顾权利保护，失去公正的同时也会失去公信，最终将对国家政治、社会稳定产生不利影响。因此，公平与效率是纠纷解决机制的核心价值追求。

　　随着社会纠纷的数量越来越多，大量的诉讼案件导致司法资源匮乏、诉讼延迟和高成本等方面的压力，许多国家通过 ADR 对诉讼进行分流减量。"纠纷解决金字塔理论（Dispute Resolution Pyramid Theory）应运而生，金字塔宽宽的底座代表存在大量争议，而窄窄的塔尖象征着能够进入法院系统进行诉讼，这样的案件只占大量争议中很小一部分。"① 一方面，通过程序的简化和便利，增加民众利用司法的机会；另一方面，通过司法的社会化，把大量纠纷从诉讼向 ADR 转移，强化社会纠纷解决的能力，使公民有机会获得正义，即及时、便捷、经济、平和地解决纠纷的权利。由于法院承担了对 ADR 的引导和制约功能，实际上也导致了司法功能的扩大或转变②。在美国，这种策略体现为法院附设 ADR 和"司法的多元化通道体系（multi-door system of justice）"。其重点是使当事人了解审判可能得到的结果、风险和成本，更有利于让当事人达成和解，最终在法院之外实现正义。所以，"接近正义"是国家经济和社会发展的基础，而且接近正义不仅应被视为经济与社会发展的驱动因素，也作为一种包容性增长的结果③。

　　公平在多元化纠纷解决机制中最为重要的价值是为当事人提供了充分的选择权，从而保障当事人不同的需求和价值取向，任何一种单一的非讼方式都不可能同时满足当事人所有的需求和价值。尊重当事人的程序选择权，就是为当事人提供一种在公平程序中通过对话和协商解决纠纷的渠道，依靠当

---

　　① 赵蕾. "枫桥经验"的理论提升. 法律适用，2018（17）.
　　② 范愉. 当代世界多元化纠纷解决机制的发展与启示. 中国应用法学，2017（3）.
　　③ 同①.

事人的自愿、自主、自律，给予其程序上更大的选择性、自主性和参与性，避免了诉讼程序的高成本、高风险和其他固有弊端。

（二）博弈衡平理论

博弈论为分析人类行为提供了一套有力的工具，它设定所有人均为理性行动者，均以实现个人利益最大化为目标，博弈结果的产生受所有行为人理性行动的共同影响。"纳什均衡"是博弈论中最重要的概念，它指导所有参与人对其他参与人的策略作出最优反应，并促成所有参与人形成最优策略组合[1]。社会矛盾纠纷复杂多样，仅靠单一的调解方式和解纷资源难以妥善化解。通过非零和博弈实现彼此间的"纳什均衡"，为不同调解类型提供博弈平台，实现调解主体多元联合，调解方式多元联动，综合运用判断型调解、交涉型调解、教化型调解等诸多形式[2]，为当事人提供纠纷调解方式的多样化选择。

在博弈过程中，还要注重"交往行为理论"。"交往行为理论"是世界哲学大师哈贝马斯思想体系的基础，其提倡通过充分的说理论证以说服他人，排除强制，最后形成思想共识，促进人与人之间的团结、和谐。哈贝马斯认为，在当今社会，人们的思想价值观念、生活行为方式、利益取向日渐多样，想要建立一种为大多数人共同认可的价值标准，不能只听某一个体或群体的"独白"，以个体或某个特殊群体的利益诉求为中心，而应通过对话与商谈，建立起不同主体之间的沟通和协调机制，兼顾大多数人的共同利益[3]。推进非诉调解多元协同发展，可以借鉴"交往行为理论"，建立各类调解机制协同发展的组织结构和制度，加强不同调解类型之间的对话与交流，形成规则共识。一是建立对话沟通机制。交往行为理论强调通过交谈、论证、说服等过程达成共识。不同类型调解组织要互相尊重、充分交流，通过相互理解、共享知识，促进彼此信任和达成一致。在遵循调解共同规则，如自愿、保密、中立等原则的基础上，承认彼此的个性和优势，坚持求同存异，多元发展。二是推进多元协同交往。深化多元化纠纷解决机制改革，必须抛弃部门利益和认识偏见，通过商谈达成共识，强化协同形成共赢。强化不同调解方式之间的交流与互动，培育和发挥各自的调解优势，并可根据纠纷的特

---

[1] 齐格弗里德.纳什均衡与博弈论.北京：化学工业出版社，2011：153.
[2] 棚濑孝雄.纠纷的解决与审判制度.王亚新，译.北京：中国政法大学出版社，2004：54.
[3] 陈文曲.民事诉讼当事人陈述理论重构——以哈贝马斯的交往理性为视角.北京：法律出版社，2010：51.

点，适时组建个性化的联合调解团队。三是实现调解信息共享。交往行为理论以双方理解为行为目标，而信息的共享是有效交往的前提和基础。只有在不同主体间充分共享可以理解的解纷信息，通过彼此的交流与互动，才能达到彼此之间的默契和认同。实践中要加强不同调解组织之间的信息交流与情况沟通，共商疑难纠纷的联合调解，提高纠纷调解实效。

六、利益最大化价值与效益成本理论

（一）利益最大化价值

为了实现利益协调与互利，选择最优的纠纷解决结果是多元化纠纷解决机制的最高追求，从博弈论的角度观察，最优的纠纷解决结果是合法的、合理的、可接受性的结果。为达到这个目标，当事人需要结合自己所涉的纠纷的特性去选择适宜的纠纷解决方式，从而实现利益最大化的结果，即"帕累托最优"的实现。因此，从博弈的角度看，最优的纠纷解决结果必须是符合法律精神的结果。纠纷解决结果的可接受性涉及当事人的具体利益衡量，"对于当事人而言，则是主要体现在当事人对该解决结果预期利益的满足程度，当事人以自身的利益得失为尺度对纠纷解决结果进行评价，而且当事人对纠纷解决方式的选择也是基于对自身的预期利益，追求自身利益的最大化从而使自身损失最小化，如果结果在他们的预期收益的范围之内，他们认为结果可接受"[1]。

当事人追求自身利益最大化是本性使然，在利益有限的情况下，每个当事人对利益追求最大化，就会出现冲突，因此，"利益的正当合理分配与保护，更多地靠法律实践来实现"[2]。"量化分析可知，最优的解决结果应是从纠纷本身来看实现了整体上利益最大化，这时的利益最大化不是每个当事人所追求的利益最大化，而是整体利益最大化，保护每个当事人的合法利益，实现每个当事人的合法利益以及社会利益的最大化。"[3]"只要实现了事物之间量化的比较之后，人总是以一定的理性范式进行选择，即选择最优的、收益最佳的。"[4]"单个的决策者如果能够按照自我利益最大化的标准选择出最

---

[1] 郑金虎. 最优司法判决结果的博弈解读——兼及法律方向的可操作性. 山东大学学报（哲学社会科学版），2010（1）.

[2] 陈冬梅. 司法实践中利益衡量的必然性与局限性之分析. 商场现代化，2006（9）.

[3] 同[1].

[4] 钱弘道. 经济分析法学. 北京：法律出版社，2005：18.

佳行动方案，仅是实现了个体在目标和手段之间的均衡，个人不再有激励选择其他行动方案。而如果社会要实现均衡则必须是每一个成员都实现了利益的最大化。"① 在纠纷解决过程中，双方争执的对象是利益。通常，利益是复杂的、多变的，可综合考虑的。"利益的协调是平和的，有可能达到双赢或多赢，实现双方利益的最大化。它不仅关注自身的权利和利益，也同时关注对方的利益；不仅关注眼前利益，更应该着眼于长远利益，尽可能在协商中寻求双方的互利和双赢，以及兼顾社会公共利益的多赢结果。"② 将解纷资源效用最大化，当事人可以选择有利于效用能够最大限度发挥的纠纷解决机制，使得自己的损失降到最小，在权利的冲突不能调和与损失不可避免的纠纷中，为当事人提供多种解纷渠道，由当事人自愿选择使整体损失降到最小的纠纷解决方式。

（二）效益成本理论

20 世纪后半期以来，司法效率低下使"迟到的正义"和"难以实现的正义"日益成为法治社会共同的难题。由此，经济分析法学把"成本-效益分析"应用到了法治领域。在司法诉讼程序中，权利并不是绝对的和无价的，其实现必须权衡司法资源与社会成本；个人的权利可以由其主体根据利益的综合权衡选择放弃、交换和交易；在纠纷解决过程中，成本的计算与权利的主张必须合乎理性。社会和国家应该根据成本效益原则设计或改革诉讼程序，并通过价值规律和制度设计限制诉讼的无限增长③。但是成本效益原则不是司法的唯一价值标准。司法公正才是司法最高的价值准则。对于一个社会来说，成本和效益的平衡应该成为维持社会正常运行的一个基本尺度。在纠纷解决上，更多地适用非诉讼纠纷解决方式，尽可能将诉讼产出的负面价值限制在一个合理范围内，努力实现有限的司法资源的效益最大化。

"当社会中出现新的利益冲突，需要重新分配权利义务关系时，往往在以往的法律规范和社会规范中找不到相应的处理标准。在这种情况下，虽然通过法院判决确立规则比较权威"④，但是诉讼所需成本较高，而且经法官自由裁量权作出的判决也未必符合实际。而当事人通过非诉讼纠纷解决方式，

---

① 钱弘道. 经济分析法学. 北京：法律出版社，2005：166.
② 郑金虎. 最优司法判决结果的博弈解读——兼及法律方向的可操作性. 山东大学学报（哲学社会科学版），2010 (1).
③ 王钰. 委托调解制度构建研究. 上海：华东政法大学，2012.
④ 崔心. 非诉讼纠纷解决制度与诉讼制度衔接问题的实证分析. 济南：山东大学，2010.

既可以依靠专家优势，又能形成惯例，为此后的决策和立法提供基础资料，且各种成本相对较低。"合意过程不仅消极地确认规范，而且还可能积极地生产规范。在有些社会中，合意过程作为解决纠纷的唯一正当方式被承认和鼓励，而且在此过程中存在着一套精致的规范体系来制约人们的纠纷解决方式。在那里，一方面，有了这套规范体系的支持，合意才得以有效地达成；另一方面，合意过程的作用又不断地使这套规范体系得到再生产。"① 非诉讼纠纷解决机制中的当事人合意，更符合效益原则和合理性原则，这也是现代非诉讼程序特有的社会功能。

上述六个正当性价值及其基础理论，是多元化纠纷解决机制的理论基础。作为纠纷解决机制的民主自治基础上的协商，其本身就是解决社会矛盾的一种机制，民主自治理论是以尊重当事人的自治和处分权为前提的，更是多元化纠纷解决机制的理论基点。在纠纷解决的大体系中，协同治理的目标就是促进各个纠纷解决的子系统的协同合作，激发系统整体效能。通过社会系统理论，从社会整体角度建构多元化纠纷解决体系，才能实现现代社会治理的全面化和系统性。当代社会的非诉讼纠纷解决机制本身是法治和善治机制的组成部分。通过社会治理理论，非诉讼纠纷解决机制从私人之间的纠纷解决领域不断向社会公共领域拓展，逐渐在处理社会冲突、平衡利益冲突、扶助弱势群体、化解社会矛盾等方面实现善治价值。接近正义就是扫除当事人实现正义之路上的障碍，提高纠纷解决的效率，运用非诉讼纠纷解决机制缓解司法压力，促进民众实现正义的目标和法治秩序的形成。社会纠纷的化解需要考量纠纷解决的资源分配与成本效益，通过博弈衡平理论，合理配置社会解纷资源，根据成本效益原则改革诉讼程序，更多地适用非诉讼纠纷解决方式，以最小的成本、最优的纠纷解决结果，努力实现有限的司法资源的效益最大化。这些理论构成了多元化纠纷解决机制立法的正当性理论基础，也是在立法过程中需要重点遵循和考量的因素。

---

① 棚濑孝雄. 纠纷的解决与审判制度. 王亚新，译. 北京：中国政法大学出版社，1994：32-33.

第二章　多元化纠纷解决机制
立法的属性和基本原则

随着当代非诉讼纠纷解决机制的发展，为了保证非诉讼程序的正常运行和健康发展，世界各国均致力于推动替代性纠纷解决机制的法治化和规范化。美国 1998 年颁布了世界上第一部《ADR 法》，日本 2007 年颁布了《ADR 促进法》，德国 2012 年颁布了《法庭外争议解决促进法》，波兰 2016 年颁布了《促进友好型纠纷解决法》，等等，"这些国家通过制定专门的 ADR 法阐明国家有关政策和发展战略，从宏观上把握 ADR 的方向、地位和功能，并明确主管机关和司法机关的相关责任，在促进全球 ADR 法治化进程方面功不可没"[1]。

第一节　多元化纠纷解决机制立法的法律属性

"中国非诉讼纠纷解决机制历史悠久，并早已存在一些相关法规制度，但是直到 21 世纪，才正式形成非诉讼程序法的概念和体系。"[2] 2001 年 3 月，李鹏在九届全国人大四次会议上所作的《全国人大常委会工作报告》中指出，以"宪法及宪法相关法、民法商法、行政法、经济法、社会法、刑法、诉讼与非诉讼程序法……的七个法律部门已经比较齐全"，"基本形成""有中国特色社会主义法律体系的框架"[3]。该报告首次提出非诉讼程序法的

---

[1] 龙飞. 多元化纠纷解决机制立法的定位与路径思考——以四个地方条例的比较为视角. 华东政法大学学报，2018（3）.

[2] 范愉. 中国非诉讼程序法的理念、特点和发展前景. 河北学刊，2013（5）：139.

[3] 李鹏委员长在九届全国人大四次会议上的《全国人大常委会工作报告》（摘要）[2017-12-17]. www.peole.com.cn/GB/peper39/2888/400430.html.

概念。那么，多元化纠纷解决机制立法的法律属性是什么？它与民事诉讼法、人民调解法、仲裁法、劳动争议调解仲裁法等法律的关系如何界定？

一、非诉讼程序法的性质

从我国法律体系的机构和立法者的设想可以看出，首先，非诉讼程序法并非一个独立的法律部门，而是与其他诉讼法同属于程序法部门。其次，非诉讼程序法主要是指专门性非诉讼程序，它不包括《民事诉讼法》《行政诉讼法》《刑事诉讼法》中的非诉讼程序、和解和调解等程序以及其他相关法律中的非诉讼程序。最后，个别非诉讼程序法不涉及纠纷解决，如《公证法》；个别非诉讼程序法与其他法律部门交叉，如《劳动争议调解仲裁法》《农村土地承包经营纠纷调解仲裁法》，既可视为非诉讼程序法，又分别划归社会法和经济法部门[①]。可见，"非诉讼程序法的概念内涵和外延均具有一定的不确定性，这是由纠纷解决活动的复杂性和解纷机制的多元性所决定的"[②]，这也是多元化纠纷解决机制立法的技术难题。

目前，我国有《人民调解法》《仲裁法》《公证法》《劳动争议调解仲裁法》《农村土地承包经营纠纷调解仲裁法》等非诉讼程序法。随着纠纷类型的多样化与解纷需求的多元化，上述法律已无法适应现实需求，亟须制定一部多元化纠纷解决机制法律，与《民事诉讼法》《人民调解法》《仲裁法》《公证法》等法律配套，形成一个系统性的多元化纠纷解决机制综合法律体系。通过国家层面的立法，确定非诉讼纠纷解决机制的正当性，界定各个职能部门的职责分工，明确各类纠纷解决主体的任务，由国家提供必要的公共财政和人力资源等的实际支持，保障其在法治的框架下健康发展。[③]

二、综合性法律属性

按照前述关于中国特色社会主义法律体系的七个法律部门的划分，多元化纠纷解决机制立法应当属于非诉讼程序法。但是，从多元化纠纷解决机制地方条例的内容来看，又不是单纯的严格意义上的"程序法"，而是集实体

---

① 社会法主要包括劳动法、工会法、未成年人保障法、老年人权益保障法、就业促进法、劳动争议调解仲裁法等法律；经济法主要包括公司法、证券法、票据法、金融法、保险法、消费者权益保障法、土地承包经营纠纷调解仲裁法等法律。
② 范愉.中国非诉讼程序法的理念、特点和发展前景.河北学刊，2013（5）：140.
③ 龙飞.多元化纠纷解决机制立法的定位与路径思考——以四个地方条例的比较为视角.华东政法大学学报，2018（3）.

与程序为一体的综合法。从目前已出台的 6 个《多元条例》的内容来看，既包括纠纷解决制度的法律地位、基本原则等基本法内容，又包括纠纷解决职能部门的分工，调解机构的建立、性质、职责分工，以及调解员的素质要求、行为规范等组织法内容，还包括纠纷解决程序、当事人参与的程序等程序法内容[①]。所以，"多元化纠纷解决机制立法是非诉讼程序与诉讼程序的衔接关系的综合性法律，其涵盖了公力救济、民间社会和私力救济交错融合的领域，也是准入性与授权性规范相结合的法律形式"[②]。其中，诉讼与非诉讼程序的合理衔接关系是多元化纠纷解决机制设计的关键，既为了保证非诉讼程序的正当性与合法性，增加司法制约因素，也为了提高非诉讼程序的效力和效益，避免解纷资源与解纷成本的浪费。

三、"促进法"立法模式的选择

按照法律的立法模式来看，多元立法究竟是"促进型"立法模式还是"管理型"立法模式？实践中，6 个《多元条例》分别采取了不同的方式。厦门条例和山东条例在标题上表明该条例为促进类型的法规，但是黑龙江条例、福建条例和四川条例去掉了"促进"条例的字样。这也是《多元条例》起草论证过程中争议较大的问题。

首先，我们要区分"促进型"立法模式与"管理型"立法模式的不同含义和适用范围。查询以往立法例，在市场经济宏观调控中，经济法律领域存在大量的"管理型立法"，例如，税收征收管理法、国有资产管理法、外汇管理条例、能源法、海关法、会计法、审计法等，这些都是"管理型"立法[③]。一些市场管理类的立法也属于"管理型立法"，包括反垄断法、证券法、期货交易管理条例、城市房地产管理法、反不正当竞争法、消费者权益保护法、产品质量法等。这些立法是我国经济法重要的组成部分，在一定程度上，经济法就是经济领域中的"管理型立法"的总和。还有许多政府干预管理的领域，诸如教育、文化、卫生、环境等方面都可以看到"管理型立法"的身影。相对于"管理型立法"而言，"促进型立法"是一种不同于 20 世纪"管理型立法"的新的模式，主要针对那些社会关系尚未得到良好发

---

① 龙飞. 多元化纠纷解决机制立法的定位与路径思考——以四个地方条例的比较为视角. 华东政法大学学报，2018 (3).
② 范愉，李浩. 纠纷解决——理论、制度与技能. 北京：清华大学出版社，2010：127-128.
③ 潘静成，刘文华. 经济法. 北京：中国人民大学出版社，1999：294.

育、市场规模并未形成而急需鼓励的领域，因而"促进型立法"主要解决"供给"问题，具有积极的促进导向，对社会的发展具有引导意义[1]，例如，《就业促进法》《民办教育促进法》《中小企业促进法》《文化产业促进法（草案送审稿）》《电影产业促进法》等。这些"促进型立法"与"管理型立法"相比较，更多地强调政府的服务功能，而不是管理功能，所以没有管理相对人，因而也不像管理型立法那样强调权利和义务的对应，在规范方式上采用大量的任意性规范、授权性规范和鼓励性规范，具有内容更加灵活，可问责性较差等特征[2]。这些促进法所涉及的领域都是某个行业不能单独完成的，需要全社会的参与和努力才能实现。这些法律所涉及的工作，无论是民办教育、就业、文化产业等，都需要各个机构的系统整合。多元化纠纷解决机制建设立法也是授权性规范，其法律后果也多是授益性的。多元化纠纷解决机制立法采用"促进型立法"模式，不仅仅是国家纠纷解决体系建设以及社会管理的新手段，更为重要的是，它需要政府主导下的全社会、各个机构组织的参与和协调沟通，加强社会力量的参与，通过系统治理、依法治理、综合治理、源头治理，推进国家治理体系和治理能力现代化。所以，我们认为多元化纠纷解决机制立法采取"促进型"的立法模式比较合适[3]。

四、多元化纠纷解决机制立法名称的定位

多元化纠纷解决机制，是指一个社会中各种纠纷解决方式、程序或制度（包括诉讼与非诉讼两大类型）以其特定的功能共同存在、相互协调所构成的纠纷解决系统[4]。这是学术界对多元化纠纷解决机制的定义。《厦门条例》开创性地从立法上对多元化纠纷解决机制进行定义，"多元化纠纷解决机制是指由诉讼和各种非诉讼方式共同构成的纠纷解决体系"，并从三个层面对多元化纠纷解决机制的发展目标进行定位：合理配置社会资源、实现纠纷解决程序的合理衔接和相互协调、为纠纷当事人提供便捷和适宜的纠纷解决途径[5]。这是《厦门条例》对中国多元化纠纷解决机制建设的最大贡献。这也

---

[1] 杨紫烜．经济法．北京：北京大学出版社，高等教育出版社，1999：284．
[2] 李艳芳．"促进型立法"研究．法学评论，2005（3）．
[3] 龙飞．多元化纠纷解决机制立法的定位与路径思考——以四个地方条例的比较为视角．华东政法大学学报，2018（3）．
[4] 范愉，李浩．纠纷解决——理论、制度与技能．北京：清华大学出版社，2010：21．
[5] 杜明聪，黄金坤．厦门市多元化纠纷解决机制的立法与实践．厦门：鹭江出版社，2015：20．

体现了地方立法除了具有从属性外,还具有一定的自主性,可以独立自主地进行立法决策和立法创新。

关于多元化纠纷解决机制的立法名称应当如何定位,一直存在较大争议。从目前已经出台的6个《多元条例》的名称就可以看出争议所在。《厦门条例》为"多元化纠纷解决机制",《山东条例》《安徽条例》为"多元化解纠纷",《黑龙江条例》为"社会矛盾纠纷多元化解",《福建条例》为"多元化解纠纷",《四川条例》则为"纠纷多元化解"。究竟如何表述更符合多元化纠纷解决机制建设的本质要求,急需统一标准。虽然目前地方条例只有《厦门条例》的名称是"多元化纠纷解决机制促进条例",其他3个条例均在"多元化解纠纷"还是"社会矛盾多元化解"之间纠结不定。经比较研究,笔者认为立法名称采用"多元化纠纷解决机制促进法"比较合适。理由有以下几点:一是十八届四中全会《决定》明确规定了"多元化纠纷解决机制",这成为中央层面正式的表述,并作为国家治理体系的重要组成部分。二是"多元化纠纷解决机制改革"作为长期以来推进的一个改革项目,已经约定俗成,作为一个专有名词得到社会广泛认同。三是2018年中央全面深化改革领导小组第二次会议审议通过的《关于建立"一带一路"国际争端解决机制和机构的意见》强调"建立诉讼与调解、仲裁有效衔接的多元化纠纷解决机制"[1],其也使用了"多元化纠纷解决机制"的表述。四是与域外的"替代性纠纷解决机制"相对应,美国、德国、日本、波兰等国的立法是《替代性纠纷解决机制促进法》,我国制定的国家立法名称如果确定为"多元化纠纷解决机制促进法",更有利于中国的多元化纠纷解决机制与国际接轨[2]。

第二节 多元化纠纷解决机制立法的指导思想和目标任务

一、立法的指导思想

立法的指导思想由国情决定,同时反映着统治阶级的利益及其基本要

---

[1] 习近平. 思想再解放改革再深入工作再抓实推动全面深化改革在新起点上实现新突破. [2018-02-01]. http://www.xinhuanet.com/politics/2018-01/23/c_1122303539.htm.

[2] 龙飞. 多元化纠纷解决机制立法的定位与路径思考——以四个地方条例的比较为视角. 华东政法大学学报, 2018 (3).

求，为立法活动指明了方向，是统治阶级的法律意识在立法上的反映，目的在于通过立法将阶级的意志上升为法律，形成国家意志，全社会必须遵守，通过立法维护自己的利益。纵观历史，不是所有思想都能成为立法的指导思想，只有在社会意识形态中占据主导地位并反映统治阶级的根本利益的思想，才能成为立法的指导思想。任何一个时代和国家的立法都在一定的思想指导下进行，立法的指导思想随着历史的发展不断发展。比如，中国奴隶制立法的指导思想是神权、宗法思想，封建制立法的指导思想是正统儒家思想。西欧中世纪的立法指导思想是神学法律观，资产阶级革命胜利以后，西方国家的立法以资产阶级法学世界观为指导思想，自由资本主义时期立法主要奉行以个人为本位的指导思想，垄断时期立法奉行以团体和社会为本位的指导思想①。在中国特色社会主义进入了"新时代"的历史时期，现阶段的立法指导思想是习近平新时代中国特色社会主义思想。党的十九大报告提出要"坚持解放思想、实事求是、与时俱进、求真务实，坚持辩证唯物主义和历史唯物主义"②。多元化纠纷解决机制立法也要坚持战略思维、法治思维、系统思维，在加强社会调查研究的基础上，准确把握我国社会矛盾纠纷发展的规律性和阶段性特点，妥善处理好解放思想与实事求是、全局与局部、顶层设计与地方探索实践的关系，要把马克思主义哲学的创新成果作为推进立法的世界观和方法论，把党的基本理论、基本路线和基本方略贯彻到立法过程和法律条文中去。

（一）坚持党的领导

坚持党的领导是中国特色社会主义的最本质特征，立法是国家的重要政治活动，必须坚持党的领导，这是立法必须坚持的基本原则，是树立正确的政治方向的前提，是推进全面依法治国的保障。党对立法的领导既是政治和思想上的领导，也是政治和思想上的领导与组织上的领导的有机统一，党对立法的领导还是宏观领导与具体领导的有机统一。《立法法》规定了立法应当遵循宪法的基本原则，坚持中国共产党的领导等内容。③ 坚持党的领导对多元化纠纷解决机制立法具有指导意义，在党的领导下立法有利于发挥好党

---

① 孙国华. 中华法学大辞典·法理学卷. 北京：中国检察出版社，1997：281.

② 习近平. 决胜全面建成小康社会 夺取新时代中国特色社会主义伟大胜利——在中国共产党第十九次全国代表大会上的报告，北京：人民出版社，2017：19-26.

③ 《立法法》第3条规定："立法应当遵循宪法的基本原则，以经济建设为中心，坚持社会主义道路、坚持人民民主专政、坚持中国共产党的领导、坚持马克思列宁主义毛泽东思想邓小平理论，坚持改革开放。"

总揽全局、协调各方的作用,也可以充分发挥全国人大常委会讨论决定重大事项的作用,把立法与国家改革、发展和稳定的重大决策结合起来。在多元化纠纷解决机制立法中需要依法立法、民主立法、科学立法,使党的主张通过立法成为国家意志,把落实党的方针政策与协调各方利益关系贯穿于立法全过程,打造良法,最终实现社会善治。

(二) 以人民为中心

"以人民为中心"是我国治国理政的价值观,"为了谁、依靠谁"是治国理政的核心问题,这是立法的政治立场问题。立法是为了人民,必须在立法活动中坚持走群众路线。坚持"从群众中来,到群众中去",以此为指导思想,以人文关怀构建价值理念,渗透、蕴含人文精神。"坚持以人民为中心的发展思想,能够促进经济、社会发展和人的全面发展。"[1] 在新时代,立法应更加透明良善,保障社会主体平等参与、平等表达的权利,不以音强音弱定是非,恪守权利义务调整的正当性、合理性,让社会公众对未来有合理和稳定的预期。要想提高立法质量,就要坚持以人民为中心,将目光更多地投向社会领域,"因为每个人都是社会中的立法者,都是建构法律秩序的力量,秉承这一理念,不断完善立法工作机制,通过座谈、听证、评估、公布法律草案、公开征求意见等机制扩大人民有序参与的立法途径。通过开展立法协商,充分发挥政协委员、民主党派、工商联、人民团体、社会组织在立法协商中的作用"[2]。多元化纠纷解决机制立法的宗旨就是坚持以人民为中心的发展思想,努力满足人民群众日益增长的多元司法需求,依靠人民群众力量解决矛盾纠纷,通过调动其他社会力量、发动人民群众共同参与纠纷解决。

(三) 尊重客观规律

立法必须反映客观规律,尊重客观规律才能为人民群众谋福利,这是坚持历史唯物主义的体现。历史唯物主义基本原理认为,社会存在决定着社会意识。马克思揭示了法律与客观规律的关系,他认为:"法律只是在自由的无意识的自然规律变成有意识的国家法律时,才成为真正的法律……它是人的行为本身的内在的生命规律,是人的生活的自觉反映。"[3] 他还说:"立法

---

[1] 王怡. 中国特色社会主义立法理论与实践——2016年中国立法学研究会学术年会会议综述. 地方立法研究,2017 (1).

[2] 同[1].

[3] 马克思,恩格斯. 马克思恩格斯全集:第1卷.2版. 北京:人民出版社,1995:176.

者应该把自己看作一个自然科学家。他不是在创造法律,不是在发明法律,而仅仅是在表述法律"①,"宗教、家庭、国家、法权、道德、科学、艺术等等只不过是生产的特殊的方式,服从着生产的一般规律"②,"法律应该是社会共同的、由一定物质生产方式所产生的利益和需要的表现,而不是单个的个人恣意横行"③。法律从各种社会实践中来,立法作为一种意志选择活动,应当遵循科学性的要求,从实际出发、实事求是,这是唯物主义的基本原则,也是科学的立法观。在立法过程中广泛地认识立法所涉及的事物,客观的事物状况决定了需不需要立法以及需要立什么样的法。关注事物的本质,在立法过程中体现了人们对事物的能动认识与事物对人们意识的决定作用的统一,而不是基于人们的主观认识去立法,不然就违背了哲学上客观与主观的对立统一。多元化纠纷解决机制立法需要"尊重立法所解决的社会问题的发生时代背景,尊重法律贯彻实施所需的社会条件,在作出立法选择时应注重制度的价值正当性、制度的连续性、利益的均衡性等"④,需要在遵守宪法、法律和行政法规的前提下,尊重立法需求的差异化,结合实际,突出特色。

二、立法的目标任务

立法是社会实践活动的组成部分,同时也是有目的地改造世界的社会活动。"法律作为具有一定的社会目的的实践活动,是实现某种社会目的的手段,实现社会目的的过程,就是围绕某些利益来划定不同主体之间的权利义务关系的过程。"⑤立法权作为一项重要的国家权能,对社会整体所产生的影响极为重大,多元化纠纷解决机制的立法目的是适应社会发展的需要,在对多元化纠纷解决机制固有属性认识的基础上,通过立法获得纠纷化解高效顺畅的理想结果。科学地表述立法目的,有利于执行者理解立法的精神,更好地落实,也有利于人民群众理解立法宗旨,正确行使权利和自觉履行义务。从已经实施的6个《多元条例》来看,虽然它们关于立法目的的表述不完全一致,但其大致内容均包括:为了完善调解、仲裁、行政裁决、行政复议、

---

① 马克思,恩格斯. 马克思恩格斯全集:第1卷.2版. 北京:人民出版社,1995:183.
② 马克思. 经济学—哲学手稿. 北京:人民出版社,1957:83.
③ 马克思,恩格斯. 马克思恩格斯全集:第6卷. 北京:人民出版社,1961:292.
④ 王怡. 中国特色社会主义立法理论与实践——2016年中国立法学研究会学术年会会议综述. 地方立法研究,2017(1).
⑤ 裴洪辉. 合规律性与合目的性:科学立法原则的法理基础. 政治与法律,2018(10).

诉讼等有机衔接、相互协调的多元化纠纷解决机制，及时、便捷、有效地解决纠纷，维护社会和谐，促进公平正义，弘扬社会主义核心价值观，完善社会治理体系，提高社会治理能力。

（一）健全多元化纠纷解决机制

这是制定多元化纠纷解决机制促进法的直接目的。一是促进多元化纠纷解决机制运作体系的系统化。通过立法可以推进各种解纷机构的有机结合，形成系统化的整体，解纷机制之间的运行会更顺畅，也更规范，可以实现多方协作下的精准治理，形成无缝对接的系统。二是促进运行机制的常态化。各种解纷机制的协作因规范化的运行机制变得更加密切，比如通过在线大数据平台能够实现24小时的全天候的沟通，运用信息技术建立高效的社会治理机制。三是促进构建以用户体验为主的解纷体系。线上和线下相结合的多元化纠纷解决机制以满足群众的解纷需求切入点，为群众提供多元的解纷服务，整合各种资源，探索发展新模式，实现多个解纷机制之间的深度融合，从而促进解纷的多元化解。

（二）打造社会治理共同体

王夫之提出，"立法必须循天下之公"。一是通过立法树立总体观和系统观，树立大思维和大格局，打破部门的割据思维，构建社会综合治理网络，能够实现全社会各综治责任单位的无缝衔接，形成协同治理格局。通过立法建立规范的衔接机制，打通部门内部的纵向联系，同时实现各系统的横向联合，形成纵横交错的局面。二是建立解纷机制之间的自动协同机制。通过提升服务功能，在功能上实现关联互助、信息互换，形成合纵连横，实现信息互联互通和资源共享。三是实现社会治理的统一协调。用联系的、发展的理念，积极务实地协调利益，促进合作和整合，推动解纷机制进一步融合，突破"围城"，在全社会形成社会纠纷的化解人人有责和人人受益的氛围，促进纠纷解决的整体效率提高，推动社会治理水平整体优化升级。

（三）实现社会治理协同化

多元化纠纷解决机制立法可以完善当前多元化纠纷解决机制存在的不足，有助于实现多元化纠纷解决机制的规范化、制度化、系统化，推动社会治理现代化、法治化和智能化。一是实现社会治理的社会化。促进构建多元化纠纷解决机制网络生态系统。进一步健全党委领导、政府支持、多方参与的社会治理格局，引导人民群众发挥主动性，激发社会自治的力量，让人民群众的内部矛盾由人民群众自己解决。二是实现社会治理的法治化。法治是社会治理创新的目标，通过立法回应社会发展中的问题，提升社会治理的法治化水平。三是实现社会治理的精细化。在智慧社会发展大时代，通过在线平台和衔接机制，不仅能够提升现代化水平，还能够培育治理理念，促进治理的精细化和标准化。

第三节　多元化纠纷解决机制立法的基本原则

立法原则是指在一国立法活动中起指导作用的思想和具有基础或本源意义的稳定的法律原理和准则。立法原则和立法指导思想既有共性，也有区别。立法指导思想是立法的总的政治原则、工作原则和思想原则，它对立法工作起着根本的、全局性的、方向性的指导作用。立法原则是在立法指导思想的指引下，在立法活动中指引立法方向、体现立法性质、保证立法统一、进行立法价值评判必须遵循的准则[①]。只有遵循一定的立法原则，才能保证立法者采取有效的方式维护国家意志，实现立法的目的。立法的基本原则有助于立法沿着正确的方向发展，也有助于从全局上把握立法，还有助于统一立法的主旨和精神。

一、合法性原则

（一）遵守宪法

宪法是我国的根本大法，具有最高法律效力，享有至高无上的权威，是一切组织和个人的最高行为准则。"任何机关、组织和个人都应该依宪行事。因此，合宪性作为各主体从事社会活动的前提条件，是各主体的行动指南。合宪性除了符合宪法文本要求外，还包括符合宪法的原则、价值和精神。"[②]基于维护国家法律秩序的统一，任何涉及法律的行为都存在合宪性问题。多元化纠纷解决机制立法过程要确立合宪性观念，以宪法为指引，不超越宪法的空间与界限，不违反宪法精神、宪法原则和宪法规范。多元化纠纷解决机制建设涉及司法资源配置、公民司法权利保护等重大问题，具有宪法上的意义，必然引发关于合宪性的关注与审视。合宪性对多元化纠纷解决机制立法

---

① 朱力宇，叶传星. 立法学. 北京：中国人民大学出版社，2015：50-51.
② 邢芝凡. 国务院机构改革程序的合宪性探究. 湖北警官学院学报，2013（10）.

的内在要求,一是立法内容应当合宪,即实质合宪性;二是立法程序应当合宪,即程序合宪性。立法的目的在于公正地解决纠纷、保障人权,发挥社会力量的作用,体现人民民主的理念,实现公平、正义、民主,这是宪法精神在法治建设中的集中体现。坚持司法公正优先、兼顾司法效率的宪法原则,改革多元化纠纷解决机制运作模式,增强民主,确保公正,通过简易便捷的解决纠纷的方式实现社会稳定。

(二) 遵守法律法规

亚里士多德指出,"法律就是秩序,有良好的法律才有好的秩序"。多元化纠纷解决机制立法的内容及路径理所当然地应设定在"合法性"的限度之内,遵守法律法规,"立法机关受宪法和宪法制度的约束,行政机关和司法机关受法律、权利的约束"[①]。立法不仅要注重形式的合法性与实质的合法性,还要注重目标的合法性与手段的合法性,这对于司法改革的实效性至关重要。多元化纠纷解决机制立法应当在现行法律制度的框架内进行。立法推进多元化纠纷解决机制改革应当具备两方面的品质:一方面,应当以社会公众的利益和需要为根据,必须以此作为出发点和落脚点,这是立法的正当性基础;另一方面,目标的设定必须适当,这是决定多元化纠纷解决机制改革是否成功的关键因素。

二、合意性原则

在人类社会历史发展中,合意性作为纠纷解决的理念源远流长,从原始社会到现代法治社会,不同社会发展阶段合意性的表现虽然有不同的特点,但是在精神实质上具有一致性。合意性也是当代多元化纠纷解决机制中的重要基本理念。合意性原则体现了民主协商和现代社会治理理念,已经在多元化纠纷解决机制建设中形成共识。一方面,合意解决纠纷可以使双方当事人能够在不伤和气的前提下握手言和,有效维护双方的利益,对于修复社会关系具有重要作用;可以及时彻底地解决纠纷,打开当事人的"心结",实现"案结事了"。另一方面,合意性也充分体现了私权的自治,私权自治作为处理民事纠纷的基本理念,鼓励当事人选择诉讼以外的方式处理纠纷,这体现了现代社会治理理念的转变。合意性在多元化纠纷解决机制立法中的具体表现为:当事人在处理纠纷时,要遵循协商、调解优先,本着自愿、公平、诚

---

① 哈特穆特·毛雷尔. 行政法学总论. 高家伟, 译. 北京: 法律出版社, 2000: 106.

实信用的基本价值理念，尊重当事人意思自治和程序选择权。另外，合意性的前提是不损害社会公共利益和第三人合法权益，不违反法律行政法规强制性规定和社会公序良俗。"正确的合意应当不仅能够体现当事人的意愿，而且还能够体现人类善良习惯和社会正义，甚至还应当能够在一个法治的社会中维护法律尊严。妥当的合意则是强调合意的完整性和彻底性。这关系到纠纷解决的最终质量和实践效果。"[①] 合意性理念真正实现需要合理的顶层设计以及决策者和社会公众的观念变革，在社会上真正建立起崇尚协商、和解、诚信的文化。

合意性在多元化纠纷解决机制中有不同的方面，一是在程序的选择上，当事人各方可以自愿选择纠纷解决程序，如调解和仲裁等。二是在处分实体权利方面，当事人可以自主行使处分权，比方可以与对方达成和解协议，也可以放弃权利。三是在纠纷解决的方式方法上，合意性表现为通过协商解决纠纷，突出了纠纷解决过程中的非对抗性，平等对话是解决纠纷的主旋律。四是从解纷主体的角度看，纠纷主体不局限于国家司法机关，民间组织可以自主加入解纷队伍。从当事人之间的关系、解决纠纷的方式、解纷主体的自主参与的角度彰显合意性的目的主要是彻底化解纠纷。如，一些纠纷在调解协商优先的前提下，形成调解、裁决相结合的机制，在诉讼、仲裁的程序中引入调解，在劳动争议纠纷解决中达成调解协议，出现了社会化、非诉讼化的趋势。

在多元化纠纷解决机制中合意是主要原则，但是也要遵循例外，要兼顾各种价值来进行制度构建，在协商无法进行或者对抗难以消除的时候，出现损害社会公共利益和第三人合法权益，违反法律行政法规强制性规定和社会公序良俗的情况下，司法机关必须作出裁决，必须以强制性作为保障。当代社会合意性纠纷解决制度引入了强制性因素，可以克服合意的随意性，比方说规定强制调解制度以及当事人的行为规范司法审查等。

三、开放性原则

多元化纠纷解决机制具有开放性，是一个开放的系统，也是一个发散型网状结构，有助于形成人人参与、人人有责的社会治理局面。为了体现多元

---

① 赵旭东.通过合意的纠纷解决——合意性纠纷解决机制研究.北京：法律出版社，2017：12.

化纠纷解决机制的开放性，一是要做到解纷主体的开放，二是要做到资金筹集的开放。由此可见，开放性是多元化纠纷解决机制不断自我完善和发展的重要原因，其相关立法应当明确这一特别属性，以促进其发展。

多元化纠纷解决机制立法的目标之一是为民众提供多样化的、可供选择的纠纷解决渠道，不断满足人民群众日益增长的纠纷解决需求，同时促进各种解纷主体之间的顺畅衔接，提高人民群众化解纠纷的便捷性，最终促进社会和谐。解纷的主体涵盖了社会中的行政、经济、文化、科学、技术、教育等多个领域，可以说全社会所有的机构组织皆为多元化纠纷解决机制的主体，这和社会综合治理的责任主体具有一致性。由此可知，多元化纠纷解决机制立法秉承的原则是：在解纷主体上，意在将全社会纳入其中；在解纷手段上，包括诉讼、和解、仲裁、调解、协商、公证等各种方式。可以看出，多元化纠纷解决机制在主体和方式上都秉承"开放性原则"。换言之，多元化纠纷解决机制不是走诉讼的"单行道"，而是多种机制互相衔接的"立交桥"，目的是从根本上满足所有社会成员的解纷需求。

多元化纠纷解决机制建设的经费来源除了财政性拨款外，也鼓励和支持社会资本加入纠纷多元化解领域。在中国特色社会主义发展的新时代，只依靠政府解决纠纷已经不能满足全社会日益增长的解纷需求，尤其是社会纠纷变得更为多样、更为复杂，社会力量的加入能为纠纷解决机制建设提供保障。社会力量和民间资本的参与是分解政府经费压力、增加解纷供给的重要举措。坚持资金来源的开放性原则，可以缓解政府压力，对调动民间积极性具有一定的积极意义。

四、多元共治原则

习近平总书记在 2019 年 1 月召开的中央政法工作会议上强调，"要善于把党的领导和我国社会主义制度优势转化为社会治理效能，完善党委领导、政府负责、社会协同、公众参与、法治保障的社会治理体制，打造共建共治共享的社会治理格局"[①]。多元共治是遵循法治前提下的多元主体共同治理，是我国在社会治理长期实践探索中的经验总结，是时代发展的新要求，也是社会治理的创新举措。多元共治是集多元解纷主体为一体的共治系统，它以

---

① 习近平出席中央政法工作会议并发表重要讲话．[2019 - 02 - 11]．http：//www. xinhuanet. com/politics/leaders/2019 - 01/16/c_1123999899. htm.

沟通、协作、竞争并存的共治机制，以共同行动实现共同利益，形成政府和社会共同合作的治理模式；在治理过程中注重寻求有效的治理结构，虽然各个解纷机制之间的竞争依然存在，但是更关注各个组织之间如何协作，达到整体效果大于部分效果之和的目的。

（一）体现党政领导、综治协调

社会冲突是政治、经济、社会等诸多因素综合作用的结果，需要党委、政府和其他社会力量的共同努力，形成"党委领导、政府负责、社会协同、公众参与、法治保障的社会治理总体格局，打造人人有责、人人尽责的社会治理共同体"[①]。

党委把综合治理的各责任主体组织起来，发展多元化纠纷解决机制，让各种力量像石榴籽那样紧紧团结在一起，形成强大的解纷队伍，共同化解人民内部矛盾。实践证明，社会综合治理做得好的地方，都是党委领导得好，政府支持力度大，社会参与积极，各方面责任担当到位的结果。在地方党委的统一领导下，搭建诉非衔接平台，法院、行政机关、土地所、派出所、司法所等多家综治点相互对接，建立与人民调解、行政调解、行业调解组织整体配合的解纷网络，形成党政主导一盘棋、社会参与总动员、有机衔接、相互协调的格局，使多种解纷力量有机结合，形成功能互补的系统化整体和制度化体系，推升社会治理法治化水平。

（二）体现司法保障

强调司法保障对如何体现法院在多元纠纷解决机制中的地位和作用提出了新命题。法院作为解决纠纷的专业化机关，维护社会稳定是其重要职责之一，在矛盾纠纷多元化解方面当然也要发挥主力军作用。一是把握法院的职能定位。法院需要通过以案说法、法治宣传、建立诉非衔接平台等，推动矛盾纠纷协商性解决机制的发展，需要加强与各解纷主体的沟通、协调，建立快速的协调衔接机制和突发事件预警机制。要拓宽诉讼与非诉讼纠纷解决机制衔接通道，建立多节点、全方位的纠纷解决网络结构，尤其是在矛盾纠纷多发的基层，要将各基层法院、调解组织、社会组织等有机整合在一起，最大限度地将纠纷化解在当地和基层，提升源头治理能力。二是发挥引领、推动作用。法院不仅要直接参与化解纠纷，而且还要承担社会综合治理主体责任，指导其他纠纷解决机制更好地解决纠纷，引领多元化纠纷解决机制健康

---

① 新华社记者．向着更高水平的平安中国法治中国接续奋斗．经济日报，2019-01-17.

发展，比如基层法院指导民间调解就是很好的实践。法院需要能动司法，延伸司法功能，促进其他纠纷解决机制发展，如通过培训调解员，推动人民调解员工作的职业化，提高调解员解决纠纷能力。又如，通过与科研单位的合作，加强多元化纠纷解决机制的调查研究，推动实践经验的制度转化，及时总结全国各地法院实践经验，推动多元化纠纷解决机制的立法。三是发挥保障作用。法院需引导其他解纷机制在法治框架内运行，比如探索法院调解前置程序和律师参与调解制度等，通过司法的制度安排增强调解的作用。比如通过司法确认，加强对调解的经费保障、人才保障和法律保障，提升社会治理的法治化水平。

（三）体现预防与化解相结合

多元化纠纷解决机制作为创新社会治理的主要方式，其主要职能就是预防和化解社会矛盾纠纷。党的十八大、十九大强调国家治理体系和治理能力现代化，把社会治理的重点放到矛盾纠纷的解决上。国家治理视野下的矛盾纠纷的预防与化解具有同等重要的地位。正如有学者指出："首先是化解和消除冲突；其次是实现合法权益和保证法定义务的履行；再次是法律或统治秩序的尊重与权威得以恢复；在更高层次上，社会冲突的解决还意味着冲突主体放弃和改变藐视以至对抗社会统治和法律制度的心理和态度，增长与社会的共容性，避免或减少冲突的重复出现。"[①] 构建多元化纠纷解决机制是预防与化解社会矛盾纠纷的重要手段，因为纠纷有效化解本身，就是消解社会风险、防止矛盾升级的重要手段。"根据'风险社会'的原理，政府承担一定的治理风险是必然的。政府职责不在于，也不可能是安全消除社会风险和社会冲突，而是应当将社会矛盾和社会风险控制在一定程度内，并为社会问题的解决创造有利环境。因此，面对当前的社会矛盾发展态势，应当持有冷静的、科学的和发展的态度。一些结构性的社会矛盾和社会问题，将在发展过程中和时间的推移中逐步得到解决。"[②] 因此，推进多元化纠纷解决机制立法，推动国家治理机制创新，形成预防和化解矛盾纠纷的合力，是我们的职责所在。

---

① 顾培东. 社会冲突与纠纷解决. 北京：法律出版社，2004：26-29.
② 彭勃. 化解社会矛盾的合作治理模式//上海市高级人民法院. 等. 纠纷解决——多元调解的方法与策略. 北京：中国法制出版社，2008：14-15.

第三章　多元化纠纷解决机制促进法中相关主体的职能定位

多元化纠纷解决机制建设是一项庞大的系统工程，涉及的职能主体众多。有些主体是负有工作推动职责的执法主体，如综治部门、司法行政部门；有些主体仅是纠纷化解的义务主体，如各类调解组织；还有些主体既是推动纠纷化解工作的执法主体，也是纠纷化解义务主体，如人民法院。按照"完善党委领导、政府负责、社会协同、公众参与、法治保障"[①]的要求，在多元化纠纷解决机制立法中，如何对社会治安综合治理部门、人民政府及其各职能部门、人民法院、人民检察院、基层社会组织等主体的职能进行准确的定位十分重要。实践中，不少主体在纠纷化解中因职责定位不清，难免存在角色错位、职责交叉，有时甚至会出现相互推诿扯皮的情况，导致工作不到位。制定多元化纠纷解决机制法律，其主要目的是要准确厘清各职能主体的职责定位，有效推动各类纠纷解决机制发挥作用，促进纠纷快速高效地化解。与纠纷解决相关的职能部门众多，由于本书篇幅有限，不可能一一分析，仅针对几个重要的职能部门进行分析。

第一节　社会治理部门的职能定位

多元化纠纷解决机制建设是一项综合性、系统性、基础性很强的工作，涉及执法主体众多，包括各级人民政府及其各职能部门、人民法院、人民检察院等，需要一个能协调统筹、权威性较强的部门来牵头整个纠纷解决机制

---

① 习近平在中国共产党第十九次全国代表大会上的报告．[2019-03-19]．http：//cpc.people.com.cn/n1/2017/1028/c64094-29613660.html.

建设。1991年中共中央、国务院下发的《关于加强社会治安综合治理的决定》指出，中央决定成立社会治安综合治理委员会（以下简称"中央综治委"），下设办公室，并明确规定综治机构的主要职责[①]。2011年，中央综治委、最高人民法院、最高人民检察院、公安部、司法部等16家单位印发了《关于深入推进矛盾纠纷大调解工作的指导意见》（以下简称《大调解意见》），明确提出，各级综治委及其办公室在党委、政府的领导下，具体负责矛盾纠纷大调解工作的组织、协调、检查、督办工作，重点加强对县（市、区）、乡镇（街道）矛盾纠纷大调解平台的协调指导。2015年，两办《意见》明确了综治部门在矛盾纠纷多元化解机制建设中的综合协调地位，要求各级综治组织在党委和政府的领导下，切实做好调查研究、组织协调、督促检查、考评、推动等工作，发挥县（市、区、旗）、乡镇（街道）、村（社区）综治中心作用，推动人民调解、行政调解、司法调解协调联动，促进调解、仲裁、行政裁决、行政复议、诉讼等的有机衔接。

一、社会治理部门职能定位的内涵

2018年3月，根据中共中央《深化党和国家机构改革方案》，不再设立中央综治委及其办公室，有关职责交由中央政法委承担[②]。为了方便论述，在机构改革之前综治部门的一些职责仍然沿用原来的称呼。社会治理部门的具体职责包括以下内容：

1. 组织协调。组织协调是指各级社会治理部门在党委的领导下，根据工作任务，对纠纷解决资源进行配置，同时协调激励各类解纷群体活动的过程，使之相互融合，从而实现工作目标。在纠纷化解实践中，只有紧紧依靠党委领导，由综治部门发挥其优势地位，牵头负责、组织调动政府部门、法院、检察院、人民团体、社会组织等资源，统筹协调基层各种纠纷解决资源的合理配置，发挥它们各自的功能作用，才能形成基层社会治理的强大合力。例如，浙江省金华市永康县人民法院与龙山镇党委先后出台了《关于构建矛盾纠纷多元化解工作的实施意见》《完善基层治理体系加强"四个平台"

---

① 《关于加强社会治安综合治理的决定》（1991年）规定了社会治安综合治理机构的职责为：(1) 研究贯彻党和国家关于社会治安综合治理的方针政策；(2) 对本地区、本部门一个时期的社会治安综合治理工作作出总体部署，并监督实施；(3) 组织指导各部门、各单位落实综合治理措施；(4) 总结推广典型经验，表彰先进，推动后进；(5) 办理党委和政府交办的有关事项。

② 中共中央印发《关于党和国家机构改革方案的说明》．[2019-02-01]．http://www.xinhuanet.com/2018-03/21/c_1122570517.htm.

建设实施意见》等文件，以综治中心为平台，联合公安、检察、司法、劳动等部门，设立矛盾纠纷调处中心，根据纠纷类型和性质分为一般矛盾、行业矛盾和复杂矛盾，由中心统一分流到行业部门、派出所、检察室、调解室、劳动保障监察所等部门先行调处，由人民法庭在各个环节提供调解指导。遇到复杂疑难矛盾纠纷，还可以启动联合调解程序。通过逐层过滤，将纠纷化解在基层、化解在萌芽状态，做到"隐患不出网、纠纷分级调、案件庭前调"，最终实现了"纠纷下降、信访下降、社会综合治理能力增强"的良性循环[①]。

2. 搭建平台。实践中，在各县、市、区综治中心，加强网格化管理、社会化服务，强化综治中心实战功能，建立协作联动机制。在乡镇（街道）综治中心，整合公安、司法行政、民政、人力资源和社会保障、信访、法院等基层力量，建立协作配合、便民高效的工作平台。在村（社区）综治中心，健全工作制度，推动与"一站式"服务窗口或者警务室调解矛盾纠纷工作实现衔接。通过基层综治中心，协作推动信息互通、优势互补、工作联动、矛盾联调，对矛盾纠纷实现受理、登记、交办、承办、结案等各个环节工作衔接，做到统一受理、集中梳理、归口管理、依法处理、限期办理。例如，重庆荣昌区在区委、区政府的统一协调指挥下，在2013年设立了区综合调处室，配备独立编制和全额财政拨款的独立经费。队伍建设上，采用聘用制与轮岗制结合的方式。聘用专职调解员，从事调解和化解矛盾纠纷工作，专职人员为6~8名，人员由区法院代管，并由区法院进行业务指导。同时，由区委区政府抽调3~5名党政干部、社区干部轮流到岗。横向组建了35个调解组织，纵向在区、镇街和村社区组建三级调解机构，在全区167个行政村（社区）设纠纷调解室，21个镇（街道）设纠纷联调室。通过三级综合调处便民网络实现横向到边、纵向到底的全覆盖网络，形成纠纷化解群策群力群治的强大合力。"自2013年运行该综合调处机制以来，成功化解纠纷14 932件，涉案标的达4.2亿，为群众节约诉讼费用1 000余万元，真正发挥了为群众解困、为党政分忧、为企业解难、为诉访减压的功能。"[②]

[①] 李占国. 坚持和发展"枫桥经验"构建基层纠纷解决新体系——关于永康"龙山经验"的调研报告. [2019-02-18]. http://zjnews.zjol.com.cn/zjnews/zjxw/201812/t20181210_8947466.shtml.

[②] 最高人民法院司法改革领导小组印发《人民法院司法改革案例选编（五）》之16：重庆市荣昌区法院：独立建制多向互动七步法则构建矛盾纠纷综合调处的"荣昌模式". [2019-02-01]. https://www.chinacourt.org/article/detail/2018/11/id/3573322.shtml.

3. 调查研究。调查研究是综治部门开展工作的一种重要方法，是指通过对各地纠纷化解工作开展的情况进行调查研究，摸清工作情况，分析存在的薄弱环节，研判工作形势和任务目标，在此基础上准确作出决策，提出改进工作的建议和对策，推动工作健康发展。例如，中央政法委综治办于2015年开展了"完善矛盾纠纷多元化解机制研究项目"，2016年又安排部署了"完善矛盾纠纷多元化解工作创新项目"，在全国各省综治部门开展调研，着力研究劳动争议、医疗、环保、非法集资等矛盾易发多发领域的突出问题，形成扎实的研究成果和制度成果，为推进矛盾纠纷多元化解工作积累经验[①]。

4. 督导检查。督导检查是指综治部门通过听取汇报、实地考察等手段对各单位、各地区落实多元化纠纷解决机制建设工作进行督促检查，进一步督导落实责任，提出改进要求，推进工作全面发展。2017年，中央综治委对2015年两办《意见》的落实情况进行督导检查，通过检查发现各部门在落实文件的过程中还存在诸多问题和困难，并提出整改意见。

5. 考核评估。考核评估是指将纠纷多元化解工作纳入社会治安考核体系，分解考核项目，设定考核指标，明晰责任追究。年底对社会治安综合治理成员单位各项工作开展情况进行量化评估对照，以此作为评选先进的重要依据；对于没有完成任务的，按照考核办法进行责任追究；倒查发生危害社会治安和社会稳定重大矛盾纠纷的地方和单位的责任，根据具体情况予以通报批评、警示，甚至给予一票否决。

有的地方人民政府及有关部门将多元化解纠纷工作纳入年度工作考核，制定和执行纠纷化解工作的责任制度和奖惩机制。各级政府对成绩显著的单位和个人按照有关规定给予表彰奖励；对未按规定履行职责，导致发生影响社会稳定事件的单位和个人，按照有关规定追究责任。比如，《黑龙江省社会矛盾纠纷多元化解条例》第60条规定："人民政府、人民政府所属部门、人民法院、人民检察院有下列情形之一的：（1）未建立社会矛盾纠纷化解责任制或者未明确纠纷化解责任承办工作机构和人员的；（2）负有纠纷化解职责，无正当理由，拒不受理纠纷化解申请的；（3）化解纠纷不及时，没有采取有效措施的；（4）未履行本条例规定的其他义务的。本级或者上一级社会治安综合治理部门予以通报、约谈、督办；造成严重后果的，建议有关机关

[①] 中央综治办矛盾纠纷多元化解工作相关项目总结推广会在延安召开．[2019-02-18]．http://yanan.gov.cn/xwzx/bdyw/149925.htm．

对主管人员和其他直接责任人员依法处分。"① 四川省眉山市委市政府每年与6个区县和60余个市级单位签订目标责任书，对完成情况进行考核，建立了综治维稳实绩考核档案，对党政主要领导、分管领导进行考核，全面完善5部委（局）联席会议制度、各专门工作组及其办公室工作制度、联合督查及综合考评制度、成员单位工作报告及联系点制度，形成了齐抓共管合力，被评为全国社会管理综合治理优秀市②。

二、社会治理部门行使职权面临的困难

1. 社会综治部门工作职能繁重，难以抽出专门力量组织协调纠纷化解工作。机构改革之前，中央社会治安综合治理委员会的主要职责任务是：研究社会治安综合治理的方针政策和需要采取的重大措施，提出建议；推进各地区、各部门落实治理措施，及时跟进掌握各地区的工作进展，开展调查研究，汇总交流典型经验等。社会综合治理的范围很广，重点难点较多，诸如流动人口管理、刑满解教人员安置帮扶工作、青少年违法犯罪工作、学校及周边治安综合治理工作等，涉及社会平安建设的方方面面。综治部门工作人员少，但工作任务繁重，很难对矛盾纠纷化解工作投入专门力量。

2. 基层综治力量较为薄弱，没有专人从事纠纷化解统筹协调工作。在基层，原先县、乡综治部门的机构一直是设置在村一级。机构改革之后，由于撤掉了乡镇、村（社区）一级的综治部门，这一级别又没有设立政法委工作人员，以致无法开展工作。这对许多地方刚刚建立起来的三级矛盾纠纷化解平台功能有一定的冲击。

3. 基层综治部门人员不够稳定，队伍建设亟须加强。一是基层工作人员变动较快，刚熟悉工作的人员很快调离岗位，新接手的同志又跟不上工作需要。二是基层综治人员没有配齐，影响了工作正常开展。

三、优化职能定位的具体对策

任何一项改革，都要突出问题导向，解决实际问题。这是改革的鲜明特征。针对上述困难和问题，结合实际提出几点对策建议。

1. 明确职责范围，优化职能配置。2019年1月15～16日在中央政法工

---

① 黑龙江省社会矛盾纠纷多元化解条例．[2019-02-18]．http://www.hljcourt.gov.cn/public/detail.php？id=21631？.

② 四川眉山被评为全国社会管理综合治理优秀市．[2019-02-01]．http://www.chinapeace.gov.cn/.

作会议上，习近平总书记指出："要创新完善平安建设工作协调机制，统筹好政法系统和相关部门的资源力量，形成问题联治、工作联动、平安联创的良好局面……要深入推进社区治理创新，构建富有活力和效率的新型基层社会治理体系。"[1] 中央综治委综治办有关职能由中央政法委基层社会治理局、综治督导局承担。社会管理部门应当抓住机构改革的机遇，将纠纷化解工作纳入创新完善平安建设协调机制建设中，明确各级综治部门以及综治中心的工作职责，优化各自的职能配置，切实有效地解决当前面临的困难和问题。

2. 稳定综治队伍，充实基层力量。针对目前综治基层力量薄弱的问题，2019年1月18日中共中央印发的《中国共产党政法工作条例》第11条规定："省、市、县、乡镇（街道）社会治安综合治理中心是整合社会治理资源、创新社会治理方式的重要工作平台，由同级党委政法委员会和乡镇（街道）政法委员负责工作统筹、政策指导。"这就意味着在省、市、县、乡镇（街道）四级都要设立社会治安综合治理中心，解决机构改革之后基层没有综治中心工作平台的问题。针对目前乡镇一级没有政法委领导，又撤掉综治部门的情况，该条还规定了"乡镇（街道）党组织配备政法委员，在乡镇（街道）党组织领导和县级党委政法委员会指导下开展工作"[2]。依据上述规定，乡镇（街道）党组织应尽快配备政法委员，尽快建立完善综治中心，稳定基层综治队伍建设，安排专人负责矛盾纠纷化解工作。

3. 统筹协调各方，发挥最大功能。各级综治部门和综治中心要统筹协调各方，提高企事业单位、其他社会组织和人民群众的积极性，参与到自主自治中，逐渐完善基层群众自治机制，实现"人人有责、人人尽责"的社会治理共同体，发挥基层化解纠纷的最大功效。

第二节 人民政府及其各部门的职能定位

一、人民政府的职能定位

1991年，全国人民代表大会常务委员会《关于加强社会治安综合治理的

---

[1] 习近平出席中央政法工作会议并发表重要讲话．[2019-02-01]．http：//www.xinhuanet.com/2019-01/16/c_1123999899.htm．

[2] 中共中央印发《中国共产党政法工作条例》．[2019-02-01]．http：//www.xinhuanet.com/politics/2019-01/18/c_1124011592.htm．

决定》确定了各级人民政府在社会治安治理工作的领导地位，并要求各级人民政府把社会治安综合治理纳入两个文明建设的总体规划，并在人力、物力和财力上都予以保障。中共中央、国务院《法治政府建设实施纲要（2015—2020年）》将依法有效化解社会矛盾纠纷作为法治政府建设的重要指标，进一步明确了其建设目标，即"公民、法人和其他组织的合法权益得到切实维护，公正、高效、便捷、成本低廉的多元化矛盾纠纷解决机制全面形成，行政机关在预防、解决行政争议和民事纠纷中的作用充分发挥，通过法定渠道解决矛盾纠纷的比率大幅提升"，并对建设多元化纠纷解决体系进行具体部署。2015年两办《意见》明确指出，在矛盾纠纷多元化解机制建设中，各级党委和政府要进一步加强组织领导，列入重要议事日程，健全协调机制，定期研究部署，认真组织实施。人民政府的职责包括宏观规划和具体职责两个层面。

（一）宏观规划职责

一般而言，国民经济和社会发展规划是一个地区经济、社会、文化发展的总体纲要，具有事关地区整体发展的战略指导意义。科学系统、内容全面的多元化纠纷解决机制作为社会治理体系的重要组成部分，为纠纷的及时稳妥化解提供了路径，为社会稳定提供了保障。因此，多元化纠纷解决机制建设是关系国计民生的重大事项，应当纳入国民经济和社会发展规划中，明确建设目标和具体举措，这也体现了政府在纠纷多元化解中的主导地位。纵观已经出台的6个地方多元条例，都规定了人民政府的宏观规划职能。例如，《山东省多元化解纠纷促进条例》《黑龙江省社会矛盾纠纷多元化解条例》《安徽省多元化解纠纷促进条例》均规定，县级以上人民政府应当将纠纷多元化解机制建设纳入当地国民经济和社会发展规划。所以，在国家层面的立法中，人民政府的宏观规划职能更应当明确将多元化纠纷解决机制建设纳入国家国民经济和社会发展规划中。

（二）具体职责

1. 加强预防和化解纠纷的功能。权利救济、纠纷化解是国家应当提供的公共服务。政府掌握着大量公共资源，在社会治理过程中，政府需要搭建多元化纠纷解决的公共服务平台，为各类纠纷化解方式开展工作、发挥职能创造条件，提供办公场所、人员配置、办公设施等，整合和优化资源配置，为民众提供便捷、高效、优质的社会服务。预防纠纷发生，加大源头治理力度，落实重大决策社会稳定风险评估制度，防止因决策不当损害群众利益，引发社会矛盾。积极推进矛盾纠纷多元化解机制建设，责任到人，敦促各单位按照"属地管理"和"谁主管谁负责"的原则落实责任，组织动员各方力量参与矛盾纠纷化解。

2. 提供必要的公共财政保障。实践中，各地财政保障不足是制约多元化纠纷解决机制建设的关键因素。2007年，财政部和司法部联合下发《关于进一步加强人民调解工作经费保障的意见》，对人民调解工作经费保障提出要求。但总体来看，经费保障范围比较窄，并不包括许多新兴的行业性、专业性调解，导致这些调解组织的行业性与专业性发展也受到制约。许多地区人民调解委员会的补助经费和调解员的补助经费也难以落实到位。因此，人民政府应当将调解工作所需的经费列入财政预算，这是保障调解组织健康发展的关键措施。当然，这个财政保障不仅针对人民调解组织，还应当对专业性、行业性调解组织给予一定的财政支撑。

3. 支持各类纠纷化解组织的发展。党的十八大提出："要围绕构建中国特色社会主义社会管理体系，加快形成党委领导、政府负责、社会协同、公众参与、法治保障的社会管理体制……"[1] 党的十九大报告提出："加强社会治理制度建设……提高社会治理社会化、法治化、智能化、专业化水平。"[2] 发挥社会协同作用的前提就是要支持各类社会组织的发展，强化政府对社会组织的服务管理职责。完善社会管理体制，需要激发民间组织的活力，实现"多中心主体"的社会治理结构，充分发挥民间组织在提供公共服务、反映社会诉求、解决纠纷等方面的作用。因此，为各类纠纷化解组织的发展创造条件、提供保障，是政府的一项重要职责。

4. 构建纠纷多元化解综合性服务平台。当前，在道路交通、医疗卫生、劳动人事、消费者权益、农村土地承包、土地征收、建筑工程、物业服务、环境资源等领域，矛盾纠纷多发易发，如果各个部门单兵作战，无法形成纠纷解决合力，在衔接配套上也容易互相推诿。人民政府或者有关部门根据需要，整合行政、司法、调解、保险、鉴定、评估、公证等资源力量，构建一站式纠纷多元化解综合性服务平台，为纠纷化解提供便利条件。这在《厦门

---

[1] 习近平在中国共产党第十八次全国代表大会上的报告．[2019 - 03 - 19]．http：//china.cnr.cn/news/20171028/t20171028_524003229.shtml．

[2] 习近平在中国共产党第十九次全国代表大会上的报告．[2019 - 03 - 19]．http：//cpc.people.com.cn/n1/2017/1028/c64094 - 29613660.html．

经济特区多元化纠纷解决机制促进条例》①和《福建省多元化解纠纷条例》②中都有明确规定。实践中也有成功的改革案例。2017年，最高人民法院与公安部、司法部、中国保监会等部门在14个省开展道路交通损害赔偿纠纷"网上数据一体化处理"试点工作③，就是将道路交通事故损害赔偿纠纷的责任认定、理赔计算、在线调解、在线鉴定、在线诉讼、一键理赔、在线司法确认等流程集中在一个平台上，实现道路交通事故损害赔偿纠纷的全程信息化快速处理与化解。2018年四部门联合下发了工作规范，建立了信息共享机制，推动信息系统对接互通，大量纠纷依托一体化平台得以高效化解。

5. 建立工作责任制。人民政府和有关部门应当建立和落实纠纷解决工作责任制和过错责任追究制，将纠纷解决工作绩效纳入机关效能考评和公务员考核体系。人民政府和有关部门对在纠纷解决工作中作出显著成绩的单位和个人，给予表彰和奖励，增强从事纠纷解决人员的职业尊荣感。行政机关不履行法定职责、不及时处理纠纷，造成严重后果的，对直接负责的主管人员和其他责任人员依法追究法律责任。有关主管部门工作人员违反相关规定，滥用职权、玩忽职守的，依法给予行政处分；构成犯罪的，依法追究刑事责任。

二、司法行政机关的职能定位

司法行政部门在整个纠纷解决体系中占据重要地位。首先，司法行政机关负责指导人民调解工作，推动设立行业性、专业性人民调解组织，加强人民调解组织网络化建设，完善人民调解工作机制，促进人民调解与行政调解、司法调解的衔接联动。其次，司法行政机关作为管理律师事务所的业务主管部门，近年来创新推动建立律师调解制度，使调解成为律师法律服务领

---

① 《厦门经济特区多元化纠纷解决机制促进条例》第61条规定："各区应当设立道路交通事故调处中心，整合行政、司法、调解、保险、鉴定等机构的资源，提供一站式纠纷解决服务。市、区人民政府有关部门、人民法院应当在医疗卫生、劳动争议、物业管理、消费者权益保护、环境保护以及其他纠纷集中的领域，推进建立一站式纠纷解决服务平台。"

② 《福建省多元化解纠纷条例》第52条规定："县级人民政府在土地征迁、环境保护、道路交通、医疗纠纷、劳动争议、物业管理、消费者权益保护以及其他纠纷较为集中领域，整合行政、司法、调解、保险、鉴定、评估、公证等资源力量，建立一站式纠纷化解服务平台。"

③ 全国部分地区开展道路交通事故损害赔偿纠纷"网上数据一体化处理"改革试点工作情况新闻发布会．（2019-02-18）．http://www.court.gov.cn/zixun-xiangqing-70702.html.

域的新的增长点。再次，按照国务院机构改革方案，政府法制部门划归司法行政部门。因此，有关行政调解、行政复议、行政裁决等工作事项均转入司法行政机关。最后，司法行政部门还承担着推动公证机构、司法鉴定机构、基层法律服务所等法律服务机构参与纠纷化解的职能。由此可见，司法行政机关在整个纠纷解决体系建设中的地位越来越重要，承担的职责任务也越来越繁多。这对司法行政机关而言，既是机遇，更是挑战。

（一）指导人民调解工作

司法行政部门是人民调解工作的主管部门。《人民调解法》第5条明确规定："国务院司法行政部门……县级以上地方人民政府司法行政部门负责指导本行政区域的人民调解工作。"[①] 司法行政部门全面指导人民调解工作，其工作内容为组织建设、队伍建设、制度建设和能力建设等各个方面。

1. 制定政策，指导人民调解委员会开展工作

《人民调解法》颁布后，司法部印发了《关于贯彻实施〈中华人民共和国人民调解法〉的意见》，进一步明确了由司法行政部门指导人民调解工作。各地司法行政部门制定本行政区域内人民调解工作发展的总体规划，并列明具体任务，落实计划，检查工作，全程监督，做好人民调解委员会的组织建设、队伍建设、业务建设和制度建设等的指导工作；在掌握本区域内民间纠纷特点和规律的基础上开展人民调解工作，总结先进的工作经验和方法，推广先进典型。司法行政机关对基层人民调解委员会日常工作的指导，主要通过乡镇（街道）司法所来实现，负责及时解答、处理人民调解委员会或者纠纷当事人就人民调解工作的请示、咨询和投诉，或者应人民调解委员会的请求参与、协助处理比较疑难的纠纷、涉及群众切实利益的热点与难点纠纷以及群体性纠纷；对人民调解委员会主持达成的协议进行检查，发现违反法律、法规和公序良俗的，及时指出并督促人民调解委员会进行改正。

2. 培育建设行业性、专业性人民调解组织

近年来，影响社会和谐稳定的重点、难点、热点问题多是具备行业性、专业性的矛盾纠纷，并且这类纠纷数量大幅上升。2011年，中央综治委等16部门《大调解意见》和2015年两办《意见》要求司法行政部门积极培育

[①] 《人民调解法》第5条明文规定："国务院司法行政部门负责指导全国的人民调解工作，县级以上地方人民政府司法行政部门负责指导本行政区域的人民调解工作"。

建立行业性、专业性人民调解组织。司法部先后发布了《关于加强行业专业性人民调解委员会建设的意见》《关于进一步加强行业性专业性人民调解工作的意见》等规范性文件，推动人民调解工作健康规范发展。

截至 2017 年年底，"全国共有劳动争议人民调解组织 6 989 个，物业人民调解组织 4 626 个"①。"2018 年，全国有人民调解员 367 万人，其中专职调解员 49.7 万人，每年调解各类矛盾纠纷达 900 万件左右，调解成功率在 96%以上。"② 但是，行业性、专业性人民调解组织也存在纠纷领域发展不平衡、调解员专业素质不高、经费保障不足、公信力不强等问题。这些问题亟待在改革中予以解决。

3. 完善人民调解组织网络化建设和工作机制

2011 年中央综治委等 16 部门《大调解意见》和 2015 年两办《意见》要求，人民调解委员会的规范化建设和人民调解工作网络化建设是司法行政部门的工作重点。加强人民调解的组织建设网络化主要包括三个方面：一是加强村（居）委、乡镇（街道）人民调解组织建设；二是增强人民调解组织建设的行业性、专业性；三是推进企事业单位的人民调解组织建设，调解企事业单位内部的纠纷。

完善人民调解工作机制是司法行政机关的重要职责，主要包括建立健全调解员的学习培训、案件受理登记、统计报送、调解文书制作、卷宗管理、信息反馈、调解规范等管理制度。为进一步加强人民调解员队伍建设，不断适应社会化解矛盾纠纷的需要，2003 年 7 月，司法部下发了《关于加强人民调解员培训工作的意见》，对人民调解员培训的指导思想、工作目标、培训内容、培训方式方法等做了规定。人民调解工作领域的不断拓展，调解难度的不断加大，对人民调解员的素质提出了更高的要求，客观上要求大力加强调解员的业务培训。但是，目前还欠缺统一的培训教材、培训课程等。司法部已经制定发布了《全国人民调解管理信息系统技术规范》，完成人民调解信息平台研发工作，汇总核查人民调解组织和人民调解员的数据信息。

目前，司法行政机关对人民调解工作的指导还欠缺有力的抓手。《人民

---

① 4.3 万个行业性专业性人民调解组织去年调处矛盾纠纷 142 万件专业纠纷专业调效果更好．法制日报，2018-05-10．

② 司法部：人民调解组织每年调解各类矛盾纠纷约 900 万件．[2019-02-18]．http：//www.xinhuanet.com/2018-04/27/c_1122753474.htm．

调解法》规定了司法行政机关对人民调解工作进行业务指导，但并没有规定司法行政机关可以管理人民调解委员会。人民调解委员会作为基层群众组织，不能在民政部门进行登记。司法行政机关作为人民调解委员会的主管部门，仅对人民调解委员进行登记，管理人民调解委员会的印章，但是，对人民调解委员会的组成、人员配备、经费保障等问题都无法行使管理权。加之，目前人民调解向行业性、专业性领域的纠纷化解方面扩张，过多地强调人民调解的职业化、专业化发展，导致"人民调解泛化"趋势严重，削弱了人民调解的大众化和民间性。另外，由于人民调解委员会无法进行社会组织的登记，没有独立的银行开户账号，无法接受社会捐赠和法院特邀调解经费。这些管理方面的问题都制约了人民调解工作的有序发展。

（二）承接并履行政府法制部门的职责

政府法制工作机构是负责政府法治建设的工作机构，承担着依法行政的综合协调、具体指导、督促检查和政策研究等职责。因此，在纠纷多元化解工作中，政府法制工作机构负有重要职责。在机构改革之后，政府法制部门的职责划归司法行政部门行使。所以，原先由政府法制部门履行的行政调解、行政复议、行政裁决等职责转归合并到司法行政部门。

1. 综合协调和指导行政调解，建立行政调解工作体制。在具体运行过程中，由各级政府总负责、司法行政部门牵头，具体的行政调解工作由各职能部门实施。据悉，已有部分行政机关建立了行政调解委员会或者行政调解室，开展行政调解工作。有的地方政府颁布了行政调解方面的地方政府规章，例如，2011年《眉山市行政调解工作规定》、2014年《广州市行政调解规定》，2015年《北京市行政调解办法》，2016年《浙江省行政调解办法》，2017年《武汉市行政调解暂行办法》等。国务院法制办也在几年前开始起草《行政调解条例》。司法行政部门建立全面指导行政调解的工作机制，将工作重点放在社会保障、医疗卫生、房屋土地征收、交通损害赔偿等纠纷多发领域。行政机关受理矛盾纠纷实行首问责任制，对跨地区矛盾纠纷，由所涉及地区的上一级行政机关负责协调处理。

2. 健全行政裁决机制，强化解决与行政管理活动密切相关的民事纠纷的作用。行政裁决是指行政机关根据当事人申请，根据法律法规授权，居中对与行政管理活动密切相关的民事纠纷进行裁处的行为。基于对司法中心主义的反思及司法危机的倒逼，行政裁决作为一种行之有效的替代性纠纷解决方式，具有效率高、成本低、专业性强、程序简便的特点，能够有效地弥补司法资源的不足，有利于促成矛盾纠纷的快速解决，及时调整社会关系。十八届四中全会《关于全面推进依法治国若干重大问题的决定》和《法治政府建设实施纲要（2015—2020年）》提出，要健全行政裁决制度，强化行政机关解决同行政管理活动密切相关的民事纠纷功能。两办《意见》规定，加强行政裁决、行政复议和民商事仲裁等机制建设。

3. 健全行政复议制度。完善案件审理机制，厘清地方行政复议范围，改革案件复议体制。同时，推进配套措施的建设，加大行政复议案件听证公开力度，加强队伍能力建设，完善经费保障制度。目前，全国大多数省已开展了行政复议体制改革，主要从以下几个方面展开：第一，"一级政府只设一个机构"。为了避免行政复议管辖模糊导致部门之间的推诿现象，每一级政府应该集中工作职责，实现一级政府只设一个行政复议机构，优化资源配置。第二，"四个统一"案件办理模式，即"统一受理、统一审理、统一决定、统一送达"，在受理后，由复议机关集中办理统一审查，提高效率。第三，行政复议委员会制度。吸纳人大代表、政协委员和基层群众进入行政复议委员会，完善听证审理程序规定。第四，繁简分流，多种形式促进复议的协调机制，建立健全各行政纠纷解决方式的协调机制。例如：在解决纠纷职责集中后，工作量增大、人力精力不够时，可以通过政府购买服务、引导社会力量参与等多种方式促进行政复议协调机制的发展。2017年，《行政复议法》第二次修改，主要是增加了"行政机关中初次从事行政复议的人员，应当通过国家统一法律职业资格考试取得法律职业资格"的内容，其目的是提高行政复议人员的门槛，确保调解员的职业素质和职业水准。

司法行政部门在指导行政调解、行政裁决、行政复议等工作方面，目前还存在一些现实困难。机构改革之后，政府法制部门并入司法行政部门，许多业务虽然已经并入，但是因为人员的重新调整、职能的重新配置，许多工作还未实际运行起来，仍然需要一个适应阶段。行政调解、行政裁决、行政复议等工作的专业性较强，与司法行政机关原先指导的人民调解工作完全不同，加之人手不够，工作任务加重，推进工作困难较多。为了充分发挥行政裁决在化解社会矛盾纠纷的作用，2018年12月31日，中共中央办公厅、国务院办公厅印发了《关于健全行政裁决制度加强行政裁决工作的意见》（中办发〔2018〕75号），首次以中央文件的形式规定健全行政裁决制度的指导思想、基本原则及主要目标，稳步扩大行政裁决适用范围，规范行政裁决程序，创新工作方式，结合"互联网＋政务服务"建设，推动将行政裁决纳入政务服务"一网通办"，适当时候将推进行政裁决统一立法，保障行政裁决在法治轨道上健康发展。

（三）推动建立律师调解制度

随着社会发展，人们对律师的需求越来越多，也越来越趋于专业化。律师队伍规模不断扩大，专业化、规模化发展速度加快。据司法部官方网站消息，全国律师人数从1979年年底的212人发展至2009年的15.67万人，再到2011年的20万人，2017年年底增至36.5万多人，律师事务所达2.8万多家。2017年，全国律师办理各类诉讼案件465万多件，其中民事诉讼代理381.8万多件，刑事诉讼辩护及代理68.4万多件；提供各类公益法律服务322.8万件，其中办理法律援助案件57.8万件，参与调解11.6万多件[1]。从上述数据，我们可以看出，中国律师事务所市场发展态势仍然是侧重诉讼业务，参与调解的案件数量还是比较少。这与国际律师事务所侧重调解、仲裁等非诉讼业务的发展趋势存在较大差异。我国律师在参与非讼纠纷解决方式的积极性、深度和广度上与国际同行相比有一定差距。这是源于我国律师参与调解并不同于其他国家的"律师主导调解模式"，而是由人民法院、人民调解组织等邀请参与，因此，律师的独特优势没有得到充分发挥。

1. 开展律师调解试点的意义

《律师法》规定了律师的三项职能，即"维护当事人合法权益（客户代表）、维护社会公平正义（公益载体）以及维护法律的正确实施。还规定了律师可以接受委托，参加调解、仲裁活动。律师调解制度可以说是基于律师维护法律的正确实施的功能而衍生出来的一个相对新的制度"[2]。在矛盾纠纷化解的过程中，需要参与调解的人拥有法律知识和纠纷解决专业技能，相对客观中立的立场，以及容易取得当事人信任等工作能力。律师职业群体恰好具备这样的专业优势，也具备很多实践经验。因此，律师在化解矛盾纠纷中具有独特优势和积极作用。

党的十八届四中全会提出，要健全包括调解在内的社会矛盾纠纷预防化解机制，2015年两办《意见》对建立完善律师调解制度，鼓励和规范律师参

---

[1] 律师、公证、基层法律服务最新数据出炉．[2019－02－18]．http：//www.moj.gov.cn/government_public/content/2018－03/14/634_17049.html.

[2] 龙飞．律师调解制度的探索创新与完善路径．中国律师，2018（5）．

与重大复杂矛盾纠纷化解提出了明确要求①。2017 年 11 月，最高人民法院、司法部联合出台《关于开展律师调解试点工作的意见》（司发通 [2017] 105 号）（以下简称《律师调解试点意见》），在北京、黑龙江、上海、浙江、安徽、福建、山东、湖北、湖南、广东、四川等 11 个省（直辖市）试点②。自开展试点以来，实践证明，律师参与调解一方面维护了当事人的合法权益，另一方面强化了矛盾化解中法律的权威地位。2018 年 11 月，最高人民法院、司法部在安徽召开了扩大律师调解试点部署工作会议，总结试点经验，决定在全国各省、市、自治区扩大试点。2018 年 12 月 26 日，最高人民法院、司法部联合下发了《关于扩大律师调解试点工作的通知》（司发通 [2018] 143 号）（以下简称《扩大律师调解试点通知》），要求到 2019 年年底，在所有地市级行政区域进行试点，力争每个县级行政区域都有律师调解工作室③。

2. 促进律师调解的具体举措

一是明确内涵和角色定位。律师调解是指律师依法成立工作室或者调解中心，协助双方自愿协商达成协议。律师调解制度是律师与调解相结合的产物，混合着律师作为"代理人角色"和"调解员角色"双重身份，必须从角色的地位、行为理念、行为规范等方面明确律师调解的定位。律师作为"调解员角色"应当保持中立立场，不同于以往作为"代理人角色"的单方立场，应当运用利益共同体思维、动态利益观、综合性思维与向前看思维，而不应当从"诉讼中心主义"出发，运用利益对抗体思维、静态利益观、切片式思维与向后看思维④。不同于律师作为代理人要与法院保持一定的隔离性，

---

① 中共十八届四中全会在京举行 习近平作重要讲话．[2019-03-01]．http：//cpc.people.com.cn/n/2014/1024/c64094-25898158.html.

② "充分发挥律师在多元化纠纷解决机制中的作用，建立由律师作为中立第三方主持调解的工作机制，完善与人民调解、行政调解、诉讼调解、商事调解等既相对独立又相互衔接的律师调解制度，是完善我国诉讼制度的创新性举措，有利于及时化解民商事纠纷，有效缓解法院'案多人少'的矛盾，节约司法资源和诉讼成本，推动形成中国特色多元化纠纷解决体系。同时，作为深化律师制度改革的重要成果，开展律师调解是对律师业务领域的重要拓展，实现了律师专业法律服务与调解这一中国特色非诉讼纠纷解决机制相结合，对于进一步发挥律师在全面依法治国中的职能作用具有重要意义。"最高人民法院司法部相关负责同志就《关于开展律师调解试点工作的意见》答记者问．（2017-10-16）[2019-02-01] http：//news.sina.com.cn/c/2017-10-16/doc-ifymviyp1667406.shtml.

③ 最高人民法院 司法部 关于扩大律师调解试点工作的通知．[2019-02-01]．http：//www.moj.gov.cn/government_public/content/2019-01/25/tzwj_227494.html.

④ 廖永安．当代调解的新理念与新思维．人民法院报，2017-06-16.

律师作为调解员,因接受法院委派委托进行调解,故与法院保持较为密切的关系。

二是逐步完善律师调解制度。《律师调解试点意见》下发后,北京、浙江、安徽、山东、广东等地高级人民法院和司法厅联合出台本辖区落实律师调解试点工作的实施意见。上海二中院与上海律协建立常态化全方位合作机制;深圳中院与市司法局签署《关于开展律师调解工作的实施方案》;杭州市司法局与杭州市中院签署《关于建立律师参与纠纷多元化解机制的会议纪要》,为律师调解提供建设方案与流程设计。浙江、安徽法院积极开展律师在线调解工作,浙江省杭州市西湖区法院律师调解员在"在线矛盾纠纷多元化解平台"上实现了在线案件管理、调解、生成调解协议与申请司法确认等。

三是加强法院与律师调解的对接。《律师调解试点意见》规定,试点地区的各级人民法院要结合诉讼服务中心与律师调解,将律师调解室设于法院诉讼服务中心或者诉调对接中心,调解律师必须经律师协会推荐或选拔进入法院特邀调解员名册。在法院律师调解室的建设上,四川省有118个法院引入律师调解,设立律师调解室113个;厦门市湖里区法院与市律师协会设立律师调解工作室;浙江省宁波市中院、广东省中山市中院、广州知识产权法院、上海市静安区法院均建立律师调解工作室。在选拔律师进入法院特邀调解员名册上,北京市丰台区法院建立60人"专对专"律师调解员队伍;广东省深圳市前海区法院首批引入88名律师调解员,其中有22名外籍和港澳台律师;安徽省马鞍山市中院聘请30多名律师参与多元化解;杭州两级法院共聘任律师调解员308名,浙江省杭州市中院聘请特邀律师调解员101名。这些试点法院通过严格规范律师调解的案件范围、调解程序、调解效力等,有力地支持了律师调解的健康发展[①]。

四是推动公益律师调解和市场化调解并行发展。目前,试点地区一些律师事务所设立内部的律师调解中心,开展公益调解。江苏常州博爱星律师事务所成立首个免费律师调解工作室,每年拿出增收部分的5%设立法援基金,鼓励律师从事调解工作;北京京师律师事务所设立家事调解中心;盈科律师事务所设置调解中心;广东中元、保信、洋三律师事务所设立律师调解工作室;宁波全市8家市属律师事务所全部设立律师调解工作室;杭州律协

---

① 龙飞. 律师调解制度的探索创新和完善路径. 中国律师,2018(5).

2016年成立的全国首个杭州律谐调解中心，在杭州中院、滨江法院、江干法院等10家法院派驻律师调解员312名①。上述律师事务所均提供的是公益律师调解服务。

3. 当前律师调解面临的困难、问题及对策

虽然各地在如火如荼地开展律师调解工作，但由于这项改革还处于初期阶段，人们对律师调解参与方式、经费保障以及律师调解发展前景等存在不同的看法。结合试点中发现的问题，笔者对司法行政机关如何指导律师调解工作健康有序的发展，提几点看法和建议。

一是关于律师调解的定位。与传统的人民调解、行政调解不同，律师调解既有公益性，也有其市场化的发展趋势。律师作为国家法律工作者，承担着履行法律援助的义务，应当做一些公益调解工作。律师参与这些工作时，应当由政府以购买社会服务的方式给予补贴。但是，随着市场经济的发展和"一带一路"建设的不断深入，境内外的商事纠纷越来越多，市场化的调解服务应运而生。我国目前的市场化调解组织还处在起步阶段，存在调解资源不足、调解人才缺乏、调解公信力不够等问题，亟须引入既了解国际贸易，又有法律知识、调解技能等背景的律师调解员。所以，律师调解也应突出市场化的发展路径，至于收费标准和收费管理等问题，需要司法行政机关在试点的基础上逐步予以规范②。

二是关于律师调解的认识问题。律师调解试点工作开展以来，一些地区律师协会积极投入，组建律师调解中心，例如杭州律协成立杭州律谐调解中心，有的律师事务所组建律师调解团队。但是，也有许多律师认为律师的主业是作为代理人参加诉讼，律师调解制度将产生"代理人角色"和"调解员角色"混同的内生矛盾，容易让当事人和法院产生误解。有学者指出，"律师们对本方当事人利益的维护常常会成为调解过程中不和谐的声音，于是律师在调解过程中就往往会被边缘化"③。目前，我国律师群体对律师调解制度还未形成普遍认同感，认为调解就是"田间炕头""和稀泥"的低端业务，更愿意从事诉讼代理等高端业务。在全球范围来看，律师调解在ADR的发

---

① 年轻律师为主体的市场化调解路径探析——基于杭州市律师调解的实证分析．(2018-07-25) [2019-02-01]．https：//mp.weixin.qq.com/s？__biz=MzAxNTY2MjE2Mw%3D%3D&idx=1&mid=26．

② 贾玉慧．推进律师调解工作的几点看法．人民法院，2017-11-22．

③ 季卫东，等．中国的司法改革．北京：法律出版社，2016：319-320．

展中占据比较重要的位置。律师作为中立第三方调解人化解当事人之间的纠纷，已经成为境外一些律师事务所的主要业务，而且国外一些专职调解的律师事务所也有着不亚于从事诉讼代理的业务收入。目前，一些境外律师事务所已经将目标瞄准中国大陆调解市场。例如，美国司法仲裁调解服务有限公司（JAMS）与上海经贸商事调解中心合作，已有多名律师加入上海经贸商事调解中心。香港和解中心被纳入深圳前海法院"'一带一路'争议解决诉调对接中心"特邀调解组织名册，其调解员均为香港资深律师或者太平绅士等。当今中国，经济发展进入新常态，社会矛盾复杂叠加，争端纠纷不断剧增，社会价值丰富多样，律师职业以诉讼为中心的单一价值取向已不能满足各类市场主体的多元利益诉求。今天，若律师仍只将目光局限于如何为当事人赢得诉讼而不是促进纠纷彻底有效解决，或只将职业领域限定在代理人或者辩护人而忽视律师作为中立第三方调解员提供公共法律服务的职责，就可能会失去更为广阔的发展空间和市场[1]。建议司法部在推广试点工作过程中，加强律师界对律师调解的重要性和紧迫性的认识，鼓励和支持更多的律师参与和投入到律师调解工作中，真正发挥律师调解的专业优势和职业优势。当然，这里还有一个理念问题，就是律师不应当是挑唆当事人打官司的群体，而应当是真正为当事人解决法律问题的顾问。面对纠纷，律师应以职业人的身份，告知当事人可以优先选择调解或其他非诉方式来解决纠纷。《律师调解试点意见》对此也作出了专门规定。

三是关于律师调解的范围。《律师调解试点意见》为律师调解的范围划定了界限，其中包括各类民商事纠纷，但是，民商事纠纷中人身依附性较强的婚姻关系、身份关系确认案件及其他案件不属于律师调解范围。实践中，有人认为律师调解应当侧重或者限定在商事纠纷等专业性较强的领域。但是，一些涉及民生的民间纠纷也需要律师的专业知识。上海市徐汇区法院吸纳实习律师进驻法院开展调解工作，取得较好的成效。北京京师律师事务所婚姻家事纠纷调解团队，处理了大量社区纠纷和家事纠纷，社会反响很好。在律师调解发展初期，不宜将律师调解的范围限定过窄，而应当根据律师事务所的特长，开展各具特色的律师调解工作，既要体现大众性，也要体现专业性。因此，《扩大律师调解试点通知》还规定，各地根据需要探索在医疗纠纷、道路交通、劳动争议、消费者权益保护等领域或行业设立律师调解组

---

[1] 龙飞．律师调解制度的探索创新与完善路径．中国律师，2018（5）．

织，鼓励以律师事务所名称、律师姓名、专业调解领域命名律师调解工作室或者律师调解中心，培育和打造律师调解服务品牌①。

四是律师调解组织的设立。《律师调解试点意见》虽然授权试点地区制定律师调解组织管理办法，明确律师调解组织的人员规模、执业年限、办案数量、诚信状况等资质条件，但是，由于部分试点地区没有建立律师调解组织的统一管理机制，有些律师协会、律师事务所有从事律师调解工作的热情，却苦于没有设立标准、主管部门、审核程序等规定，无法开展工作。对此，实践中主要有两种做法：一种是按照设立社会组织管理的规定，将律师调解组织登记为社会组织，由司法行政部门作为主管部门。如2018年3月28日发布的北京市高级人民法院、北京市司法局《关于开展律师调解试点工作的实施意见（试行）》规定，具备条件的律师协会可以设立民办非企业单位的律师调解中心，也可以设立律师协会内设机构的律师调解中心。在北京地区，北京多元调解发展促进会的律师调解中心就吸纳了一些管理规范、专业特色突出的律师事务所。另一种是由司法行政机关对律师调解组织进行指导管理，与对人民调解组织指导管理模式相同②。在目前试点阶段，《律师调解试点意见》和《扩大律师调解试点通知》仅规定了律师调解组织由司法行政机关、律师协会会同人民法院共同指导和管理，动态更新名册，以此达到管理目的。实践中，律师调解工作室设置少、调解案件也少，推广宣传"热"与实践落实"冷"形成了鲜明对比。律师调解组织的管理机制是制约律师调解制度发展的关键，建议司法行政部门尽快明确律师调解组织的设立程序和管理机制。

五是律师调解协议的效力问题。《律师调解试点意见》规定："经律师调解达成协议的，出具调解协议书；期限届满无法达成调解协议，当事人不同意继续调解的，终止调解。经律师调解工作室或律师调解中心调解达成的具有民事合同性质的协议，当事人可以向律师调解工作室或律师调解中心所在地基层人民法院或者人民法庭申请确认其效力，人民法院应当依法确认。"这一措施旨在消除当事人对律师调解形成的调解协议效力的疑虑，以司法确认的方式确定律师调解协议的法律效力。但是，实践中，律师调解工作室、

---

① 最高人民法院 司法部 关于扩大律师调解试点工作的通知．[2019-02-01]．http://www.moj.gov.cn/government_public/content/2019-01/25/tzwj_227494.html．

② 龙飞．律师调解制度的探索创新与完善路径．中国律师，2018（5）．

律师调解中心作为内设机构，没有机构或组织的公章，经这些机构调解达成调解协议后，因无法加盖公章，导致申请司法确认遇到障碍，极大影响了开展工作的积极性。针对上述问题，《扩大律师调解试点通知》规定，律师调解工作室、律师调解中心主持调解达成协议的，其工作室或中心登记在律师调解组织名册中，则可以加盖律师调解工作室、律师调解中心的专用印章。

六是律师代理与律师调解的职业冲突与回避问题。律师的"代理人角色"的行为规范要求律师与法院保持隔离关系，而律师的"调解员角色"的行为规范要求其具有近法院性，这种内生矛盾将使律师调解制度在实践中产生风险，具体包括律师与法官关系失范的风险，以及律师调解员为自身扩展诉讼代理案源的风险。为了避免职业冲突，《律师调解试点意见》明确规定："律师调解员系一方当事人或者其代理人的近亲属的；与纠纷有利害关系的；与纠纷当事人、代理人有其他关系，可能影响公正调解的，当事人有权申请回避。律师调解员不得再就该争议事项或与该争议有密切联系的其他纠纷接受一方当事人的委托，担任仲裁或诉讼的代理人，也不得担任该争议事项后续解决程序的人民陪审员、仲裁员、证人、鉴定人以及翻译人员等。"实践中，该项回避制度执行得并不理想，存在的实际问题很多。原因是，我国律师发展不平衡，一些大牌律师收入较高，不愿意从事这些貌似低端的调解工作。有些年轻律师业务较少，正想借着参与调解与法院建立联系，利用调解机会为日后代理案件创造机会；有的法院为了调动律师参与调解的积极性，也有可能对参与调解的律师在代理案件之时许以便利；有的律师公开宣传标榜自己是"某某法院律师调解员"，参与法院调解变相为律师打广告、拓展案源的手段；有的律师事务所设置律师调解工作室，其调解的业务又与律所本身的客户资源涉及利益冲突，或者有的律师将调解不成的案件介绍给本所的其他律师代理诉讼从而获取利益分成，也避免直接违反"调解员不得担任同一案件的代理人"的回避规定。这些问题的产生，与中国律师的生存环境有关，也与这项制度的配套措施没有跟上有关。如果没有严格的职业道德行为准则和利益冲突禁止规则等配套措施，势必会严重影响律师调解的职业化和公信力。建议司法行政机关尽快完善律师调解的职业操守和职业回避的相关规定，避免因配套措施不完善、不及时而损伤了民众对这项新制度的信任，制约其健康有序地发展。借鉴《浙江省律师调解试点工作实施意见》[①]中的规定，增加"律师调解员所在的律师事务所已接受纠纷一方当事人委托代理的"作为回避情形。为监督与保证律师调解回避的公正性，在原先"当事人回避或律师调解回避"的情形之外，增加法院、公共法律服务中心、律师协会、律师事务所等主体对律师回避情形进行评估。司法行政机关、律师协会也应当尽快完善律师调解员职业道德规范，对违反回避制度，泄露当事人隐私或秘密的律师，应根据具体情况，对律师适用限制或禁止从业的处罚，必要时候给予行业处分和行政处罚。只有建立完备的职业回避制度，才能减少执业冲突，加强律师对身份转换的认知，更好地参与纠纷解决。

七是律师调解员的执业资格与培训机制。《律师调解试点意见》虽然规定了律师调解员必须经过专门的调解培训，但根据试点反馈的情况，各地对于律师调解员尚没有统一的管理机制，其准入资格也没有统一的标准，取得资格门槛较低，也不具备统一的程序。律师调解员培训课程流于形式，不具备实操性。有些律师仅通过参加一些协会内部培训考核就可以获得调解员资格证。例如，北京多元调解发展促进会自2015年成立以来，每年组织培训班，截至2018年12月底，共组织了7期培训班[②]，累计培训了2 000多人次，其中参加培训的律师调解员不断增加。有的律师调解员取得了司法行政部门颁发的人民调解员证书。目前，北京、浙江高级人民法院和司法局联合下发文件，规范律师调解工作，其中就涉及律师调解员的资格认证问题[③]。

---

① 2017年11月10日发布的浙江省高级人民法院、浙江省司法厅《关于开展律师调解试点工作的实施意见》第7条规定，律师调解员具有以下情形的，当事人有权申请回避：（1）系一方当事人或者代理人的近亲属的；（2）与纠纷有利害关系的；（3）律师调解员所在的律师事务所已接受纠纷一方当事人委托代理的；（4）与当事人、代理人有其他关系，可能影响公正调解的。接受调解的律师调解员及其所在律师事务所不得再就该争议事项或者与该争议有密切关系的其他纠纷接受一方当事人的委托，担任仲裁或者诉讼的代理人，也不得担任该争议事项后续解决程序中的人民陪审员、仲裁员、证人、鉴定人以及翻译人员等。

② 北京多元调解发展促进会举办第七期培训班．（2019-02-18）．http://bjdytjfzcjh.com/Index/show/catid/19/id/218.html.

③ 2018年3月28日发布的北京市高级人民法院、北京市司法厅《关于开展律师调解试点工作的实施意见（试行）》第5条规定，律师协会调解中心的律师调解员，原则上由律师协会代表、理事、监事，专业委员会主任、副主任，及在行业有一定影响的律师担任。律师调解员必须执业8年以上，执业期间未因执业行为受刑事处罚、行政处罚或者行业处分。2017年11月10日发布的浙江省高级人民法院、浙江省司法厅《关于开展律师调解试点工作的实施意见》第4条规定了律师调解员的条件：从事律师调解工作的律师一般应当执业3年以上，具有良好的政治素质、律师职业道德素养和较丰富的执业经验以及群众工作能力，3年内没有受过司法行政机关和律师协会的行政处罚或者行业处分。

在目前试点阶段，建议试点地区在本辖区统一律师调解员资格准入机制，提高准入门槛，规范准入程序，调整培训课程设置，课程内容倾向于更具实际操作性的调解知识和调解技能。在试点结束和条件成熟时，建议司法行政机关、律师协会与人民法院共同研究制定律师调解员的资质认证标准，明确选任标准和退出机制，建立律师调解员的培训机制等，提升律师调解员的专业水准。

（四）推动基层法律服务所参与纠纷化解

基层法律服务所的设立本身具备较强的中国特色。20世纪80年代初期，基层法律服务首先在东南沿海部分乡镇产生，并逐步发展到内地和城市。其本身的功能是为了缓解律师资源普遍不足与改革开放产生的大量法律服务需求之间的矛盾。经过多年的实践发展，广大基层法律服务工作者在维护群众合法权益、服务基层，维护社会和谐方面作出了很大贡献。

正因为基层法律服务出现的特殊历史原因，基层法律服务工作者的从业资格要求低于律师的准入条件，主要体现在基层法律服务工作者无须通过国家司法考试就可以担任民事、行政诉讼代理人和提供非诉讼法律服务。也正因为如此，修改后的《基层法律服务工作者管理办法》才对基层法律服务工作者诉讼代理执业区域作出有别于律师的规定，其内容是要求一方当事人住所地位于基层法律服务所所在的县级区划，或案件进入二审、审判监督程序的，可以继续接受原当事人委托担任诉讼代理人。其法理原因在于方便当事人就近获得基层法律服务。

（五）推动公证机构参与纠纷化解

公证制度是预防性司法证明制度，也是社会主义法律制度的重要组成部分，在保证当事人自治的原则下，实现政府对重大经济活动与公民重要法律行为适当干预，以保证经济社会的稳定发展。目前，全国共有公证机构2 942家，公证员13 218人；2017年办理各类公证事项1 450万多件，公益法律服务139万多件，出具赋强公证债权文书1 116 347件，出具执行证书44 989件，在预防与化解矛盾纠纷上成效显著。[①]

1. 公证参与多元化解机制的意义

2016年6月，最高人民法院《关于人民法院进一步深化多元化纠纷解决

[①] 龙飞，赵毅宇. 赋强公证制度在多元纠纷解决机制中的功能定位. 人民法院报，2018-06-06.

机制改革的意见》第 11 条规定："加强与公证机构的对接。支持公证机构对法律行为、事实和文书依法进行核实和证明，支持公证机构对当事人达成的债权债务合同以及具有给付内容的和解协议、调解协议办理债权文书公证，支持公证机构在送达、取证、保全、执行等环节提供公证法律服务，在家事、商事等领域开展公证活动或者调解服务。"这明确了公证机构在司法领域中的辅助作用，给予其行为合法性、正当性。2017 年 7 月，最高人民法院和司法部联合出台了《关于开展公证参与人民法院司法辅助事务试点工作的通知》，进一步明确了公证机构参与人民法院司法辅助事务，参与多元化纠纷解决机制建设的职责。公证参与多元化解纠纷的优势有：一是公证相较于其他纠纷解决方式，更具有证明力。法律规定，经过公证的证据，效力一般高于其他证据。公证后的协议也具备强制执行效力。这一独特的定位使公证参与矛盾纠纷化解具有特殊的优势，成为多元化纠纷解决机制中不可缺少的组成部分。二是公证员具有法律专业优势。公证员作为我国四大法律职业之一，与检察官、律师和法官一样，需要通过国家司法考试才可以担任，这在一定程度上说明，公证员比其他调解人员具备更良好的法律素质，更专业，更懂法。三是公证员以独立第三人的角色参与多元化解，较容易获得当事人的信任。公证员比法官、检察官、律师更早地参与社会民事、经济活动，参与、帮助、指导当事人依法设立、变更、终止民事法律行为，参与到纠纷调解中，了解纠纷焦点，梳理利益关系，最终化解争议。

2. 公证参与多元化解纠纷存在的主要问题

第一，法律依据不充分。在具体制度设计上，公证机构一般不调解没有经过公证环节的纠纷。《公证程序规则》第 56 条规定："经公证的事项在履行过程中发生争议的，出具公证书的公证机构可以应当事人的请求进行调解。经调解后当事人达成新的协议并申请公证的，公证机构可以办理公证；调解不成的，公证机构应当告知当事人就争议依法向人民法院提起民事诉讼或向仲裁机构申请仲裁。"

第二，未建立完善的操作规程。虽然现在有最高人民法院和司法部的政策文件，但具体的衔接机制并未建立，在证据保全、民商事纠纷调解上尚未建立公证与诉讼高效对接的方案。

第三，公证机构处理纠纷能力受限。从公证人员数量来说，公证人员与现有需求并不成正比。公证人员在应对正常业务开展时已是超负荷运转，遑论调配人手再介入矛盾纠纷解决机制中。从专业素质来说，公证人员的知识往往局限于正常业务的开展,如果公证机构在多元纠纷解决机制中发挥作用,那就要充分提高公证员纠纷解决的能力。在调解过程中,由于相关法律法规及政策规定对公证员没有明确调查权,公证员对于争议事实无法深入了解,也影响了公证书的权威和作用。

3. 具体的对策

第一,赋予公证机构调查权。在多元化纠纷解决制度体系的主体中纳入公证机关,由公证机关提供司法辅助作用,并据此赋予公证机构调查权,提高公证机构解决纠纷的地位,增强其参与的正当性。

第二,建立公证机构与法院之间的衔接程序。充分发挥公证在诉讼和程序执行中的作用,在解决纠纷过程中体现公证证据、公证协议与法定公证的效力,衔接程序的构建是公证介入多元化纠纷解决工作的制度保障。

第三,通过绩效提高工作积极性。目前,公证机构对人、财、物并没有完全掌握自主权,公证人员待遇与工作内容不匹配。同时,由于公证职业的风险性较大,影响了公证机构和公证人员的办证积极性。应落实公证员的绩效机制,吸引更多高素质人才加入公证队伍,做到待遇与风险配套。

第四,提高公证人员解决纠纷的能力。公证机关可以通过举办培训班、研讨会以及职业内部业务交流的方式,提高调解能力。整合公证机关的调解资源,积极参与到多元化纠纷解决机制建设中去。

三、其他政府部门的职能定位

《法治政府建设实施纲要(2015—2020年)》提出,有关行政机关要依法开展行政调解、行政裁决工作,及时有效地化解矛盾纠纷。2011年中央综治委等16个部门《大调解意见》,以及两办《意见》,都对政府各部门在纠纷多元化解工作中的职责作了规定。国务院各部委深入贯彻中央决策,积极参与纠纷的多元化解。司法部、卫生部、保监会联合下发《关于加强医疗纠纷人民调解工作的意见》,人力资源和社会保障部、中央综治办、中国保监会联合下发《关于推行人民调解委员会调解道路交通事故民事损害赔偿工作的通知》等,这些规范性文件都是充分发挥各行政主管部门职能,推动专业性、行业性调解组织发展的重要体现。

政府各职能部门的职责主要有两项:一是作为化解纠纷的义务主体,主要通过开展行政调解和行政裁决积极化解与其管理职能有关的民事纠纷;二是作为推动纠纷多元化解工作的职责主体,积极推动和培育系统内的行业性、专业性调解组织。由于本书篇幅有限，仅针对纠纷数量相对较大的治安纠纷、道路交通事故纠纷、劳动争议、医疗纠纷等领域职能部门的职权配置进行研究论述。

（一）公安机关的职权配置

维护社会治安秩序，保护公民权益，预防制止违法犯罪活动是公安机关的重要职责。我国《治安管理处罚法》和《道路交通安全法》分别规定了治安案件调解和道路交通事故损害赔偿调解制度。这两类纠纷在民事纠纷中占比也较大。

1. 对治安纠纷的处理。治安调解是指公安机关解决因民事纠纷而引起的违反治安管理规定、情节较轻的案件，一般以劝说、教育、达成和解协议为主要方式，最终由公安机关对治安案件进行处理的调解活动。《治安管理处罚法》第9条规定，"对于因民间纠纷引起的打架斗殴或者损毁他人财物等违反治安管理行为，情节较轻的，公安机关可以调解处理。经公安机关调解，当事人达成协议的，不予处罚"，明确了公安机关开展治安调解的法定职责。2007年公安部出台的《公安机关治安调解工作规范》（公通字[2007]81号）明确了治安调解的概念、案件范围、调解程序以及调解协议效力等内容[①]。由上述规定可以看出，治安案件调解是行政调解的性质，不是人民调解。对于不构成违反治安管理行为的民事纠纷，可以由人民法院或人民调解组织处理；对于经公安机关调解达成协议，又无正当理由不履行协议的，根据治安管理处罚条例进行处罚，同时告知当事人可以就民事争议依法向人民法院提起民事诉讼。

2. 对道路交通事故损害赔偿纠纷的处理。《道路交通安全法》第74条第1款规定，"对交通事故损害赔偿的争议，当事人可以请求公安机关交通管理部门调解，也可以直接向人民法院提起民事诉讼"，确立了公安机关交通管理部门对交通事故损害赔偿纠纷进行调解的职责。《道路交通安全法》改变了以往交通事故损害赔偿调解作为提起诉讼的前置程序，导致大量交通事故损害赔偿案件直接进入法院。2010年公安部、司法部、中国保险监督管理委员会联合下发的《关于推行人民调解委员会调解道路交通事故民事损害赔偿

[①] 具体内容为：对于因民间纠纷引起的殴打他人、故意伤害、侮辱、诽谤、诬告陷害、故意损毁财物、干扰他人正常生活、侵犯隐私等违反治安管理行为，情节较轻的，经双方当事人同意，公安机关可以治安调解。治安调解达成协议的，在公安机关主持下制作《治安调解协议书》，双方当事人应当在协议书上签名，并履行协议。

工作的通知》规定，道路交通事故民事损害赔偿纠纷可以由道路交通事故人民调解工作室或者专门的道路交通事故人民调解委员会进行调解，主要适用于公安机关交通管理部门按照一般程序处理的道路交通事故。长期以来，道路交通事故纠纷一直位居民事纠纷前列。从全国法院受理的案件数量来看，2016年，全国法院审结一审民事案件673.8万件，其中道路交通事故纠纷达92.2万件，持续位列第三大类民事案件。

为了及时化解纠纷，打通部门之间的数据壁垒，亟须建立道路交通事故损害赔偿一体化平台（以下简称"道交一体化平台"）。2015年6月，最高人民法院在浙江省杭州市余杭区法院开展"道交一体化平台"试点工作，取得了明显成效，"余杭模式"得到社会各界的充分肯定[①]。2017年11月，最高人民法院、公安部、司法部、中国保险监督管理委员会联合下发《关于在全国部分地区开展道路交通事故损害赔偿纠纷"网上数据一体化处理"改革试点工作的通知》，决定在北京、河北、上海等14个省市联合开展道路交通事故损害赔偿纠纷"网上数据一体化处理"改革试点工作。2018年9月19日，最高人民法院与公安部、司法部、中国银行保险监督管理委员会召开会议，联合发布《道路交通事故损害赔偿纠纷"网上数据一体化处理"工作规范（试行）》[②]。2020年5月6日最高人民法院又与上述单位联合发布《关于在全国推广道路交通事故损害赔偿纠纷"网上数据一体化处理"改革工作的通知》，全国法院均建立网上一体化处理平台，交通事故损害赔偿进入了"快车道"，既方便了人民群众，又提高了纠纷效率。

（二）处理劳动争议各部门的职权配置

在经济社会转型手段中，我国的劳动关系矛盾问题日益突出，调解在快速定纷止争、维护劳动人事关系中的优势得到重视。2017年3月21日，人力资源和社会保障部、中央综治办、最高人民法院、司法部、财政部、中华全国总工会、中华全国工商业联合会、中国企业联合会/中国企业家协会联合发布《关于进一步加强劳动人事争议调解仲裁完善多元处理机制的意见》，明确各职能部门的职责，健全劳动人事争议多元处理工作格局[③]。根据

[①] 全国部分地区开展道路交通事故损害赔偿纠纷"网上数据一体化处理"改革试点工作情况新闻发布会.［2019-01-31］. http://courtapp.chinacourt.org/zixun-xiangqing-70702.html.

[②] 四部门联合发文规范道路交通事故损害赔偿纠纷网上一体化处理.［2019-01-31］. http://www.chinanews.com/gn/2018/09-19/8631549.shtml.

[③] 《关于进一步加强劳动人事争议调解仲裁完善多元处理机制的意见》发布.［2019-01-31］. http://www.ytliangtu.com/article/index.php?c=show&id=17.

该意见，各部门分工协作、相互配合，基本形成了各负其责、运转高效的劳动人事争议多元处理联动机制。

（三）处理医疗纠纷各相关部门的职权配置

近年来，医疗服务量持续增长，医疗纠纷时有发生，甚至引发激烈冲突，损害了医患双方合法权益，扰乱了正常医疗秩序，影响了社会和谐稳定。当前适用的《医疗事故处理条例》主要侧重于对医疗事故引起的纠纷作出规定，对其他的纠纷调解措施并没有涉及，难以适应新形势的需要。按照党和国家机构改革方案的规定，组建国家卫生健康委员会，不再保留国家卫生和计划生育委员会[①]。2018年7月31日，国务院正式公布《医疗纠纷预防和处理条例》，规定"国家建立医疗质量安全管理体系，深化医药卫生体制改革，规范诊疗活动，改善医疗服务，提高医疗质量，预防、减少医疗纠纷"。该条例注重平衡医患双方的权利与义务，强调从源头预防和减少纠纷，推动完善医疗机构内部的纠纷化解机制，减少医患对抗，促进医患和谐。公安机关依法维护医疗机构治安秩序，查处、打击医闹等违法犯罪行为，其他机关按照职责做好相应工作[②]。

（四）其他政府所属部门的职权配置

在纠纷解决体系中，民政部门的职能作用是支持和指导调解组织的设立和发展，推动建立覆盖城乡社区的调解组织网络。机构改革后，自然资源部门整合了原国土资源部、住建部的城乡规划等的职责[③]。针对土地纠纷的处理，由改革后的自然资源部门负责土地纠纷调解组织的建设，培养农村土地纠纷调解员，及时调解涉土地权属、征地补偿安置等引发的矛盾纠纷。生态环境部门整合了环保部的职责、发改委的气候减排职责、国土资源部的防止地下水污染职责等[④]，统筹协调涉及环境、水源、流域、海洋等所有污染事项的工作。环境污染纠纷的处理时间一般较长，证据繁多复杂难以收集，通过调解方式来化解比较适宜。机构改革后，为保证及时、有效调解农村土地承包经营产生的纠纷，应由地方人民政府指导有关部门代表、人民团体代表、农村集体户代表、农民代表和法律专业人士成立土地承包仲裁委员会及

---

① 中共中央印发《深化党和国家机构改革方案》．[2019-01-31]．http：//www.china.com.cn/lianghui/news/2018-03/21/content_50733576.shtml.
② 国务院发布《医疗纠纷预防和处理条例》：10月1日起施行．[2019-01-31]．https：//news.qq.com/a/20180831/069192.htm.
③ 同①.
④ 同①.

时处理相关纠纷。住房和城乡建设部门调解因房地产开发、销售、建筑施工、国有土地房屋征收、物业管理等引发的纠纷。机构改革后，不再保留工商行政管理部门，组建国家市场监督管理总局，整合了原来工商总局、质检总局、食品药品监督总局、发改委的价格监督等职责[①]。针对消费者权益保护问题，按照2013年修改的《消费者权益保护法》，发挥消费者协会调解消费争议作用，推进基层消费维权网络建设，继续加强"12315"体系建设，积极引导经营者以及行业协会，健全完善消费纠纷和解调解制度，及时化解消费纠纷。

党的十八大报告明确指出，"正确处理人民内部矛盾，建立健全党和政府主导的维护群众权益机制，完善信访制度，完善人民调解、行政调解和司法调解联动的工作体系，畅通和规范群众诉求表达、利益协调、权益保障渠道"[②]，为信访参与纠纷多元化解工作指明了方向。信访部门要发挥指导督促和沟通协调的功能，指导、督促有关单位开展信访工作。推进信访法治化，深化诉访分离改革。健全、完善与综治中心衔接的工作机制，理顺信访与行政复议、仲裁、诉讼等制度的关系，按照纠纷的性质配置适宜的纠纷解决渠道，推进通过法定途径分类处理信访投诉请求，把信访纳入法治化轨道。

四、人民政府及其职能部门遇到的问题及对策

1. 机构改革引起的职权重新配置问题。2018年3月国家机构改革方案出台后，许多涉及纠纷解决职能的部门进行了机构改革，一些行政职责进行了重新调整。原先在两办《意见》中确定的许多政府及其职能部门的名称有所变动。各地在落实机构改革方案时，需要对机构名称与职责分工进行重新调整。从中央机构改革到地方落实，需要相当一段时间的调整和适应。

2. 宏观指导较多，督察落实不够。关于矛盾纠纷化解机制的建立，长期以来，一直依靠的是政策指导。从中央到地方，层层用文件落实文件，一些地方具体实施意见也是简单地照搬照抄上一级文件，没有结合地方实际情况和本部门的具体工作制定。

3. 职责分工较细，统筹协调不足。任何一类纠纷的解决都不是哪一个部

---

① 中共中央印发《深化党和国家机构改革方案》. [2019 - 01 - 31]. http：//www.china. com.cn/lianghui/news/2018 - 03/21/content_50733576.shtml.

② 习近平在中国共产党第十八次全国代表大会上的报告. [2019 - 03 - 19]. http：//china.cnr.cn/news/20171028/t20171028_524003229.shtml.

门可以单独完成的,虽然有牵头负责的主要部门,但也需要其他部门的协调配合。例如,医疗纠纷的处理需要多方联动,共同完成,不仅需要政府的协调,同时也需要司法行政部门具体指导医疗纠纷人民调解工作,需要公安机关查处、打击医闹等,更需要财政、民政、保险监督管理等部门和机构做好预防和保障工作。所以,建议建立各部门相互协调、相互支持的工作机制,更好地完成化解纠纷的社会治理功能。

第三节 司法机关的职能定位

一、人民法院的职能定位

在多元化纠纷解决机制建设中,人民法院一直是重要的推动主体。2005年最高人民法院发布的"二五改革纲要",首次将建立多元化纠纷解决机制作为改革的重要内容,之后经历了探索试点、制度构建、制度保障等阶段。2015年4月,最高人民法院召开了全国法院多元化纠纷解决机制改革工作推进会("眉山会议"),提出了"国家制定发展战略、司法发挥保障作用、推动国家立法进程"的新"三步走"战略,标志着我国多元化纠纷解决机制改革迈进了全面升级换代的阶段。2015年两办《意见》明确了人民法院要加强与行政机关、仲裁机构、人民调解组织、商事调解组织、行政调解组织或者其他具有调解职能的组织的协调配合,推动在程序安排、效力确认、法律指导等方面的有机衔接[1]。2016年6月,最高人民法院《关于人民法院进一步深化多元化纠纷解决机制改革的意见》(以下简称《深化多元化改革意见》)总结归纳以往十多年改革成就和经验,涵盖多元化纠纷解决机制的抽象层面和具体层面、宏观层面和微观层面、决策层面和操作层面、确定性层面和探索性层面等方方面面的内容,这些亮点成为构筑和打造国家多元化纠纷解决机制法治化框架的重点、要点和关键点[2]。2019年2月,最高人民法院在发布的《最高人民法院关于深化人民法院司法体制综合配套改革的意见——人民法院第五个五年改革纲要(2019—2023)》中明确提出未来五年的总体目

---

[1] 李少平. 最高人民法院多元化纠纷解决机制改革意见和特邀调解规定的理解与适用. 北京:人民法院出版社,2017:20-21.

[2] 汤维建. 多元化纠纷解决机制改革的时代意义及其要点. 人民法院报,2016-06-30.

标："把满足人民群众不断增长的司法需求作为人民法院工作基本导向，加强诉讼服务体系建设，深化多元化纠纷解决机制改革，推动把非诉讼纠纷解决机制挺在前面，完善司法救助和涉诉信访制度，努力实现司法更加亲民、诉讼更加便民、改革更加惠民，构建以人民为中心的诉讼服务制度体系。"[1]

（一）人民法院在多元化纠纷解决机制建设中的职能作用

1. 依法履行审判职责，对纠纷化解起到引领作用

人民法院的基本功能就是通过审判处理各类案件来化解矛盾纠纷，修复法律关系，实现法律的秩序价值。实际上，社会发生纠纷和冲突，有许多化解途径可供选择，当事人可以申请调解组织调解，或者仲裁机构仲裁，也可以由负有管理职责的行政主管部门进行调解，或者通过诉讼途径化解纠纷。在整个多元化纠纷解决体系中，诉讼是纠纷化解和权利救济的最后屏障。人民法院通过正确行使审判权，为当事人提供公正、便捷、有效的纠纷化解服务是纠纷多元化解工作的必然要求。

当前中国社会的矛盾纠纷数量增长较快，由于诉讼外的纠纷解决机制运行不畅，纠纷化解越来越集中到法院。此外，法院受理的案件类型越来越多样，法律关系趋于复杂，加上立法的滞后性，审判很难满足当事人不同的需求。法院的裁判案例所具有的司法规范、指引、评价、引导社会价值方面的功能，使其在调解领域中大有用武之地。最高人民法院自2011年建立指导性案例发布第1批指导性案例以来，截至2019年12月底，最高人民法院公布了24批共139个指导性案例。各个审判业务庭还经常公布典型案例，地方高级人民法院也会定时发布全省各类型案件的典型案例。这些案例能指引当事人就争议事实与适用法律进行合乎法理和社会常识的判断，确定纠纷解决的基本原则，通过诉讼重塑纠纷解决主体以及纠纷当事人的行为模式，并促使当事人对自己的权益进行合理评估并作出调整或者处分。

2. 促进各类纠纷解决机制有机衔接的推动作用

各种纠纷解决方式之间并不是孤立的，而是应当在纠纷解决主体、途径、程序和效力等方面进行有机衔接、相互配合。诉讼与非诉讼化解机制之间是否能建立一个衔接机制，法院起着重要的推动作用，主要通过以下几种途径来实现：

---

[1] 最高人民法院召开"五五改革纲要"暨中国法院司法改革白皮书发布会．(2019-03-01). http://www.sohu.com/a/297995367_120032709.

一是程序适用方面。按照《民事诉讼法》的规定，人民法院可以通过审查仲裁裁决是否合法，确定仲裁裁决的效力。人民法院可以依照当事人的申请，对审查有效的仲裁裁决予以执行。按照《行政诉讼法》的规定，人民法院可以根据行政机关的申请，对非诉行政处理决定进行审查，对审查合法的行政处理决定裁定予以执行。由上述规定，我们可以看出司法可以通过法律制度的安排，为仲裁裁决、行政处理等纠纷解决方式提供程序上的保障。

二是法律指导方面。纠纷解决是一项专业性活动，需要遵循一定的原则和规律，更需要一定的纠纷化解技巧和能力。一方面，法院对人民调解工作进行指导。《人民法院组织法》和《人民调解法》规定，人民法院对人民调解委员会工作进行业务指导是法律赋予法院的一项职责。基层法院可以通过参与司法行政机关举办的人民调解员培训班，向人民调解员讲授业务知识、法律知识和调解技能，还可以通过邀请人民调解员协助法官调解案件、旁听庭审、巡回办案、送法下乡等渠道，为人民调解员讲授法律知识，尤其是审理涉及人民调解协议的民事案件，也能起到直接指导人民调解组织的作用，提高人民调解员的业务能力和水平。另一方面，法院通过解决案件，发挥审判领域的专业优势，通过典型案例、业务培训等方式提升各种非诉讼纠纷化解主体的业务能力和水平。

3. 为纠纷解决机制提供司法保障作用

2012年新修订的《民事诉讼法》规定了"调解协议司法确认"制度，双方当事人可以依据法律规定就调解协议向人民法院申请司法确认，对裁定有效的调解协议，当事人可以申请人民法院执行。通过司法确认程序，赋予调解协议一定的法律效力。虽然按照目前法律规定，司法确认的调解协议限定在人民调解协议范围内。随着调解类型和行业调解组织、商事调解组织的不断发展，按照最高人民法院《深化多元化纠纷解决机制改革意见》规定，司法确认的调解协议范围已经逐步扩大到行政调解、行业调解、商事调解、律师调解以及其他具有调解职能的组织作出的调解协议。但是，在司法实践中，各地基层人民法院对于人民调解之外的调解组织达成的调解协议，因缺乏法律支撑，尚不受理此类调解的司法确认案件。仅有部分沿海地区法院大胆尝试。法院对其他调解组织的司法保障功能受到很大的限制。

（二）人民法院发挥职能作用遇到的问题和对策

1. 政策原因和重视程度不同，导致各地法院发挥职能作用不平衡。因为多元化纠纷解决机制没有国家层面的立法，改革的推进受政策影响较大。政策推动强力时发展就较快，政策推动因素减弱时发展就缓慢甚至停滞。人民法院职能作用发挥也受到地方党委与政府重视程度的影响。党委与政府重视的地方，法院发挥的作用就大；党委与政府不重视的地方，法院开展工作的阻力很大。因为多元化纠纷解决机制建设不是法院一家可以完成的，它需要在党委政法委综合统筹下，调动行政机关、调解组织、仲裁机构、社会团体等各方力量。许多需要部门协调配合的工作，法院作为纠纷解决的最后一道防线，无法单独完成，也超出了法院的职权范围。为了解决这个问题，应当加快将制定多元化纠纷解决机制促进法提到立法议程上来。

2. 诉讼程序的安排，导致诉调对接分流纠纷成效不高。我国的诉讼程序安排审限较短，诉讼成本较低，诉中法官调解发达且具有司法强制力，弱化了非诉讼纠纷解决机制便捷灵活、适用广泛、低成本高效率、修复社会关系等优势。纵观世界上 ADR 较发达国家，诉讼外调解已经成为解决诸多纠纷的主要途径。主要的原因是其诉讼程序没有审限限制，审理周期长、诉讼成本以及律师代理费非常高昂，当事人往往打不起官司或者经不起漫长司法程序的拖延，因而选择非诉讼纠纷解决方式。而且许多国家设置强制调解的程序，许多类型化案件必须经过诉外调解程序才能进入审判程序。美国95%以上的纠纷在审判程序之前都通过 ADR 途径解决。建议修改民事诉讼法，建立某些类型化案件调解前置机制，修改诉讼费收费办法，提高诉讼费门槛，发挥诉讼费杠杆作用。

3. 法院内部职能分工不统一，影响工作实效。虽然各级人民法院按照最高人民法院的要求设置了诉讼服务中心，但是诉讼服务中心承担的工作职能较多，一些法院没有专人负责诉调对接工作。截至 2017 年年底，全国法院设 3 320 个诉调对接中心，配备 15 432 名工作人员，负责分流、调解、指导调解①。但是 2018 年部分法院开始机构改革之后，一些单独设置的诉调对接中心撤并到诉讼服务中心。实践中存在由立案庭、民庭、诉讼服务中心、诉调对接中心、速裁庭等单个部门单一承担或者多个部门共同承担诉调对接职能的现象。各个法院机构设置形式多样，难免存在多头管理、职责不清、配合不足等问题。建议今后要明确由具体部门负责诉调对接工作，不能单独设

---

① 李少平. 发挥司法职能作用 提升多元解纷水平 打造新时代"枫桥经验"法院升级版. 人民法院报，2018-11-09.

置机构的可以合并到诉讼服务中心，但必须确定专人负责。

4. 考核评价指标不合理，导致诉调对接工作人员积极性不高。由于诉调对接工作大多数属于诉前调解，需要参与党委与政府的诉源治理，与法院系统之外的部门组织进行沟通协调，许多工作无法计入工作量纳入办案绩效。有的法院因诉前调解工作开展得好，大量可以调解的案件在诉前调解，进入诉讼案件少，能调解的案件更少，却导致全院的审判质效比那些开展诉调对接不好的法院低，从而影响了法院的员额比例分配和其他工作的评价。此种"以案件的多少评判法院质效"的考核评价体系和考核指挥棒，不利于各地法院积极参与诉源治理、开展诉调对接工作，不利于将矛盾纠纷化解在诉前、化解在源头。建立科学的考核评价体系，将诉前调解、诉调对接工作等纳入专项工作统计，便于摸清数据，有针对性地研究具体对策。

5. 职能定位不准，导致社会力量化解纠纷的参与度不高。法院在整个多元化纠纷解决机制建设中起着引领、推动和保障作用，这也是中央对法院职能发挥的定位。但是，由于法院案多人少的压力被认为是开展诉调对接工作的动力，因而法院主导改革多些，推动力度大些，其他职能部门就认为这是法院为了解决案多人少的矛盾，将案件推给其他部门处理，参与积极性不高。这也是因为对国家纠纷解决体系不了解，认为一切纠纷都可以由法院来解决，将法院从化解纠纷的最后一道防线，推到了"第一道防线"，其实是违背司法规律的。建议由党委政法委和社会治理部门牵头，统筹协调各部门的职责分工，将纠纷解决机制精细化、多元化、专业化。

二、人民检察院的职能定位

人民检察院作为国家法律监督机关，在多元纠纷化解工作中负有重要的职责。2011年，中央综治办等16个部门《大调解意见》要求，人民检察院"建立依托大调解平台参与化解社会矛盾纠纷的工作机制。对轻微刑事案件，依照法律规定，探索建立运用和解方式解决问题的机制，明确开展调解或引导刑事和解的条件、范围和程序"①。最高人民检察院《关于充分发挥检察职能参与加强和创新社会治理的意见》对人民检察院的纠纷多元化解工作进行部署，明确要求："完善检调对接工作机制，对符合调解的轻微刑事案件、

---

① 中央综治委等16家单位印发《关于深入推进矛盾纠纷大调解工作的指导意见》。[2019-02-23]. http://politics.people.com.cn/GB/1027/14557800.html.

民事申诉案件,依托人民调解组织等矛盾纠纷调处平台,合力化解社会矛盾。"两办《意见》要求,检察机关要依法履行法律监督职能,建立涉法涉诉信访事项导入司法程序机制和涉法涉诉信访依法终结等参与化解矛盾纠纷工作机制,探索建立检察机关提起公益诉讼制度,健全当事人和解公诉案件诉讼程序,明确民事行政申诉案件引导当事人和解程序,并督促纠正行政机关渎职行为。

当前,中央文件和改革政策将检察职权的运用范围规定在民事、行政申诉案件、轻微刑事案件、当事人和解公诉案件、涉法涉诉信访事项相关司法程序以及公益诉讼案件中。6个《多元条例》积极贯彻中央文件的精神,同时,也根据地区检务特征对检察职权的行使范围做了补充说明或强调,分别见于《厦门经济特区多元化纠纷解决机制促进条例》第41条[①],《山东省多元化解纠纷促进条例》第38条[②],《黑龙江省社会矛盾纠纷多元化解条例》第9条[③],《福建省多元化解纠纷条例》第11、20、31条[④],《安徽省多元化解纠纷促进条例》第34条[⑤]。《四川省纠纷多元化解条例》第11条[⑥]。总体来说,检察机关在多元化纠纷解决机制中的职权仍是公诉权、法律监督权以及诉讼救济权等传统检察职能的延伸。但是,多元化纠纷解决机制同样也赋予了检察机关履行传统职能一定的活力。

[①] 《厦门经济特区多元化纠纷解决机制促进条例》第41条:人民检察院在办理轻微刑事案件、民事检察案件、行政赔偿检察案件过程中,经当事人同意,可以邀请相关调解组织共同促进当事人达成和解。

[②] 《山东省多元化解纠纷促进条例》第38条:人民检察院办理符合当事人和解法定条件的公诉案件、民事行政申诉案件,可以建议或者引导当事人达成和解;经当事人同意,也可以邀请相关组织参与协商和解。

[③] 《黑龙江省社会矛盾纠纷多元化解条例》第9条:人民检察院对依法可以和解的刑事案件、刑事案件中的人身财产损害赔偿问题,依据《中华人民共和国刑事诉讼法》和相关司法解释的规定建议当事人和解。

[④] 《福建省多元化解纠纷条例》第11条:人民检察院依法履行法律监督职责,健全检调对接制度,完善参与化解纠纷工作机制,依法开展刑事和解工作,引导当事人选择适宜的途径解决纠纷。第20条第2款:对违法行为附带的民事纠纷可以依法申请公安机关、人民检察院、人民法院进行调解。第31条:人民检察院在办理公诉案件、申诉案件、公益诉讼案件和民事行政诉讼监督案件过程中,对符合法定条件的可以引导当事人通过和解或者调解解决纠纷;经当事人同意,可以邀请相关组织和个人参与和解或者调解。

[⑤] 《安徽省多元化解纠纷促进条例》第34条:人民检察院办理符合和解法定条件的公诉案件、民事公益诉讼案件、民事行政申诉案件等,可以建议或者引导当事人达成和解;经当事人同意,也可以邀请相关组织或者个人参与协商和解。

[⑥] 《四川省纠纷多元化解条例》第11条"人民检察院完善参与纠纷化解工作机制,依法开展有关纠纷化解工作。"

按照影响因素来划分，检察机关的职能可以分为"多元机制中的职能"和"诉讼结构中的职能"。"多元机制中的职能"是指在多元化纠纷解决机制整体中的职能；"诉讼结构中的职能"特指在多元化纠纷解决机制里诉讼结构中检察机关的专业职能。这样划分的具体原因在于：一方面，检察机关的职权属于司法权，具有被动性、中立性和程序性，无法像行政权一样，在事前积极介入、主动参与，其职权内涵、外延以及行使方式被《人民检察院组织法》第 20 条、第 21 条严格限制①。因此，检察机关在不涉及诉讼领域的多元机制中所能担任的角色，主要依托《人民检察院组织法》中"保障法律正确实施"的检察机构设置目的和"检察官客观公正义务"的学理解释。所以，"多元机制中的职能"并不具备具体指向性，更多的是程序环节之间的引领与补充，使多种解纷资源成为有机结合的整体，实现有机衔接、协调联动、高效便捷，并且使调解尽可能实现公平正义。另一方面，检察机关在诉讼领域发挥着专业性的职能，根据《民事诉讼法》《刑事诉讼法》具体行使公诉权、法律监督权与诉讼救济权等具体职权，发挥法定性、特定性权能以实现检察权。因此，"诉讼结构中的职能"特指在多元机制里诉讼结构中检察机关的专业职能。

（一）多元化纠纷解决机制中的辅助职能

为保证多元化纠纷解决机制中各种纠纷解决方式之间成为相互配合、有机衔接的整体，并使得诉讼与非诉讼纠纷解决机制之间衔接系统实现规范化、常态化，检察机关在机制建设中应当做好纠纷分流、辅助协调等工作。其作用主要通过以下两个方面的工作来实现。

1. 做好涉法涉诉信访导入工作

两办《意见》明确要求，检察机关应建立涉法涉诉信访事项导入司法程序机制和涉法涉诉信访依法终结等参与化解矛盾纠纷工作机制。为解决"入口不顺、法律程序'空转'、出口不畅"的实际问题，多地检察机关作出很多有益探索。无锡市梁溪区检察院依托检察机关统一业务应用系统及苏检 E

---

① 《人民检察院组织法》第 20 条规定，人民检察院行使下列职权：（1）依照法律规定对有关刑事案件行使侦查权；（2）对刑事案件进行审查，批准或者决定是否逮捕犯罪嫌疑人；（3）对刑事案件进行审查，决定是否提起公诉，对决定提起公诉的案件支持公诉；（4）依照法律规定提起公益诉讼；（5）对诉讼活动实行法律监督；（6）对判决、裁定等生效法律文书的执行工作实行法律监督；（7）对监狱、看守所的执法活动实行法律监督；（8）法律规定的其他职权。第 21 条：人民检察院行使本法第 20 条规定的法律监督职权，可以进行调查核实，并依法提出抗诉、纠正意见、检察建议。有关单位应当予以配合，并及时将采纳纠正意见、检察建议的情况书面回复人民检察院。

访通,规范信访接收、受理、办理、答复工作,并按照"四项审查"要求甄别诉求性质,确定管辖范围,区分不同情形直接答复或导入审查受理程序,对案件进行及时分流处理,专人审查,并对作出不予受理的信访人做好释法说理工作,改变部分信访群众"信访不信法"的非理性认识,提高处置信访事项的规范化水平[①]。厦门市检察院开展了涉检信访风险评估工作,对可能产生信访风险的案件提前进行风险预判,实现关口前移,预防矛盾[②]。

2. 依法提供"诉讼支持"工作

多元化纠纷解决机制的建立,其目的在于为群众提供便捷适宜的纠纷解决方式。在机制运行的过程中,既要充分尊重当事人程序选择权,又要保证实体上公平正义的实现;既要最大限度地激发社会自治,鼓励多主体参与,又要保护集体、第三方以及弱势群体的合法利益,保证纠纷解决过程的合理、合法性。浙江全省检察机关在基层公安机关设立检察官办公室,推动刑事侦查活动监督工作重心下沉、重点前移,推动建立检警协同的"大控方"格局;在全省统一设立了"公益损害与诉讼违法中心",努力在深化法律监督上展现新作为、新担当[③];该机构设置目的更是要求检察机关在特定案件中提供"诉讼支持",保证法律正确实施。实务中,检察机关充分运用支持起诉、诉讼监督、督促履职等手段,积极开展协助解决农民工讨薪专项活动。农民工讨薪是社会较为关心的热点问题,也容易出现社会矛盾。检察机关的提前介入,有利于消解矛盾,保障农民工权益。2019年2月24日,最高人民检察院第六检察厅厅长元明提出:"针对农民工、残疾人等特殊群体请求给付劳动报酬、抚养费、抚育费、赡养费,因购买农业生产资料造成损害而请求赔偿等情形,加强支持起诉工作力度,维护人民群众合法权益。"[④] 检察机关的"支持诉讼"工作在节约诉讼成本、保障当事人合法权益和维护社会稳定和谐方面发挥了较大优势,在事前、事中化解了矛盾,避免社会冲突扩大。

---

① 多元化纠纷解决机制的检察实践.[2019-02-25]. http://wxlx.jsjc.gov.cn/yw/201712/t20171218_224041.shtml.

② 省了成本 少了诉累 暖了人心.[2019-02-25]. http://www.sohu.com/a/249000684_100218377.

③ 贾宇.在基层公安机关设立检察办公室工作部署推进会上的讲话//浙江省人民检察院.新时代"枫桥经验"检察实践资料选编.内部资料,2018-07-18:15-18.

④ 检察机关两个月支持5566名农民工起诉讨薪 追回4605万余元.[2019-02-25]. http://legal.people.com.cn/GB/n1/2019/0224/c42510-30899071.html.

(二) 诉讼结构中的职能

诉讼结构中的职能是指检察机关在多元化纠纷解决机制中的诉讼结构中发挥的专门性作用。检察机关的法定职能是由人大授权行使的，检察权的内容、行使程序和对象都有严格的法律规定。《人民检察院组织法》对检察权内涵进行一一列举，主要包括：部分刑事案件行使侦查权、审查批捕权、公诉权、法律监督；其中对法律监督的范围也严格限缩于"诉讼活动的监督"。因此，检察机关专门性职能的运用范围仅限于诉讼活动。为了方便论述，笔者将从刑事以及行政和民事两个部分分开进行论述。其中，检察权的行使贯穿于轻微刑事案件的始终，而在民事、行政诉讼活动中检察权主要权能体现为监督权。

1. 轻罪诉讼制度体系中检察机关职能

在 2018 年全面深化司法体制改革推进会上，中央政法委负责人指出："案多人少问题成为突出矛盾，要坚持以痛点为起点、化难点为亮点，把制度创新和科技创新整合起来，构建具有中国特色、符合法治规律、体现时代特征的纠纷解决体系。中央政法委要求，要以刑事诉讼法修改为契机，认真总结认罪认罚从宽制度试点经验，完善速裁程序、简易程序，推动轻重分离、快慢分道，构建起中国特色轻罪诉讼制度体系，让正义更快实现。"① 中国特色轻罪诉讼制度体系中的认罪认罚从宽制度、刑事和解制度、速裁制度都在不同程度上体现多元机制中"案结事了"的调解优势。

检察机关在及时、有效化解社会矛盾，维护社会和谐的理念指导下，在保证案件得到依法处理的同时，应该主动对轻刑案件双方当事人有和解意愿、并有达成和解可能的，积极引导和帮助当事人化解积怨，并向犯罪嫌疑人告知认罪认罚从宽的规定及其享有的诉讼权利。若被告人自愿认罪，真诚悔过，应当实现对犯罪嫌疑人、被告人的制度激励。浙江省武义县检察院探索构建"依法惩处＋修复补偿＋源头治理＋教育预防"一体化监督模式，制定了《关于适用修复性司法处理刑事案件的实施意见》，将修复性司法适用范围扩大到可能判处 3 年以下轻（缓）刑的案件，将结果运用由单一的相对不起诉扩展至量刑建议、提起刑事附带民事公益诉讼等②。2015—2018 年，江苏省连云港市赣榆区检察院依托"建国调解工作室"（负责人是一位从检

---

① 中政委：构建中国特色轻罪诉讼制度体系．[2019-03-19]．http://www.chinapeace.gov.cn/2018-07/25/content_11475254.htm.

② 浙江省人民检察院．新时代"枫桥经验"检察实践资料选编内部资料 2018：239.

近40年的老干警，2014年退休后，一直返聘在调解室工作），共受理各类轻微刑事案件105件328人，成功调解102件317人，成功率达97.14%，调解金额1 156万元，有效化解群体性上访23件①。在轻罪诉讼制度体现中，检察机关的职能具体表现如下：

审查协调职能，做好"繁简分流"第一步工作。一是把好案件审查关，即要对案件范围、当事人意愿等方面进行审查，以判断案件是否适用对接。二是做好案件衔接工作，根据案件的性质、复杂程度对案件进行分流，交由相应的调处中心进行调解，保证当事人及时、适度享受到制度优惠。

辅助调解职能。协助被害人或其亲属同犯罪嫌疑人就财产损失、人身伤害达成和解协议，取得被害人及其亲属的谅解，通过辅助调解化解矛盾。但是，从现状来看，调解员队伍的人员结构比较单一，不能满足调解案件类型多样的实际需求。兼职调解员居多，且身兼数职，时间、精力难以保障，兼而不调的现象突出。最令人担忧的是调解员能力参差不齐，政策水平和法律知识缺乏，责任心不强，积极性不高。

酌情行使公诉权。检察机关还需要根据当事人是否达成和解的情况，对案件进行不同的处理。对于符合不起诉条件的，可以作出不起诉决定；对于提起公诉的，也需要在量刑建议上体现认罪认罚从宽的精神。对适用修复性司法的案件，要求犯罪嫌疑人采取具结悔过、赔偿损失、赔礼道歉、法制宣传、社会志愿服务等措施进行修复。

诉讼监督职能。检察机关需要全程监督当事人调解的自愿性、合法性和公正性。保证调解效果，同时还要保证犯罪嫌疑人、被告人认罪认罚的自愿性，充分听取双方意见，防止无罪者受到错误追究。

2. 法律监督职能

《人民检察院组织法》对人民检察院行使监督权作了具体规定。对于在多元化纠纷解决机制中民事、刑事、行政诉讼活动中出现的违法犯罪行为，人民检察院有权依法进行"事中过程性监督"与"事后纠正性监督"。不同于权力机关的抽象监督和宏观监督，检察机关更具有针对性的个案监督和具体监督，更具有法律实效，有助于实现个案正义。《山东省多元化解纠纷促进条例》第9条、《福建省多元化解纠纷条例》第11条均明文规定了人民检

---

① 主动建议调解不当"甩手掌柜" 赣榆检察从"心"出发案结事了．[2019-02-25]. http://www.jsjc.gov.cn/yaowen/201811/t20181105_674242.shtml.

察院应当依法履行法律监督职责，建立完善参与纠纷化解工作机制①。人民检察院通过行使对诉讼活动以及生效法律文书执行工作的监督职能，具体监督各级人民政府和有关部门、人民法院、调解机构及其工作人员遵守和执行纠纷化解工作责任制度，从而保证多元化纠纷解决机制在制度规范与实践层面以公正与效率为价值追求、以高效便捷解纷为核心目标。

（三）人民检察机关遇到的问题和对策

1. 观念上存在偏差。由于受到传统诉讼观念的影响，部分检察人员仍存在"单纯办案"的思想，认为矛盾纠纷的解决重点在于传统的诉讼案件处理。对于新时期检察机关的角色转换思考得不够，甚至认为多元化纠纷解决机制是法院的工作，抱有"各人自扫门前雪"的工作态度。针对观念上存在的偏差，检察机关应该正确定位自身在多元化纠纷解决机制中的重要作用，转变"单纯办案"的思想，立足检察职能，全面融入多元化纠纷解决机制建设中去。

2. 对非诉纠纷的处理参与较被动。由于检察机关职能的被动性、中立性和程序性，同时其职权内涵、外延以及行使方式被《人民检察院组织法》第20条、第21条严格限制，因此，在非诉纠纷的处理上，检察机关参与较少。这就导致了检察机关与其他行政机关、职能部门、社会组织之间的交流不多，缺乏经常性的联系渠道，难以真正实现多元化纠纷解决机制要求的"联系紧密，程序衔接"。检察机关在实际工作中应该积极与其他部门联络，在延伸检察职能的同时，通过检务联络室、检务工作站的方式，进社区、进校区、进企业，深入群众，总结本地区纠纷的特征，引导群众科学理性地化解纠纷。

3. 检察人员在非诉纠纷中调解能力不强。部分检察人员将精力集中在传统案件的研究上，依然抱持"单纯办案"的想法，对于纠纷解决，习惯于列证据、摆事实、讲法律，以单方作战的方式直面矛盾；在具体纠纷的调解上，不会、不愿、不善于借助多元力量。检察机关应该加强对检察人员调解能力的培训，通过培训会议、专家讲座、案例分析等形式提高调解技能，加强与人民调解组织、人民法院之间的经验交流，提高矛盾纠纷解决水平，要

---

① 《山东省多元化解纠纷促进条例》第9条：人民检察院应当依法履行法律监督职责，健全检察建议、检察宣告等制度，建立完善参与纠纷化解工作机制，做好相关工作。《福建省多元化解纠纷条例》第11条：人民检察院依法履行法律监督职责，健全检调对接制度，完善参与化解纠纷工作机制，依法开展刑事和解工作，引导当事人选择适宜的途径解决纠纷。

敢于、善于发动各方力量参与到纠纷解决中去。

第四节 基层社会组织、人民团体的职能定位

"枫桥经验"诞生之初，其核心要义是"依靠和发动群众，坚持矛盾不上交，就地化解"，经历了从调和阶级矛盾、维护社会治安、加强社会管理到创新社会治理的变迁[①]，其内涵也在实践中不断得到丰富和发展。时任中共中央政治局委员、中央政法委书记郭声琨在2018年11月12日召开的"枫桥经验"纪念大会上提出："要健全基层社会治理体制，努力形成共建共治共享的现代社会治理新格局。坚持以人民为中心，创造性地贯彻落实好党的群众路线，更好地了解民情、集中民智、维护民利、凝聚民心。要以自治为基础、法治为保障、德治为先导，加强智能化建设，推动'枫桥经验'向城镇社区治理延伸，筑牢社会和谐稳定的根基。"[②] 在基层社会治理格局中，基层社会组织、人民团体在参与乡村治理、社区治理、预防矛盾、化解纠纷等方面担当着重要的角色。

一、基层自治组织的职能

村（居）民委员会是基层群众性自治组织。《国民经济和社会发展第十三个五年规划纲要》提出，要依法保障居民知情权、参与权、决策权和监督权，完善公众参与治理的制度化渠道。截至2016年年底，基层群众自治组织共计66.2万个；其中，村委会55.9万个，居委会10.3万个（见图5）[③]。党的十九大报告指出，"加强农村基层基础工作，健全自治、法治、德治相结合的乡村治理体系"[④]。2018年1月2日中共中央、国务院《关于实施乡村振兴战略的意见》提出，在乡村治理体系中，村委会的自治能力直接关系到其社会治理能力现代化的水平。随着农村城镇化、农业现代化的深入推

---

① 卢芳霞. 走向"社会治理"的枫桥经验. 学习时报，2018-01-22.
② 郭声琨在"枫桥经验"纪念大会上强调坚持发展新时代"枫桥经验". [2018-02-20]. https://zj.zjol.com.cn/news/1072728.html.
③ 2016年社会服务发展统计公报. [2018-02-21]. http://www.mca.gov.cn/article/sj/tjgb/201708/20170800005382.shtml.
④ 新华社全文播发习近平在中国共产党第十九次全国代表大会上的报告. [2019-03-01]. http://china.cnr.cn/news/20171028/t20171028_524003229.shtml.

进，农村、乡镇、社区在逐步融合，乡村治理和城乡社区治理逐渐成为基层社会治理的单元。2017年，中共中央、国务院《关于加强和完善城乡社会治理的意见》是首次以党中央、国务院名义出台的关于城乡社区治理的纲领性文件，系统地提出了"基层党组织领导、基层政府主导的多方参与、共同治理"的城乡社区治理体系，为深入推进城乡社会治理提供了根本遵循[①]。

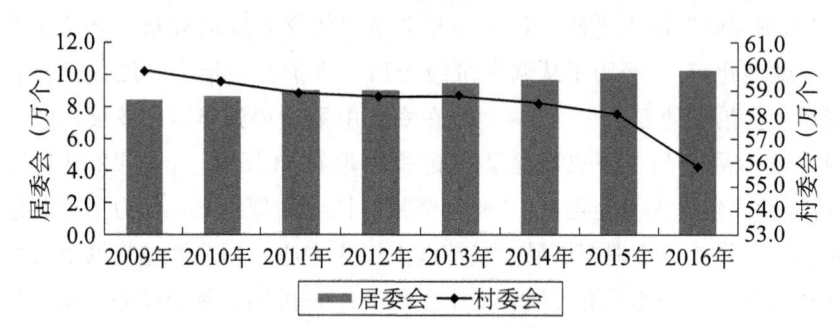

指标	2009年	2010年	2011年	2012年	2013年	2014年	2015年	2016年
居委会（万个）	8.5	8.7	8.9	9.1	9.5	9.7	10	10.3
村委会（万个）	59.9	59.5	59	58.8	58.9	58.5	58.1	55.9

图5　2009年至2016年村（居）委会的数量

（一）村（居）民委员会的主要职责

1. 构建村（居）民自治体系，完善村（居）民会议、村（居）民代表会议制度。农村是我国社会治理的重点和难点，也是法治建设的薄弱点，因此，构建村民自治体系的重要性最为显著。"村民自治制度作为国家的一项基本法律制度，是中国共产党领导广大农民群众实现当家作主的基本形式之一。"[②] 村委会主要的工作内容是管理、发展公共事务，调解群众纠纷，配合协助社会治安的维护，支持和保障村民开展自治活动、直接行使民主权利。对关系公众切身利益的重大决策，坚持村民会议、村民代表会议制度，积极探索多种协商形式，畅通渠道，构建人民群众均能参与的纠纷化解机制。

2. 健全人民调解组织，积极预防和化解纠纷。以村民委员会为例，我国宪法和《村民委员会组织法》规定，村民委员会设立人民调解、治安保卫、公共卫生等委员会，办理本居住地区的公共事务和公益事业，调解本村范围内发生的民间纠纷，协助维护社会治安，并且向人民政府反映群众的意见、

---

① 把社区建设成为人民群众的幸福家园——民政部相关负责人解读中共中央、国务院《关于加强和完善城乡社区治理的意见》. 中国社会工作，2017（7上）.
② 徐勇. 现代国家乡土社会与制度建构. 北京：中国物资出版社，2009：181.

要求和提出建议。村民委员会是群众性自治组织，扎根于群众生活的村落，离人民群众最近，能较早地发现纠纷隐患和苗头，能在第一时间将纠纷解决在萌芽状态，有效预防矛盾激化。所以，村（居）人民调解委员会是人民调解组织设立的基本形式，是人民调解的主要组织基础。

3. 建立社区网格化管理，构建新型社区治理模式。基层社区的网格化管理是"枫桥经验"在社区的延伸和发展。浙江省诸暨市江新社区是诸暨市较大的社区，建立了社区综治工作中心，统筹社区治安、志愿巡逻、社区矫正、法律服务、矛盾纠纷化解、特殊人群服务等功能，将社区划分为17个网格，社区书记担任网格长，9名社区干部和8名居民党员担任专职网格员，156名楼道长担任网格信息员，构建起一张横向到边、纵向到底、条线结合、及时处置的社区"全科网格"[①]。

（二）村（居）委会履行解纷职责的问题和对策

1. 部分地方基层组织薄弱，履行职责能力受限。据民政部统计，2016年年底全国有村委会55.9万个，居委会10.3万个。但是，并不是每个村委会、居委会都设有人民调解委员会。有的即使设置了人民调解委员会，也是村民调解委员会、人民调解委员会、综治办、司法所等几个牌子一套人马。基层自治组织的"类行政化"，导致基层自治组织的自治权和基层政府行政权之间的关系没有理顺，基层纠纷解决机构设置严重不足，无法应对日益增多的各类矛盾与纠纷。建议基层乡镇政府加强基层社会组织的机构建设，提高村（居）民参与乡村（社区）自治的积极性，在保障政府行政权合理实施的前提下，界定村（居）民自治权，并最终实现政府管理和村（居）民自治之间的良性互动。

2. 各个解纷机构的职责不清，缺乏有效衔接，导致解纷效率较低。当前农村纠纷主要集中在婚姻家庭纠纷、相邻关系纠纷、土地承包纠纷、宅基地纠纷、土地权属争议、民间借贷纠纷等，社区纠纷集中在相邻关系纠纷、物业纠纷、婚姻家庭纠纷等。随着农村城镇化建设的发展，许多新型纠纷不断涌现，但是纠纷解决渠道还比较单一。原有的一元主导治理方式选择以单方压制和利益诱导来实现基层社会的刚性稳定，难以根治国家与社会关系错位、治理结构混乱、基层民主不足等结构痼疾[②]。由于解纷机构不健全，职

---

① 汪世荣，褚宸舸. "枫桥经验"基层社会治理体系和能力现代化实证研究. 北京：法律出版社，2018：162-163.

② 李辉，蔡林慧. 论基层治理的制度变迁与基层协商治理. 社会主义研究，2015（4）.

责不明确，纠纷发生后互相推诿，纠纷得不到及时处理，从而引发群体上访事件。有的小矛盾没有及时处理，最后演变成影响治安的群体性事件。所以，建立一套科学、系统、完善的基层纠纷解决机制极其重要，要通过多元协商治理的机制辨识各方不同的诉求，寻求各方都能接受的最大公约数。

3. 大多数基层机构的调解人员不稳定，整体素质不高，法律知识缺乏，导致调解能力不强，严重影响了调解工作的开展和调解效率的提高。加上基层调解经费不足，也直接影响调解员的积极性。当务之急是提高村（社区）人民调解委员会的人员配备，增加调解人员，提高调解员的专业素质和文化修养，完善调解员的经费保障，改变基层调解工作的被动局面。还有一个很重要的经验可以吸收到基层调解人员培养的机制中，那就是积极发挥"新乡贤"作用。浙江省诸暨市将"本村本土的老党员、老干部、道德模范、企业法人、返乡机关干部、社会工作者、经济文化能人、教育科研人员以及在农村创业建设的外来生产经营管理人才"等乡村精英纳入新乡贤队伍[①]，激发群众智慧，让新乡贤参与社会治理，成为"枫桥经验"一大特色。通过以乡贤参事会、乡贤帮忙团、乡贤调解团等新乡贤组织为平台，以自治、法治、德治"三治合一"为途径，积极参与人民调解，促使矛盾纠纷得到及时有效的化解，推动了基层治理法治化的进程。

二、人民团体的职能

中央综治委等16个部门《大调解意见》中要求："工会、妇联和共青团组织发挥自身优势，积极参与大调解工作。"2015年两办《意见》，也对工青妇等人民团体和社会团体在纠纷多元化解工作中的职责作了规定。

1. 发挥工会在处理劳动争议中的作用。《中国工会章程》规定，中华全国总工会是中国共产党领导的职工自愿结合的工人阶级群众组织，是党联系职工群众的桥梁和纽带。我国《工会法》规定工会的职责在于维护职工合法权益。《人民调解法》也规定了"企业事业单位根据需要设立人民调解组织"。为此，工会在纠纷多元化解中的主要职责是，督促、帮助企业依法建立劳动争议调解委员会，推动乡镇（街道）、行业性劳动争议调解组织建设，依托工会职工服务平台建立健全劳动争议调解中心或者调解工作室，积极接

---

① 诸暨积极探索"乡贤参事会"乡村建设治理模式．［2019 - 02 - 21］．http：//www. wen-ming. cn/syjj/dfcz/zj/201701/t20170112_4003633. shtml.

受劳动人事争议仲裁委员会或者法院委托，调解劳动争议或者参与仲裁调解、诉讼调解工作。

2. 发挥共青团参与处理未成年人纠纷的职能。《中国共产主义青年团章程》规定，中国共产主义青年团是中国共产党领导的先进青年的群众组织，其主要职责是为党和国家培养青年建设人才。在纠纷多元化解工作中，共青团的主要任务是与其他部门密切配合，参与调解处理涉及未成年人合法权益的纠纷。

3. 发挥妇联参与调解婚姻家庭纠纷的作用。《中华全国妇女联合会章程》规定，中华全国妇女联合会是全国各族各界妇女在中国共产党领导下为争取进一步解放而联合起来的社会群众团体，是党和政府联系妇女群众的桥梁和纽带。《妇女权益保障法》规定，妇联的职责是维护妇女权益。2017年，全国妇联、最高人民法院等部门共同出台《关于做好婚姻家庭纠纷预防化解工作的意见》。为此，在纠纷多元化解工作中，妇联充分发挥在家庭和社区的工作优势，会同司法行政部门推动建立婚姻家庭纠纷人民调解委员会，在乡镇（街道）综治中心建立妇女儿童维权站，协助调处婚姻家庭纠纷及涉及侵害妇女儿童合法权益的案件。

4. 发挥工商联及其所属商会参与民营经济领域纠纷化解的功能。《中国工商业联合会章程》规定，中国工商业联合会是中国共产党领导的面向工商界、以非公有制企业和非公有制经济人士为主体的人民团体和商会组织，是党和政府联系非公有制经济的桥梁和纽带。"目前，各级工商联组织3 400多家，所属商会组织4.7万个，工商联系统各类商会调解组织约1 520家。"[①] 为了充分发挥商会调解化解民营经济领域纠纷的制度优势，最高人民法院、全国工商联于2019年1月14日联合发布了《关于发挥商事调解优势 推进民营经济领域纠纷多元化解机制建设的意见》，提出要完善商会职能，培育和发展中国特色商会调解组织，规范调解组织运行方式，使调解成为化解民营经济领域矛盾纠纷的重要渠道，推动商人纠纷商会解，营造法治化营商环境，为民营经济健康发展提供司法保障[②]。

5. 发挥侨联组织化解涉侨纠纷的作用。中华全国归国华侨联合会是由全

[①] 规范商会调解组织助力民营经济发展——最高人民法院、全国工商联相关负责同志就《关于发挥商事调解优势 推进民营经济领域纠纷多元化解机制建设的意见》答记者问. 人民法院报，2019-01-28 (4).

[②] 同①.

国归侨、侨眷组成的全国性人民团体，是中国人民政治协商会议的组成单位，是党和政府联系广大归侨、侨眷和海外侨胞的桥梁和纽带。各级侨联与同级工会、青年团、妇联等人民团体享有同等待遇。《归侨侨眷权益保护法》规定：中国侨联和地方侨联代表归侨、侨眷的利益，依法维护归侨、侨眷的合法权益。归侨、侨眷合法权益受到侵害时，被侵害人有权要求主管部门依法处理，或者向人民法院提起诉讼。归国华侨联合会应给予支持和帮助。近年来，随着改革开放的不断深入和经济社会的高速发展，涉侨纠纷逐步从以落实侨务政策、解决历史遗留问题为主，向以维护财产权益、人身权益、社会保障权益等公民基本权益为主转变，纠纷类型也日益丰富，出现了许多新情况、新问题，并且主要集中在民商事领域，诉讼已不能满足侨界群众对于纠纷解决的期待。侨联组织作为广大归侨侨眷的群众团体，热心参与公益事业，积极参与涉侨纠纷的化解，及时保障涉侨维权工作。福建省福州地区法院均建立涉侨诉讼服务中心、涉侨诉调对接工作室，定期为归侨侨眷提供法律咨询服务，聘请华侨作为海外联络员。2018年，最高人民法院和中华全国归国华侨联合会联合下发《关于在部分地区开展涉侨纠纷多元化解机制试点工作的意见》，要求试点地区的法院和侨联组织要加强工作联系，及时协商改革步骤，研究解决改革问题。各级侨联组织主动作为，加强自身能力建设，积极参与纠纷化解工作，依法保障广大归侨、侨眷和海外侨胞的正当权利和利益。各级侨联及其调解组织要与人民法院、仲裁机构、公证机构、商事或行业调解组织以及其他调解组织加强合作，建立完善工作对接机制。各级侨联组织健全调解组织，培养调解人才。各级侨联组织鼓励归侨、侨眷、海外侨胞和相关单位提供专项捐赠、资助，探索建立涉侨矛盾纠纷化解专项基金。加强宣传，引导广大归侨、侨眷、海外侨胞自我管理、自主解决纠纷，以理性、合法方式表达利益诉求、解决利益纠纷、维护合法权益①。

6. 发挥法学会的专业性、权威性优势。《中国法学会章程》规定，中国法学会是中国共产党领导的人民团体，是法学界、法律界的群众团体、学术团体和政法战线的重要组成部分，是党和政府联系和团结广大法学工作者、法律工作者的桥梁和纽带，是推进依法治国、建设社会主义法治国家的重要力量。据中国法学会网的资料，全国共有各级地方法学会 2 000 多个，中国

---

① 最高法院中国侨联发文试点多元化解涉侨纠纷．[2019 - 02 - 20]．https：//www．chinacourt．org/article/detail/2018/04/id/3256775．shtml．

法学会所属的学科、专业、专门研究会57个，个人会员达到30万人①。法学会在积极引领、繁荣法学研究，推进法学理论创新、法律制度创新和法治文化创新，参加国家政治协商、科学决策和民主监督，参与法学教育，培育法学、法律专业人才，以及组织法学工作者、法律工作者开展多种形式的咨询、培训和法律服务方面发挥了重要作用，逐渐成为法学人才智库和思想智库。法学会的成员大多从事法制工作，在化解纠纷工作中具有专业性、权威性等特点。为此，法学会要发挥桥梁纽带作用，动员组织法学工作者、法律工作者开展法律咨询服务、法治宣传和法律普及工作，参与矛盾纠纷化解。

7. 发挥其他社会团体职能优势参与纠纷解决。改革开放以来，我国社会组织大量涌现，蓬勃发展。根据民政部门统计，截至2016年年底，全国共有社会组织70.2万个，其中社会团体33.6万个，民办非企业单位36.1万个，各类基金会5 559个（见图6）②。社会组织呈现出发展快、种类多、领

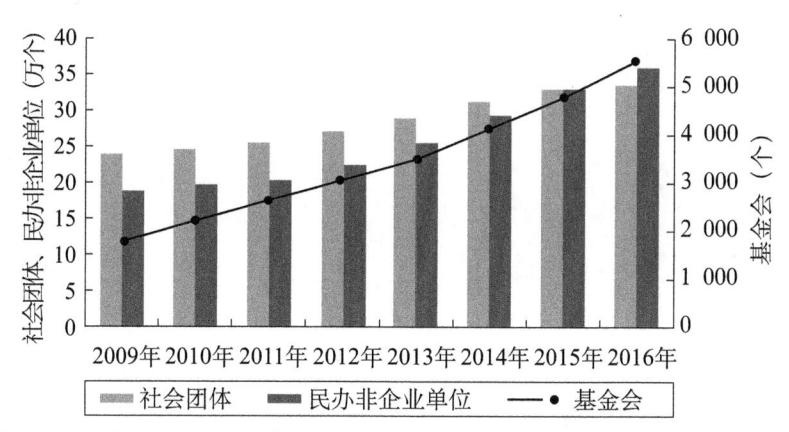

指标	2009年	2010年	2011年	2012年	2013年	2014年	2015年	2016年
社会团体（万个）	23.9	24.5	25.5	27.1	28.9	31	32.9	33.6
基金会（个）	1 843	2 200	2 614	3 029	3 549	4 117	4 784	5 559
民办非企业单位（万个）	19	19.8	20.4	22.5	25.5	29.2	32.9	36.1

图6　2009年至2016年社会团体、民办非企业单位、基金会的数量

---

① 准确定位发挥优势 扎实推动法学会工作新发展．[2018-02-21]．https://www.chinalaw.org.cn/Colimn-View.aspx?ColumnID=1045&InfoID=19800.

② 2016年社会服务发展统计公报．[2018-02-21]．http://www.mca.gov.cn/article/sj/tjgb/201708/20170800005382.shtml.

域广等特征。各类社会组织广泛联系各个社会阶层，代表不同的利益群体，不仅畅通了反映群众诉求的渠道，而且能够配合政府部门处理各类纠纷，极大地弥补了政府公共服务的不足，发挥了社会矛盾"缓冲器"和"润滑器"的作用，成为维护社会和谐稳定的重要力量。各类社会组织不仅汇聚了大量技术人才、专家学者，而且对其成员具有强大的动员能力。在纠纷多元化解工作中，鼓励各类行业协会成立调解机构，化解本领域的矛盾纠纷。例如，消费者协会、建筑业协会、工程造价协会、知识产权协会、电子商务协会、律师协会等，都可以建立各自领域的调解组织，调解协会成员之间以及协会成员与消费者之间的纠纷。鼓励公益慈善类、城乡社区服务类社会组织参与纠纷化解，发挥社会公益性组织在社会管理、服务中的功能，将社会能自己解决的，交还给社会去解决，这既符合"小政府、大社会"的社会协同发展的理念，也是公民参与社会治理、自我管理、自我服务的实现路径。

第四章　多元化纠纷解决机制促进法中的解纷组织建设

建立和完善诉讼与非诉讼相互衔接的多元化纠纷解决体系，尤为重要的是关注非诉讼领域中多元化社会组织的重构。统一的国家权力和国家法治的建立，并不意味着要把每一个社会主体的行为、生活方式、价值观和纠纷解决方式都固定在一个统一的模式下。社会纠纷纷繁复杂，理应有多种多样的化解渠道。现代化纠纷解决体系的建立需要非诉讼纠纷解决机制的多元化发展，以及各类纠纷解决组织充分发挥其自治、自律的积极作用。

纠纷解决组织体系包括调解组织、仲裁机构、公证机构三大类别。根据组织性质的不同，可分为民间性社会调解组织、行政性纠纷化解组织、司法关联型纠纷化解组织等。民间性社会调解组织包括人民调解组织、行业调解组织、商事调解组织，以及近年来新发展起来的律师调解组织。行政性纠纷化解组织在中国处于发展比较缓慢的状态，包括行政调解、行政裁决、行政复议等机构，其未来完善的空间很大。司法关联型纠纷化解组织包括近年来最高人民法院推进的法院附设调解组织、仲裁机构和公证机构。仲裁和公证作为过去常见的纠纷解决方式，在新时代有了新的改革内涵。目前，不同渠道的纠纷化解资源未能实现有效整合和优化配置。不同纠纷化解组织在自身的建设、管理、保障以及工作方式等方面，随意性较大。纠纷化解组织之间职能不清、权限交叉，容易产生多头处理、拖延推诿等问题。加快构建多元化纠纷解决体系，迫切需要整合资源、统一规划，推进信息互通、优势互补、协作配合的多元化纠纷解决机制的组织建设。

第一节　民间性社会调解组织建设

"民间性社会调解组织，除了人民调解组织这个基层群众性组织之外，还存在大量民间调解、中介性机构及其他具有纠纷解决功能的民间社会组织（包括社团法人）。例如，行业性调解组织、民间商会调解组织、商事调解组织、个人调解室、调解公司，以及工会妇联等社会团体调解、民间社团（NGO）调解组织、公益调解组织等。"[①] 民间性社会调解组织的不断壮大和多元化，已成为当代社会治理的特色和必需，其组织数量、形式、作用范围、方式和效力都在不断扩大，成为多元化纠纷解决组织体系中的重要主体[②]。

一、人民调解组织的发展现状及问题

（一）人民调解组织的基本类型

人民调解组织是整个社会调解组织体系中占比最大的基层调解组织。根据《宪法》第111条和《人民调解法》第8条第1款的规定，"村民委员会、居民委员会设立人民调解委员会。企事业单位根据需要设立人民调解委员会"[③]。据司法部官方发布会消息，"截至2018年4月，全国共有人民调解委员会76.6万个，村（社区）人民调解委员会65.7万个，行业性、专业性人民调解组织4.3万个，派驻有关部门调解室1.6万个。共有人民调解员367万人，其中专职调解员49.7万人。全国人民调解组织每年调解各类矛盾纠纷达900万件左右，调解成功率在96%以上"[④]。由此可见，人民调解组织为化解社会纠纷，营造和谐稳定的社会环境作出了积极贡献。

随着经济社会的发展，矛盾纠纷呈现出新特点。纠纷主体呈现出多元化、立体化特点，纠纷类型涉及领域更广泛、更多样。人民调解的覆盖面不断拓展，调解纠纷的范围从以往的婚姻家事、邻里纠纷等常见性的民间纠

[①] 范愉，李浩. 纠纷解决——理论、制度与技能. 北京：清华大学出版社，2010：184.
[②] 傅贤国. 民间调解的重新定位. 民间法，2012-11-30.
[③] 扈纪华，陈俊生. 中华人民共和国人民调解法解读. 北京：中国法制出版社，2010：37.
[④] 司法部就人民调解员队伍建设举行新闻发布会．[2019-10-15]. www.scio.gov.cn/xwfbh/gbwxwfbh/xwfbh/sfb/Document/1628632/1628632.htm.

纷，逐步扩展到公民与法人及社会组织之间的矛盾纠纷以及村务管理、农民负担、土地承包及流转、征地拆迁和补偿等各个方面的纠纷。这也要求人民调解组织与时俱进，通过自身建设的完善和解决纠纷能力的提高，回应人民群众对纠纷解决的需求。

2012年《人民调解工作若干规定》规定人民调解组织包括："一是农村村民委员会、城市（社区）居民委员会设立的人民调解委员会；二是乡镇、街道设立的人民调解委员会；三是企事业单位根据需要设立的人民调解委员会；四是根据需要设立的区域性、行业性的人民调解委员会"[1]。区域性人民调解委员会包括流动人口聚居区、行政接边地区、集贸市场、物业管理小区、旅游区等的人民调解委员会；行业性人民调解委员会包括专门调解交通事故纠纷、医患纠纷、消费者权益保护纠纷、物业纠纷等行业性的人民调解委员会。

（二）行业性专业性人民调解组织的发展趋势

"当前，我国经济发展进入新常态，改革进入攻坚期和深水区，社会结构深刻变动，利益关系深刻调整，各种矛盾凸显叠加，特别是一些行业、专业领域矛盾纠纷易发多发，这类矛盾纠纷行业特征明显，专业性强，涉及主体多，影响面大，必须及时有效化解。"[2] 司法部为了积极推进行业性、专业性人民调解委员会建设，于2011年和2014年先后出台加强行业性、专业性人民调解工作的意见[3]，通过自上而下的行政命令，进一步推动人民调解向行业性、专业性领域扩展。

党的十八届四中全会从全面推进依法治国的高度，对完善矛盾纠纷多元化解机制，加强行业性、专业性人民调解工作作出部署，对新时期人民调解工作提出了新的更高要求。2016年，司法部联合四部委又下发了《关于推进行业性专业性人民调解工作的指导意见》，明确规定："大力加强行业性、专业性人民调解工作，依法及时化解行业、专业领域矛盾纠纷，对于维护相关行业、专业领域正常工作秩序，维护社会和谐稳定，保障公平正义，促进经

---

[1] 中华人民共和国司法部令（第75号）人民调解工作若干规定（2003年第19号国务院公报）．[2019-02-20]．http://www.gov.cn/gongbao/content/2003/content_62174.htm．
[2] 司法部、中央综治办、最高人民法院、民政部关于推进行业性、专业性人民调解工作的指导意见．人民调解，2016-02-01．
[3] 2011年5月12日，司法部出台《关于加强行业性专业性人民调解委员会建设的意见》（司发通[2011]93号）。2014年，司法部再度出台《关于进一步加强行业性专业性人民调解工作的意见》。

济社会发展具有重要意义。""推进行业性、专业性人民调解工作,是适应经济社会发展、化解新型矛盾纠纷的迫切需要,是维护群众合法权益、促进社会公平正义的必然要求,是创新社会治理、完善矛盾纠纷多元化解机制的重要内容。"①

"行业性、专业性人民调解组织是在司法行政机关指导下,依法设立的调解特定行业、专业领域矛盾纠纷的群众性组织。"② 加强人民调解组织建设,必须遵守人民调解法的各项规定,坚持人民调解的基本属性。司法行政机关积极指导人民调解协会、相关行业协会等社会团体和其他组织,围绕热点、难点问题,在医疗卫生、道路交通等领域设立行业性、专业性人民调解委员会。"截至2017年底,在70多万个人民调解组织中,行业性、专业性人民调解组织4.3万个,其中道路交通事故人民调解组织5 323个,医疗纠纷人民调解组织6 454个,劳动争议人民调解组织6 989个,物业纠纷人民调解组织4 626个,共调处矛盾纠纷142万件,医疗、道路交通、劳动争议纠纷的数量分别达6万件、70万件和30万件。"③ "截至2018年9月,全国已建立医调委3 565个,人民调解工作室2 885个,覆盖全国80%以上的县级行政区域,其中调解员2万余人,专职调解员5 137人。2010年以来,全国共调解医患纠纷54.8万件,每年超过60%的医疗纠纷采用人民调解方式,调解成功率在85%以上,有效化解了医患矛盾。"④ 这些行业性调解组织利用自身的专业知识化解了大量行业纠纷,充分发挥了"行业纠纷行业解"的优势。

人民调解组织为适应社会经济形势的发展和社会结构的变化,在发展过程中随着社会分工的专业化而变得专业化。近年来,司法部会同全国妇联、人力资源和社会保障部、最高人民法院等部门联合印发了《关于做好婚姻家庭纠纷预防化解工作的意见》(妇字[2017]13号)、《关于进一步加强劳动人事争议调解仲裁完善多元处理机制的意见》(人社部发[2017]26号)、

---

① 葛晓阳. 司法部等四部委出台指导意见推进行业性专业性人民调解工作. [2019-02-19]. http://www.legaldaily.com.cn/index/content/2016-01/18/content_6448923.htm?node=20908.

② 司法部负责人就《关于推进行业性 专业性人民调解工作的指导意见》答记者问. [2019-02-19]. http://www.chinapeace.gov.cn/2016-01/19/content_11315548.htm.

③ 4.3万个行业性专业性人民调解组织去年调处矛盾纠纷142万件专业纠纷专业调效果更好. 法制日报,2018-05-10.

④ 全国超六成医疗纠纷采用人民调解调解成功率达85%. [2019-02-20]. http://www.chinanews.com/gn/2019/02-15/8754707.shtml.

《关于在全国部分地区开展道路交通事故损害赔偿纠纷"网上数据一体化处理"改革试点工作的通知》（法〔2017〕316号）、《道路交通事故损害赔偿纠纷"网上数据一体化处理"工作规范（试行）》（法办〔2018〕163号）等文件，推进婚姻家庭纠纷、劳动争议、道路交通等领域人民调解工作的深入开展。通过较强的专业性调解以及与诉讼之间的有效畅通对接，有力提升了行业性调解的公信力，让当事人产生更高的信任度，同时也促进了调解后的自动即时履行。

（三）人民调解组织的规范化、制度化和网格化管理

人民调解委员会作为基层调解组织，更侧重于纠纷实质解决和矛盾源头化解。在调解过程中，当事人可以自主处分其民事权利，灵活性较大，对调解程序规范性的要求不高。人民调解的过程不一定要求遵守严格的程序，而以矛盾化解、纠纷实质解决为主要目标。虽然人民调解的程序正当性要求相对于诉讼制度的严格程序来说比较宽松，但并不意味着人民调解就没有规范化和制度化的要求。

实践中，主管人民调解工作的部门是各级司法行政部门。在许多地区，司法行政部门与人民法院建立相对紧密的工作衔接机制，建立对接窗口、联席会议、会商机制、联络员机制等，进行定期走访、定期座谈、研究工作衔接中的重大问题。有的地区则建立战略合作框架，在律师服务、法律援助、人民调解、诉调对接、普法宣传等领域，建立全方位的协作、合作共建机制。人民调解组织进驻人民法院诉讼服务中心、诉调对接中心、人民法庭等，设立人民调解工作室，接受人民法院委派或委托调解的案件。人民法院通过对委派或委托调解程序、案件卷宗交接管理、司法确认程序衔接、相关文书格式的规范、调解时间和流程的管理等方面进行制度规范，提高人民调解组织的规范化和制度化。人民法院也通过对进入特邀调解组织名册的人民调解组织进行资质审查、管理，将调解组织的特点、规章制度和调解员的基本情况、优势领域、调解业绩等相关信息在法院公示栏、官方网站等平台公开，方便当事人查询、评估、选择。这些做法其实也是对人民调解组织和人民调解员进行制度化管理的体现。2017年，司法部发布了《全国人民调解管理信息系统技术规范》，根据该技术规范，各地人民调解信息平台研发工作得以完成。

目前，随着社区网格化建设，覆盖城乡的人民调解组织网络逐渐建立。在农村、乡镇、城市社区、流动人口聚居区、行业协会、大型集贸市场、物

业管理小区等建立人民调解组织，实现人民调解在基层网络全覆盖、无盲点，有纠纷发生的地方就有人民调解组织，纠纷高发的地方配置相对应的人民调解资源。例如，浙江诸暨市建设了统合"综治工作、市场监管、综合执法、便民服务"等四个平台，利用网格化组织系统进行网络信息的收集和处置，实现多元合一、一员多用的"一张网"，使网格成为党委、政府由村民（民）委员会向下延伸一级的基层社会治理工作的单元，把原先割裂的事务、组织和网络统一起来，形成了市、县、乡、村四级"横向集成＋纵向到底"的网络平台和管理系统，提升基层社会治理水平，推进基层治理现代化[①]。

（四）当前人民调解组织建设存在的问题和完善建议

近年来，人民调解组织在化解基层社会纠纷、维护社会稳定、创新社会治理等方面发挥了巨大作用。但是，人民调解组织建设也存在一些问题，主要表现在以下几个方面：

1. 人民调解自身发展遇到瓶颈。一是传统基层调解范围不断缩小。城市化进程的加速导致了以宗族、村落等为主体的传统社区的瓦解，加上外来人口的冲击以及人口流动性的加大，基层社会的各种利益关系交错呈现，各种矛盾纠纷不断升级，加大了基层人民调解的难度。虽然中国老百姓有无讼理念，但人们对诉讼的接受程度逐渐提高。针对陌生人社会的纠纷，公权力的介入是平息矛盾的最有力手段，因此诉讼成为人们解决纠纷的最直接选择。二是人民调解效力相对疲软。人民调解的最基本原则是当事人的自愿性，表现在参与调解的自愿性、调解过程中协议达成的自愿性，以及履行的自愿性。在效力层级上，人民调解协议的效力要远远低于判决书或仲裁协议的效力，必须经过司法确认赋予其强制执行力，不仅拉大了调解自愿性与其效果实现上的距离，也加大了当事人预期与实现结果之间的时间成本，无疑导致人民调解协议的执行力在无形中被弱化。基层人民调解虽然遍布各基层社区，但终究因其与规则之治的差距而使其调解效力显得相对疲软。

2. 法院引领和推动调解的作用尚未完全发挥。"诉讼在多元化纠纷解决机制中占据最重要的核心地位，是非诉机制存在、运行和发展的基础和前

---

① 汪世荣，褚宸舸．"枫桥经验"基层社会治理体系和能力现代化实证研究．北京：法律出版社，2018：249．

提。当代 ADR 的发展很大程度是由司法政策的转变和司法改革而推动的。而许多国家和地区 ADR 管理与协调工作也是由法院承担的。"① 然而，目前我国法院在基层人民调解中的推动作用尚难以发挥。主要表现为：一是无发挥作用的着力点，二是无发挥作用的积极性。常驻法院的人民调解组织得到法院更多业务指导，人民法庭与当地的基层人民调解组织联系相对密切，而对大部分的基层人民调解组织，法院无发挥作用的固定着力点，降低了其发挥作用的积极性，同时也降低了基层人民调解组织寻求法院业务指导的积极性。

3. 人民调解泛化问题，削弱了其化解基层纠纷的优势。《人民调解法》将人民调解组织定位为基层化解民间纠纷的群众性组织。实践中，人民调解存在着不断扩张范围的趋势。与人民调解庞大的调解组织和调解人员形成鲜明对比的是，行政调解整体萎缩，原先针对道路交通损害赔偿可以运用行政调解方式解决，但是由于《道路交通安全法实施条例》修改，交通事故损害赔偿时，不再将交警主持下的调解作为诉讼的前置条件，从而大大弱化了交警部门的行政调解职责。司法部"大力推动建立行业性、专业性人民调解组织，达到 3 万多个，行业性、专业性人民调解员近 13 万人，行业调解、商事调解的自主发展空间日益变窄"②。许多行业性、专业性调解组织为了满足司法确认条件而挂上"人民调解"的牌子，如第三方独立平台设立专业调解人民调解委员会，实际整合了人民调解、行政调解、行业调解等多方面的调解资源，但对外统一以"人民调解委员会"的名义开展工作③。还有在人民调解协会中设立知识产权专业调解委员会，将人民调解与行业协会结合起来开展复杂、疑难纠纷的专业化人民调解④，以人民调解的专业化替代专业性

---

① 陈勇，高陈. 当前社会解纷资源整合与利用的若干思考——以美国纽约州和我国部分地区社区纠纷调处中心为分析样本. 法律适用，2013（6）.

② 司法部出台意见加强行业性专业性人民调解工作. [2019-02-20]. http：//www.chinapeace.gov.cn/2014-10/14/content_11143684.htm.

③ 如 2015 年 7 月，浙江义乌市挂牌成立了义乌市知识产权诉调对接中心暨知识产权纠纷人民调解委员会，从行政主管部门、行业专家、资深律师等具有丰富知识产权从业经验的人员中公开遴选人民调解员，独立调解知识产权纠纷。奚金燕，王亚萍，王献华. 浙江首家知识产权纠纷专业调解第三方平台落户义乌. [2019-02-20]. http：//www.chinanews.com/df/2015/07-14/7404607.shtml.

④ 如 2016 年 1 月，北京人民调解协会成立了首个专业委员会——知识产权专业委员会。中国电子工业标准化技术协会等 6 家行业组织建立了首批知识产权纠纷人民调解委员会。北京人民调解协会召开知识产权专业委员会成立会议. [2019-02-20]. http：//www.chinapeace.gov.cn/2016-01/21/content_11318896.htm.

的行业调解和商事调解，实质上削弱了人民调解的民间性，同时也挤压了行业调解、商事调解的发展空间。

4. 人民调解的各种保障机制不到位。一是组织保障不到位。由于人民调解是群众性组织，按照社会组织登记的有关规定，人民调解组织不能注册登记为社会组织，没有社会组织的代码，导致调解组织无法在民政部门登记，没有组织机构的公章，也导致人民调解委员会无法接受综治部门或者法院拨付的调解经费，无法接受社会捐赠款或者基金资助，只能接受财政补贴。二是人员保障不到位。目前，人民调解员的素质参差不齐，缺乏统一调解员资质标准。调解培训还处于粗放模式，没有规范化的培训大纲，没有系统的培训教材，大多数培训内容仅是优秀调解员的经验分享。三是经费保障不到位。人民调解法规定，人民调解的经费由国家财政保障，但是各地财政状况不同，很多基层尤其是贫困地区，整体财政状况不理想，调解经费保障不足问题就更为突出。

（五）人民调解的未来发展趋势

1. 加强顶层设计。要充分认识多元化纠纷解决机制的整体体系以及人民调解的定位和职能设计。目前，我国各纠纷解决方式基本在各自的领域内松散存在，人民调解内部也存在碎片化的状态，要实现由点及线、由线到面的转化，必须通过加强顶层设计来完成。完善系统立法，国家必须发挥主导作用，设计制度框架，充分把握好多元化纠纷解决整体制度走向以及对人民调解的制度要求。虽然人民调解在多元化纠纷解决机制中可谓是"老大哥"，但其相关的法律制度并不全面，过于笼统，因此应完善相应的程序立法和实体立法，包括人民调解制度本身、人民调解与其他纠纷化解机制的对接等内容是当务之急。

2. 制定完善的配套制度。多元化纠纷解决机制要想运行顺畅，必须要有相应的、具体的配套措施。首先，完善人民调解制度本身的架构，如人民调解程序的启动、人民调解员的选任和培养制度、物质保障等相关制度；其次，完善人民调解监督制度，可以加大地方人大监督、基层人民检察院监督或是行业性监督的力度，以规范人民调解基础性工作以及与诉讼对接工作等；再次，加大对人民调解队伍的培训工作。

3. 搭建诉调对接平台，落实长效机制。诉调对接平台可以为诉讼外调解机制与法院对接联动提供渠道和载体，是有效激活人民调解的重要抓手和着力点。目前，全国各级人民法院均建立诉讼服务中心，集诉调对接、繁简分流、管理协调、促进推广等功能于一身。行业性人民调解组织发挥先天优势,加强与基层人民调解的对接,将相对成熟的对接模式复制到基层人民调解组织。

4. 建立乡镇级别的诉调对接平台。囿于司法资源的有限性,诉调对接平台不可能遍布各个人民调解组织。同时,基层人民调解所希望得到人民法院或人民法庭的具体指导。司法资源有限性与基层解纷需求的广泛性之间的矛盾可以通过建设乡镇级别的诉调对接平台来完成。在有人民法庭的乡镇,设立诉调对接分中心,依托人民法庭完成诉调对接任务。在无人民法庭的乡镇,设立诉调对接流动中心,通过基层人民法院诉调对接中心分配相关工作人员流动办公来完成,如建立"法官工作室",同时需要当地司法所、综治部门的配合。条件成熟的,也可引入特邀调解组织,设立乡镇特邀调解工作站等。

二、行业调解组织的身份问题及发展方向

行业调解是由行业协会主导的,对发生在行业会员与会员之间、会员与非会员之间的涉该行业领域的纠纷进行调解的行为和过程。行业调解是行业协会的一项自治职能,本质上属于市场系统内部的自我修复和矫正机制,具有与人民调解迥异的功能优势。2008 年,中国互联网协会调解中心正式成立,可以算是我国较早建立行业调解的组织[1]。行业性的调解组织因没有统一的主管部门,无法统计出具体数据。我们前面所了解的道路交通事故纠纷、医疗纠纷、物业纠纷等调解组织均被纳入了人民调解组织的范畴,不属于此章节研究的独立行业调解组织。

(一) 行业性调解组织发展的政策依据

在支持行业性、专业性调解发展的过程中,最高人民法院一直扮演着重要角色。2009 年最高人民法院《诉非衔接意见》就提出,人民法院鼓励和支持行业协会、社会组织、企事业单位等建立健全调解相关的职能和机制[2]。2015 年两办《意见》,第一次在中央文件层面规定,中央有关部门指导和支

---

[1] 中国互联网协会调解中心正式成立. [2018-12-04]. http://www.isc.org.cn/zxzx/xhdt/listinfo-1576.html.

[2] 2009 年最高人民法院发布《关于建立健全诉讼与非诉讼相衔接的矛盾纠纷解决机制的若干意见》指出:"人民法院鼓励和支持行业协会、社会组织、企事业单位等建立健全调解相关纠纷的职能和机制。经商事调解组织、行业调解组织或者其他具有调解智能的组织调解后达成的具有民事权利义务内容的调解协议,经双方当事人签字或盖章后,具有民事合同性质。"

持成立行业调解组织。2016年，最高人民法院《深化多元化纠纷解决机制改革的意见》再次强调，积极推动具备条件的商会、行业协会、调解协会、民办非企业单位、商事仲裁机构等设立商事调解组织、行业调解组织，提供商事调解服务或者行业调解服务[①]。至此，中国行业调解组织的发展有了坚实的政策基础。

（二）行业调解组织的类型化理论基础

"类型化方法是德国人文社会科学方法论之父韦伯提出的现代人文与社会科学研究的基本方法论范式。它通过建立'理想类型'这种基本概念进行社会研究，构建社会理论。类型化的作用在于通过大胆而合乎逻辑的模式构建同实践中的研究对象比较，以便确定它的差异性和同一性，并且合乎逻辑地、因果性地对它们进行理解与说明，以使理想类型更接近研究对象的原型。"[②] 行业调解组织的发展因其所涉及的行业纠纷领域的不同而出现类型化分布。物业、医疗行业、保险业、消费者权益保护、互联网金融、知识产权等领域的专业调解组织不断出现，反映了行业调解类型化的发展趋势。类型化研究正好位于法律规范与抽象事实的中间位置，经过不断磨合和发展，让各类型化纠纷找到最适合的解纷方式，发挥多元解纷各自的特色与优势。

（三）行业调解组织的特点

一是专业性。现代社会分工越来越专业，越来越细化，行业协会作为负责行业领域相关事务的社会组织，更加了解和掌握行业政策、各企业的发展状况，拥有行业背景、专业优势和实践经验，理所应当是化解行业纠纷的最佳主体。实践中，2015年9月20日，中国房地产业协会成立"中房协调解中心"，主要受理全国范围内与房地产有关的民事、商事纠纷，包括：平等主体的自然人、法人和其他组织之间发生的与房地产、建筑工程、部品部件采购、征收补偿、房地产金融等相关的经济纠纷[③]。二是行业调解的相对权威性。行业协会在调解纠纷过程中，其在行业内部规则、诚信自律的职业规

---

① 2016年最高人民法院《关于人民法院进一步深化多元化纠纷解决机制改革的意见》规定，"积极推动具备条件的商会、行业协会、调解协会、民办非企业单位、商事仲裁机构等设立商事调解组织、行业调解组织，在投资、金融、证券期货、保险、房地产、工程承包、技术转让、环境保护、电子商务、知识产权、国际贸易等领域提供商事调解服务或者行业调解服务。完善调解规则和对接程序，发挥商事调解组织、行业调解组织专业化、职业化优势。"

② 吴晓. 论类型化方法对宪法学研究的意义. 政法学刊，2006（1）.

③ 中国房地产业协会调解中心成立．［2018-12-20］. http://www.fangchan.com/prefecture/198/2015-09-28/6120115103959684034.html.

范、对失信行为的惩戒以及行业对协会单位的评级监督等方面的职能作用，可以为调解效力提供一定保证。行业调解组织对行业规则掌握得较为清楚，能够规范和指导行业内部完善经营管理，其调解对象和范围呈开放性，可以对与行业有关的各类纠纷进行一揽子调解处理，能够从整体上平衡利益，进而迅速地化解争端。例如，2017年7月28日，中国建设工程造价管理协会在北京召开工程造价纠纷调解委员会和纠纷调解中心成立大会①，聘请了一些行业内的造价师、工程师等作为调解员，标志着工程造价纠纷调解工作正式启动，为工程造价行业拓展和创新业务、提升专业地位提供了平台。三是行业调解的调解成本较低。如果行业纠纷进入诉讼程序，则意味着要投入较高的诉讼成本。"诉讼成本主要包括社会成本和经济成本。社会成本包括声誉成本和关系成本，经济成本则包括各种费用的支出、时间耗费以及可能带来的各种机会成本的损失。如果行业协会调解纠纷，社会成本和经济成本都会减少，各方还有继续合作的关系，可以避免各方付出更多的机会成本。"② 2014年12月，中证中小投资者服务中心有限责任公司注册成立的证券金融类机构，开始为中小投资者自主维权提供高效便捷的法律咨询和调解服务③。知识产权纠纷调解中心、互联网纠纷调解中心也相继成立。

（四）行业性调解组织的发展现状及存在问题

目前，国内已经出现一些稍具规模的行业性调解组织。但是，行业调解组织的优势和作用并未充分发挥，主要受制于以下因素：一是行业调解组织缺乏独立性影响了行业调解的公信力。一些行业协会与政府或者行业主管部门联系紧密，管理上的行政色彩导致其中立性受到质疑。二是行业调解法律效力层级较低。许多行业调解组织为了获得人民调解协议的强制执行力，不得以挂上"人民调解"的牌子，或者两个牌子一套人马，实践中这些做法不利于行业调解组织的独立发展。三是行业调解的程序规范化不足，限制了行业调解专业性优势的发挥。现阶段，我国行业调解的程序性规范主要参照《人民调解法》及其司法解释等，"关于调解的方式、秘密信息的披露、调解的时限以及证据规则等核心问题尚未涉及，相较于发达国家的调解立法，我

---

① 工程造价纠纷调解委员会和纠纷调解中心成立大会在京召开．[2019-02-20]. http://news.sina.com.cn/sf/news/fzrd/2017-08-11/doc-ifyixiar9662914.shtml.

② 陈伟，高飞．物业管理行业调解机制研究．中国物业管理，2008 (12).

③ http://www.isc.com.cn/mediate/.

国无论是在条文数量还是在内容的精细化程度上均存在重大差距"①。

（五）行业调解组织的发展方向

党的十八大以来，党中央对行业协会商会健康发展、作用发挥给予了高度重视，对行业协会商会的改革发展与规范管理作了系统安排②。党的十九大报告先后五次提到社会组织，为社会组织的发展指明了方向③。社会组织的发展"一是要稳妥推进社会组织协商民主，促进协商民主广泛、多层、制度化发展。二是在社会治理重心向基层下移过程中，充分发挥社会组织的作用，实现社会治理和社会调节、居民自治的良性互动。三是要构建政府为主导、企业为主体、社会组织和公众共同参与的社会治理体系，积极参与全球治理"④。《中共中央关于深化党和国家机构改革的决定》强调要推进社会组织改革，"加快实施政社分开，激发社会组织活力，克服社会组织行政化倾向。适合由社会组织提供的公共服务和解决的事项，由社会组织依法提供和管理。依法加强对各类社会组织的监管，推动社会组织规范自律，实现政府治理和社会调节、居民自治良性互动"⑤。行业调解组织将依托行业协会商会迎来千载难逢的发展机遇。未来，要通过立法的形式明确行业协会商会的地位作用、权利义务、资产属性，不断优化结构，健全功能，使行业协会商会在助推经济转型升级、促进政府职能转变、提供社会服务、创新社会治理、加强行业自律方面发挥更加重要的作用。在行业协会商会的大发展趋势下，各行业协会商会积极建立行业调解组织，并积极探索行业调解模式。保险行业、金融证券期货行业、建筑行业、房地产行业等多个行业成立了调解组织，发挥专业优势和行业自律优势，化解会员与会员之间、会员与非会员之间的涉及行业领域的纠纷。

三、商事调解组织的市场化发展机遇和全球化挑战

"商事调解，按照《联合国贸易法委员会国际商事调解示范法》的规定，

---

① 熊跃敏，周扬. 我国行业调解的困境及其突破. 政法论丛，2016（3）.
② 习近平在中国共产党第十八次全国代表大会上的报告.［2019-03-19］. http：//china.cnr.cn/news/20171028/t20171028_524003229.shtml.
③ 习近平在中国共产党第十九次全国代表大会上的报告.［2019-03-19］. http：//cpc.people.com.cn/n1/2017/1028/c64094-29613660.html.
④ 曾亚非. 道理曲折 前途光明. 中国社会组织，2018（12）.
⑤ 中共中央关于深化党和国家机构改革的决定.［2019-02-19］. http：//cpc.people.com.cn/n1/2018/0305/c64094-29847159.html.

系指当事人请求一名或者多名第三人（调解人），协助他们友好解决各类合同纠纷或与合同其他法律关系有关的争议的过程。"[1] 商事调解是市场经济的产物，系专业化、市场化的独立第三方针对商事争端进行调解，其调解规则成熟，调解服务高端，在域外方兴未艾的 ADR 运动中，已经成为比较普遍适用的解决商事纠纷的一种方式。在国际商事实践中以调解替代诉讼的方式解决争议，已被联合国国际贸易委员会《国际商事调解示范法》所肯定。以调解和调停等方式友好地解决国际商业中的纠纷，能够提高国际贸易的效率，减少因商事纠纷导致终止合作关系，促进商事当事人和平处理交易，同时也节省了国家司法资源。

（一）国内商事调解组织发展的政策依据

从国际上看，商事调解随着全球化市场经济和国际贸易的发展在不断发展壮大。域外一些国家出台调解法或者 ADR 促进法，从立法层面为商事调解组织或调解公司的发展提供了法律保障。许多国际知名的调解组织均是市场化运作的商事调解组织或者调解公司，例如美国的 JAMS、英国的 CERD 公司等。但是，中国的商事调解还处于初级发展和培育阶段。在最高人民法院牵头的多元化纠纷解决机制改革项目中，2009 年最高人民法院《诉非衔接意见》首次将商事调解作为一种独立的调解类型予以明确[2]，是商事调解独立性的重要标志，为商事调解协议效力提供保障，给商事调解的发展带来前所未有的机遇，并明确规定积极扶持一些具备条件的商事调解组织成立。为了更好地贯彻落实两办《意见》，2016 年最高人民法院《深化多元化纠纷解决机制改革意见》第 9 条规定，积极推动具备条件的商会、行业协会、调解协会、民办非企业单位、商事仲裁机构等设立商事调解组织，在投资、金融、证券期货、国际贸易等领域提供商事调解服务。上述规定为国内商事调解组织的发展提供了政策支持。2019 年 2 月，最高人民法院在发布的《关于深化人民法院司法体制综合配套改革的意见——人民法院第五个五年改革纲要（2019—2023）》中明确提出："健全'一带一路'国际商事争端解决机制。加强最高人民法院国际商事法庭建设。推动调解、仲裁机构积极参与最

---

[1] 齐树洁，李叶丹．商事调解的域外发展及其借鉴意义．中国海商法年刊，2011（2）．

[2] 最高人民法院《诉非衔接意见》第 2 条规定："建立健全诉讼与非诉讼相衔接的矛盾纠纷解决机制的主要任务是：充分发挥审判权的规范、引导和监督作用，完善诉讼与仲裁、行政调处、人民调解、商事调解、行业调解以及其他非诉讼解决方式之间的衔接机制，推动各种纠纷解决机制的组织和程序制度建设……"

高人民法院国际商事法庭国际商事争端解决机制，完善调解、仲裁、诉讼相互衔接的'一站式'国际商事纠纷解决平台。完善最高人民法院国际商事专家委员会工作机制。"①

（二）商事调解组织发展的现状

根据我国的商事调解的发展历程和实践，商事调解组织是指以调解的方式解决商事争议的中立第三方纠纷解决机构。目前，依据调解组织设置的模式、职能等，主要有以下几种形式：

1. 民办非企业单位性质的商事调解组织。1998年国务院《民办非企业单位登记管理暂行条例》规定了民办非企业单位非营利性社会组织的性质②。国内一些商事调解组织通过注册为民办非企业单位而得到发展。2018年8月，民政部《社会组织登记管理条例（草案征求意见稿）》向社会公开征求意见，未来该条例出台后，民办非企业单位的名称将有可能被"社会组织"的概念代替③。2011年1月8日，国内第一家独立第三方商事调解组织——上海经贸商事调解中心由上海市商务委员会、上海市社团管理局批准成立。目前，该中心与上海市三级法院对接，形成无缝对接的商事调解模式，与JAMS（美国司法仲裁调解服务有限公司）建立战略合作关系，为国内企业组织以及在沪的国际企业组织和机构的商事纠纷提供快捷、高效、灵活的有偿服务④。2016年10月18日，北京"一带一路"国际商事调解中心经北京市法学会批准成立，它是由北京融商"一带一路"法律与商事服务中心主管的社会服务机构，业务针对参与"一带一路"建设的企业，以服务去帮助企业预判风险、预防风险、化解风险，实现项目对接、风险化解、纠纷调解三大功能，构建满足"一带一路"国际商事纠纷解决需要的调解制度和运行平台。中心相继与巴西 Siqueira Castro Advogados、意大利 CBA、奥地利 WOLF THEISS、英国 Rosenblatt、印度 Trinaya Legal 和马来西亚梁潘黄律

---

① 最高人民法院召开"五五改革纲要"暨中国法院司法改革白皮书发布会．[2019-02-23]．http://www.sohu.com/a/297995367_120032709.

② 1998年10月25日国务院《民办非企业单位登记管理暂行条例》第2条规定："民办非企业单位是指企事业单位、社会团体和其他社会力量以及公民个人利用非国有资产举办的，从事非营利性社会服务活动的社会组织。"

③ 社会组织登记管理条例征求意见即将结束 概念不清、登记门槛高存争议．[2018-12-26]．https://item.btime.com/m_9a5c124e659b5a323. 该条例出台前，我国社会组织专指基金会、社会团体和民办非企业单位三类，与之相对应的法律有《基金会管理条例》、《社会团体登记管理条例》和《民办非企业单位登记管理暂行条例》。此次修改将前述三类组织均纳入"社会组织"概念进行规制。

④ http://www.scmc.org.cn/page69?article_category=20&menu_id=56.

师事务所签订了合作协议①。

2. 仲裁机构设置的商事调解组织。随着仲裁机构不断在仲裁中引入调解机制，许多仲裁机构认识到调解机制在化解国际商事纠纷方面的优势，于是纷纷设立调解中心。例如，2011年，北京仲裁委员会成立北京仲裁委调解中心，在北京市民政局登记注册，主管部门是北京市政府法制办，是一个主要利用非国有资产、自愿举办、从事调解服务活动的非营利性社会组织②。2018年5月18日，中国国际经济贸易仲裁委员会经批准成立了调解中心③。2018年3月8日，由珠海国际仲裁院、横琴新区金融行业协会、横琴新区消费者协会共同发起成立珠海市横琴自贸片区首家专业商事调解机构"横琴新区国仲民商事调解中心"。该中心以民办非企业法人登记设立，性质为从事非营利性社会服务活动的社会组织，拥有一支熟悉国际、国内商事法律事务的法律专家团队，能为境内外企业，提供快捷、高效、经济、灵活的纠纷调解服务④。

3. 中国贸促会、国际商会设置的商事调解组织。"中国国际贸易促进委员会/中国国际商会调解中心成立于1987年，是以调解的方式，独立、公正地帮助中外当事人解决商事、海事等争议的常设调解机构。现已在全国各省、市、自治区及一些重要城市设立分会调解中心42家，形成了庞大的调解网络。"⑤ 2016年2月，"深圳市贸促委成立深圳市商事法律服务调解中心，加大涉外商事法律调解服务力度，拓展商事法律咨询、经贸摩擦预警、知识产权保护等新的服务项目"⑥。2018年11月27日，中国（浙江）自贸区海事商事纠纷调解中心揭牌⑦。2018年12月19日，由重庆市司法局、重庆市贸促会共同设立中国（重庆）自由贸易试验区商事调解中心⑧。

---

① http：//www.bnrmediation.com/Home/Article/events/aid/114.html.
② http：//www.bjac.org.cn/page/tj/zhangcheng.html.
③ 贸仲委成立调解中心并与全国股转公司签署合作协议．［2018-12-26］．http：//www.cietac.org.cn/index.php? m=Article&a=show&id=15386.
④ 珠海横琴成立首家商事调解机构．［2018-12-26］．http：//gdftz.southcn.com/g/2018-03/09/content.
⑤ http：//adr.ccpit.org/CH/AboutUs/edbd1deb-509a-4f78-a1e3-6b4f3efa528f.html.
⑥ 深圳市商事法律服务调解中心揭牌．［2018-12-26］．http：//news.ifeng.com/a/20160227/47608548_0.shtml.
⑦ 中国（浙江）自贸区海事商事纠纷调解中心揭牌．［2018-12-26］．http：//zj.ifeng.com/a/20181128/7063980_0.shtml.
⑧ 重庆自贸试验区有了商事调解中心．［2018-12-26］．https：//www.cqcb.com/hot/2018-12-20/1323219_pc.html.

4. 工商联及其所属民间商会设置的商事调解组织。"全国工商联及所属商会是以非公有制企业和非公有制人士为主体，自愿组建、自筹经费、自主管理的社会组织，具有统战性、民间性有机统一的基本特征，在化解民营经济领域纠纷方面具有制度优势。目前，全国各级工商联组织3 400多家，所属商会组织4.7万个，各类商会调解组织达1 520多家。"① 其中，大多数是商会人民调解组织，还有一些是商会行会下设的调解组织，作为民办非企业单位注册的商事调解组织并不多。例如，2010年11月17日，北京市交通运输业商会经北京市民政局批准成立了北京市安邦物业调解中心，后更名为北京市安邦民商事和社会服务调解中心，是以民办非企业单位注册的、自负盈亏的商事调解组织②。2018年4月，河北"邢台市浙江商会商事调解中心"在浙江商会成立③。

5. 行业性协会、商协会、调解协会设立商事调解组织。近年来，国务院多次在通知、批复中强调鼓励行业协会、自律组织独立或者联合开展专业商事调解机制的建设。行业性商事调解组织是根据某一行业领域商事纠纷的特点，为以调解方式解决行业内发生的纠纷所设立的专业调解组织。2016年5月25日，最高人民法院、中国证监会发布《关于在全国部分地区开展证券期货纠纷多元化解机制试点工作的通知》（以下简称《证券纠纷多元化解试点通知》），确定了中国证券投资者保护基金有限责任公司、中证中小投资服务中心有限责任公司等8家证券期货纠纷调解组织作为试点单位④。2018年11月13日，在试点基础上，最高人民法院、中国证券监督管理委员会又发布《关于全面推进证券期货纠纷多元化解机制建设的意见》（以下简称《证券纠纷多元化解意见》），在全国联合开展证券期货纠纷多元化解工作，试点单位已经从原先的8家发展至55家⑤。2018年1月30日，北京市台办与北

---

① 最高人民法院、全国工商联相关负责同志就发布《关于发挥商会调解优势 推进民营经济领域纠纷多元化解机制建设的意见》答记者问. 人民法院报，2019-01-28.

② http：//www.abtjzx.com/zxjj.

③ 邢台市浙江商会商事调解中心. [2018-12-26]. http：//www.xtrb.cn/xt/2018-04/10/content_626230.htm.

④ 李少平. 最高人民法院多元化纠纷解决机制改革意见和特邀调解规定的理解和适用. 北京：人民法院出版社，2017（1）：676-680. 8家证券期货纠纷调解组织分别为中国证券业协会、中国期货业协会、中国证券投资基金业协会、中国证券投资者保护基金有限责任公司、中证中小投资服务中心有限责任公司、深圳证券业期货纠纷调解中心、广东中证中小投资服务中心、天津市证券业纠纷人民调解委员会.

⑤ 证券期货纠纷多元化解机制试点工作评估报告（摘要）. [2018-12-26]. http：//www.csrc.gov.cn/pub/newsite/tzzbh1/tbjtbzt/hgttzzbh/hgtdtzx/201812/t20181201_347544.html.

京台资企业协会成立北京涉台商事纠纷调解中心,是依法推进台胞权益工作法治化、多元化的全国首创①。2018年12月26日,由广州市政法委、市司法局、中国广州仲裁委员会、广东省创业投资协会共同主导的"广州创投商事调解中心""海珠区创投商事纠纷调解委员会""中国广州仲裁委员会创投仲裁调解中心""中国广州仲裁委员会医事仲裁调解中心",在广州创投小镇挂牌成立,填补了广州创投商事调解专业机构的空白②。

6. 跨境调解联盟和中外联合商事调解组织的逐步兴起。为了整合多元化争议解决资源,不断加强跨境法律服务机构和专业人士间的交流合作,积极服务国家"一带一路"建设,一些调解组织通过联盟合作机制解决大量跨境商事纠纷。例如,2013年12月7日,粤港澳仲裁调解联盟由华南国际经济贸易仲裁委员会调解中心联合粤港澳地区主要的商事调解机构在深圳前海共同创立,确立了平等开放的合作机制,主席机构由粤港澳三地轮流担任。联盟的成员机构包括15家粤港澳大湾区主要商事调解仲裁机构,具有广泛的代表性和影响力③。2018年12月19日,粤港澳仲裁调解联盟通过合作机制解决大量跨境商事纠纷,仲裁和调解当事人来源国超过100个④。

"联合调解是调解模式的一种创新,是两个或两个以上具有商事调解职能的机构共同运用调解的形式,以促成双方当事人之间和解的一种解决争议的方式。"⑤ 联合调解包括两种方式,一种是两个机构签订合作协议,建立一种案件转接机制,发挥各自的优势,协助对方办理调解案件。例如,中国国际商会调解中心先后与德国、美国等地签署了合作协议。还有一种模式是由双方合作成立"联合调解中心",互设秘书处对案件进行程序管理,并制定

---

① 北京涉台商事纠纷调解中心成立. [2018 - 12 - 26]. https://baijiahao.baidu.com/s?id=15911748175295 86285&wfr=spider&for=pc.

② "创投商事调解中心"落户广州创投小镇. [2018 - 12 - 28]. http://epaper.xxsb.com/html/content/2018 - 12/26/content_802627.html.

③ 联盟成员机构包括:香港中国企业协会商事调解委员会、香港国际仲裁中心香港调解会、香港和解中心、香港测量师学会、香港联合调解专线办事处、香港仲裁司学会、澳门世界贸易中心仲裁中心、英国特许仲裁员学会(东亚分会)、中国对外贸易中心(广交会国际贸易与知识产权投诉站)、华南国际经济贸易仲裁委员会调解中心、广东省工商联仲裁调解中心(广东省民营企业投诉中心)、深圳市总商会调解仲裁中心、深圳外商投资企业协会商事调解委员会、深圳证券期货业纠纷调解中心、前海"一带一路"国际商事诉调对接中心。

④ 粤港澳仲裁调解联盟五周年当事人来源国超百个. [2018 - 12 - 26]. http://www.legaldaily.com.cn/Arbitration/content/2018 - 12/20/content_7723565.htm.

⑤ 胡晓雨,师晓丹. 共同调解在西方的发展情况及其对中国实践的启示. 北京仲裁,2016(4).

联合调解规则，共同聘请调解员，建立调解员名册。例如，中国国际商会调解中心 2002 年与澳门世界贸易中心成立了"联合调解中心"；2004 年与美国 CPR（争议预防与解决协会）共同组建了"中美联合商事调解中心"[1]；2015 年 9 月 10 日，又与阿拉伯国家成立了中阿商事调解中心[2]。

（三）商事调解组织的特点

商事调解组织具有以下鲜明的特点：一是商事调解组织的专业性。商事调解组织的专业性是商事调解的生命力所在，由纠纷的性质决定。人们在解决因商事交易而产生的纠纷时会更加理性，希望在解决问题、实现自身利益、满足自身需求的同时，能够面向未来修复与对方的商业关系，维护甚至扩大自身的商业信誉，实现"和合""互利""双赢"的结局。二是商事调解组织的中立性。中立性虽然是所有调解方式的核心要求，但是商事调解的中立性特点尤为突出。三是商事调解组织的交涉型。人民调解、行政调解的调解模式是教化型调解，司法调解或者仲裁调解的调解模式是判断型调解，而商事调解的交涉型模式体现在商事调解员依托其专业调解技能，帮助双方当事人在充分估量调解结果以及纠纷解决成本的基础上，让当事人的意志得到充分体现，寻找到利益最大的平衡点，从而达成和解，促进未来双方更好的合作。四是商事调解组织的非营利性与市场化运作。目前，我国的商事调解组织都建立了不以营利为目的的争议解决机制，其宗旨是以调解的方式化解商事活动中的纠纷，息讼解纷，节省司法资源，营造法治化营商环境。非营利性组织（nonprofit organization）一般是指这类组织具有为公众服务的宗旨，不以获取利润为目的，而是追求拟定的社会效益和目标[3]。商事调解组织大多属于独立的民间自治组织，进行了民办非企业单位的登记，不以营利为目的，自负盈亏，自主发展，可以根据自身服务质量向当事人收取一定的费用，提供有偿调解服务。收费的目的主要是维持调解组织的日常开支及调解员的报酬和办案的实际费用。商事调解组织在实现交易效率的同时，必须依靠市场化运行谋求生存和发展，因此，还需要兼顾交易安全、社会效益、市场秩序等其他价值。这个特点是商事调解独有的特性。这一特点决定了商事调解要以高质量的调解服务赢得市场。

---

[1] 徐伟，杨华中. 商事纠纷调解实务. 北京：清华大学出版社，2013：62-63.

[2] 中阿商事调解中心秘书处在宁夏挂牌成立. [2018-12-26]. http://nx.people.com.cn/n/2015/0910/c192493-26323145.html.

[3] 同[2].

(四) 商事调解组织发展遇到的瓶颈及解决对策

目前，商事调解组织还未得到广大商事主体的认同，其吸附和化解商事纠纷的功能还远未发挥出来。国内商事调解组织存在发展缓慢、发展不平衡、调解组织不规范、经费保障不到位、专业化商事调解人才缺乏、国际竞争力不强等问题。具体来说：一是商事调解组织注册登记难。实践中，由于没有明确的行业监管部门，商事调解组织作为社会组织的地位、职责以及权利义务都难以确定。二是各地商事调解组织发展不平衡，大多由当地实际情况决定，当地政府支持的，发展就快些，不支持的基本就无法生存。目前，国内也仅在北京、上海、深圳、厦门等地成立了几家商事纠纷调解机构。三是商事调解组织的保障机制不到位，没有统一的制度规范和收费许可，商事调解组织还远未达到市场化运行要求，直接影响商事调解组织发展。四是商事调解立法严重滞后。目前我国仅有《人民调解法》，无法规制所有调解类型，也不存在专门的商事调解法。2019年8月7日，中国签署了《联合国关于调解所产生的国际和解协议公约》（以下简称《新加坡调解公约》）。随着2020年3月12日卡塔尔批准《新加坡公约》，该公约于9月12日正式生效。国内加快商事调解立法的紧迫性越来越强。

针对商事调解发展遇到的瓶颈问题，可以从以下几个方面予以考虑。

一是明确商事调解组织的地位，解决注册登记难的问题。以往一些商事调解组织登记为民办非企业单位，属于非营利组织，可以收费，自负盈亏、自我管理。自2018年《社会组织登记管理条例（草案征求意见稿）》向社会公开征求意见后，社会组织立法已经提到议事日程。建议在立法修改之后，明确商事调解组织作为社会组织的地位、职责以及权利义务，分清商事调解组织与企业的界限，分清不同类型社会组织的界限，为商事调解组织的健康发展奠定基础。除此之外，域外一些以公司化方式运作的调解机构对我国也有借鉴意义。建议借鉴国外的成功经验，扶持设立各种形式的商事调解组织，鼓励具有条件的组织或个人设立公司化运作的调解组织。

二是通过立法支持商事调解组织发展，明确其相关制度规则。目前，各地商事调解组织发展不平衡，大多数由当地的实际情况决定。"商事调解法"应当尽快提上立法规划，以鼓励和支持商事调解发展为宗旨，借鉴联合国贸易法委员会制定的《国际商事调解示范法》，对商事调解的定义，调解员的选定及披露义务，调解程序的开始、进行及终止，调解效力及调解后的问题作出规定，明确商事调解实行收费原则，建立商事调解行业自律规范，为商事调解的市场化运行提供法律依据。

三是用好中央关于支持商事调解组织发展的政策,争取更大的保障力度。目前,商事调解组织的保障机制不到位,没有统一的制度规范和收费许可,影响商事调解组织的发展。近年来,中央政策和法规层面上对商事调解非常支持,尤其是将发展商事调解作为"一带一路"建设和自由贸易试验区改革创新中的重要内容,商事调解组织面临着前所未有的发展机遇。最高人民法院为服务和保障"一带一路"建设,营造稳定、公平、透明、便捷的法治化国际营商环境,已于2018年6月在深圳、西安分别设立第一、第二国际商事法庭,同时与国际商事调解机构、仲裁机构共同构建调解,仲裁与诉讼有机衔接的"一站式"国际商事纠纷解决机制。这些改革政策均为商事调解组织的发展提供了有力支撑。

四是培育高端的商事调解人才,提高商事调解组织的国际公信力。目前,国内还没有形成较为完善的商事调解培训体系。仅上海凯声商事专业调解资格培训中心每年开展一些商事调解培训。另外,中证中小投资者服务中心举办系统内的专业培训。这些培训机构还远远不能满足国内商事调解市场的人才需求和调解员的职业化建设。调解员只有具备相应的专业素质、业务素质,按照公认的职业伦理和职业行为规范进行活动,承担该职业带来的各种风险,才有资格获得与其工作量、社会贡献度相适应的报酬[1]。因此,在商事调解比较发达的国家和地区,调解员的资质及其认证是调解最重要的配套制度之一[2]。域外许多国家都制定了调解员的资格准入、管理制度以及规范的调解人行为准则,为调解的可持续发展奠定了坚实的基础。我国调解员的职业化建设可从商事调解开始,明确商事调解员的准入门槛、任职要求、资格认证、业绩考核与职业伦理,与世界的发展趋势接轨。

五是适应商事调解全球化发展趋势,提高我国商事调解组织的国际竞争力。随着商事调解的国际化发展趋势越来越明显,国内的商事调解市场也在逐步对外开放。2017年国务院批复同意《深化改革推进北京市服务业扩大开

---

[1] 廖永安,刘青. 论我国调解职业化发展的困境与出路. 湘潭大学学报(哲学社会科学版),2016(6).

[2] 唐琼琼. 新加坡调解公约背景下我国商事调解制度的完善. 上海大学学报(社会科学版),2019(7).

放综合试点工作方案》，支持国际知名商事争议解决机构在北京设立代表机构。①《新加坡调解公约》已于2019年8月7日在新加坡开放签署，包括中国、美国在内的46个国家和地区作为首批签约方签署了这一公约。该公约此后将在纽约联合国总部开放供各国签署②。国外许多知名的商事调解机构有机会参与到涉及中国的国际争端解决市场中。国内商事调解组织必须抓住发展机遇，健全组织机构，完善制度规范，培养高端人才，提高我国商事调解组织的国际竞争力。

四、律师调解组织的探索创新和发展困境

律师调解组织是多元化纠纷解决机制改革中的新型组织形式。2017年司法部与最高人民法院发布的《律师调解试点意见》，首次明确了律师调解组织的组织形式，包括人民法院的律师工作室、公共法律服务中心的律师调解组织、律师协会组建的调解中心和律师事务所下设的调解工作室等四种组织形式。试点以来，各地组建了各种形式的律师调解组织。四川、山东等省律协设立律师调解委员会或者律师调解中心，建立律协律师调解中心名目库。浙江司法厅和律师协会从全省18 000名律师中选拔出300多名律师调解员。杭州市律师协会注册成立了民间非营利组织"杭州律谐调解中心"。广州市律协律师调解中心组建了由律协会长、副会长、理事、总监事及42个专业委员会共308人的首批调解员队伍。广东省惠州市107名律师入选律师调解中心调解员库。试点地区一些律师事务所也设立了内部律师调解中心。如厦门市首批8家律师事务所设立律师调解工作室，可以接受当事人申请开展调解，也可以承接人民法院或者行政机关移送的调解案件。

虽然律师调解在试点中取得了一定成效，但其因管理机制的问题，还存在一些短板。《律师调解试点意见》虽然授权试点地区省级司法行政机关、律师协会会同人民法院研究制定律师调解组织管理办法，明确律师调解组织的人员规模、执业年限、办案数量、诚信状况等资质条件。但是，部分试点地区没有建立律师调解组织的统一管理机制，没有明确设立标准、主管部

---

① 2017年6月25日，国务院批复同意《深化改革推进北京市服务业扩大开放综合试点工作方案》，该批复提出："支持国际知名商事争议解决机构……在北京设立代表机构，鼓励市场主体通过平等协商、第三方调解、商事仲裁、诉讼等多种方式解决纠纷……"

② 中国签署《新加坡调解公约》. [2019 - 10 - 01]. http://www.xinhuanet.com/2019 - 08/07/c_1124849699.htm.

门、审核程序等可操作性规定，律师调解工作开展面临许多困难。

在试点的现阶段，现有规定仅规定了律师调解组织由司法行政机关、律师协会会同人民法院共同指导和管理，动态更新名册，以此达到管理目的。实践中，律师调解工作室设置少、调解案件也少，推广宣传"热"与实践落实"冷"形成了鲜明对比。因此，律师调解组织的管理机制是制约律师调解制度发展的关键。

五、其他民间性调解组织的发展趋势

（一）其他公益性组织设置的调解组织

除了上述人民调解组织、行业调解组织、商事调解组织、律师调解组织等较为规范成熟的组织形式之外，还有一类公益性社会组织在化解纠纷中也发挥着一定的作用。这类组织主要是指以公益性目的成立和运行的民间社会组织，有的是法人，有的是社会组织，例如志愿者组织、社会团体、宗教团体或非政府NGO组织、其他社会组织。不同于人民调解组织由政府财政保障，这些公益性的调解组织既可能是以解决纠纷为宗旨的专门机构，也可以是具有附带性纠纷解决功能的组织[1]。例如，工会、妇联、共青团等人民团体，作为党领导下的群众组织，是党和政府联系广大群众的桥梁和纽带，在化解劳动争议、婚姻家庭纠纷、未成年人保护等社会矛盾纠纷方面具有独特优势。

公益性调解组织的调解程序一般采取相对灵活的规范，不一定遵循统一的标准，而是根据公众和当事人的认同和现实需要。他们的资金来源，有的是政府购买服务，有的是慈善机构的援助、公益基金、社会捐助和企业赞助等。这些公益性调解组织的非正式性保证了民间性ADR的成本低廉、易接近、便利性和可持续性，原则上不收费。但是，其可以要求当事人承担一些费用，如鉴定费、调查费、评估费等。

（二）个人调解室的创新模式

2018年11月司法部发布《关于推进个人调解工作室建设的指导意见》（以下简称《个人调解意见》），充分肯定了个人调解工作室建设的重要意义。例如，2003年成立的上海李琴人民调解工作室，是全国首家专业调处民间纠纷的社会组织。2008年浙江枫桥派出所以全国优秀人民警察杨光照命名"老杨调解

---

[1] 范愉，李浩. 纠纷解决——理论、制度与技能. 北京：清华大学出版社，2010：104.

工作中心"作为"枫桥经验"的典范，历时10余年站在化解纠纷的第一线。杭州市江干区法院"朱学军法官调解工作室"组建由法官、法官助理、书记员、人民陪审员、司法局驻法院人民调解员加盟的工作团队，十年如一日开展调解工作。云南的"魏云调解工作室"创新重大疑难复杂纠纷旁听制、医学专家坐诊制、"两长一顾问"多元化解制等，化解了一起又一起医患纠纷。

除了依托人民调解组织设立的个人调解工作室以外，地方还探索设立民办非企业性质的个人调解工作室，通过政府购买方式或者探索市场化运行的模式。例如，《厦门多元条例》和《山东多元条例》均规定："鼓励和支持调解员、法律专家、法律工作者以及其他专业人员设立调解工作室。调解工作室可以起字号。"[1] 司法部《个人调解意见》中也单独规定，支持个人调解工作室登记为民办非企业组织[2]。由此可以看出，国内个人调解室基本是指人民调解工作室，与西方国家的个体执业的个人调解员完全不同。虽然司法部规定了个人调解工作室可以注册为民办非企业性质的组织，提供有偿的调解服务，但是，由于大多数个人调解室均建立在人民调解基础上，民众对其的认识仍停留在人民调解免费提供服务的性质上，难以促进个人调解室朝市场化方向发展。

（三）调解公司的发展空间和可能性

2018年6月27日，联合国贸易法委员会第五十一届会议通过了《新加坡调解公约》。同年12月20日，第73届联合国大会通过了该公约。2019年8月7日，该公约在新加坡开放签署[3]。《新加坡调解公约》旨在促进国际商事调解并建立一套直接执行经调解产生的国际商事和解协议的机制。《新加坡调解公约》第1条第3款对"调解"的定义是："调解"系指当事人请求一名或多名第三人（"调解人"）协助他们设法友好解决他们由于合同引起的或与合同的或其他的法律关系有关的争议的过程，而不论其称之为调解、调停或以类似含义的措辞相称。该条中的"调解"不应被限定为调解机构进行的调解，且不应被限定为"有安排的或有组织的过程"。据此，经过机构调

---

[1] 《厦门经济特区多元化纠纷解决机制促进条例》第51条规定："鼓励和支持调解员、法律专家、法律工作者以及其他专业人员设立调解工作室。调解工作室可以起字号。"《山东省矛盾纠纷多元化解条例》第49条也规定："鼓励和支持人民调解员、律师、基层法律服务工作者、社会志愿者设立调解工作室。调解工作室可以起字号。"

[2] 司法部《个人调解意见》规定："支持个人调解工作室登记为民办非企业组织，或通过当地人民调解员协会承接政府购买服务项目，促进工作有效开展。"

[3] 联合国通过首个以新加坡命名公约．联合早报，2018-12-22．

解或非机构调解形成的和解协议，均可以依照《新加坡调解公约》的规定申请执行，这为个人调解以及调解公司的发展提供了依据。

　　我国公司登记管理规定中，尚没有设立调解公司的相关规定。但在实践中，有些个人热衷于调解事业，大胆创新，设立了谈判咨询公司，从事商事调解工作。在我国，调解作为一种向大众提供法律服务的行业，主要有司法行政部门指导的人民调解，行业协会的行业调解，行政机关的行政调解。商事调解因为主体不同，可以分为法院处理商事纠纷案件过程中的调解、仲裁机构的调解和商事调解机构的调解。商事调解组织注册登记为民办非企业性质，是非营利组织。目前，个人调解、调解公司的效力在国内法律层面上尚未被认可。域外一些比较著名的调解机构是以公司化的方式运作的。例如，"美国司法仲裁调解服务股份有限公司（JAMS），是1979年美国沃伦法官创设的，目前已经成为全球最大的调解仲裁公司，在世界各地设有26个纠纷解决中心。JAMS公司是非营利的法律服务机构，但实行的是企业化管理模式，调解员是按小时或者按天收费，一般情况下，一天收费7 500美元，另外每位当事人还需交纳450美元的管理费"①。

　　借鉴国外的这些经验，"首先，建议我国应鼓励具有专业知识和能力的法律执业者专门从事商事调解工作，探索设立个人调解或者调解公司，培养、发展一批以商事调解为主业、重视个人声誉及专业素养的专职调解员，建立健全专职调解员的管理制度及薪酬体系。其次，在法律层面上，探索尽快推进我国商事调解立法。国际商事调解法律规范已经比较成熟，联合国贸易法委员会制定的《国际商事调解示范法》对商事调解的定义，调解员的选定及披露义务，调解程序的开始、进行及终止，调解效力及调解后的问题均作出了详细的规定"②。我国的商事调解立法应以鼓励和支持商事调解发展为基本原则，授予商事调解协议的法律效力，可以借鉴《国际商事调解示范法》，对我国商事调解进行系统性法律建设。只有这样，我国的商事调解制度才能够更加健康、全面发展，才能迅速推进我国商事调解组织的发展，提高商事调解组织的竞争力，逐渐与国际发展趋势接轨。

---

　　① 赵蕾. 纠纷解决服务市场化运行的领跑者——美国司法仲裁调解服务公司的最新发展. 人民法院报，2018-06-22.
　　② 孙巍. 新加坡调解公约与我国法律制度的衔接——对公约在我国落地的几点建议. [2019-02-20]. http：//news. sina. com. cn/sf/news/fzrd/2019-01-28/doc-ihrfqzka1709926. shtml.

第二节　行政性纠纷化解组织建设

就纠纷解决效率而言，行政机关拥有最先发现矛盾、及时解决问题的有利条件，承担着市场监管、社会管理、经济调节和提供公共服务的职能，在纠纷解决手段和方法上具有一定的资源优势，能够运用综合手段促进纠纷化解。但是，我国关于行政性纠纷化解组织的建设在纠纷解决组织领域是最薄弱的，也是在多元化纠纷解决机制立法中最需要着重描述的部分。

一、行政性纠纷解决组织的现状和问题

政府机构改革之后，许多行政机关的职能进行了大幅调整。目前，行政性解纷组织存在一些不容忽视的问题。

一是行政性解纷组织建设比较薄弱。有的是依托综治中心开展工作，例如，自然资源管理部门针对土地纠纷，并没有专门的行政机构和工作人员从事或者指导土地纠纷的处理。行政解纷组织的薄弱导致行政性纠纷解决机制逐步被其他司法程序所取代，行政调解的弱化，也影响了行政争议处理的效果。

二是行政机关的管理意识比较浓厚，还未形成服务型理念。行政机关处理行政性纠纷，往往被认为是行使公权力的管理行为。现代社会服务型政府的理念还没有普遍建立起来，政府参与纠纷解决的工作还没有从履行法定职责、服务功能、合理配置公共资源等方面开展。

三是行政调解的法律地位和效力较低，没有统一的行政调解法律法规。行政法律法规规定的各种行政调解众多，但是从整体而言，法律地位不统一，法律地位和效力较低，缺少制度保障，难以达到穷尽行政救济的目标。行政性解纷机制的社会需求与纠纷组织的能力建设严重脱节，行政解纷的制度和程序设计上还存在许多困难。

二、行政调解组织的范围

2010年11月9日新华社授权发布的国务院《关于加强法治政府建设的意见》（以下简称《法治政府意见》）指出："要把行政调解作为地方各级人民政府和有关部门的重要职责，建立由地方各级人民政府负总责、政府法制

机构牵头、各职能部门为主体的行政调解工作体制，充分发挥行政机关在化解行政争议和民事纠纷中的作用。完善行政调解制度，科学界定调解范围，规范调解程序。"① 各地政府也出台大量的行政调解法规文件并开展各种实践，但因为缺乏统一立法，导致制度在实施过程中相互掣肘，出现"真空带"。

行政调解主要是指调解公民、法人或者其他组织之间发生的与行政管理相关的民商事纠纷。目前，我国法律法规规定的行政机关可以调解的与行政管理相关的民商事纠纷主要存在于以下一些领域：公安机关交通管理部门对交通事故损害赔偿民事争议的调解；卫生行政部门对因医疗事故引发的赔偿等民事争议的调解；民政部门对离婚纠纷的调解；专利管理行政部门对侵犯专利权引发的赔偿纠纷的调解；教育主管部门对学生伤害事故引起的赔偿纠纷的调解；价格主管部门对价格纠纷的调解等。

行政调解主体主要包括基层人民政府以及法律授权组织。行政调解组织建设欠缺，没有专门的机构和人员从事行政调解工作，与行政管理工作混同等因素均直接影响行政调解工作的发展。行政机关机构改革后，许多行政机关的职能进行了重新配置，纠纷解决职能也随着机构职能变化而改变。行政机关内部是否能设置行政调解组织，在实践中探索也较少。

三、行政裁决、行政仲裁机构的建设

（一）行政裁决机构

行政裁决机构是经法律法规授权的特定行政机关，而不是司法机关。不是任何一个行政机关都可以成为行政裁决的主体。目前，《国有土地上房屋征收和补偿条例》② 和《土地管理法》③ 中明确规定了人民政府对房屋征收

---

① 国务院关于加强法治政府建设的意见. [2019-02-23]. http://www.gov.cn/zwgk/2010-11/08/content_1740765.htm；乔亚南. 我国行政调解制度基本问题的理论廓清和完善路径. 广州广播电视大学学报，2013（3）：101；莫文川. 我国行政调解程序法律制度发展路径选择. 南都学坛，2014（3）.

② 2011年1月《国有土地上房屋征收和补偿条例》第26条规定："房屋征收部门与被征收人在征收补偿方案确定的签约期限内达不成补偿协议，或者被征收房屋所有权人不明确的，由房屋征收部门报请作出房屋征收决定的市、县级人民政府依照本条例的规定，按照征收补偿方案作出补偿决定，并在房屋征收范围内予以公告。""被征收人对补偿决定不服的，可以依法申请行政复议，也可以依法提起行政诉讼。"

③ 《土地管理法》第14条规定："土地所有权和使用权争议，由当事人协商解决；协商不成的，由人民政府处理。"

和补偿、土地权属争议等具有行政裁决权。

(二) 行政仲裁机构

1. 劳动人事调解仲裁机构。《劳动争议调解仲裁法》规定了劳动争议仲裁委员会按照统筹规划、合理布局和适应实际需要的原则设立①。2010年1月20日，人力资源和社会保障部公布实施了《劳动人事争议仲裁组织规则》，重申了关于统筹规划、合理布局、适应实际需要的原则和省级人民政府决定的内容。"截至2014年年底，各地劳动人事争议仲裁委员会已经调整、组建完毕。2015年6月，全国共建立劳动争议仲裁院2 679家，建院率达83.3%。"② 2016年5月，全国共建立各类劳动人事争议仲裁机构3 005个，专兼职仲裁员达2.37万人。由于劳动人事争议仲裁机构并非司法机关，缺少国家强制力作为后盾，需要司法机关保障仲裁裁决的法律效力。实践中，劳动争议仲裁机构存在独立性不够、人员比例设置不合理、行政化较严重等问题。另外，劳动争议仲裁机构在设立上没有行政级别，导致在同一地区存在多个仲裁机构，其工作职责既有行政性质，又兼有司法性质，无法保证机构的公正性。劳动争议仲裁机构人员编制一直缺乏统一规定，致使大多数仲裁员由劳动行政部门调剂行政人员兼职担任，仲裁中工会和用人单位代表占比较少，职能不断退化，无法切实保护劳动者的合法权益。劳动争议仲裁机构属于劳动人事行政部门的下属机构，缺乏仲裁机构的独立属性，在仲裁过程中行政性倾向比较严重，背离了仲裁的中立性和终局性原则。

2. 农村土地承包纠纷仲裁机构。《农村土地承包法》规定了解决农村土地承包纠纷的四种途径：协商、调解、仲裁和诉讼③。《农村土地承包经营纠纷调解仲裁法》规定了依据解决纠纷的实际需要设立农村土地承包仲裁委员会④。2013年，农业部办公厅公布《农村土地承包经营纠纷调解仲裁工作规

---

① 《劳动争议调解仲裁法》第17条对劳动争议仲裁委员会的设立作了规定："劳动争议仲裁委员会按照统筹规划、合理布局和适应实际需要的原则设立。省、自治区人民政府可以决定在市、县设立；直辖市人民政府可以决定在区、县设立。直辖市、设区的市也可以设立一个或者若干个劳动争议仲裁委员会。劳动争议仲裁委员会不按行政区划层层设立。"

② 冯怡．完善制度不断提升劳动人事争议处理效能．中国人力资源保障，2016 (1).

③ 《农村土地承包法》第55条规定："因土地承包经营发生纠纷的，双方当事人可以通过协商解决，也可以请求村民委员会、乡（镇）人民政府等调解解决。当事人不愿协商、调解或者协商、调解不成的，可以向农村土地承包仲裁机构申请仲裁，也可以直接向人民法院起诉。"

④ 《农村土地承包经营纠纷调解仲裁法》第12条第1款规定："农村土地承包仲裁委员会，根据解决农村土地承包经营纠纷的实际需要设立。农村土地承包仲裁委员会可以在县和不设区的市设立，也可以在设区的市或者其市辖区设立。"

范》，再次重申了农村土地承包仲裁委员会设立与备案的相关规定。目前各地做法不一，有的是在四级政府均设立，有的只设在县、乡两级，有的只在县一级设立。许多地方没有单独设立仲裁机构，仅是挂在县、乡两级农村经营管理站。有的在农业主管部门和乡镇农业合作经济管理机构单独设置了仲裁机构。机构改革之后，许多机构重新撤并，土地承包仲裁机构的设置尤其不健全。

现有法律没有明确规定农村土地承包仲裁机构是行政性质的组织，还是民间性的组织，由此导致实践中比较混乱。但是，从其办事机构、设立的组织来看，农村土地承包仲裁机构与行政机关存在密切的关系，带有浓厚的行政色彩。有学者主张，"参考英国行政裁判所的蓝本将我国现有的农村土地承包仲裁机构改造成行政裁决中心，主要是考虑农地承包纠纷具有权利的不对等性、纠纷场域的特殊性、农地纠纷的历史复杂性与政策性、农业生产的时间性等原因，认为行政裁决更适合处理农地承包纠纷"[①]。所以，建议土地承包裁决机构应当独立于农业行政部门，在乡镇一级、县一级、省一级分别设立，不受行政机关的干预和领导，保证裁决机构的独立性和公正性。

第三节 司法关联型纠纷解决组织建设

司法关联型纠纷解决组织包括法院附设的特邀调解组织、仲裁机构、公证机构等。特邀调解组织是特邀调解制度下的调解组织的一种形式，它不属于以调解组织性质来分类的调解组织，而是附属于法院开展特邀调解工作的组织。人民调解组织、行政调解组织、行业调解组织、商事调解组织，以及律师调解组织，都有可能成为特邀调解组织。特邀调解组织与仲裁机构、公证机构，因其与法院具有紧密联系，在本书中将其归入司法关联型纠纷解决组织建设章节来论述。

一、法院附设调解组织的功能

"特邀调解属于法院附设调解，是指人民法院吸纳符合条件的人民调解、

---

① 张树义. 纠纷的行政解决机制研究——以行政裁决为中心，北京：中国政法大学出版社，2006：213，223.

行政调解、商事调解、行业调解等调解组织或者个人成为特邀调解组织或者特邀调解员,接受人民法院立案前委派或者立案后委托依法进行调解,促使当事人在平等协商基础上达成调解协议、化解纠纷的一种调解活动。"①

(一)特邀调解组织的设立依据

特邀调解制度是根据大众司法需求和社会治理的现实需要,在多元化纠纷解决机制的理论基础上,吸纳社会力量,分流化解民事纠纷的创新性调解制度。2012年新修订的《民事诉讼法》第95条对特邀调解作了概括性的规定②;同年,最高人民法院《关于扩大诉讼与非诉讼相衔接的矛盾纠纷解决机制改革试点总体方案》(下称《扩大试点方案》),提出要构建诉调对接工作平台,完善诉调对接工作机制,加强经费保障和人员培训③;2016年最高人民法院《关于人民法院特邀调解的规定》(以下简称《特邀调解规定》)较为系统地规定了特邀调解的原则、特邀调解的人员及调解的流程等方面的内容。

20世纪中后期,ADR(非诉讼纠纷解决程序)浪潮深刻影响着司法领域内的制度革新,一项突出的表现就是,各国法院积极推动调解工作,特邀调解属于其中的一类形式。美国作为推行法院附设ADR的典型国家,其主要经验在于让法院担当多元化纠纷解决机制内的中心角色,将案件的当事人引入各类适宜的纠纷化解方式之中。其中,美国法院附设调解,是让在法院进行登记备案的律师、专职调解员、志愿者在法院的指导和委托下进行案件调处④。再比如,在我国台湾地区,由调解委员会进行司法调解,调解委员会的组成人员包括法官和来自交通、金融、建筑等社会其他行业的聘任人员。它的运行机制是,法官负责指挥工作程序、审查调解协议,社会聘任人员进行具体调解。

为了更好地发挥社会调解组织化解纠纷的作用,全国各级人民法院积极落实最高人民法院《特邀调解规定》,推进特邀调解组织建设。2019年全国

---

① 贾宇. 特邀调解:多元解纷机制的制度性创新. 人民法院报,2016-10-12.
② 《民事诉讼法》第95条规定:"人民法院进行调解,可以邀请有关单位和个人协助。被邀请的单位和个人,应当协助人民法院进行调解。"
③ 《扩大试点方案》第4条规定:"试点法院建立特邀调解员名册,明确人大代表、政协委员、人民陪审员、专家学者、律师、仲裁员、退休法律工作者等人员进入特邀调解员名册的条件,健全名册管理制度,制定调解员工作规则和职业道德准则,完善工作程序。特邀调解员依托诉调对接中心开展调解工作。特邀调解组织内的调解员不再列入特邀调解员名册。"
④ 范愉. 委托调解比较研究——兼论先行调解. 清华法学,2013(3):63.

各级法院共建立特邀调解组织 2.2 万个,特邀调解员 7 万人。2019 年立案前委派调解案件 325.3 万件,调解成功 118.1 万件;立案后委托调解案件 60.2 万件,调解成功 38.4 万件,调解成功率分别为 36.3%、63.9%。通过特邀调解分流案件约占一审民商事案件总数的 19%,有效缓解了法院案多人少的矛盾。①

(二) 当前特邀调解组织存在的问题及原因

特邀调解员作为多元化纠纷解决机制重要的参与者,通过通俗易懂的语言组织当事人开展调解工作,工作方式灵活、简便高效,既能减轻当事人的诉讼负担,又能节约司法资源,尤其在当前形势下,一定程度上有利于缓解"案多人少"的矛盾。但是部分法院在落实特邀调解工作中还存在价值定位不明晰、资源调配效能不高、管理规则不细化、指导监督不精准、程序衔接不规范、激励保障不到位等问题。

1. 管理不细、流程不明,导致实践混乱。最高人民法院发布的《特邀调解规定》比较原则、笼统,对调解的流程、节点等关键问题均没有作出详细要求。实践中存在的问题主要集中在以下几点:一是启动方式不统一。特邀调解工作由谁启动?有的法院是由法官委托特邀调解员进行调解。有的法院是法官助理启动特邀调解,实际操作中还存在内勤分案时启动特邀调解,书记员拿到卷宗在进行送达时启动特邀调解,更有部分特邀调解员自行筛选其认为可调解的案件而主动开展调解的情况,各地情况不一而足。二是卷宗保管不规范。特邀调解程序启动后,案件卷宗频繁在法官、法官助理、书记员和特邀调解员之间流转,部分法官、法官助理、书记员没有完善案件交接程序,常常出现问卷和找卷的情况。三是进度跟踪不到位。案件系统中并未对特邀调解情况进行录入,对特邀调解的案件无严格的时间限制和流程节点规定,对特邀调解案件进度的监管较为缺乏,加上案件数量众多,法官、法官助理及书记员容易忽略对调解动态的跟踪,若特邀调解员疏于主动反馈案件信息,极易拖延审理进度。

2. 指导监督不精准,导致质量不高。实践中,各法院对特邀调解的监管各不相同。大多数法院是立案庭负责特邀调解员的管理。但立案庭对特邀调解员如何监管未有制度予以明确,导致有的法院特邀调解员处于监管真空。

---

① 李少平. 发挥司法职能作用 提升多元解纷水平 打造新时代"枫桥经验"法院升级版. 人民法院报,2018-11-09.

由于缺乏有效的全国法院统一的监管，特邀调解员调解工作的开展情况只有零星的、碎片式的反映，始终无法掌握系统、整体情况，也没有办法对特邀调解工作进行全面真实的评价。特邀调解员并非法院的工作人员，其到法院开展调解工作的时间不固定，也无法强制要求，外部监管的缺失，导致特邀调解的工作质量难以保证。

3. 程序衔接不规范，配套机制不健全，导致人员构成不合理。现阶段特邀调解员人员构成不合理，素质有待提高的深层客观原因在于选拔、培训、激励等配套机制的缺乏或不完善。一是选拔范围窄。有的法院在人大代表、政协委员及人民陪审员三类人员中进行选拔，离退休人员、社区工作人员占多数。选拔的范围明显偏小，选拔的多元性不够，导致未能充分吸纳行业领域的专业人才，使得特邀调解员专业性不足。二是培训力度不够。有的法院对特邀调解员开展了各类培训，但是培训的力度和深度还有待提升，部分特邀调解员因为对调解工作不熟悉，不愿调解或者只愿意挑选简单的案件，而不愿涉及复杂案件。客观上也存在调解员法律素养不高，专业知识积累不足等原因，导致调解工作开展不顺利。三是缺乏激励机制。在现有的考核机制下，大量具有相应专业技能的人才缺乏参加主持调解的积极性。虽然名册中的特邀调解员不少，但实际运行中，调解员参与度低，经常参与调解工作的是少数，同时，处理案件任务重，不可避免地影响案件处理质量。此外，因为现有机制仅对特邀调解员调解成功数量进行评价，未考虑特邀调解员的实际工作量，使得特邀调解员不愿意花费精力参与较为复杂的案件。上述因素导致人员构成不合理，最终限制了特邀调解功能的发挥。

（三）完善特邀调解组织建设的对策建议

1. 做好特邀调解资源对接。在中央政法委领导下，最高人民法院已与相关部委联合出台近30个多元化纠纷解决机制文件，建立婚姻家事、劳动争议、金融保险、证券期货、价格纠纷、涉侨纠纷、律师调解、商会调解等多个领域、多类主体的专业性纠纷化解机制。各级法院应结合本地实际和各类专业调解的特点，将各类专业、高效、优质解纷资源引进来，分别建立与特邀调解对接的制度、机制、责任部门和人员，实现特定类型纠纷的专业化处理。

2. 进一步规范组织建设管理和统筹调配。建立特邀调解管理系统，对纳入特邀调解名册管理的调解资源，结合纠纷类型特点、社会影响程度、调解员能力和绩效等因素，统一分类建立数据库，通过调解资源调配，实现调解资源优化组合、统筹调配、共享共融、优势互补。

3. 优化特邀调解员选任机制。以基层法院所在辖区的各个社区为单位，由社区自治组织对符合特邀调解员报名条件的申请者进行登记造册，供法院考察、任命。法院应根据法院案件数量及辖区实际情况，按照特邀调解员不低于本院法官员额数 2—3 倍的比例，合理确定特邀调解员的选任数量，增强特邀调解员参与工作的广泛性、多元化与专业化。选任时注意考虑特邀调解员实际参与法院审判工作的可能性，强调特邀调解员应具备实际解决问题的能力、沟通及协作的能力，如适当提高普通民众、离退休人员、人大代表、政协委员、专业人士的比例。

4. 建立特邀调解名册逐级备案制度，加强上级法院的指导示范和集中管理，推动基层法院探索创新；制定特邀调解名册细则，提高特邀调解员选任标准和入册条件，细化入册通知、续展条件、退出机制、更新时限、业绩评价、资质认证、津贴发放等内容，将综合素质高、专业能力强、热爱调解事业的人员选到特邀调解队伍中[①]。

5. 提高保障标准，强化培训力度。提高特邀调解经费保障标准，建立财政保障机制，调解经费补贴与区域实际、纠纷难易挂钩，提高个案补贴的吸引力；依法探索建立调解收费机制，规范诉前调解程序中律师、专家等专业调解收费。根据纠纷类型或者参与调解主体，设立劳动争议、家事纠纷、商事纠纷、交通事故、律师调解等特邀调解室。确定国家和各级政府对不同的调解所应承担的资源投入、管理、监督、保障的职责和权限范围。强化培训力度：首先，由基层法院负责岗前培训和定期培训，组织一批办案经验丰富、法律知识渊博的法官及法官助理或有经验的优秀特邀调解员，有针对性地开展基础业务培训。其次，由各个庭室采取召开特邀调解员联席会、讲评调解协议、见习调解等形式，结合特邀调解员主要参与的案件类型及特点，开展具体工作事务的指导，归纳并传授技能、经验。

6. 健全监督、考核等相关制度。建立完善考核指标体系，将矛盾纠纷多元化解纳入平安中国建设考核。加大特邀调解在绩效考评体系中的权重，督促当事人自行履行调解协议。发挥诉讼费的调节作用，保障当事人诚信参加调解、合理行使诉讼权利。将是否同意适用特邀调解与诉讼费用的承担方式、减免政策等相联系，发挥激励机制效用。指定专门人员负责管理特邀调

---

① 邓宇. 完善特邀调解制度应着重把握的五个问题. 人民法院报，2020 - 05 - 14.

解员,可以将调解员与立案庭的审判团队建立对应的指导关系,各个审判团队对特邀调解员工作进行考核后,考核结果统一提交法院备案,并与特邀调解员的收入直接挂钩。

二、仲裁机构在纠纷解决机制中的作用

仲裁机构因其准司法性,与司法机关建立了较为紧密的衔接关系。中国仲裁机构因分别属于不同的职能部门管理,主要分为商事仲裁和行政仲裁两大类。行政仲裁中又包括劳动人事争议仲裁机构和农村土地承包争议仲裁机构,这部分内容在上一节行政性纠纷化解组织建设中已经论述。为了避免重复,本节中的仲裁机构,仅限定在商事仲裁机构。

《仲裁法》实施 20 多年以来,商事仲裁事业已经取得了长足发展。在法律制度层面,民事诉讼法、仲裁法,以及各仲裁机构的仲裁规则,共同构建了具有中国特色的现代商事仲裁法律制度基本体系。关于商事仲裁机构的问题,因为有《仲裁法》单独规定,所以在多元化纠纷解决机制立法中也许不能规定太多。但是,鉴于目前在"一带一路"建设、自贸试验区建设、粤港澳大湾区建设等重大国家战略规划中,商事仲裁纠纷解决机制占据非常重要的地位,有必要在此对商事仲裁机构在纠纷解决机制中的作用进行专章论述。

(一)商事仲裁机构的发展历程

中国商事仲裁机构分为国内商事仲裁机构和国际商事仲裁机构(也称为涉外商事仲裁机构)。国内商事仲裁机构经历了快速扩张、逐步规范、专业升级的历程。20 世纪 90 年代初,我国有 3 000 多个仲裁机构,其中最多的是设到县一级的经济合同仲裁委员会。因为《仲裁法》规定仲裁委员会不按行政区划层层设立的原则,所以,实践中是根据"确有需要的"的原则才设①。随着仲裁制度改革,国内仲裁机构的数量已经达 250 多家,仲裁机构年受案量及涉案争议金额方面逐年提升,各主要仲裁机构修改完善了仲裁规则,并充分依据自身特点和优势推出了很多仲裁体制和机制创新。

涉外仲裁制度建立于 20 世纪 50 年代。1954 年,先后设立了中国国际贸

---

① 王胜明. 我国仲裁机构的性质——在 2015 年北京仲裁委组织的"中国仲裁体制改革暨仲裁法实施 20 周年研讨会"上的发言. (2015 - 11 - 18)[2019 - 02 - 20]. https://mp.weixin.qq.com/s?_biz=MzAxNTY2MjE2Mw%3D%3D&idx=1&mid=401623332&sn=28c497ec065b255830cc5d06d4e058ba.

易促进委员会对外贸易仲裁委员会、海事仲裁委。对外贸易仲裁委员会于1980年改名为对外经济贸易仲裁委员会，又于1988年更名为中国国际经济贸易仲裁委员会，设有仲裁委华南分会、上海分会。2012年，中国国际经济贸易仲裁委员会发生内争。2015年7月15日，最高人民法院就涉及中国贸仲及其原分会等管辖案件请示的批复，彻底解决了这场"分家风波"。目前，我国涉外仲裁机构呈现出北上广"三足鼎立"的局面。北京有中国国际经济贸易仲裁委员会、北京仲裁委/北京国际仲裁中心、中国海事仲裁委员会；广东有深圳国际仲裁院；上海有上海国际经济贸易仲裁委员会。随着对外开放的深度落地，一些著名的国际商事仲裁机构，例如英国伦敦国际仲裁院、瑞士苏黎世商会仲裁院、瑞典斯德哥尔摩商会仲裁院、国际商会仲裁院、美国仲裁协会、日本商事仲裁协会等，也逐渐瞄准了"一带一路"建设中日益增多的国际商事争端。

（二）商事仲裁机构的特征

根据《仲裁法》第14条，仲裁委员会作为独立于行政机关的一个纠纷解决机构，具备独立性、民间性、专业性、准司法性等特征。

一是独立性。其包含三层含义：仲裁机构设置上独立于行政机关；仲裁机构之间相互独立；仲裁庭依法不受行政机关、社会团体和个人的干涉。当然，独立性并不排斥法院对仲裁裁决的监督。法院依法审查仲裁并赋予仲裁裁决强制执行力，是对仲裁机构的支持和监督。

二是民间性。民间性是相对于行政性而言的，说明仲裁机构是由非官方的民间机构运行的，裁决权来源于法律的规定和双方当事人的授权，而非来源于国家权力。但是，如果争议内容涉及国家利益和社会公共利益，法律不允许当事人自由处置的，则不能由仲裁机构予以裁决。

三是专业性。专业性包括仲裁机构的专业属性和仲裁员的专业性两个方面的内容。商事仲裁机构在纠纷解决机制中，具有不同于其他纠纷解决机构、组织的专业属性。仲裁机构都制定具有自身特色的仲裁规则。在仲裁专业人才培养方面，一批具有国际商事仲裁实践经验的法学专家、律师在仲裁案件中担任仲裁员，逐步推动了商事仲裁的高端业务。

四是准司法性。仲裁机构的仲裁程序以及适用法律的情况，与司法诉讼程序具有一定的相似性。裁决本身属于一种司法功能，因此可以说仲裁是一种准司法制度。但是，仲裁不具有国家权力机关的属性和强制性，在案件受案范围和管辖权、强制执行等方面与诉讼存在本质的区别，而且不能排除司法审查。

(三) 国内商事仲裁机构发展存在的问题

中国商事仲裁制度在经历《仲裁法》颁行之后的高速发展后,在国内、国际两方面均迎来了新挑战。第一,仲裁的市场化发展受限。在国内仲裁领域,基于中国仲裁法确立的机构仲裁制度,国内仲裁市场及仲裁行业的发展极大程度依赖于当地仲裁机构的发展,可以说在国内仲裁领域选择仲裁就是选择机构。在机构仲裁主导的现状下,仲裁发展的市场化程度较低,能够动员的社会资源有限,缺乏仲裁服务需求方和提供方相对应的社会自生发展动力。第二,仲裁机构行政化色彩较浓。除了传统涉外商事仲裁机构和少数国内仲裁机构能够与国际接轨之外,多数地方商事仲裁机构在不同区域之间发展很不平衡,大部分仲裁机构还没有完全摆脱行政化色彩,缺乏专业化服务机构特色。第三,面临巨大的国际化挑战。在涉外仲裁领域,国外当事人选择中国涉外商事仲裁机构仲裁的案件很少,具有中国因素的国际仲裁案件也多数选择境外国际仲裁机构仲裁。随着境外仲裁机构跟随自贸区发展逐步入驻国内,中国仲裁机构将面临更多境外仲裁机构在境内开展仲裁业务方面的挑战。在"一带一路"建设中,中国会逐步放宽境外仲裁机构在国内开展仲裁业务的限制。2019年7月,国务院印发《中国(上海)自由贸易试验区临港新片区总体方案》①,明确规定了"允许境外知名仲裁及争议解决机构经上海市人民政府司法行政部门登记并报国务院司法行政部门备案,在新片区内设立业务机构,就国际商事、海事、投资等领域发生的民商事争议开展仲裁业务",这显现出我国逐步放开境外仲裁机构在中国开展业务的趋势。同年12月27日,最高人民法院发布的《关于人民法院为中国(上海)自由贸易试验区临港新片区建设提供司法服务和保障的意见》明确支持新片区仲裁制度改革创新,支持经登记备案的境外仲裁机构在新片区就国际商事、海事、投资等领域发生的民商事纠纷开展仲裁业务②。

长期以来,最高人民法院始终致力于为仲裁事业健康发展提供保障。"2017年,最高人民法院制定发布了多项司法解释。《关于仲裁司法审查案件归口办理有关问题的通知》解决了不同审判庭多头负责、裁判标准不一致的

---

① 国务院印发《中国(上海)自由贸易试验区临港新片区总体方案》. [2019-10-14]. www.chinanews.com/gn/2019/08-06/8918402.shtml.

② 最高人民法院关于人民法院为中国(上海)自由贸易试验区临港新片区建设提供司法服务和保障的意见. [2020-01-30]. http://www.court.gov.cn/fabu-xiangqing-212941.html.

问题，确立了仲裁司法审查案件统一归口办理制度。《关于仲裁司法审查案件报核问题的有关规定》将经过多年实践检验的报核制度以司法解释的形式予以确立，明确了操作程序和各级法院的职责，确保法律和国际条约在各级人民法院都能得到准确的理解和适用。《关于审理仲裁司法审查案件若干问题的规定》针对实践中的一些热点、难点问题明确进行了规范，体现了人民法院对仲裁协议效力尽可能做有效解释、尽可能承认和执行仲裁裁决的司法审查理念。"①

针对近年来反映突出的虚假仲裁问题，最高人民法院进行了专题调研，对以湛江仲裁委为代表的仲裁机构为网络 P2P 小额借贷纠纷执行案件进行研究，认为仲裁机构未依照仲裁法规定的程序审理纠纷或者主持调解，属于违反仲裁程序的情形，也未保障当事人申请仲裁员回避、提供证据、答辩等程序权利。于是，最高人民法院于"2018 年 6 月 5 日，针对广东高院的请示，发布了《关于仲裁机构'先予仲裁'裁决或者调解书立案、执行等法律适用问题的批复》（法释［2018］10 号），指出对于网络借贷合同当事人申请执行仲裁机构在纠纷发生前作出的仲裁裁决或者调解书的，裁定不予受理；已经受理的，裁定驳回执行申请。根据人民法院大数据平台的统计，2017 年，全国各级人民法院办结仲裁执行案件 267 066 件，其中裁定不予执行 1 612 件，占比仅为 0.6%"②。这充分证明了最高人民法院对虚假仲裁坚决予以纠偏，向社会展示了规范、监督、支持仲裁机构规范运作、健康发展的司法态度。

（四）国内商事仲裁机构的发展趋势

中国商事仲裁正处在从"仲裁大国"向"仲裁强国"转变的关键时期，要深入推进仲裁机构的体制改革，适应国际商事仲裁的时代发展大潮。

一是立足国情，加快仲裁制度改革的步伐。《仲裁法》实施 20 余年，已经远远跟不上快速发展的现实需求。仲裁机构要适应市场主体对争议解决程序的多样化需求，在不违背适用法律强制性规定的前提下，充分尊重当事人的意思自治，进一步增加仲裁规则的灵活性和可预见性。

---

① 罗东川. 支持仲裁解决纠纷 共建"一带一路"国际商事争端多元化解决机制——在深圳国际仲裁院 2019 年版《仲裁规则》发布会暨仲裁员培训交流会上的讲话. (2018 - 12 - 23)［2019 - 02 - 21］. http://www.sccietac.org/web/news/detail/1836.html.

② 《最高人民法院作出批复否决网贷纠纷"先予仲裁"裁决的可执行性》及答记者问. 人民法院报，2018 - 06 - 11；刘子阳. 网贷纠纷"先予仲裁"缺乏法律依据. 法制日报，2018 - 06 - 12.

二是顺应仲裁的世界多元化发展潮流。自 2013 年"一带一路"倡议提出以来，我国与沿线国家在基础设施、能源、贸易、投资、金融等方面都展开了深入合作。为妥善解决"一带一路"倡议在实施过程中可能发生的争议，国内仲裁机构纷纷进行新探索，向国际化、多元化迈进。深圳国际仲裁院与深圳仲裁委合并组建深圳国际仲裁院，并实行市场化的用人机制和企业财务制度。针对近年来广受关注的 PPP（Public-Private Partnership，即政府和社会资本合作）争议解决，中国国际经济贸易仲裁委成立了"政府与社会资本合作（PPP）争议仲裁中心"。武汉仲裁委成立了"一带一路（中国）仲裁院 PPP 仲裁中心"，北京仲裁委成立了"PPP 研究中心"。

三是提高仲裁机构和仲裁员的专业化。一些仲裁机构大胆创新，加大多元化、专业化、高效率、低成本的改革措施，凸显仲裁专业灵活、经济高效的优势。例如，深圳国际仲裁院 2018 年 12 月 23 日发布了新的仲裁规则，借鉴国际惯例，回应市场需求，坚持当事人中心主义，首次探索"选择性复裁机制"，首次推出仲裁员和当事人庭审声明新机制，首度引入"当事人之间自行送达机制"，提高仲裁效率，节约仲裁资源，从而对仲裁市场的诚信环境培育以及仲裁参与方的诚信行为引导发挥引领作用[1]。培养一大批具有强烈事业心、责任感的高素质仲裁员是当务之急。

四是融入国际化的发展格局，服务保障"一带一路"建设。为推动妥善化解"一带一路"建设过程中产生的商事争端，中央作出了建立"一带一路"国际商事争端解决机制和机构的重大决策部署。2018 年 1 月 23 日，中央全面深化改革领导小组会议审议通过《关于建立"一带一路"国际商事争端解决机制和机构的意见》。同年 6 月，中办和国办印发《关于建立"一带一路"国际商事争端解决机制和机构的意见》。2018 年 6 月 29 日最高人民法院分别在深圳、西安挂牌成立第一、第二国际商事法庭，成立了国际商事专家委员会，首批聘请了来自国外和我国港澳台地区的 31 位专家委员，又选定了 7 家首批纳入"一站式"国际商事纠纷多元化解决机制的仲裁和调解机构，"一带一路"国际商事争端解决机制和机构初步建成。国内仲裁机构必须抓住当前的发展机遇，融入国际商事争端解决机制的整体建设中。

---

[1] 特区国际仲裁：新规则、新突破——深圳国际仲裁院发布新版仲裁规则．[2019-02-20]. http://www.legaldaily.com.cn/Arbitration/content/2018-12/24/content_7725889.htm.

三、公证机构在纠纷解决机制中的辅助功能

公证机构参与纠纷化解有法律基础、业务基础和实践基础，同时具有专业性、亲民性、独立性、结果强制性的特有优势。2016年最高人民法院《深化多元改革意见》以及2017年最高人民法院和司法部《关于开展公证参与人民法院司法辅助事务试点工作的通知》（以下简称《公证参与司法辅助试点通知》），赋予公证机构介入"调解、送达、取证、保全、执行"等司法领域的正当性，说明了公证机构具有参与多元化纠纷解决机制建设、辅助司法的功能。

（一）公证参与调解的法律基础

《公证程序规则》规定了经公证的事项在履行过程中发生争议的，出具公证书的公证机构可以应当事人的请求进行调解[①]。该规定赋予了公证机构调解的职能。2016年最高人民法院《深化多元改革意见》第2条、第4条、第11条就公证机构参与调解进行了规定，"支持公证机构……在家事、商事等领域开展公证活动或者调解服务"，显示了司法政策对公证参与调解的支持。2017年《公证参与司法辅助试点通知》更是进一步明确人民法院通过吸纳公证机构进入人民法院特邀调解组织名册，在家事、商事等领域开展调解；对公证机构参与调解程序的方式以及与法院的对接进行了进一步的明确和鼓励。在鼓励基层法院在政策框架内大胆尝试、大胆改革的背景下，有最高人民法院和司法部司法政策的支持，公证机构参与调解将得以顺利开展。

（二）公证参与调解的实践基础

公证参与调解是以法院委派调解或委托调解的形式启动的，主要调解家事和商事领域案件，应独立进行调解工作并同时遵循公证工作规则和法院工作规则。对于调解达成调解协议的，应根据当事人的选择进行公证或出具调解书；未达成调解协议的，遵循"适当承接"原则，在承接公证调解的阶段性成果的同时确保诉讼程序不重复、拖延。公证固有的业务类型与法院数量

[①] 《公证程序规则》第56条规定："经公证的事项在履行过程中发生争议的，出具公证书的公证机构可以应当事人的请求进行调解。经调解后当事人达成新的协议并申请公证的，公证机构可以办理公证；调解不成的，公证机构应当告知当事人就该争议依法向人民法院提起民事诉讼或者向仲裁机构申请仲裁。"

第四章 多元化纠纷解决机制促进法中的解纷组织建设 · 163 ·

较多的案件类型存在重叠。在《公证法》规定的可以办理公证的 11 项业务中①，前 5 项都可能涉及财产，特别是第 1 项规定的"合同"是个"筐"，几乎所有的调解协议都可以称为合同；而第 3 项的遗嘱以及第 6 项的婚姻、亲属、收养都在实践普遍认可的公证机构可以参与调解的家事纠纷的范围内。在审结民事案件中，案件数量排名靠前的主要有：民间借贷纠纷、离婚纠纷、机动车交通事故责任纠纷、金融借款合同纠纷、物业服务合同纠纷、劳动争议、信用卡纠纷、房屋买卖合同纠纷、劳务合同纠纷。这些民事案件主要涉及的是财产和家事纠纷。公证机构在参与调解时具有业务相对熟练的优势，在需要对当事人达成的调解协议进行公证时又有充分的法律支持。

实践中，有的法院大胆创新建立法院与公证机构对接的工作平台，如：福建省厦门市思明区法院与鹭江公证处成立的"诉讼与公证协同创新中心"，下设有调解工作组，探索四类案件的多元化解、机制创新，实现纠纷的诉前分流②；2017 年 2 月 17 日，四川省成都律政公证处与成都市武侯区法院签订《诉讼与公证协同服务合作协议》，成立四川首个"诉讼与公证协同服务中心"，参与诉前调解等工作③；2017 年 3 月 28 日，广东省第一个"公证驻法院工作站"，即广州公证处驻白云法院工作站正式挂牌成立，开展公证、保全、调解等工作④；2017 年 4 月 7 日，上海市第二中级人民法院与闸北公证处合作成立上海首家诉讼与公证协同服务中心，家事类纠纷调解也是协同服务中心的重点合作内容⑤；2017 年 7 月 27 日，广东省深圳市前海区法院与前海公证处签署《关于前海公证处参与司法辅助事务工作框架协议》，前

---

① 《公证法》第 11 条第 1 款规定，根据自然人、法人或者其他组织的申请，公证机构办理下列公证事项：(1) 合同；(2) 继承；(3) 委托、声明、赠与、遗嘱；(4) 财产分割；(5) 招标投标、拍卖；(6) 婚姻状况、亲属关系、收养关系；(7) 出生、生存、死亡、身份、经历、学历、学位、职务、职称、有无违法犯罪记录；(8) 公司章程；(9) 保全证据；(10) 文书上的签名、印鉴、日期，文书的副本、影印本与原本相符；(11) 自然人、法人或者其他组织自愿申请办理的其他公证事项。

② 获孟书记点赞！思明法院与鹭江公证处共建的这个中心有料哦．[2019-02-20]．http://www.chinapeace.gov.cn/2017-01/17/content_11391821.htm.

③ 四川成立首家诉讼与公证协同服务中心．[2019-02-23]．http://www.chinapeace.gov.cn/zixun/2017-02/18/content_11396155.htm.

④ 广东首家"公证驻法院工作站"在穗挂牌成立．[2019-02-23]．http://www.gz-notary.com/NewsDetail.aspx?code=0201&id=2779.

⑤ 上海首家诉讼与公证协同服务中心挂牌成立．[2017-08-02]．http://www.court.gov.cn/zixun-xiangqing-39502.html.

海公证处加入前海法院特邀调解组织名册，开展调解前置程序改革[①]；等等。此外，也出现了地方司法政策文件支持公证参与调解。例如，2017年5月16日福建省高级人民法院和福建省司法厅《关于开展"诉讼与公证"协同创新的意见（试行）》要求，人民法院支持公证机构参与调解，人民法院通过开展调解前置程序改革等方式支持公证机构提供第三方调解等服务。这些实践中的探索，一方面说明公证调解在实践中有现实需求和发展的土壤，另一方面也可以为公证与法院诉调对接的铺开积累经验。

（三）公证的证明效力以及辅助功能

按照《公证法》的规定，"公证是公证机构根据申请，依照法定程序对民事法律行为、有法律意义的事实和文书的真实性、合法性予以证明的活动"[②]。按照民事诉讼证据规则的规定，公证证明的证明效力高于其他证据的证明效力。因此，公证制度的证明效力是其基本功能。在司法实践中，公证制度证明效力的发挥主要体现在以下方面：一是在证据存储上利用公证的方式。二是在调查取证上利用公证的方式。三是在证据固定上利用公证的方式。

党的十四届三中全会《关于建立社会主义市场经济体制若干问题的决定》指出："发展市场中介组织，发挥其服务、沟通、公证、监督作用。"其中专门指出，当前要着重发展公证机构。2012年国务院《服务业发展规划"十二五"规划》指出："大力发展以律师和公证为主体的法律服务业，稳步扩大从业人员数量，全面提高从业人员素质。"公证机构在参与司法辅助事务中，可以协助民事诉讼活动高效、有序进行。在法院送达中，引入公证、存证、见证方式，对电话送达的过程进行在线录音，形成音频文件存放于公证机构的服务器上；由公证员公证留置送达，破解送达难问题，确保送达程序的合法有效等。此外，在强制执行中引入公证法律服务，由公证员负责查封财物清点、款项提存、行为见证等，以中立第三方参与的方式进行记录证明，避免利害关系人的质疑，有利于司法公信力的提升。

[①] 深圳前海法院与前海公证处合作推进司法辅助事务工作．[2019-02-23]．2017年7月28日 https://baijiahao.baidu.com/s?id=1574100850364855&wfr=spider&for=pc．

[②] 《公证法》第2条规定，"公证是公证机构根据自然人、法人或者其他组织的申请，依照法定程序对民事法律行为、有法律意义的事实和文书的真实性、合法性予以证明的活动。"

第五章 多元化纠纷解决机制促进法中的机制构建与相互衔接问题

如何有效地整合非诉讼纠纷解决资源，发挥非诉讼纠纷解决途径的优势，恰当地解决诉与非诉的衔接机制问题，这是多元化纠纷解决机制立法中的关键问题，也是核心问题。因为，"多元化纠纷解决机制的最基本理念强调诉讼与非诉讼、国家司法制度与社会制度、国家权力与社会自治、国家救济与社会救济之间的相互配合与协调，最终达到纠纷的有效化解"[1]。比较各类纠纷解决方式的优劣，主要是为了强调不同的纠纷解决方式之间的合作与协调，既要注重纠纷解决机制的多元性，也要注意到它们的一致性，实现多元性与一致性的协调发展，为不同类型的纠纷找到适当的纠纷解决途径，构建公正高效便捷的纠纷解决体系，其最终目的在于实现纠纷的实质性解决，以满足社会和当事人的多元需求。

第一节 非诉解纷机制的类型及各自优势

一、非诉解纷机制的概述及分类

一个国家的矛盾纠纷特点和数量多少，决定了国家的纠纷化解服务供给。从世界各国来看，和解、调解、行政处理、仲裁和诉讼共同构成了多元化纠纷解决体系。"多元化是相对于一元化而言的，即在认同人类共同的'基本善'的法治的前提下，追求价值、正义、实现正义之途径以及社会治理方式的多元化。多元化纠纷解决机制的理念强调诉讼与非诉讼、法

---

[1] 梁瑾. 建构多元化纠纷解决机制的法理解析. 山西经济管理干部学院学报, 2012 (9).

律机制与其他社会调整机制、国家权力与社会自治，公力救济与社会救济之间的协调互动，以实现多元化的功能和价值。"[①] 多元化纠纷解决机制建设要注重合理配置各类纠纷解决资源，形成一个基本完整、协调并存的生态系统。

从世界各国的情况看，纠纷解决类型取决于社会需求，"在不同的历史发展阶段、不同的社会体制乃至不同的社会文化背景下呈现出迥然不同的形态，体现着社会主体的选择与价值取向，而且始终处于动态的调整变迁中。人类进入现代社会之后，一方面，社会多元化程度日益提高，社会治理的复杂性及纠纷解决类型的多元性日益加剧；另一方面，社会民众法律意识的增强，人们自觉运用法律进行制度建构的能力越来越强"[②]。从各方面都可以看到纠纷解决类型的日益丰富和完善。

美国在1998年颁布了《ADR法》，规定了和解、调解、陪审团简易审、法官简易审、迷你庭审、早期中立评估、仲裁、调解＋仲裁、裁决等多种纠纷解决类型。加拿大的非诉讼解决机制包括协商、调解、小额审判、早期中立评估、简易陪审团审判、调解与仲裁、仲裁等形式。我国的纠纷解决类型在20世纪60年代比较重视人民调解，近十年来随着中央以及最高人民法院推进的多元化纠纷解决机制改革，行政调解、行业调解、商事调解和仲裁不断发展起来。随着民事诉讼法、人民调解法、仲裁法、公证法等法律的修订和颁布，各种纠纷解决机制日益丰富。2015年两办《意见》明确了纠纷解决类型包括：人民调解、行政调解、司法调解、行业调解、商事调解、仲裁、行政复议与行政裁决、协商、中立评估、第三方调处等，呈现多元化。2016年最高人民法院《深化多元化纠纷解决机制改革意见》在明确上述纠纷解决途径的基础上，借鉴实践中的发展和域外经验，还探索了中立评估机制、无争议事实记载机制和无异议调解方案认可机制等创新型纠纷解决方式，为纠纷解决方式拓展了领域和手段。2019年2月，《人民法院第五个五年改革纲要》（以下简称《五五纲要》）再一次强调了深化多元化纠纷解决机制改革：要创新发展新时代"枫桥经验"，完善"诉源治理"机制，坚持把非诉讼纠纷解决机制挺在前面，推动从源头上减少诉讼增量；完善调解、仲裁、行政裁决、行政复议、诉讼等有机衔接、相互协调的多元化纠纷解决体系，促进

---

① 范愉，等.多元化纠纷解决机制与和谐社会的构建.北京：经济科学出版社，2011：36；范愉.挑战与机遇：当代中国多元化纠纷解决机制的建构.东南司法评论，2009（1）.

② 范愉.挑战与机遇：当代中国多元化纠纷解决机制的建构.东南司法评论，2009（1）.

共建共治共享的社会治理格局建设[1]。在具体推进《五五纲要》进程中,最高人民法院在 2019 年 7 月发布的《关于建设一站式多元解纷机制、一站式诉讼服务中心的意见》(以下简称《两个一站式意见》)中提到"完善诉调一体对接机制",并且强调要促进"诉调对接实质化"[2]。

关于纠纷解决机制的概念,学界有不同的理解。有人认为:"纠纷解决机制,是指争议当事人用以化解和处理纠纷的手段和方法。"[3] 也有人认为,纠纷解决机制是"一个社会为解决纠纷而建立的由规则、制度、程序和机构(组织)及活动构成的系统"[4]。按照纠纷解决的类型,通常把纠纷解决机制分为和解、调解、仲裁、诉讼等四种形式,主要以纠纷解决方式的表现形式来分类;从纠纷救济主体的角度分类,则可以分为自力救济、社会救济、公力救济等;从纠纷解决机制的基本特征而言,还可以分为合意性纠纷解决方式和强制性纠纷解决方式;当然,使用较多的是诉讼与非诉讼纠纷解决方式。多元化纠纷解决机制立法的核心就是如何有效地整合非诉讼纠纷解决资源,如何发挥非诉讼纠纷解决途径的优势,如何恰当地解决诉讼与非诉讼纠纷解决方式的衔接机制问题。所以,本章节重点分析非诉解纷机制的优势以及与诉讼衔接的关键问题。

二、合意性纠纷解决机制的典型——协商和解

协商和解是当事人遇到纠纷时的一种权利自决处理方式。协商是指双方或多方当事人之间进行的一种关于信息交换和传递的交互式活动,其目的是寻求合作或合理分配,是旨在相互说服的交流或对话,以期达到预期的结果。协商中,当事人使对方了解自己以及对方的要求、立场等,进行磋商,产生相互合作的愿望。有学者指出,"协商和解是指在纠纷发生后,通过当事人之间的直接交涉寻求纠纷的解决,一般没有第三者的介入,因此也被称为自力救济方式"[5]。"和为贵"是中国文化的优秀传统。《论语·学而》中说"礼之用,和为贵",在今天而言,就是指人们处理纠纷的一种原则,倡导人

---

[1] 最高人民法院召开"五五改革纲要"暨中国法院司法改革白皮书发布会. [2019 - 03 - 01]. http://www.sohu.com/a/297995367_120032709.
[2] 最高人民法院关于建设一站式多元解纷机制、一站式诉讼服务中心的意见. [2019 - 10 - 14]. https://www.chinacourt.org/article/detail/2019/07/id/4234267.shtml.
[3] 徐昕. 纠纷解决与社会和谐. 北京:法律出版社 2006:68.
[4] 范愉,李浩. 纠纷解决——理论、制度与技能. 北京:清华大学出版社,2010:20.
[5] 赵旭东. 通过合意的纠纷解决——合意性纠纷解决机制研究. 北京:法律出版社,2017:9.

与人之间要保持和气、和谐，避免争执、对抗。和解就是通过倡导"和为贵"的精神，引导人们在发生纠纷时能够彼此让步，以温和的处理方式化解纠纷，使纠纷在进入裁决、诉讼等涉及公权力的阶段之前得到及时解决，避免矛盾激化升级。

1. 协商和解的优势。一是无须第三方的介入，不必遵循严格的法律程序，方式便捷灵活。协商和解可以在当事人同意的时间、地点随时随地进行，化解纠纷的成本很低，程序也比较简便灵活，气氛融洽，容易让当事人放下对抗的戒备心理，可以最大限度地实现各方的预期利益。二是自始至终在充分自愿的基础上进行。协商和解是当事人自愿的选择，没有强迫的意愿，所以当事人的自主性比较强，可以自我做主。三是调解保密原则。协商和解是当事人自愿选择的，具有高度保密性，能让双方当事人告知对方自己的底线，能够充分体现当事人的意思自治。四是有利于社会关系的修复，保持和发展合作关系。

2. 和解协议的效力。这里的协商和解不包括诉讼过程中的和解。通过和解化解纠纷后，当事人达成的和解协议明确了各方的权利义务，在当事人之间形成了新的明确的合同关系，各方当事人均受该协议的约束。根据《合同法》的规定，和解协议如果具备合同生效的要件，即当事人在签订和解协议时具备相应的民事行为能力，意思表示真实，没有欺诈、胁迫、乘人之危的情形，而且协议约定的内容不违反法律法规的规定，不损害国家利益、社会公共利益和他人合法权益的，则所达成的和解协议具有法律效力，当事人应当履行。

3. 实现和解的关键。从实质意义上看，和解直接意味着纠纷的真正解决。"纠纷解决最终结果的形成还必须借助于某种起决定性作用的媒介，这个媒介就是合意。也就是说，任何和解的交涉都不是达至和解的充分条件，从一定意义上说，实现和解的关键原因也是更为深层的原因是纠纷当事人之间合意的达成，以及合意达成的正当性。所谓合意的正当性包括合意的正确性和妥当性。正确的合意应当不仅能够体现当事人的意愿，而且还能够体现人类善良习惯和社会正义，甚至还应当能够在一个法治社会中维护法律的尊严。妥当的合意则是强调合意的完整性和彻底性，这关系到纠纷解决的最终质量和实际效果。"① 所以，实现和解的关键是当事人之间真正达成的合意。

---

① 赵旭东. 通过合意的纠纷解决——合意性纠纷解决机制研究. 北京：法律出版社，2017：11-12.

三、第三方调解方式的优势

调解与协商和解的区别在于第三方的参与，且调解不同于审判、仲裁，最重要的区别在于调解员没有权力对双方当事人的争议施加外部的强制执行力。调解按照主体的不同，分为人民调解、行业调解、商事调解、行政调解、律师调解等；按照救济方式的不同，分为私力调解、社会调解、公力调解；按照是否具有强制性来分类，分为合意性调解、强制性调解。下面我们主要按照主体分类来论述。

(一) 人民调解

人民调解在我国纠纷解决机制中占据重要地位，主要是因为人民调解植根于我国传统历史文化，是我国人民独创的化解矛盾、消除纠纷的非诉讼解决方式。由于人民调解具有扎根基层、分布广泛、灵活便捷、和谐共赢等特点，在解决纠纷方面具有独特的、不可替代的基础性作用。人民调解被国际社会誉为"东方经验"。

按照《人民调解法》规定，人民调解是指人民调解委员会通过说服、疏导等方法，促使当事人在平等协商基础上自愿达成调解协议的活动。人民调解的主体包括农村村民委员会与城市（社区）居民委员会设立的人民调解委员会、乡镇（街道）人民调解委员会、联合调解委员会、企业调解委员会，以及需要设立的区域性、行业性的人民委员会，比如流动人口聚居区、行政接边地区、集贸市场、物业管理小区、旅游区等建立的区域性人民调解委员会等。"人民调解可以调解的纠纷有四类：一是民间纠纷。公民与公民之间、公民与法人或者其他组织之间，有关人身和财产权方面的争执都属于民间纠纷，如婚姻、家庭、继承、赡养、扶养、邻里、小额债务、轻微侵权等传统民间纠纷和土地承包、村务管理、征地拆迁、环境污染、劳资工伤、物业管理、医疗纠纷等社会难点热点纠纷。二是法律法规规定允许和解的刑事案件。三是刑事案件引起的民事赔偿。四是行业性的纠纷，例如交通事故纠纷、医患纠纷、消费者权益保护纠纷、物业纠纷等。"[1]

人民调解的优势：一是人民调解源远流长，基础深厚，植根于我国传统历史文化，是我国人民独创的化解基层矛盾、消除民间纠纷的非诉讼解决方式；二是普通民众对人民调解的认可度较高，人民调解具有注重道德伦理和

---

[1] 扈纪华，陈俊生．中华人民共和国人民调解法解读．北京：中国法制出版社，2010．

地缘属性，扎根基层、分布广泛的特点；三是人民调解的方式灵活便捷，易于为广大老百姓所普遍接受和使用；四是人民调解在基层具有权威性，"五老调解""族长调解""乡贤调解"等方式深受民众认可；五是人民调解协议法律效力得到司法确认制度的保障，也是人民调解得以发展壮大的有力支撑。当然，人民调解也有不足之处，例如人民调解的泛化问题，人民调解组织尚不健全、调解人员素质参差不齐、经费保障不到位等问题，在第四章已有详细论述，也提出了具体的解决方案，在此不再重复。

（二）行业调解

行业调解是以行业协会或者行业调解组织作为调解主体，解决行业性纠纷的活动。行业调解有其专业性、相对权威性，主要是因为行业协会对行业内部相关事务比较专业，能够快速合理解决各方之间的纠纷。

行业调解的优势有：在行业协会设立调解组织，行业调解员具有丰富的行业领域的知识，对行业纠纷中的热点问题更能从法律和专业角度厘清双方的权利义务关系。行业内部诚信自律和行业规范能有效地促进调解达成协议；而行业内对失信行为的惩戒也可以为调解效力提供一定的保障。行业纠纷多是同行业领域之间的竞争合作，或者是行业协会成员之间或者行业协会成员与相关利益主体的交易行为。纠纷当事人之间的关系既有竞争又有合作，所以，调解是一种既高效又相对比较平和的纠纷解决方式。但是，我国的行业调解也面临着行业调解组织缺乏独立性，影响了行业调解的公信力，以及行业调解法律效力层级较低，行业调解的程序规范化不足，限制了行业调解专业性优势的发挥等问题。这些问题都需要我们在多元化纠纷解决机制立法中予以规范。

（三）商事调解

商事纠纷是指平等主体的商品生产者、经营者之间在从事以营利为目的的商事行为过程中产生的纠纷。商事纠纷产生于商事主体之间的商事活动中，与普通民事活动相比，商事活动更具有专业性，涉及更多的商事习惯、交易习惯等商事内容，非专业人士很难全面了解。所以，亟须专业的商事调解组织和商事调解员化解商事纠纷。

商事调解的优势表现为：一是专业性。由于商事纠纷的性质，人们在解决因商事交易而产生的纠纷时会更加理性，需要专业化的调解方式修复与对方的商业关系。二是中立性。中立性是商事调解最为突出的特点，也是商事主体选择商事调解的关键因素。三是交涉性。这体现在商事调解员依托其专业调解技能,让当事人的意志得到充分体现,寻找到最大的利益平衡点。四是市场性。商事调解组织以商事调解方式化解商事活动中的纠纷,根据自身服务质量向当事人收取一定的费用,提供有偿调解服务。商事调解组织在实现交易效率的同时,必须依靠市场化运行谋求生存和发展,所以,还需要兼顾交易安全、社会效益、市场秩序等其他价值。这个特点是商事调解独有的特性。五是国际性。随着"一带一路"建设的深入和联合国通过了《新加坡调解公约》[1],国际商事调解在国际争端解决机制中的地位也越来越重要。在跨国商事关系活动中广泛运用调解,赋予调解达成的和解协议跨国跨境执行力,这将从根本上推动商事调解得到不同社会制度、不同经济模式、不同法律体系的各个国家的广泛认同,将有助于维系和发展和谐共赢的国际经济关系。

(四)律师调解

律师调解是律师参与社会矛盾化解的一项新制度。最高人民法院、司法部联合出台的《关于开展律师调解试点工作的意见》规定:"律师调解可以受理各类民商事纠纷""律师事务所和律师接受相关委托代理或参与矛盾纠纷化解时,应当告知当事人优先选择调解或其他非诉讼方式解决纠纷"[2]。根据最高人民法院、司法部关于律师调解试点工作的部署,律师调解的工作模式主要有四种:"一是在人民法院诉讼服务中心、诉调对接中心或具备条件的人民法庭设立律师调解工作室,配备必要的工作设施和工作场所。二是在县级公共法律服务中心、乡镇公共法律服务站设立专门的律师调解工作室,由公共法律服务中心(站)指派律师调解员提供公益性调解服务。三是在律师协会设立律师调解中心,在律师协会的指导下,组织律师作为调解员,接受当事人申请或人民法院移送,参与矛盾化解和纠纷调解。四是鼓励和支持有条件的律师事务所设立调解工作室,组成调解团队,可以将接受当事人申

---

[1] 2018年6月27日联合国贸易法委员会第五十一届会议通过了《新加坡调解公约》。《新加坡调解公约》旨在促进国际商事调解并建立一套直接执行经调解产生的国际商事和解协议机制。《新加坡调解公约》于2019年8月7日签署,包括中国、美国在内的46个国家和地区作为首批签约方签署了这一公约。

[2] 最高人民法院、司法部联合出台的《关于开展律师调解试点工作的意见》规定:"律师调解可以受理各类民商事纠纷,包括刑事附带民事纠纷的民事部分,但是婚姻关系、身份关系确认案件以及其他依案件性质不能进行调解的除外。""律师事务所和律师接受相关委托代理或参与矛盾纠纷化解时,应当告知当事人优先选择调解或其他非诉讼方式解决纠纷。律师调解一般由一名调解员主持。对于重大、疑难、复杂或者当事人要求由两名以上调解员共同调解的案件,可以由两名以上调解员调解。"

请调解作为一项律师业务开展,也可以承接人民法院、行政机关移送的调解案件。"①

律师调解的优势有:一是律师调解的专业性。律师作为法律执业人士,越来越多地作为中立第三方主持调解,可以发挥律师队伍数量大、专业性强、经验丰富的独特优势。职业化的调解律师是未来调解专业化的主力军。二是拓展律师提供法律服务的领域。要转变律师提供法律服务的观念,律师不仅是为一方当事人代理诉讼打赢官司的主体,还应当是真正实质性解决纠纷的主体,调解律师将是律师行业的又一个新的职业增长点。三是律师调解的广泛适用性。律师调解与行业调解、商事调解相比,具有在法律背景下提供调解服务的一般性或广泛适用性。律师是具备一般法律专业知识的专家,他们可以和行业领域专家进行结合,为纠纷当事人提供精准的专业服务和法律服务。

当然,我国律师调解还处在起步试点阶段,还有许多问题尚需要在制度层面上加以完善。第一,在认识层面,大多数律师习惯于作为代理人或者辩护人参加诉讼。律师群体对律师调解制度还未形成普遍认同,没有认识到律师提供的是一种公共法律服务。第二,在具体操作层面,律师调解的案源问题,律师调解员的职业道德规范和回避制度缺位,律师调解的公益性和市场化运作机制之间难以平衡,以及律师调解协议的司法确认程序如何操作等问题,都较大程度阻碍了律师调解制度的发展。第三,律师代理人身份与调解员身份的冲突问题,从律师与调解员的角色地位、思维方式、行为规范、行为模式等方面,律师"代理人角色"与"调解员角色"存在角色冲突②。第四,在律师调解组织的设立和管理机制层面,因管理部门的规定不明确,也存在程序性问题难以落地的困难。部分试点地区没有建立律师调解组织的统一设立标准、审核程序与管理机制,导致一些拟进行律师调解工作的律师协会或律师事务所难以开展工作③。上述困难和问题,都需要在试点中不断摸索,不断试验,也需要律师、律师事务所、律师协会等真正的"试验主体"的参与和努力,才能抓住律师拓展法律服务领域的这一难得的发展机遇,完

---

① 最高人民法院、司法部相关负责同志就《关于开展律师调解试点工作的意见》答记者问. [2019-02-01]. http://news.sina.com.cn/c/2017-10-16/doc-ifymviyp1667406.shtml 2017 年 10 月 16 日.

② 赵毅宇,廖永安. 我国律师调解制度中的角色冲突及其化解路径. 湘潭大学学报(哲学社会科学版), 2019 (4).

③ 龙飞. 律师调解制度的探索创新与完善路径. 中国律师, 2018 (5).

成从"试验"到制度构建的历史使命。

（五）公证调解

目前，公证机构参与纠纷解决机制在法律政策和司法实践中不断发展。公证机构参与纠纷化解有法律基础、业务基础和实践基础，同时具有专业性、亲民性、独立性、结果强制性的特有优势。

公证调解和其他调解一样，具有恢复社会关系，从根本上解决当事人之间的纠纷，提高纠纷解决效率等优势。除此之外，公证调解又具有自身的特别优势。

1. 公证调解具有专业性。《公证法》第 18 条和第 19 条[①]对公证员的任职资格和任命程序作了严格要求，担任公证员应当通过国家司法考试，且在公证机构实习二年以上或者具有三年以上其他法律职业经历；从事法学教学、研究并具有高级职称的人员，或者从事审判、检察、法制工作、法律服务满十年的公务员、律师，已经离开原工作岗位的。由此可见，公证员具有扎实的法律专业知识和丰富的从业经验是必备要件。同时，根据该法第 21 条的规定[②]，公证员的任命要经过省级司法厅审核同意，报司法部任命，由省级司法厅颁发执业证书。这样严格的审核任命程序，充分保障了公证员的专业性和高素质。因此，公证员参与调解时，其自身的专业性给调解工作的开展奠定了很好的基础。

2. 公证调解具有"亲民性"。"与司法调解相比，公证调解的核心优势在于，公证调解不是通过法院裁判的公权力来解决私权利之间的冲突，不存在潜在的强制力量，当事人自愿参与调解，在协商过程中不存在内心压力，不会有被以判压调的担心，在平等自愿的基础上调整双方权利义务。"[③] 与行政调解、行业调解相比，公证机构自身不具有管理职能，不会主动作出影响当

[①] 《公证法》第 18 条规定："担任公证员，应当具备下列条件：（一）具有中华人民共和国国籍；（二）年龄二十五周岁以上六十五周岁以下；（三）公道正派，遵纪守法，品行良好；（四）通过国家统一法律职业资格考试取得法律职业资格；（五）在公证机构实习二年以上或者具有三年以上其他法律职业经历并在公证机构实习一年以上，经考核合格。"第 19 条规定："从事法学教学、研究工作，具有高级职称的人员，或者具有本科以上学历，从事审判、检察、法制工作、法律服务满十年的公务员、律师，已经离开原工作岗位，经考核合格的，可以担任公证员。"

[②] 《公证法》第 21 条规定："担任公证员，应当由符合公证员条件的人员提出申请，经公证机构推荐，由所在地的司法行政部门报省、自治区、直辖市人民政府司法行政部门审核同意后，报请国务院司法行政部门任命，并由省、自治区、直辖市人民政府司法行政部门颁发公证员执业证书。"

[③] 柏建中. 抓住机遇，公证人勇于承担司法辅助的历史使命——微评《关于最高人民法院司法部关于开展公证参与人民法院司法辅助事务试点工作的通知》. 公证文选，2017（7）.

事人利益的行为，其强制性来源于当事人的选择，无论当事人是否接受调解人员的建议，客观上都不会产生影响其利益的潜在可能，因此更能贯彻自愿的调解原则。相对职能机关的主持调解，公证调解更为平和，具有"亲民性"。

3. 公证调解具有独立性。公证机构与法院之间不存在权力上的制约，因此，其开展调解工作具有独立性。从根本上说，公证调解是公证工作，而不是法院工作的附属部分，这能够保障公证机构的调解不受干扰地独立进行。另外，与律师参与调解相比，公证机构脱胎于行政机构，尽管在目前公证体制改革的情况下，出现了合伙制的公证机构，但公证机构主要还是事业单位性质的法人，在性质上是从事公益服务的事业单位，在机构设置上要求严格，具有更高的可信度。

4. 公证调解结果具有强制性。因公证自身的职能原因，与除司法调解外的其他调解相比，对于具有给付内容的调解协议，公证调解可以通过对协议赋予强制执行效力来保证协议的执行效果，从而防止出现当事人食言的情形，避免纠纷进入司法裁判程序，可以解除当事人对对方当事人不执行调解协议的后顾之忧。

四、行政纠纷解决方式的优劣

行政调解、行政和解、行政裁决以及行政机关处理纠纷的其他方式是以行政机关为主导的非诉讼行政处理方式。广义上是指有纠纷处理权的行政机关对行政纠纷和民事纠纷进行处理的行为。狭义上是指有纠纷处理权的行政机关对特定民事纠纷进行处理的行为。"行政机关的调解主要包括两类：一是行政机关在日常管理或指导工作中附带性的纠纷解决。二是行政机关为解决特定纠纷专门设立的行政性非诉讼程序。"[1]

（一）行政调解的内涵、范围及效力

"行政调解是行政机关对民事纠纷和特定的行政纠纷，依照法律和相关政策，在当事人自愿的基础上，主持调停、斡旋，促使当事人达成调解协议的活动。"[2] 在 2015 年 7 月 7 日厦门市政府发布的《厦门市行政调解程序规定》中，将行政调解定义为："行政机关或者具有管理公共事务职能的组织，

---

[1] 梁平．"大调解"衔接机制的理论构建与实证研究．法律科学，2011 (5)．
[2] 应松年，袁曙宏．走向法治政府——依法行政理论研究与实证调查．北京：法律出版社，2001：280．

根据法律、法规、规章和市人民政府的规定，对公民、法人或者其他组织之间发生的与其行政管理相关的民商事纠纷或者依法可以调解的行政争议，通过说服教育，劝导协商等方式，促使各方当事人在自愿、平等、协商的基础上达成共识，从而化解纠纷的活动。"①

"行政调解契合了现代行政的服务理念和合作理念"②，具有自身独特的价值，能够在多元化纠纷解决机制建设中发挥举足轻重的作用。就纠纷解决手段而言，"行政机关是政权体制中数量最多、分布最广、管理领域最宽、处理事务最繁杂的机关。它拥有雄厚的权力资源、多样的决策方式、有力的强制措施、持续的权力影响"③。因此，较其他纠纷解决主体而言，"行政机关在纠纷解决手段上具有一定的资源比较优势，能够运用多元综合手段来推进矛盾纠纷化解。就纠纷解决效率而言，行政机关承担着经济调节、市场监管、社会管理和公共服务的职能，拥有最先发现矛盾、及时解决问题的便利条件"④。因而行政机关能够利用其更加接近与了解社会纠纷的便利，能够及早发现问题，借助于自身纠纷解决资源更加高效及时地化解社会纠纷。

1. 行政调解的范围。行政机关开展行政调解的范围包括以下两个方面：

（1）与行政管理相关的民商事纠纷。行政机关可以依据法律、行政法规的规定调解公民、法人或者其他组织之间发生的与行政管理相关的民商事纠纷。目前，我国法律法规规定的行政机关可以调解的与行政管理相关的民商事纠纷主要存在于以下一些领域：公安机关对违反治安管理行为引发的民事纠纷的调解；公安机关交通管理部门对交通事故损害赔偿民事争议的调解；卫生行政部门对因医疗事故引发的赔偿等民事争议的调解；民政部门对离婚纠纷的调解；专利管理行政部门对侵犯专利权引发的赔偿纠纷的调解；环保行政管理部门对环境污染损害赔偿纠纷的调解等。

（2）针对行政纠纷所作的行政调解。行政纠纷是否能纳入行政调解的范畴？长期以来，我国因强调"公权不可处分"原则而在制定法上明确禁止行政调解，对于行政机关调解行政纠纷采取保守甚至回避的态度。原先《行政

---

① 厦门市人民政府关于印发厦门市行政调解程序规定的通知. [2019-02-23]. http://www.xm.gov.cn/zwgk/flfg/sfwj/201507/t20150721_1157989.htm.
② 喻少如. 多元纠纷解决机制中的行政调解. 学术界，2007（6）.
③ 蒋惠岭. 行政调解的"座次"之争. 人民法院报，2009-08-07.
④ 刘莘. 行政调解是一种柔性之治. 人民日报，2010-12-22.

诉讼法》规定，人民法院审理行政案件，不适用调解。但是，"随着现代行政法理论的发展，公权力至上的国家权威已经向着带有协商、合作的精神转变，服务与合作精神已经成为现代行政法上占主导地位的人文精神"①。英国在进行民事诉讼改革的时候逐步认识到行政调解的重要意义和价值，在《专利法》中规定允许任何人请求知识产权局局长在专利有效性或侵权问题上作出一个不具有约束力的意见书。"英国知识产权局正式对外提供调解服务，将调解作为解决知识产权纠纷的一种有效途径，并在知识产权局内部设有专门的调解委员会。"②日本行政性纠纷处理方式以公害纠纷领域的行政处理制度最具代表性。"1970年颁布了《公害纠纷处理法》，建立了公害纠纷行政处理制度，规定各郡、道府、县及市镇都可设立公害冤情调停人员，负担调解公害纠纷的职责，目的是通过当事人之间的互让和行政机关的斡旋、调停、仲裁和裁定等制度，谋求迅速而妥善地解决公害纠纷。公害纠纷的解决手段有斡旋、调停、仲裁以及裁定。"③

行政机关与行政相对人发生行政纠纷时采用调解或和解的方式亦逐渐被接受，并在实践中加以运用。新修订的《行政诉讼法》以及最高人民法院《关于适用〈中华人民共和国行政诉讼法〉若干问题的解释》（2015年）规定，行政赔偿、补偿以及行政机关行使法律、法规规定的自由裁量权的案件可以调解。法院对行政调解的"解禁"，表明了行政机关针对特定的行政纠纷可以运用调解的方式予以解决。

2. 行政调解的效力。行政调解主体主要包括基层人民政府、主管行政机关和法律、法规授权的具有管理公共事务职能的组织。关于行政调解的效力问题，从我国目前立法现状来看主要有两种形式：

（1）明确规定行政调解对当事人无法律拘束力。例如《道路交通安全法》④《治安管理处罚法》⑤均规定，公安机关交通管理部门对交通事故损害

---

① 靳羽. 行政诉讼调解中的公众参与. 人民司法，2011 (3).
② 何炼红. 英国知识产权纠纷行政调解服务的发展与启示. 知识产权，2011 (7).
③ 潘乾. 行政调解制度之比较法启示. 行政与法，2008 (12).
④ 《道路交通安全法》第74条规定："经公安机关交通管理部门调解，当事人未达成协议或调解书生效后不履行的，当事人可以向人民法院提起民事诉讼。"
⑤ 《治安管理处罚法》第9条规定："对于因民间纠纷引起的打架斗殴或者损毁他人财物等违反治安管理行为，情节较轻的，公安机关可以调解处理。经公安机关调解，当事人达成协议的，不予处罚。经调解未达成协议或者达成协议后不履行的，公安机关应当依照本法的规定对违反治安管理行为人给予处罚，并告知当事人可以就民事争议依法向人民法院提起民事诉讼。"

赔偿争议进行调解，公安机关对因民间纠纷引起的打架斗殴或者损毁他人财物等进行调解，达成协议后当事人不履行的，对方当事人可以向人民法院提起民事诉讼。实践中绝大多数立法都采取这种形式。对此，当事人不能申请法院强制执行已达成的行政调解协议，而只能将原有争议提请法院进行民事裁判。

（2）明确规定行政调解对当事人具有法律拘束力，赋予行政调解协议强制执行力。例如《全民所有制小型工业企业租赁经营暂行条例》第22条规定："租赁经营合同双方发生纠纷……可以根据合同规定向工商行政管理机关申请调解或者仲裁……当事人一方在规定期限内不执行已经发生法律效力的调解书、裁决书的，另一方可以申请人民法院强制执行。"

3. 行政调解存在的问题及建议。虽然行政调解在众多法律、法规、规章中予以了规定，但是实践中还是运用较少，许多问题亟待解决。一是行政纠纷解决方式缺乏统一的制度规范。2010年11月9日国务院《关于加强法治政府建设的意见》指出："要把行政调解作为地方各级人民政府和有关部门的重要职责，建立由地方各级人民政府负总责、政府法制机构牵头、各职能部门为主体的行政调解工作体制，充分发挥行政机关在化解行政争议和民事纠纷中的作用。完善行政调解制度，科学界定调解范围，规范调解程序。"北京、浙江、江苏、深圳等地政府制定了行政调解的地方文件并开展各式实践，但因缺乏国家层面的统一立法，导致制度在实施过程中相互掣肘，出现"真空带"[1]。二是行政调解组织建设欠缺，没有专门的机构和人员从事行政调解工作，与行政管理工作混同的状况也影响行政调解工作的发展。三是行政调解协议效力问题没有明确。法律、法规规定行政调解协议具有强制执行力的较少，导致一方当事人在参加行政调解并达成行政调解协议后，仍然可以反悔拒不执行，另一方当事人只能就原有民事争议向法院起诉。由此导致本来能够通过行政调解方式解决的大量民事争议进入诉讼，行政调解机制程序空置、空转情况严重。四是机构改革后的行政调解指导部门需要调整思路。机构改革之后，司法行政部门接手政府法制部门，需要重新配置职能。加之行政调解、行政裁决、行政复议等工作的专业性较强，与司法行政机关原先指导的人民调解工作完全不同，工作任务加重，推进

---

[1] 乔亚南. 我国行政调解制度基本问题的理论廓清和完善路径. 广州广播电视大学学报，2013（3）；莫文川. 我国行政调解程序法律制度发展路径选择. 南都学坛，2014（3）.

工作困难较多。

为解决上述困难和问题，《诉非衔接意见》和《深化多元化纠纷解决机制改革意见》明确，经行政机关、人民调解组织、商事调解组织、行业调解组织或者其他具有调解职能的组织调解达成的具有民事合同性质的协议，经调解组织和调解员签字盖章后，当事人可以申请有管辖权的人民法院确认其效力。当事人请求履行调解协议、请求变更、撤销调解协议或者请求确认调解协议无效的，可以向人民法院提起诉讼。但是，两个意见属于司法政策性文件，实践中一些法院和行政机关还不敢适用此规定，有的也是将其转化为人民调解协议才进入司法确认程序。行政调解要在短时间内发挥作用还比较困难，有待于整个行政机关机构改革到位后才能真正运行起来。

（二）行政和解的内涵和作用

行政和解是现代行政法上的一个概念，是指"行政主体与行政相对人在法律允许的范围内，通过平等对话、沟通协商的方式达成合意，从而化解行政纠纷的一种纠纷解决机制。包括诉讼中的和解、复议过程中的和解，以及诉讼外行政执法过程中的和解"[1]。

1. 诉讼中的和解与复议中的和解。这两种行政和解基本属于司法程序和准司法程序中的和解，其性质和特征基本一致。从和解的实现方式看，可以分为撤诉模式和契约模式。撤诉模式是指通过行政主体在诉讼中或复议过程中撤销行政行为、相对人撤诉的方式，达到和解目的，但是并未形成协议。司法实践中，人们更多地通过这种模式来解决行政纠纷。"契约模式是指双方当事人在诉讼期间或者复议期间达成书面和解协议，就双方的权利义务及其他安排达成合意，从而终结诉讼或复议程序的方式。"[2]

2. 行政执法过程中的和解。其前提是行政裁量权的广泛存在。关于行政裁量的含义，有学者认为"行政裁决是在可作为也可不作为之间作出选择的权力，在法定构成要件实现时可选择不同的行为方式"[3]。在行政执法过程中，常常存在一些事实或者法律不明确的状态，或者行政自由裁量权的问题。如果我们不允许行政机关针对这些事实或者法律不明确的问题进行协商，行政机关强行单方决定并予以执行，极有可能导致行政主体与行政利害关系人之间的冲突和对立。因此，应该引入行政和解机制。例如，在证券监

---

[1] 余克弟，葛阳，黎红. 服务型政府背景下行政和解制度的构建. 江西社会科学，2011（12）.
[2] 湛中乐，等. 行政调解、和解制度研究. 北京：法律出版社，2009：98.
[3] 江凌，卢申伟. 和谐语境下的权力运作. 行政法学研究，2012（1）.

管领域，中国证监会于 2015 年 3 月施行《行政和解试点实施办法》，专门规定："公民、法人或者其他组织（以下简称行政相对人）涉嫌违反证券期货法律、行政法规和相关监管规定行为进行调查执法过程中，根据行政相对人的申请，与其就改正涉嫌违法行为，消除涉嫌违法行为不良后果，交纳行政和解金，补偿投资者损失等进行协商达成行政和解协议，并据此终止调查执法程序的行为。"[1] 通过行政和解，减少争议，稳定和明确市场预期，恢复市场秩序，保护投资者合法权益。《深化多元化纠纷解决机制改革意见》规定了行政机关可以在执法过程中提供事实调查结果、专业鉴定或者法律意见，引导促使当事人协商和解。当然，这里的和解必须是在行政机关可以行使自由裁量权的范围内行使，而不能是无原则地放弃"公权"随意和解。

（三）行政裁决的内涵和作用

"行政裁决是指行政机关依照法律的授权，对当事人之间发生的、与行政管理活动密切相关的民事纠纷进行审查，并作出裁决的行政行为。"[2] 行政裁决具有效率高、成本低、专业性强、程序简便的特点，有利于促成矛盾纠纷的快速解决，发挥化解民事纠纷的"分流阀"作用。

1. 行政裁决有如下几个明显特征：（1）准司法性。行政裁决同时具备行政性和司法性。（2）主体法定性。经由法律法规授权的行政机关才是行政裁决的主体。（3）调整对象特定性。法律将行政裁决的对象限定为特定的民事纠纷，行政裁决的这一行为是具体行政行为。（4）调整内容多元交叉。行政裁决的调整内容是与行政管理有关的民事纠纷。随着政府机关的行政执法能力提升，由特定行政机关使用裁决权，有利于实现纠纷解决的便捷性和专业性，最大限度地保护当事人合法利益。

2. 行政裁决主要涉及以下几个种类：（1）补偿纠纷裁决。（2）损害赔偿纠纷裁决。（3）权属纠纷裁决。（4）专利强制许可使用费裁决。（5）劳动工资、经济补偿裁决。

3. 当前行政裁决存在的问题。目前，我国的行政裁决主要有权属纠纷裁决、侵权纠纷裁决、损害赔偿纠纷裁决等，相关规定散见于各个法律、法规、部门规章中，尚未形成统一的制度体系。相比西方法治发达国家

---

[1] 宋悦. 从行政执法看银行理财产品投资者保护. 金融法苑, 2018 (8).
[2] 齐树洁. 行政裁决制度：反思与重构. 司法改革论评, 2016 (4).

"行政裁决"的范围更加广泛。美国的"行政裁决"又称"委任司法",是由独立管制机构(Indepandent Regulation Agency, IRA)与一般行政机关行使准司法裁判权,对公法上与私法上的争议进行广泛裁决的制度。近年来,相较于普通法院,美国独立管制机构的受案数量更多,裁决效率更高[①]。英国则通过设立大量的行政裁判所(Administrative Tribunal)对民事、行政纠纷进行裁决,每年处理的案件超过25万件[②]。长期以来,我国法律存在对行政裁决性质不确定、救济途径混乱等问题,影响行政裁决制度优势的发挥。

(1)裁决范围不断缩减。与美国、英国行政裁决的范围呈现扩张趋势不同,我国行政机关为避免成为行政诉讼的被告,在实践中对民事纠纷"只调不裁",实际运行效果日渐下降,裁决范围不断缩减。已有的裁决事项被纷纷废止。"这种限制行政裁决权发展的做法,实际上是惰性行政的表现,不仅有悖于现代行政权力扩张的基本趋势,也不利当事人权利救济的实现。"[③]

(2)行政裁决程序规则不规范,主体分散不独立,尚未形成统一体系。在实务中,我国大部分行政机关都没有设立专门的行政裁判机构,行政裁决与行政执法的主体并没有分开,也即一个主体同时行使行政执法权与行政裁决权,从学理的角度来说,违背了公正、合法的基本要求。导致行政裁决主体专业性不足、独立性缺失的因素还有:其一,程序性规则的缺失。行政裁决并没有规定具体的规则来规范程序,没有对行政裁决权进行严格约束,导致实践中自由裁量权过大,操作混乱。其二,行政裁决制度的组织管理制度缺失。行政裁决的组织流程不清晰,规范化、制度化的管理还未形成规模。其三,从业资格及职业保障制度的缺失。职业化是行政裁决制度的必由之路,行政裁决制度的发展依赖于一支正规化、专业化、职业化的法治队伍,从业资格的考察与职业保障不到位严重影响从业人员的职业素质,难以保证制度高质量的发展。

(3)行政裁决救济体系整体混乱。我国法律规定,行政裁决的救济方式主要有两种:一是行政诉讼,二是民事诉讼。在实践中,由于法律没有规定

---

① Jack M. Beermann. Administrative Law. Alphen: Aspen Publishers, 2010: 76.
② Peter Leyland and Gordan Anthony. Texbook on Adiministrative Law. Oxford: Oxford University Press, 2012: 155.
③ 齐树洁,丁启明.完善我国行政裁决制度的思考.河南财经政法大学学报,2015(6):10.

统一、明确的行政裁决救济适用方式，导致当事人在选择救济手段时迷惘而混乱，在行政复议、行政诉讼、民事诉讼、行政附带民事诉讼之间不知如何选择。举例而言，针对行政裁决提起的行政诉讼仅能解决行政争议，一般的行政诉讼不能解决当事人的根本问题，但是，当事人真正希望解决的往往是关于自身利益的平等主体之间的民事纠纷。这就是实践中"政府裁而不决，法院决而不裁"的吊诡之处。

4. 完善行政裁决制度的建议。行政裁决是行政机关在纠纷解决中进行利益再分配的过程，只有严格规范裁决程序，突出行政裁决的"准司法"性质，才能防止权力恣意滥用，确保裁决主体作出公正裁决。党的十八届四中全会《决定》和两办《意见》提出，健全行政裁决制度，明确行政裁决的适用范围、裁决程序和救济途径，强化行政机关解决同行政管理活动密切相关的民事纠纷功能。2018年12月31日，中办、国办下发《关于健全行政裁决制度加强行政裁决工作的意见》（中办发〔2018〕75号），首次以中央文件形式规定健全行政裁决制度的指导思想、基本原则及主要目标，稳步扩大行政裁决适用范围，规范行政裁决程序，创新工作方式，明确了健全行政裁决的一系列制度。根据该规定，笔者提出以下改革建议：

第一，明确行政裁决的适用范围。"设立行政裁决事项应当着眼于社会现实需求，保持规模适度，在满足纠纷解决需要的同时，避免滥设行政裁决造成资源浪费。考虑到我国民事纠纷的现状、救济途径的有效性以及国家权力配置等情况，可以设立行政裁决事项的民事纠纷应当包括自然资源权属纠纷、知识产权纠纷、环境污染损害赔偿纠纷、医疗纠纷、交通事故纠纷、消费者权益纠纷、物业管理纠纷、保险纠纷、不动产产权纠纷以及其他与行政管理活动密切相关的政策性较强的纠纷。"[①]

第二，制定规范的裁决程序。要确保程序正当，程序本身要符合自然公正的要求，制度设计以控制权力为目标价值。要建立申请告知程序、回避制度，以及陈述和答辩程序，制作规范的裁决文书。明确送达程序。要建立行政裁决救济程序的衔接机制。要实现行政裁决高效、简便、成本低廉的制度优势。

第三，适时推进行政裁决统一立法。对行政裁决制度的内涵外延、适用范围、裁决程序等进行规范，保障行政裁决在法治轨道上健康发展。

[①] 齐树洁，丁启明．完善我国行政裁决制度的思考．河南财经政法大学学报，2015（11）．

第二节　诉讼与非诉解纷机制的程序衔接

一、诉讼与非诉解纷机制衔接的总体设计

"在深化多元化纠纷解决机制改革过程中，需要注重统筹性、系统性与协调性。"[1] 这一要求凸显了纠纷解决方式衔接机制是多元化纠纷解决机制建设中的关键环节，程序能否有效衔接决定了各纠纷化解方式的职能发挥。程序上的衔接包括主体上的衔接、途径上的衔接、效力上的衔接等内容。

一是主体上的衔接。主要是指在纠纷化解过程中，两种途径或者两个化解主体之间存在一种顺承关系，需要相关主体加强协调配合。例如，调解组织在化解纠纷过程中，可以邀请有关行政机关、社会组织共同参与调解。公安机关、检察机关和审判机关在化解纠纷过程中，也可以邀请调解组织共同参与社会矛盾化解。

二是途径上的衔接。主要是指从一种途径到另一种途径的衔接，包括非诉讼途径之间的衔接，也包括诉讼与非诉讼途径之间的衔接。从当事人的角度，在法律层面上为当事人提供途径指引[2]。从纠纷化解义务主体的角度，赋予纠纷化解主体一定的告知、指引义务，促进纠纷与诉讼更好地对接。

三是效力上的衔接。调解协议是否具有法律效力，是调解组织发展的关键问题。《人民调解法》规定了调解协议的司法确认程序，从法律上赋予了调解协议的强制执行力。除此之外，对于有给付内容的民事和解协议和调解协议，当事人可以向公证机关申请办理债权文书公证。这也是调解协议效力上的衔接。

二、纠纷解决机制的告知程序和优先选择程序

关于多元化纠纷解决衔接机制的改革举措，在"纠纷分层递进化解"理

---

[1] 胡仕浩．中国特色多元共治解纷机制及其在商事调解中应用．法律适用，2019（19）．
[2] 《人民调解法》第32条规定："经人民调解委员会调解达成调解协议后，当事人之间就调解协议的履行或者调解协议的内容发生争议的，一方当事人可以向人民法院提起诉讼。"《人民调解法》第18条规定："基层人民法院、公安机关对适宜通过人民调解方式解决的纠纷，可以在受理前告知当事人向人民调解委员会申请调解。"

念的指导下,非诉纠纷解决机制追求的"理想状态是纠纷由多到少,由简单到复杂逐级递进,形成'漏斗形'层级递减的化解结构,使各类纠纷都能找到最佳解决途径"①。衔接机制需要各种非诉纠纷解决方式充分发挥其优势,构建"人民调解是第一道防线,仲裁、行政裁决、行政复议等方式是第二道防线,司法是最后一道防线"的三道防线,利用各自优势对纠纷进行疏导、流转、处断、化解。同时,各种方式的优点也需要建立流畅的衔接机制以发挥功能互补、良性互动、彼此支持的功效。"案件分流和程序多元已成为本世纪以来司法改革的总体趋势。"② 为充分发挥各种纠纷化解途径作用,帮助当事人选择成本低、效率高,而且适合纠纷特点的纠纷化解途径,有必要建立纠纷解决机制的告知程序,告知当事人除了诉讼途径外,还有和解、调解等其他纠纷解决途径,引导当事人选择合适的途径化解纠纷。

1. 告知程序。按照两办《意见》的要求,探索建立矛盾纠纷多元化解告知制度,要求行政机关、人民法院、调解组织、律师等法律工作者在参与纠纷处理时,应当告知当事人纠纷多元化解渠道,供当事人选择。主要包括以下内容:

(1) 明确告知当事人纠纷多元化解途径是一项法定义务。例如《人民调解法》规定,基层人民法院、公安机关对适宜通过调解解决的纠纷,可以在受理前告知当事人向人民调解委员会申请调解。行政机关、人民法院、社会组织及法律工作者应当将告知和引导作为纠纷化解工作的一项必要内容,负有告知介绍其他纠纷解决途径的义务。通过开展告知工作,一方面可以使当事人有机会深入了解并合理选择纠纷化解途径,另一方面也可以扩大纠纷多元化解的宣传力度,加深社会公众对纠纷多元化解的认识,推动多元化纠纷解决机制的全面构建。

(2) 明确告知义务的主体。行政机关、人民法院、社会组织和法律工作者是参与纠纷化解的主要力量,对各类纠纷多元化解途径的特点和工作程序比较了解,应当发挥职业优势,向社会公众宣传和普及。行政机关作出行政行为时,应当按照有关法律规定,告知相对人不服行政行为的救济途径、救济方式和渠道,还应当告知当事人行政机关在哪些领域可以处理民事争议。

---

① 吴学安. 把化解矛盾纠纷纳入法治化轨道. 人民法院报,2019-10-11 (2).
② 傅郁林. 迈向现代化的中国民事诉讼法. 当代法学,2011 (1).

人民法院应当在登记立案前进行评估，引导当事人自愿选择适当的方式化解纠纷，为当事人提供非诉讼方式解决纠纷的建议、心理咨询、诉讼风险等方面的释明和辅导。尤其应当介绍调解的优势，从当事人的角度考虑，将纠纷第一时间引入合适的化解途径，避免矛盾激化，而不应当一味鼓励当事人通过打官司处理纠纷。

（3）明确告知和引导的具体内容。纠纷多元化解告知和引导的内容没有限制，应当根据所涉及的纠纷的性质和类型，向当事人介绍合适的化解方式，引导当事人进行自主选择。比如对于民间纠纷，可以引导当事人尽量采用人民调解方式，充分发挥基层人民调解组织的优势化解纠纷；对于商事纠纷，可以鼓励和引导当事人选择商事仲裁和商事调解的方式解决。

2. 优先选择程序。优先选择程序是指纠纷发生后，当事人往往有许多路径可供选择，而且有时候一种纠纷解决途径可能无法实现化解纠纷的目的，需要寻找其他的纠纷解决方式，应当引导当事人优先选择成本较低、对抗性较弱、有利于修复关系的非诉讼纠纷化解途径，而不是一开始就选择诉讼途径，从而降低化解纠纷的成本和风险。一般而言，和解、调解等非诉讼化解途径往往对抗性弱、成本比较低、操作简便灵活，比较容易使纠纷得到妥善化解。而诉讼的对抗性强，非赢即输，最不利于双方关系修复。所以，不倡导当事人一开始就选择诉讼途径解决纠纷。

第三节　调解与诉讼的衔接机制

调解与诉讼的对接是整个衔接程序中最重要的部分。实践中大家约定俗成称其为"诉调对接机制"，其中包括诉调对接平台建设、特邀调解制度、先行调解与调解前置程序，以及司法确认制度等重点内容。

一、诉调对接平台建设

诉调对接平台是诉讼外纠纷解决机制依托在法院的工作载体，是整合解决纠纷的各种社会力量，应合理配置纠纷解决资源，引导矛盾纠纷合理分流，支持非诉讼纠纷解决机制发挥作用，构建科学、合理、系统、完整的多元化纠纷解决体系的核心平台。"截至 2017 年底，全国各级法院设置专门的诉调对接中心 3 320 个，配备 15 432 名工作人员，负责分流、调解、指导调解，与司法、行政、经济等领域改革结合起来，建立健全诉调对接平台，实现多元解纷机制之间的资源共享与优势互补。"[1] 但是 2018 年部分法院开始机构改革之后，一些单独设置诉调对接中心撤并到诉讼服务中心。"截至 2018 年年底，全国各级法院设置专门的诉调对接中心 2 701 个，配备专门工作人员 13 793 名，全国各级法院共建立特邀调解组织 18 206 个，特邀调解员 65 108 人。全国法院在诉讼服务中心或诉调对接中心配置正式编制专职调解员 7 726 人（包括法官和司法辅助人员）。"[2] 诉调对接平台的职能作用并没有减少，反而因法院参与社会治理的关口前移而增加了许多工作。2019 年，随着全国法院两个"一站式"的建立，诉调对接中心的力量又有了大幅度提升。截至 2019 年年底，全国各级法院设置专门的诉调对接中心 3 866 个，专门工作人员 26 416 名，工作制度进一步完备，发挥案件分流、先行调解、委派调解、委托调解、司法确认等制度的功能，快速化解纠纷，发挥纠纷处理集散地、调度站和分流点的作用。综合各地实践，诉调对接平台建设的功能和职责包括以下内容：

1. 诉前甄别、分流纠纷。法院诉讼服务中心是负责各类纠纷进入法院的第一道"关口"。诉讼服务中心或者诉调对接中心应当设置专人负责甄别、分流纠纷，将一些案件事实清楚、争议不大的简易纠纷、伦理性或人身关系较强的纠纷以及其他有调解可能或者不适宜直接诉讼的纠纷在立案登记阶段筛选出来。

2. 辅导释明并引导委派调解。对筛选出来的适宜调解的案件，立案部门要在释明的基础上引导当事人根据案件类型和案件情况，选择适宜的调解组织调解；或者由诉调对接平台将纠纷委派给特邀调解组织先行调解，并做到区别对待、分流处理，尝试建立调解前置程序。除民商事纠纷外，一些案件事实清楚、法律关系简单的刑事自诉案件也可以纳入诉调对接中心登记立案前调解的收案范围。

3. 指导特邀调解或者参与专职调解。诉调对接平台将适合调解的纠纷引导给特邀调解组织或调解员调解后，必须指定专人跟踪调解的进度。除此之外，诉调对接平台的工作人员或从事立案调解的专职调解员，都可以立案后即开展专职调解工作。调解成功的，可以采取当事人撤诉或者出具调解书的

---

[1] 李少平. 发挥司法职能作用 提升多元解纷水平 打造新时代"枫桥经验"法院升级版. 人民法院报，2018-11-09.

[2] 胡仕浩. 中国特色多元共治解纷机制及其在商事调解中应用. 法律适用，2019（19）.

方式结案。

4. 立案后繁简分流速裁机制。2016年9月，最高人民法院发布《关于进一步推进案件繁简分流优化司法资源配置的若干意见》。2017年5月，最高人民法院印发《关于民商事案件繁简分流和调解速裁操作规程（试行）》，全面开展"分流＋调解＋速裁＋快审"机制改革。对不适宜调解的案件，由诉调对接平台及时将案件导入立案程序，实行繁简分流。简单案件可以通过立案部门的速裁人员进行小额速裁，也可以采取督促程序等方式快速化解；经上述程序仍未解决的纠纷，再进入审判程序。2019年12月28日，《全国人民代表大会常务委员会关于授权最高人民法院在部分地区开展民事诉讼程序繁简分流改革试点工作的决定》，授权最高人民法院在北京、上海、广州、深圳等20个城市的中级、基层人民法院和部分专门人民法院就优化司法确认程序、完善小额诉讼程序、完善简易程序规则、扩大独任制适用范围、健全电子诉讼规则等内容开展试点①。

5. 调解协议的司法确认。诉调对接中心认为调解员主持达成的调解协议合法的，可以出具司法确认裁定书，作为准予执行调解协议的法律文书。这是诉调对接人员的主要工作任务，也是为调解组织提供有力司法保障的重要手段。

上述职能是诉调对接平台需要重点完成的工作任务。这些措施可以最大限度实现科学合理分配解纷资源，避免司法资源和其他社会解纷资源浪费以及程序拖延，在更大程度上满足当事人的多元司法需求。截至2018年年底，全国法院诉前化解案件171万件，立案后调解案件120万件，在诉讼服务中心通过速裁、快审机制解决案件175万件，通过特邀调解分流案件约占一审民商事案件总数的15.3%，有效缓解了法院案多人少的矛盾。2018年，全国法院受理司法确认案件26.7万件，同比增长35.1%，确认调解协议有效23.9万件，同比增长47%②。2019年，全国法院立案前委派调解案件3 253 065件，调解成功1 180 567件；立案后委托调解案件601 549件，调解成功384 315件，调解成功率分别为36.3%、63.9%。通过特邀调解分流案件约占一审民商事案件总数的19%，有效缓解了法院案多人少的矛盾。2019年全国法院专职调解员调解案件1 801 616件，调解成功955 312件，

---

① 全国人民代表大会常务委员会关于授权最高人民法院在部分地区开展民事诉讼程序繁简分流改革试点工作的决定. 人民法院报，2019-12-29.

② 胡仕浩. 中国特色多元共治解纷机制及其在商事调解中应用. 法律适用，2019 (19).

调解成功率达53%。司法支持和保障调解组织工作、提升纠纷解决效率、稳定法律关系的制度作用日益凸显。

二、特邀调解制度中的委派调解和委托调解

委派、委托调解作为启动调解的两种方式，是诉调对接平台发挥联合多种解纷力量、多元化解纠纷作用的重要体现。2016年最高人民法院发布了《特邀调解规定》，全面规定了具有中国特色的特邀调解制度。从社会治理体系以及法治社会价值等角度而言，特邀调解制度对于社会力量参与化解社会矛盾纠纷，完善社会组织的自我管理与自我治理、推进国家治理体系和治理能力现代化具有一定的理论意义[①]。该司法解释明确了特邀调解的相关事项，规定了特邀调解的指导机构为诉讼服务中心或者诉调对接中心。诉调对接中心作为与诉讼服务中心结合建设的机构，具有实现诉调对接工作规模化、系统化和常态化的功能。对特邀调解组织、特邀调解员的名册管理是诉调对接平台的重要职责。该司法解释还明确行政机关、人民调解组织、商事调解组织、行业调解组织以及其他具有调解职能的组织进入特邀调解组织名册的条件，明确人大代表、政协委员、人民陪审员、专家学者、律师、仲裁员、退休法律工作者等人员进入特邀调解员名册的条件。明确特邀调解组织和特邀调解员工作职责，规范特邀调解工作规则，充分发挥其化解纠纷的重要作用。

实践中，特邀调解制度的实施还存在一些落地配套不到位的问题。一是特邀调解程序规范还不够细化，立案前委派调解没有充分发挥作用。二是特邀调解名册管理制度还不健全。特邀调解司法解释虽然规定要建立特邀调解管理制度，但是如何建立、如何管理并没有细化规定。一些法院虽然建立了特邀调解员名册，但是实际工作中参与的调解员只是少数，没有调动大多数调解员的工作积极性。三是特邀调解经费保障差异性较大。有的法院补贴标准较高，调解成功每件补贴1 000元至5 000元不等，有的地方补贴经费标准较低，每件案件补贴300~500元不等，对调解员没有吸引力。四是对特邀调解引导支持力度不够。有的法院专门设置调解工作室，从立案咨询窗口引导到调解工作室，方便当事人选择适合的调解员进行调解。有的法院没有专门的调解场所，将调解再引导到调解组织所在地，导致当事人觉得麻烦而

[①] 贾宇. 特邀调解——多元解纷机制的制度性创新. 人民法院报，2016-10-12.

不愿意去。

面对上述情形，最高人民法院在总结各地实践基础上不断完善特邀调解制度，于2020年1月19日出台了《关于进一步完善委派调解机制的指导意见》（以下简称《委派调解指导意见》），在调解范围、引导告知、立案管辖、程序衔接等方面都作出了细化规定。一是明确了委派调解范围，解决长期困扰法院到底哪些纠纷适宜在立案前委派调解的问题。加大委派调解力度，依法扩大案件范围。对于涉及民生利益的纠纷，只要适宜调解的，在自愿原则的前提下，都可以进行委派调解。对于依法不适宜调解、当事人拒绝调解的案件，不得进行委派调解。充分发挥调解高效、便民、低成本的优势。发挥示范性调解的作用，提升批量案件的化解效率。对于案件主体相似、案件要素近似、法律关系近似的案件，发挥调解结果、裁判结果的示范作用，向当事人提供合理的结果预期，助力高效、批量化解纠纷。二是完善调解与诉讼的材料衔接、程序对接以及调解期限等规定，有效地解决以往久调不结、调而无用的问题。明确了申请司法确认案件"谁委派、谁确认"的原则，即由委派法院进行司法确认，既可以促使作出委派的法院对案件承担后续的工作责任，也有利于法院查明案情，依法对调解协议作出司法确认。明确了委派调解中的材料符合"明确告知当事人、经当事人同意、经人民法院审查"三项要求后可以作为诉讼材料使用，避免调解不成导致所有工作"推倒重来"，减轻当事人的诉讼负担，加快案件审理进程。明确了委派调解的期限为30日。未能在期限内达成协议或者当事人明确拒绝继续调解的，应当依法及时转入诉讼程序，加快诉调对接程序的进程。三是健全完善调解结案报告制度。对于终止调解的案件，明确采用结案报告的方式来完成诉调衔接。结案报告应当载明终止调解的原因、案件争议焦点、当事人交换证据情况、无争议事实记载、导致其他当事人诉讼成本增加的行为以及其他需要向法院提示的情况等内容，对涉及的专业性问题可以在结案报告中提出明确意见。结案报告制度对于规范诉调对接机制、提高调解质量有促进作用，为其后的诉讼和执行都打下坚实的基础。四是加强对调解名册的管理和对委派调解的指导监督，健全完善委派调解案件管理系统，加大委派调解在绩效考评体系中的权重，细化激励机制配套细则和工作方案，最大限度调动调解法官、特邀调解组织、特邀调解员等各类调解主体的工作积极性[1]。

三、先行调解原则到调解前置程序

2012年《民事诉讼法》将先行调解写入法律。特别是在立案登记制度实施以后，先行调解可以起到预先化解矛盾、繁简分流起诉到法院的案件的作用，也可以缓解实行法官员额制改革后法院"案多人少"的矛盾。在我国，"先行调解"主要是"调解先于立案"以及"调解先于诉讼"的程序性安排——也就是说，调解程序中调解的启动并不以当事人双方自愿为前提，而是法院依职权而启动的具有强制性、前置性的工作程序[2]。学术界对此有三种观点：一是诉前（立案前）调解先行。有学者认为："调解前置是指专门调解机构与法院在纠纷解决上，侧重区分先后顺序的诉前强制调解。"[3] 也有学者认为："调解前置与任意调解相对，是法律意义上的诉讼前置程序，是针对特定纠纷在诉讼前必经的处理程序。"[4] 二是立案后开庭审理前的调解先行。有学者则认为："调解前置是指在调审分离的前提下，立案后开庭审理前由法院专门的调解人员主持的审前调解。"[5] 三是既包括诉前（立案前）的调解前置，也包括审理前和判决前的调解前置。有学者认为："调解前置是指将调解作为审判程序开始前的必经程序，纠纷未经调解不得裁判，包括起诉前先行调解、开庭前先行调解和判决前的先行调解三类。"[6] 上述关于调解前置概念的界定均侧重于调解与审理的时间先后问题，凸显

---

[1] 孙航. 完善委派调解机制 推动矛盾纠纷多元化解——最高人民法院相关负责同志就《关于进一步完善委派调解机制的指导意见》答记者问. 人民法院报, 2020-01-23 (3).

[2] 《最高人民法院关于适用〈中华人民共和国民事诉讼法〉的解释》第142条规定，人民法院受理案件后，经审查，认为法律关系明确、事实清楚，在征得当事人双方同意后，可以径行调解。径行调解的案件强调可以不经法庭调查辩论环节就可以进行调解，与此相对，还有些案件需要经过法庭调查辩论环节方可进行调解。在实践中如何"甄别"案件调解的必要性和可能性，按照司法解释规定的三个条件：法律关系明确、事实清楚、双方当事人同意，似乎还是比较笼统，在实务中缺乏操作的统一性。

[3] 王福华. 论诉前强制调解. 上海交通大学学报（哲学社会科学版），2010 (2)；范愉. 委托调解比较研究——兼论先行调解. 清华法学, 2013 (3)；赵钢. 关于"先行调解"的几个问题. 法学评论, 2013 (3).

[4] 李德恩. 先行调解制度重述：时间限定与适用扩张. 法学论坛, 2015 (2).

[5] 张艳丽. 法院调解前置模式选择：民事审前调解. 法学杂志, 2011 (10)；张艳丽. 如何落实"调解优先、调判结合"——对新民事诉讼法有关"审前调解"的理解与适用. 民事程序法研究, 2013 (6)；闫庆霞. 法院调解制度研究. 北京：中国人民公安大学出版社, 2008：116.

[6] 郭晓光. 民事诉讼调解新论. 北京：中国政法大学出版社, 2013：98.

了调解的"前置"性特点。因学理概念纠缠不清,改革措施难免招致限制当事人诉权的诘难,从而使一些法院在调解前置程序改革上畏首畏尾,裹足不前。

《民事诉讼法》第 122 条规定:"当事人起诉到人民法院的民事纠纷,适宜调解的,先行调解,但当事人拒绝调解的除外。"对何谓"起诉到法院",人们理解不一。立法机关认为:"第 122 条规定的先行调解是立案登记前以及立案登记后不久的调解。"① 但是司法实务部门将其解读为从立案登记前起涵盖整个诉讼过程的调解。先行调解的目的是建立起"柔性强制"的调解程序,因为这种带有一定强制性的调解并没有违反"调解的灵魂"——"自愿"原则,只是对于某些类型的案件进行的调解前置程序。前置程序更多地表现为法官应该依职权启动调解程序,而非强迫当事人接受调解。"澳大利亚的一些判例也再次印证,传统的自愿与强制二分法不再是对当事人参与调解的类型进行描述的恰当工具。"②

2011 年 10 月 24 日全国人大常委会提交《民事诉讼法修正案(草案)》时,首次提到"先行调解"的概念。那么,在多元化纠纷解决机制改革中为什么需要将"先行调解原则"转换为"调解前置程序改革"③,其动机和目的何在?其制度依据和理论基础是否契合当前司法实践的现实需要?为何该项改革在推进过程中困难重重?

首先,从制度依据方面,"先行调解"的概念界定不清晰。2003 年最高人民法院《关于适用简易程序审理民事案件的若干规定》第 14 条明确规定,人民法院对特定类型的案件应当先行调解④。2012 年《民事诉讼法》第 122

---

① 中国法制出版社. 中华人民共和国民事诉讼法,2015:71;全国人大常委会法制工作委员会民法室. 中华人民共和国民事诉讼法条文说明、立法理由及相关规定. 北京:北京大学出版社,2012:203.
② 娜嘉·亚历山大. 全球调解趋势. 王福华,等译. 北京:中国法制出版社,2011:25.
③ 2015 年 12 月两办《意见》要求有条件的基层法院对劳务纠纷等六类纠纷进行调解前置程序探索。2016 年 6 月,最高人民法院发布的《深化多元改革意见》第 27 条规定:"探索建立调解前置程序……有条件的基层人民法院对家事纠纷、相邻关系、小额债务、消费者权益保护、交通事故、医疗纠纷、物业管理等适宜调解的纠纷,在征求当事人意愿的基础上,引导当事人在登记立案前由特邀调解组织或者特邀调解员先行调解。"
④ 该规定第 14 条规定:"下列民事案件,人民法院在开庭审理时应当先行调解:(一)婚姻家庭纠纷和继承纠纷;(二)劳务合同纠纷;(三)交通事故和工伤事故引起的权利义务关系较为明确的损害赔偿纠纷;(四)宅基地和相邻关系纠纷;(五)合伙协议纠纷;(六)诉讼标的额较小的纠纷。但是根据案件的性质和当事人的实际情况不能调解或者显然没有调解必要的除外。"

条规定:"当事人起诉到人民法院的民事纠纷,适宜调解的,先行调解,但当事人拒绝调解的除外。"① 2015年两办《意见》要求有条件的基层法院对道路交通事故纠纷等六类纠纷进行调解前置程序探索。2016年最高人民法院《深化多元改革意见》第27条规定,"探索建立调解前置程序改革。"从上述法律规范、司法解释和政策文件看,"先行调解"与"调解前置"界定并不清晰。

其次,从理论基础方面,先行调解的学理概念不清,其正当性尚无相应理论支撑。近年来,调解在我国纠纷解决实践中方兴未艾,但是"调解实践与调解理论之间的显著差异,被认为是未来调解在程序质量方面将要面临的重大挑战"②。从基层法院开始的"自下而上"的调解前置程序改革对于当事人妥善解决纠纷、减轻法院的诉讼压力,在实践中发挥了一定的作用,也被中央以及最高人民法院的司法改革所关注。但是,"学术界对此的研究成果仅注重于先行调解的时间和前后程序的设计,而缺乏一套对先行调解理论的深入挖掘。这不仅可能导致制度设计与具体实践之间产生矛盾,而且可能造成相应制度的正当性与合法性价值的丧失"③。

最后,从司法实践中,因缺乏调解前置程序的法律制度,诉前调解没有强制力,已经成为阻碍多元化纠纷解决机制改革发展的瓶颈问题。以北京法院为例,受理案件数量连年大幅增长,从2014年的46万件增长至2017年的76万件。2017年全市新收民商事一审案件420 497件,导入多元化解程序并调解成功的案件占新收民商事一审案件的16.9%。2018年1月至12月,北京法院多元化调解25.4万件,用约16%的审判力量审结47%的一审民事案件。2019年1月至12月,审结35.7万件,用约21.6%审判力量化解65.43%的一审民事案件。总体来看,矛盾纠纷分层、分流化解体系正在初步形成。但是,从全国法院情况看,各级法院诉前调解工作发展不平衡,有的法院导出案件数量少,诉前调解成功率低,有的法院诉前调解率不到1%。虽然中央有关文件和最高人民法院制定的工作意见中均提出要积极探索调解前置程序,但实际上并没有突破以当事人自愿为适用前提的

---

① 全国人民代表大会常务委员会法制工作委员会.中华人民共和国民事诉讼法释义.北京:法律出版社,2012:297.
② 娜嘉·亚历山大.全球调解趋势.王福华,等译.北京:中国法制出版社,2011:1.
③ 龙飞.多元化纠纷解决机制立法的定位于路径思考——以四个地方条例的比较为视角.华东政法大学学报,2018(3).

规定，同时也没有配套设置当事人拒绝调解可能产生的责任。由于缺乏法律层面的支持，尽管很多法院为分流纠纷建立了专门的引导机制，开展了大量的案件分流引导工作，但诉前调解成功率总体不高，多数分流出去的纠纷又返流到法院，不仅没有达到尽快化解纠纷的目的，还增加了当事人的诉累。

所以，改革者摆脱了先行调解制度依据和理论基础的困扰，另辟蹊径选择"调解前置程序改革"。在遵循先行调解原则的基础上，注重司法实务的需要和程序安排，将调解前置程序改革定位于立案前的诉外调解，选择适合调解的类型案件进行调解前置，调解不成的，建立与诉讼快速衔接的机制，以防止"调解前置程序改革"变相成为限制当事人诉权阻碍立案登记制改革的一种手段。"建立调解前置法律制度已经成为突破多元化纠纷解决机制发展瓶颈的关键，也是其他国家和地区发展非诉讼纠纷解决机制（ADR）的一种普遍趋势。如《法国新民事诉讼法典》、《法国民法典》和《法国劳动法典》规定诉前强制调解，适用于对劳资纠纷、离婚纠纷和农村租约纠纷的解决。"[1]《日本民事调停法》第20条第1款规定："受诉法院认为合适时，以职权将案件交付调停，可以让有管辖权的法院处理或受诉法院自己处理。"[2] 而我国台湾地区"民事诉讼法"明确规定了"强制调解之事件"[3]，要求在一些特定纠纷上，当事人向法院起诉之前，必须先经过法院调解，否则即视当事人起诉为调解的申请。美国已经形成了若干个在全国层面实施的调解立法，且与调解有关的州法规和联邦法规已超过2 000部[4]，在这些法律规定中，法官将案件强制交付调解的做法也得到允许和鼓励。英国颁布新《民事诉讼规则》是通过诉讼费惩罚机制对当事人使用调解的一种强制性要求[5]。

目前，开展调解前置程序改革的路径主要从以下几方面入手，这些因素

---

[1] 周建华. 司法调解：合同还是判决？——从中法两国的比较视野出发. 北京：中国法制出版社，2012：13 - 15，31，44.

[2] 高桥宏志. 重点讲义民事诉讼法. 张卫平，许可，译. 北京：法律出版社，2007：512 - 513.

[3] 我国台湾地区"民事诉讼法"第403条。

[4] 齐树洁. 美国民事司法制度. 厦门：厦门大学出版社，2011：147.

[5] 英国《民事诉讼规则》第1.4条规定，法院在认为适当时可以鼓励当事人使用替代性纠纷解决程序，也可以在争议事项明显属于法院积极管理案件职责时使用这些程序。基于此规定，当事人会因为在法院依职权启动的调解中不合作，而减少所获得的诉讼费用的补偿。

也是多元化纠纷解决机制立法中应当考虑的内容。

一是调解前置程序改革必须符合法律原理和法律上原则性规定。如根据不同纠纷类型及复杂程度，找到纠纷最适合出路的程序相称原理；从当事人负担成本考虑到诉前调解是更好方式的成本转嫁原理；给当事人提供更多选择权的程序选择权原理；为纠纷解决当事人提供了更加高质高效、更加优化使用的司法资源的合理配置原理。虽然《民事诉讼法》第 122 条规定："先行调解"原则仅是一种态度上的鼓励而非程序上的强制，但是，该条文为当事人提供了一种诉讼外的纠纷解决方式的原则性规定，这个原则性规定其实是为日后调解前置程序的设定预留了立法空间。

二是研究确定纳入调解前置程序的案件类型。我国有部分法律已对特殊类型纠纷作出了调解前置程序的规定。如《婚姻法》中的离婚纠纷，又如最高人民法院《关于适用简易程序审理民事案件的若干规定》第 14 条规定，对婚姻家庭纠纷和继承纠纷、劳务合同纠纷、宅基地和相邻关系纠纷等纠纷，人民法院在开庭审理时应当先行调解。除此之外，"适宜调解的案件则是由人民法院根据案件的具体情况具体掌握。一般来说，家庭矛盾、邻里纠纷等民间纠纷适宜调解，其他案件如果事实清楚、当事人之间争议不大的可以先行调解"[①]。结合北京市相关调解组织的发展情况综合考量，前置调解程序可以在家事类纠纷、相邻关系类纠纷、小额债务类纠纷、消费者权益保护类纠纷、交通事故纠纷、劳务纠纷、物业管理类纠纷中适用[②]。

三是规范调解前置程序和期限，确保改革符合法律精神。"民事诉讼制度强调当事人诉权的保障，并不意味着对诉权的行使不能规定一定的条件。调解前置只是对当事人参与调解程序的强制，调解结果完全由当事人决定，它不但没有剥夺当事人的裁判请求权，还扩大了当事人实现正义的途径。"[③] 依据《民事诉讼法》第 122 条规定，适宜调解的，先行调解，我们必须思考：谁是"适宜调解"的决策者？判断适宜调解的标准为何？由法条我们可以看出，人民法院是判断是否"适宜调解"的决策者，可以确

[①] 全国人大常委会法制工作委员会民法室. 民事诉讼法修改决定条文解释. 北京：中国法制出版社，2012：172.

[②] 这段内容参考赵蕾. 先行调解案件的类型化研究. 法律适用. 2016（10）；梁蕾. 多元化纠纷解决机制中的先行调解制度. 山东法官培训学院学报，2018（6）.

[③] 龙飞. 多元化纠纷解决机制立法的定位于路径思考——以四个地方条例的比较为视角. 华东政法大学学报，2018（3）.

保"适宜调解"的纠纷进入"先行调解"的渠道，也可以确保不适宜诉前调解案件能够及时进入诉讼程序。

四是建立紧密衔接的工作机制。对于在诉前调解中当事人提交的证据，双方确认无异议的事实，以及调解员归纳的争议焦点等，可以在调解程序结束时予以固定。如果调解达不成协议，前述内容还可以在后续诉讼程序中继续有效使用，以减少当事人的诉累。当然，在这里需要注意的是，当事人在调解过程中作出的让步和妥协，如果在诉讼过程中当事人不愿保留的，在诉讼中可不予认可。同时，在调解中双方当事人提出保密的内容，在诉讼中同样不能使用。

五是通过全国人大授权试点稳妥推进改革。考虑到法定调解前置是一项重大制度创新，涉及民事诉讼法的修改，现阶段可以考虑在试点基础上逐步推开。建议由全国人大以授权方式确定部分地区法院开展调解前置程序试点工作，待试点取得一定成效后再行推广。

四、调解协议的司法确认制度

调解协议司法确认制度的建立是司法改革成果转化的最典型事例。2002年最高人民法院《关于审理涉及人民调解协议的民事案件的若干规定》首次以司法解释将人民调解协议确定为具有民事合同性质的协议。[①] 2004年最高人民法院《关于人民法院民事调解工作若干问题的规定》首次以司法解释明确了对调解协议进行司法确认的程序[②]。但是，在多元化纠纷解决机制改革历程中，"调解协议司法确认决定"是从2007年最高人民法院确定的第一批多元化纠纷解决机制改革试点法院甘肃省定西市中院开始探索，经历了三年改革探索，该制度从基层试水，逐步走向制度化建设和法律层面。2010年8月通过的《人民调解法》从立法上明确了人民调解协议的效力，强调了调解

[①] 2002年9月，最高人民法院《关于审理涉及人民调解协议的民事案件的若干规定》第1条规定："经人民调解委员会调解达成的、有民事权利义务内容，并由双方当事人签字或者盖章的调解协议，具有民事合同性质。当事人应当按照约定履行自己的义务，不得擅自变更或者解除调解协议。"

[②] 2004年最高人民法院《关于人民法院民事调解工作若干问题的规定》第3条规定："根据民事诉讼法第87条的规定，人民法院可以邀请与当事人有特定关系或者与案件有一定联系的企业事业单位、社会团体或者其他组织，和具有专门知识、特定社会经验、与当事人有特定关系并有利于促成调解的个人协助调解。经各方当事人同意，人民法院可以委托前款规定的单位或者个人对案件进行调解，达成调解协议后，人民法院应当依法予以确认。"

第五章　多元化纠纷解决机制促进法中的机制构建与相互衔接问题

协议具有法律约束力,并正式规定了人民调解协议的司法确认制度。2011年3月23日,最高人民法院紧接着出台了《关于人民调解协议司法确认程序的若干规定》①(法释[2011]5号)(以下简称《司法确认规定》)。随之,2012年《民事诉讼法》修正时进一步吸收和巩固司法改革的成果,在特别程序章节中增加了2条司法确认调解协议效力案件的内容,并在民事诉讼法司法解释中增加了8条内容规范司法确认程序,从诉讼法层面上多元化纠纷解决机制的发展提供了法律依据。②

司法确认制度自2011年1月《人民调解法》正式实施以来,人民法院通过审查人民调解协议,在支持和监督人民调解组织合法调解、化解纠纷方面发挥了重要的作用。但是,从最高人民法院公布的全国法院受理司法确认案件数量来看(见图7),该制度的功能和作用还未发挥出来。其中浙江、安徽、山东、广东、重庆、贵州受理超过1万件,强有力地保障和支持调解组织发挥作用③。从2015年至2019年的数据来看,各级法院受理司法确认案件逐年上升。2015年,全国法院受理司法确认案件141 400件,到2019年就增长到340 761件,占新收一审民商事案件的3%。其中确认有效321 901件,占新收一审民商事案件的2%。五年间,全年各级法院共受理司法确认案件112.07万件,调解协议有效102.8万件。

图7　2015年至2019年司法确认案件相关数据对比

---

①　最高人民法院《关于人民调解协议司法确认程序的若干规定》(法释[2011]5号)对人民调解协议司法确认的程序及效力等作出明确规定,主要包括司法确认案件的管辖法院、当事人申请司法确认时应当提交的材料、司法确认案件的受理、法院办理司法确认案件的期、审查方式、不予确认的情形、确认方式及效力等内容。

②　沈德咏.最高人民法院民事诉讼法司法解释理解与适用:下.北京:人民法院出版社,2015:919-921.

③　从最高人民法院历年法院工作报告中摘取的数据。

司法确认制度的建立，并不是司法确认案件越多就越代表这项制度的实施效果好。但是，从各地法院处理的司法确认案件的实践中可以看出，当前司法确认制度还存在一些法律障碍和制度瓶颈，远没有达到当初立法的初衷和目的，主要集中在司法确认适用范围、管辖法院等两个问题。这两个问题也应当在修改民事诉讼法时提出。多元化纠纷解决机制立法只能依据现有法律予以规范，但是在《厦门经济特区多元化纠纷解决机制促进条例》和《黑龙江省社会矛盾纠纷多元化解条例》中，我们看到，依据最高人民法院的改革政策和实践需要，黑龙江省和厦门的立法实践已经在司法确认适用范围和管辖法院方面有所突破[①]。

（一）司法确认适用范围的问题

1. 司法确认范围仅限定在人民调解协议，制约了其他调解组织的发展。《人民调解法》规定了当事人可以对达成的人民调解协议申请司法确认。《民事诉讼法》规定，双方当事人可以依照人民调解法等法律向法院申请司法确认调解协议[②]。基层丰富的多元解纷改革实践早已经突破了法律规定的字面含义。最高人民法院2009年《诉非衔接意见》和2016年《深化多元化纠纷解决机制改革意见》均对此作出了规定[③]。也有学者担忧司法机关对司法确认制度的满腔热情在现实中并没有换来期望的积极响应。对司法确认程序适用范围是全面放开还是有限控制，在2012年修改民诉法时就存在不小争议[④]。近年来，理论界与司法实务界一直存在不同的声音。目前的法律规定在强化了人民调解协议的法律效力的同时，却不恰当地制约了其他类别调解组织的发展。我们在本章第一节中介绍了国内一些专业性较强的领域或行业领域设立了一些非诉讼的调解机构，如商事调解组织、行业调解组

---

① 《厦门经济特区多元化纠纷解决机制促进条例》第45条规定："经行政机关、调解组织调解达成的协议，双方当事人可以共同向行政机关、调解组织所在地基层人民法院申请确认其效力。人民法院裁定调解协议有效后，一方当事人不履行的，对方当事人可以向人民法院申请执行。双方当事人可以共同委托调解组织向人民法院申请司法确认。"《黑龙江省社会矛盾纠纷多元化解条例》第41条规定："经过行政机关、公证机构、人民调解组织、商事调解组织、行业调解组织调解达成的调解协议，当事人可以共同向有管辖权的人民法院申请确认其效力。"

② 《民事诉讼法》第194条规定："申请司法确认调解协议，由双方当事人依照人民调解法等法律，自调解协议生效之日起三十日内，共同向调解协议所在地基层人民法院提出。"

③ 最高人民法院2009年的《诉非衔接意见》第20条和2016年《深化多元化纠纷解决机制改革的意见》第31条规定："经行政机关、人民调解组织、商事调解组织、行业调解组织或者其他具有调解职能的组织调解达成的具有民事合同性质的协议，经调解组织和调解员签字盖章后，当事人可以申请有管辖权的人民法院确认其效力。"

④ 刘加良. 非诉调解协议司法确认程序的实践误区及其矫正. 政治与法律，2018（6）.

织、民间商会调解组织、社会团体、民间非政府组织和公益组织下设的调解组织等。尤其是行业调解组织在专业领域内主持调解达成的协议，同样具有化解矛盾的作用，如果获得司法确认，将获得更有力的司法保障。这也是最高人民法院推进了十余年改革探索的成果，各类调解组织的发展已经具有深厚的社会实践基础。

2. 司法确认适用范围导致人民调解泛化，反而不利于人民调解的发展。行业调解、商事调解也遵循当事人自愿、有权处分和保密等规则，其在与司法确认的衔接理论上，与人民调解并没有实质区别。如果仍将司法确认范围限定在人民调解协议，势必影响当事人对多元化调解方式的自主选择，限缩立案登记与多元解纷的衔接渠道，制约多元调解功能，削弱纠纷分流实效。再加上人民调解的免费服务性质，也制约了其他调解组织通过市场化方式开展工作。此外，人民调解的范围不断扩张到各个行业专业领域，而逐步丧失其扎根基层、化解人民群众矛盾纠纷的本质。

3. 建立调解协议司法确认的审查程序，避免虚假调解的发生。为什么司法确认制度最初只限定在人民调解协议上？立法机关担心的主要是虚假调解的问题。考虑人民调解协议针对的是公民与公民之间的一般民事纠纷，这些纠纷即便有虚假调解，纠错的成本和风险也比较小。调解组织正处在发展初期、调解员良莠不齐，如果行业调解、商事调解涉及标的额较大，如果发生虚假调解，司法确认程序又未审查出来，则可能导致法院承担司法确认裁定错误的严重后果，此风险就转嫁到法院。正如我们不能因为有虚假诉讼就关上法院大门一样，也不能因为担心有虚假调解而关上其他调解组织发展的大门。在调解协议的司法确认制度设计上，不应厚此薄彼，而应一视同仁，在将司法确认调解协议的范围，由人民调解协议扩展至所有类型的非诉讼调解协议的基础上，必须建立统一的司法审查标准和确认尺度，制定规范的调解程序和信息披露规则，加大对虚假调解的惩戒措施，从整体上保障非诉调解协议司法确认的质量。同时，要建立社会诚信体系，确保最大限度地杜绝虚假调解的发生。

4. 扩大司法确认适用范围，适应多元调解协同发展的迫切需要。近年来，行业调解组织、商事调解组织在化解行业纠纷、商事纠纷方面发挥了重要作用。在当前多元调解协同发展的形势下，必须尊重并彰显不同调解方式的特有功能和个性价值，对不同类型的非诉调解协议加以司法确认，减少资源浪费和程序拖延，形成社会解纷合力。两办《意见》指出，经行政机关、人民调解组织、商事调解组织、行业调解组织或者其他具有调解职能的组织达成的具有民事合同性质的协议，当事人可以申请有管辖权的法院确认其效力。中央文件的规定，是在总结司法实践基础上形成的。所以，扩大司法确认调解协议的范围符合中央改革精神，也反映了全国非诉调解组织发展的迫切需求和内心呼声。

（二）司法确认案件管辖法院的问题

按照最高人民法院 2009 年《诉非衔接意见》和 2011 年《司法确认规定》，司法确认案件的管辖法院有以下几种情形："一是当事人可以在书面调解协议中选择当事人住所地、调解协议履行地、调解协议签订地、标的物所在地基层人民法院管辖。二是当事人申请确认调解协议的，由主持调解的人民调解委员会所在地基层人民法院或者它的派出法庭管辖。三是人民法院在立案前委派调解组织调解并达成调解协议，当事人申请司法确认的，由委派的人民法院管辖。人民法院在立案前可以委派有关调解组织进行调解，经该调解组织调解达成协议后，当事人如果要申请司法确认，则应当向委派的人民法院提出。"[①] 这里的问题是，中级人民法院委派调解的纠纷，如果达成调解协议需要进行司法确认时，中级人民法院是否可以直接办理司法确认案件？委派调解的法院所在地与调解组织所在地不在同一地区的，应由哪个法院受理司法确认案件？

《关于适用〈中华人民共和国民事诉讼法〉的解释》第 353 条明确规定，司法确认程序只适用于调解组织所在地的基层人民法院或人民法庭。因此，中级以上人民法院或者与调解组织不在一地的委派法院就不能对调解协议进行司法确认。针对中级人民法院是否能受理司法确认案件的问题，实践中，从诉讼管辖的角度，一些标的额大、情况复杂的知识产权纠纷、海事纠纷、商事纠纷，是由中级以上人民法院审理。中级人民法院在进行诉前委派调解后，只能由调解组织所在地的基层人民法院进行司法确认。这样不仅造成当事人的不便和法院诉讼与非诉讼衔接的脱节，还影响了中级以上人民法院开展委派调解的积极性。同样的道理适用于调解组织不在一地的委派调解法院。

最终的解决方案是修改民事诉讼法，取消司法确认案件只能由基层人民

---

① 沈德咏. 最高人民法院民事诉讼法司法解释理解与适用：下. 北京：人民法院出版社，2015：923.

法院受理的限制，明确规定由当事人住所地、调解协议履行地、调解协议签订地、标的物所在地、委派调解的人民法院管辖。目前，"优化司法确认适用程序"已经纳入《人民法院五五改革纲要》第 41 项推进民事诉讼制度改革项目中[1]，有望在这期间完成司法确认制度的完善。

（三）目前的改革试点举措

2019 年 12 月 28 日，第十三届全国人大常委会第十五次会议作出《全国人民代表大会常务委员会关于授权最高人民法院在部分地区开展民事诉讼程序繁简分流改革试点工作的决定》（以下简称《授权决定》），授权最高人民法院在北京、上海、广州、深圳等 20 个城市的中级、基层人民法院和部分专门人民法院开展试点[2]。为深入贯彻落实全国人大常委会《授权决定》，最高人民法院印发《民事诉讼程序繁简分流改革试点方案》（以下简称《试点方案》），其中一项重要的试点内容就是优化司法确认程序。健全特邀调解制度，加强特邀调解名册管理，完善诉前委派调解与司法确认程序的衔接机制。合理拓宽司法确认程序适用范围，经律师调解工作室（中心）等特邀调解组织、特邀调解员，或者人民调解委员会依法调解达成民事调解协议的，当事人可以按照程序要求，向人民法院申请司法确认。完善司法确认案件管辖规则，符合级别管辖和专门管辖标准的，由对应的中级人民法院和专门人民法院受理[3]。

最高人民法院依据《试点方案》制定了《民事诉讼程序繁简分流改革试点实施办法》（以下简称《实施办法》）。《实施办法》第 2 条至第 4 条扩大了司法确认程序的适用范围，调整适用《民事诉讼法》第 194 条、《特邀调解规定》第 19 条的规定。第一，将特邀调解组织或者特邀调解员调解达成的民事调解协议纳入司法确认范围。之所以强调是特邀调解组织和特邀调解员主持达成的调解协议，是为了稳住"量"、保住"质"，最大程度上防止虚假调解或虚假确认。试点法院必须将建立特邀调解名册作为刚性任务，严格入

---

[1] 最高人民法院关于印发《最高人民法院关于深化人民法院司法体制综合配套改革的意见——人民法院第五个五年改革纲要（2019—2023）》的通知［2019 - 02 - 27］. https://www.chinacourt.org/law/detail/2019/02/id/149860.shtml.

[2] 全国人民代表大会常务委员会关于授权最高人民法院在部分地区开展民事诉讼程序繁简分流改革试点工作的决定. 人民法院报，2019 - 12 - 29.

[3] 周强院长在 2019 年 12 月 23 日在第十三届全国人民代表大会常务委员会第十五次会议上对《关于授权在部分地区开展民事诉讼程序繁简分流改革试点工作的决定（草案）》的说明. 人民法院报，2019 - 12 - 29.

册程序和条件,完善名册管理机制,加强对入册调解组织和调解员的业务指导、培训、考核和监督,确保特邀调解主体资质合格、能力具备、渠道通畅。第二,明确了司法确认案件的管辖规则。《实施办法》确立了由委派调解的法院优先管辖原则。对于委派调解所达成的调解协议申请司法确认的,均由委派的人民法院管辖。这样既有利于实现特邀调解制度与司法确认程序的有效对接,也便于当事人及时申请司法确认,减少讼累,节约成本,有效提升当事人参与诉前调解的积极性。第三,允许中级人民法院、专门人民法院受理符合级别管辖、专门管辖标准的司法确认案件。这里的"符合级别管辖标准"是指,司法确认案件在标的额、案件类型、当事人人数等方面,符合《民事诉讼法》及相关司法解释规定的应当由中级人民法院管辖的第一审案件标准。"符合专门管辖标准"是指,司法确认案件所涉纠纷符合金融法院、知识产权法院管辖第一审案件的标准[①]。第四,推进繁简分流授权试点改革。目前,全国78%的法院开展"分流+调解+速裁+快审"机制改革。65%的法院设立程序分流员,负责诉讼引导辅导和程序分流工作。全国50%以上的法院在诉讼服务中心搭建类型多样的调解工作室,70%左右的法院建立速裁快审团队,促进诉调对接实质化,诉讼程序简捷化,做到应调则调、当判则判,从简从快办理简单纠纷。截至2019年年底,全国40%法院实现10%的法官解决40%以上的民商事案件,简单案件办理周期缩短一半以上,初步形成多数法官办理少数疑难复杂案件,少数法官办理多数简单案件的工作格局,基本实现了习近平总书记提出的"深化诉讼制度改革,推进案件繁简分流、轻重分离、快慢分道"[②]的目标。

根据《授权决定》、《试点方案》和《实施办法》的规定,试点期限为两年。各试点法院根据《授权决定》、《试点方案》和《实施办法》开展试点工作。各试点地区高级人民法院结合工作实际,制定具体实施方案和相关制度规定。最高人民法院做好试点指导工作,并适时向党中央和全国人大常委会作专题报告。最高人民法院在全面总结试点经验和实效评估的基础上,配合全国人大常委会推动修改民事诉讼法等相关条文,配套完善相关司法解释。

[①] 刘峥,何帆,李承运.《民事诉讼程序繁简分流改革试点实施办法》的理解与适用.[2020-01-30]. https://www.thepaper.cn/newsDetail_forward_5553903.

[②] 习近平出席中央政法工作会议并发表重要讲话.[2020-01-30]. cpc.people.com.cn/n1/2019/d16/cb4094-3559257.htm.

第四节 仲裁与诉讼的衔接机制

一、商事仲裁与诉讼的对接

在"一带一路"建设、多元化纠纷解决机制的国际化发展背景之下,加强法院与商事仲裁的对接体现在司法支持仲裁的大格局上。充分满足"一带一路"建设中外市场主体的多元化纠纷解决需求,依法加强涉"一带一路"沿线国家当事人的仲裁裁决司法审查工作,使仲裁司法审查规则更加明确和具有可操作性,促进国际商事、海事仲裁在"一带一路"建设纠纷解决中发挥更加重要的作用,这些都是法院与仲裁进行对接的重点。

仲裁不像诉讼那样依靠公权力,通过严格的诉讼程序直接作出判决或裁定,而且具有法律强制执行力;仲裁也不像和解、调解等其他非诉讼纠纷解决机制那样,具有随意性与居中性。"仲裁本质上属于民间性纠纷解决方式,但是在结构设置、裁决效力等方面具有准司法性。"[1] 仲裁制度以其契约性和准司法性兼备的优势在诸多纠纷解决机制中占据着重要地位,是诉讼外替代性纠纷解决机制的一项重要内容。正确处理好司法和仲裁的关系,形成司法协助仲裁、尊重和支持仲裁裁决的格局将成为仲裁制度改革的关键。

商事仲裁制度的改革,需要注意如何提高仲裁在多元化解社会纠纷中所占的比例问题。"2015 年年底,全国仲裁机构已经发展到 251 家,受案量达到 136 924 件,是 1995 年仲裁受案量的 100 多倍,二十年间我国仲裁业得到飞速发展。2015 年受案数量比 2014 年增加 23 264 件,增长率为 20%;案件标的总额 4 112 亿元,增长率为 55%[2]。但数据显示民商事仲裁在纠纷化解机制中所占比重明显偏低。"[3] 因此,加强法院与仲裁机构的对接,有利于多元化纠纷解决机制充分发挥作用,具体到仲裁制度方面就是鼓励仲裁制度改革,充分发挥仲裁在多元化纠纷解决机制中的重要作用。"支持仲裁、发展

---

[1] 齐树洁. 纠纷解决与和谐社会. 厦门:厦门大学出版社,2010:19.
[2] http://www.ylzcwyh.com/ylac/zxdt/gnxw/641.html.
[3] 据最高人民法院统计:2014 年全国各地仲裁机构的办案总数仅相当于法院同期办案总量的 1.25% 左右,仲裁案件标的总额仅相当于法院同期案件标的总额的 1.02% 左右。蒋慧.《仲裁法》二十周年回望:民商事仲裁危机与重塑. 学术交流,2016 (7).

仲裁逐步成为全球领域商事仲裁发展的共同趋势。"[①]

仲裁与诉讼的对接原则及机制主要包括：

第一，尊重商事仲裁规律与仲裁规则。尊重仲裁机构的民间性、仲裁程序的灵活性、仲裁效率的快捷性、仲裁结果的一裁终局等特征，尊重当事人选定不同仲裁规则的适用，是建立仲裁与诉讼衔接机制的基本原则。

第二，及时办理仲裁机构的保全申请。法院支持仲裁的发展，其中之一就是要及时办理仲裁机构的保全申请，既包括仲裁前保全，也包括仲裁中保全；既包括仲裁证据保全，也包括仲裁财产保全以及行为保全。我国《仲裁法》分别对财产保全、证据保全以及涉外证据保全作出规定。2012年《民事诉讼法》对仲裁前证据保全和仲裁前财产保全等问题作出了比较明确的规定。

第三，依照法律规定处理撤销和不予执行仲裁裁决案件，遵循支持仲裁的司法政策。各级人民法院应当在支持仲裁发展，依照法律及司法解释的规定对仲裁进行监督的前提下，依法处理撤销和不予执行仲裁裁决案件。最高人民法院自"二五改革纲要"以来，一直秉持"支持仲裁"的司法态度，并不断出台支持仲裁的司法政策。以仲裁撤销为例进行说明，"仲裁裁决部分撤销制度有利于维护仲裁裁决未超裁部分的效力，因而减少了法院对仲裁裁决的监督，也体现了对仲裁的支持"[②]。我国《仲裁法》未规定仲裁裁决的部分撤销制度，但是适用《仲裁法》的司法解释[③]则弥补了这一缺陷。

第四，创新"报核"制度，规范审查标准，保障最高人民法院在贯彻支持仲裁政策中的特殊重要作用。在对涉外仲裁的司法审查中，最高人民法院形成了富有中国特色的"报核"制度，使中国作为《纽约公约》缔约国，成为长期以来履行承认与执行外国仲裁裁决公约义务最好的国家和地区之一，这是中国法院在涉外仲裁与诉讼相衔接机制方面早期的创新机制。即在对涉外及境外仲裁协议效力、仲裁裁决的司法审查中，自中级人民法院受理审查起，若持否定性意见，则必须逐级报送至最高人民法院核准才能够最终确定，保障了仲裁裁决的终局性和稳定性。2018年1月1日开始施行的最高人

[①] 乔欣.支持仲裁 发展仲裁——对最高人民法院关于适用《中华人民共和国仲裁法》若干问题的解释之解读与评析.北京仲裁，(60)：49.

[②] 万鄂湘，于喜富.我国仲裁司法监督制度的最新发展——评最高人民法院关于适用仲裁法的司法解释.法学评论，2007 (1).

[③] 最高人民法院《关于适用中华人民共和国仲裁法若干问题的解释》第19条规定："当事人以仲裁裁决事项超出仲裁协议范围为由申请撤销仲裁裁决，经审查属实的，人民法院应当撤销仲裁裁决中的超裁部分。但超裁部分与其他裁决事项不可分的，人民法院应当撤销仲裁裁决。"

民法院《关于仲裁司法审查案件报核问题的有关规定》（法释[2017]21号），强调为了正确审理仲裁司法审查案件，"统一裁判尺度"，将对国内仲裁协议效力确认案件、撤销或不予执行仲裁裁决案件的审查权提升到高级人民法院及最高人民法院。同期开始施行的最高人民法院《关于审理仲裁司法审查案件若干问题的规定》（法释[2017]22号），则从多方面规范了人民法院审理仲裁司法审查案件的基本规则。上述连续出台的司法解释进一步体现了司法对仲裁的支持态度。

第五，统一国内仲裁及涉外仲裁的司法审查标准问题。仲裁司法审查是对仲裁活动的一种监督方式，属于事后监督范畴。又因其审查结果具有法律效力，对仲裁裁决影响深远，与当事人的利益密切相关，因此司法审查需由法律明文规定，并应遵循当事人意思自治原则、适当审查原则以及公共秩序保留原则，促进仲裁公信力的提升。以此为基础，2015年最高人民法院《关于适用〈民事诉讼法〉的解释》将原《民事诉讼法》中对于认定事实的主要证据不足和法律适用错误这两种情形作为不予执行仲裁裁决的两种情形予以删除，这一规定符合国际上对仲裁裁决从实体审查到程序审查过渡的趋势，尊重当事人"或裁或审"选择，保证"一裁终局"的仲裁裁决权威。

随着仲裁制度的改革不断深入完善，法院对仲裁的支持力度的增强，法院与仲裁机构的对接工作将会更加科学完善以及系统全面。商事仲裁制度作为多元化纠纷解决机制的重要组成部分，将会在国际商事纠纷解决特别是"一带一路"建设中发挥更加重要的作用。

二、劳动人事争议仲裁与诉讼的对接

"为了创新劳动关系协调机制，加强劳动人事争议调解仲裁工作，按照《关于构建和谐劳动关系的意见》的要求，坚持'预防为主、基层为主、调解为主'的方针，建立党委领导、政府主导、综治协调、人力资源社会保障行政部门主导、有关部门和单位共同参与的专业性劳动争议调解工作机制。"[①] 按照《深化多元化纠纷解决机制改革意见》的要求，应理顺劳动人事争议仲裁与诉讼的关系，加强法院与劳动人事争议仲裁机构的对接以及建立裁审标准统一的新规则、新制度。

---

① 人社部、中央综治办共同下发关于加强专业性劳动争议调解工作的意见. 中国劳动, 2015 (7).

(一) 完善劳动人事争议仲裁办案制度

"劳动仲裁是指劳动人事争议仲裁机构根据劳动人事争议当事人的请求,对劳动人事争议的事实和责任依法作出判断和裁决,并对当事人具有法律约束力的一种劳动人事争议处理方式。而劳动人事争议诉讼则是指人民法院对当事人不服劳动人事争议仲裁机构的裁决或者决定而起诉的劳动人事争议案件,依照法定程序进行审理和判决,并对当事人作出具有强制执行力的司法处理方式。"[①] "我国劳动人事争议处理机制是仲裁前置、一裁两审,即劳动人事争议必须先经过劳动争议仲裁程序,未经仲裁裁决的,不得向人民法院提起诉讼,但是法律另有规定的除外。"[②]

为公正及时处理劳动人事争议,规范仲裁办案程序,根据《劳动争议调解仲裁法》等相关规定,《劳动人事争议仲裁办案规则》对劳动人事争议仲裁制度进行了原则性规定;此外,为了提高劳动人事争议案件处理能力,统一办案标准尺度,规范自由裁量权限,提升办案质量和水平,就劳动人事争议仲裁适用范围、适用法律、赔偿标准等对劳动人事争议仲裁办案制度进行了改革与完善。就目前从各地劳动人事仲裁机构集中反映出的问题来看,主要包括证据提交时限规定不清楚,终局裁决的范围过窄、标准过低,以及劳动仲裁免费导致一些企业单位利用劳动仲裁拖延时间等问题。因此,应加大对劳动争议仲裁办案制度进行改革的力度,对劳动人事争议仲裁员进行定期培训,提高劳动人事争议仲裁员的待遇水平。一些省份根据本省发展情况,制定办案标准,统一仲裁办案规则。例如,湖南省制定《湖南省劳动人事争议仲裁办案若干标准》,于 2016 年 10 月 1 日开始实施。

(二) 劳动人事争议仲裁与诉讼衔接的具体内容

"十二五期间,全国各级劳动人事争议调解仲裁机构深入贯彻《劳动争议调解仲裁法》,以加强劳动人事争议处理效能建设为主线,以加强仲裁院建设为重点,调解仲裁制度不断完善,机构建设取得突破性进展,约 750 万件劳动人事争议案件得到依法处理。"[③] 图 8 显示了 2011 年至 2018 年全国劳动人事争议纠纷案件数趋势变化。

截至 2018 年年底,大中型企业劳动争议调解组织组建率近 50%,乡镇(街道)劳动争议调解组织组建率已超过 92%,在劳动争议化解中发挥了

---

① 高莹莹. 劳动仲裁与劳动诉讼关系的再思考. 中共郑州市委党校学报,2008 (4).
② 卜文茜. 劳动争议仲裁与诉讼衔接问题研究. 硕士学位论文. 上海: 华东政法大学,2016.
③ 冯怡. 完善制度不断提升劳动人事争议处理效能. 中国人力资源保障,2016 (1).

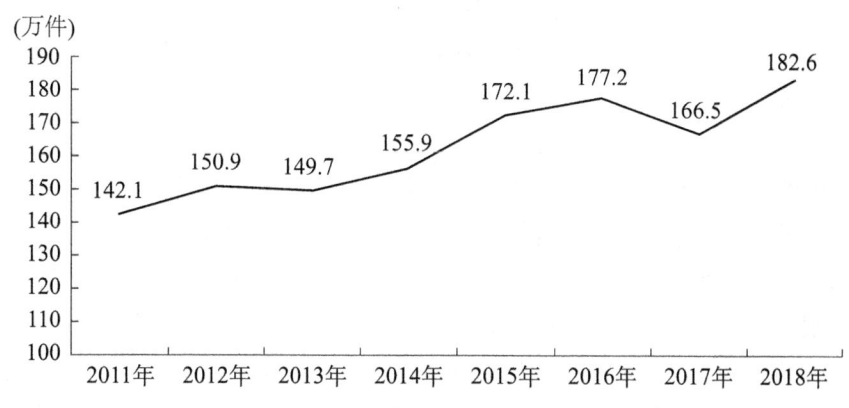

```
(万件)
190                                          182.6
180                        177.2
170              172.1            166.5
160        155.9
150  150.9 149.7
140  142.1
130
120
110
100
   2011年 2012年 2013年 2014年 2015年 2016年 2017年 2018年
```

图 8　2011 年至 2018 年全国劳动人事争议纠纷案件数趋势变化

"主渠道"作用。全国有 16 个省（区、市）和 266 个地市开展了调解仲裁法律援助工作。2018 年全国劳动人事争议案件达到 182.6 万件，同比上升 9.7%。由于劳动人事争议仲裁机构并非司法机关，缺少国家强制力作为后盾，需要司法机关保障仲裁裁决的法律效力。劳动人事争议诉讼对劳动人事争议仲裁的保障体现在先予执行与强制执行这两项制度安排上。

一是先予执行。《民事诉讼法》虽然有先予执行制度，但是对劳动争议案件适用先予执行仅规定了追索劳动报酬案件。《劳动争议调解仲裁法》第 44 条规定了可以先予执行的案件类别，即针对追索经济补偿或者赔偿金、工伤医疗费、劳动报酬的案件。《劳动争议调解仲裁法》规定先予执行的范围比劳动人事争议诉讼中的适用范围更广，充分体现了司法对劳动争议仲裁的保障。二是强制执行。《劳动争议调解仲裁法》对强制执行也作出了明确规定。仲裁裁决生效后，如果其中一方当事人未履行仲裁裁决所规定的义务，另一方当事人有权在法定期间内向法院申请强制执行该仲裁裁决[①]。

（三）裁审标准统一的新规则、新制度的建立

由于我国目前的劳动人事争议仲裁机构由人力资源和社会保障部门、工会组织、用人单位代表等组成，办事机构设在人力资源和社会保障部门，具有行政性与准司法性双重性质，这决定了它们在进行仲裁时必须使用人力资源和社会保障部制定和颁布的行政规章及其他规范性文件。为正确审理劳动争议案件，根据《劳动法》和《民事诉讼法》等相关法律之规定，就审理劳

---

① 卜文茜．劳动争议仲裁与诉讼衔接问题研究．硕士学位论文．上海：华东政法大学，2016．

动争议案件适用法律问题，2001年至2013年最高人民法院作出《关于审理劳动争议案件适用法律若干问题的解释》（一）至（四），人民法院审理劳动人事争议案件主要依据是法律及司法解释。由于行政规章、规范性文件与司法解释、司法文件规定上存在一些不一致的情况，对同一劳动人事争议案件作出的劳动仲裁与劳动诉讼结果会出现裁判尺度不一致的情况，有可能大相径庭，导致同案不同判的情况出现，损害了法律适用的统一性。所以，针对劳动人事争议仲裁与审判的对接，建立劳动人事争议仲裁与审判标准统一的新规则、新制度十分必要。因此，完善劳动人事争议多元化纠纷解决机制，建立劳动人事争议仲裁与审判的无缝对接，加强人民法院与人力资源和社会保障部等相关部门的沟通与联系，促使两种程序在认定范围、标准以及程序上保持一致，从而促进法院与劳动人事争议仲裁机构的对接。

（四）劳动争议纠纷多元化解机制的完善

劳资关系是社会经济运行中的基本关系之一。和谐的劳资关系有利于提高劳动者的生产积极性和企业的劳动生产率，有利于提高企业的民主参与度和民主管理，是维护社会稳定和经济发展的坚强基石。近年来，随着经济转型、人口流动较多，由外来务工人员组成的劳动密集型企业也越来越多，劳动争议纠纷不断增长。民营企业吸纳了70%以上的农村转移劳动力。劳资纠纷已经成为维护社会稳定、保障经济生产发展的重要问题。

在劳动争议纠纷的处理过程中，劳动争议调解仲裁法规定的程序是"协商-调解-仲裁-诉讼"，即发生劳动争议后，劳动者可以与用人单位协商解决；当事人不愿协商、协商不成或者达成和解协议后不履行的，可以向调解组织申请调解；当事人不愿调解、调解不成或者达成调解协议后不履行的，可以向劳动争议仲裁委员会申请仲裁；劳动者对仲裁裁决不服的，可以提起诉讼。在这样一个经历协商、调解、仲裁、诉讼等多个环节的漫长纠纷解决过程中，当事人往往会遭受时间、金钱、精力等多重损耗，处理不当容易引起社会矛盾，甚至出现群体事件。如何妥善处理劳动争议纠纷，维护好每一位劳动者的合法权益，努力构建和谐劳资关系，不断优化法治营商环境，除了按照法定程序运用仲裁或者诉讼的解决途径外，还应当更加注重调解在劳动争议纠纷解决中的作用。为此，最高人民法院与全国总工会2020年2月20日联合下发了《关于在部分地区开展劳动争议多元化解试点工作的意见》，规定在11个地方开展试点工作，充分发挥工会参与劳动争议协商调解职能作用，积极预防和妥善化解劳动关系领域重大风险，维护劳动关系和谐与社会稳定。该意见从调解组织建设、调解员队伍建设、落实律师调解制度和特邀调解制度、创新调解方式、提供经费保障等方面，完善和强化了调解在劳动争议纠纷解决机制的作用。例如，该意见第 3 条明确了各级工会要推动完善劳动争议调解组织机构，推动企业劳动争议调解组织和行业性、区域性劳动争议调解组织建设。鼓励地方依托工会职工服务平台、地方社会治理综合服务平台建立健全劳动争议调解中心（工作室），建立个人调解工作室。第 5 条还创造性地提出探索建立劳动争议专职调解律师制度。第 10 条规定积极支持工会建设劳动争议在线调解平台，推动与人民法院调解平台的对接，实现调解员的菜单式选择和在线调解、在线司法确认[①]。上述这些试点内容，将进一步做实做细劳动争议调解机制的公信力，让当事人在仲裁、诉讼之前更多地选择调解的方式，从实质上化解纠纷，真正实现劳资双方的"共赢"。

三、农村土地承包争议仲裁与诉讼的对接

"农村土地承包的纠纷问题具有理论复杂、政策性强、涉及面广、敏感度高、处理难度大的特点，引起政府和社会公众的广泛关注，成为'三农问题'中的重要内容。"[②] 健全农村土地承包纠纷解决机制是保护农民土地权益、实现农村和谐稳定发展的重要措施。"现行土地承包纠纷解决机制的问题主要表现为土地承包仲裁行政化问题，土地承包诉讼重负化问题和仲裁与诉讼的衔接问题等方面。因此，应当明确农村土地承包纠纷解决机制的价值目标，坚持便民原则、土地权利依法保护原则和妥善解决纠纷原则，实现土地承包纠纷解决机制的多元化与协调性，核心在于以当事人意思自治原则构建选择性仲裁制度和仲裁裁决终局性制度。"[③]

（一）理顺农村土地承包经营纠纷中调解、仲裁、诉讼的关系

"2010 年《农村土地承包经营纠纷调解仲裁法》（以下简称《农地调解仲裁法》）对仲裁机构的设置、仲裁程序、仲裁裁决的效力等作出了明确的规定，确立了中国农地纠纷仲裁制度。《农地调解仲裁法》所构建的是'或裁

[①] 最高人民法院、中华全国总工会《关于在部分地区开展劳动争议多元化解试点工作的意见》.人民法院报，2020-03-05（3）.

[②] 张金明，陈利根.农村土地承包纠纷解决机制的多元化构建——基于土地诉讼、仲裁和调解的定位与协调.河北法学，2011（6）.

[③] 同②.

或审,一裁两审'的纠纷解决制度,农村土地承包经营纠纷仲裁并非诉讼的前置程序,这一点与劳动争议仲裁制度的仲裁前置显著不同。"[①] 根据《农地调解仲裁法》第4条的规定,对于农村土地承包经营纠纷,当事人有三种纠纷解决方式:一是选择和解、调解;二是选择向农村土地承包仲裁委员会申请仲裁;三是选择向人民法院起诉。也就是说,当事人有着充分的程序选择权。

(二) 实现涉农纠纷仲裁与诉讼的合理衔接

土地承包纠纷调解仲裁与诉讼之间的衔接涉及事实的认定和法律适用的统一性,更涉及纠纷解决的效率性和公正性,因法律规定不同导致衔接不畅,应当在以下几个方面进行衔接:一是统一受理范围。按照法律规定,土地仲裁的受理范围不仅包括确认农村土地承包经营权发生的纠纷,还包括法律、法规规定的其他纠纷。而土地承包纠纷的诉讼受理范围却比较狭窄,主要包括承包经营权的合同纠纷、侵权纠纷、流转纠纷、继承纠纷以及征收补偿费分配纠纷,对承包经营权的确认纠纷则不予受理。于是就出现确认纠纷仲裁裁决后,法院不予受理的情形。所以,当前的问题是通过立法修改统一受案范围,保证仲裁程序与诉讼程序有效衔接。二是统一法律适用和裁判尺度。土地仲裁可以依据法律规定,也可以依据承包经营权相关政策并结合历史因素裁决,而法院判决只能依据有效法律规定和相应司法解释进行审理,没有仲裁那么灵活,这样会导致仲裁与诉讼的裁判尺度不统一。三是对于农村土地承包仲裁中的证据保全、先予执行及调查取证等,在法院诉讼过程中应当给予充分认可。构建和完善仲裁与法院的有效沟通机制,应当建立土地承包仲裁部门依职权所获取的证据在诉讼中可以直接作为证据使用的规则,支持生效的仲裁裁决在法院得到及时执行。

(三) 农村土地承包仲裁裁决书或调解书的审查和执行

根据《农地调解仲裁法》的规定,当事人向法院申请强制执行仲裁裁决的,应当满足两个条件:一是裁决书发生法律效力;二是债务人未履行义务。除了上述规定外,还应当符合现有司法解释的相关规定。即最高人民法院《关于人民法院执行工作若干问题的规定(试行)》第18条规定的受理执

[①] 苏方元. 对农村土地承包经营纠纷仲裁制度的反思. 中国土地科学,2015 (3).

行案件的条件①，包括：法律文书已经生效；申请执行人是文书确定的权利人；在法定期限内提出；文书有给付内容，且执行标的和被执行人明确；义务人未履行义务；符合管辖规定等②。

为及时审查和执行土地承包仲裁机构作出的裁决书和调解书，最高人民法院 2014 年 1 月 9 日颁布《关于审理涉及农村土地承包经营纠纷调解仲裁案件适用法律若干问题的解释》第 5 条规定，人民法院对土地承包仲裁委员会提交的财产保全申请材料，应当进行审查。符合规定的，应予受理；申请材料不齐全或不符合规定的，人民法院应当告知补齐内容。该解释第 10 条规定了申请执行发生法律效力的调解书、裁决书的受理条件。法院对农村土地承包调解仲裁的支持体现在根据法律及司法解释及时审查和执行土地承包仲裁机构作出的裁决书或者调解书。

第五节 调解与公证的衔接机制

根据《特邀调解规定》第 1 条规定，特邀调解是指调解组织或者特邀调解员接受人民法院立案前委派或者立案后委托依法进行调解。因此，公证机构可以在立案前接受法院委派进行调解，或者在立案后接受法院的委托进行调解。

一、"委派"调解与"委托"调解启动方式

1. 委派公证调解。法院立案庭在审查当事人的起诉材料符合立案条件后，对于在公证调解范围内的案件，按照先原告后被告的顺序询问当事人的调解意愿，双方同意调解的，接收立案材料并将立案材料移交公证调解员，由公证调解员安排具体调解事宜。调解不成的，公证调解员将案卷材料移送

---

① 最高人民法院《关于人民法院执行工作若干问题的规定（试行）》第 18 条："人民法院受理执行案件应当符合下列条件：（1）申请或移送执行的法律文书已经生效；（2）申请执行人是生效法律文书确定的权利人或其继承人、权利承受人；（3）申请执行人在法定期限内提出申请；（4）申请执行的法律文书有给付内容，且执行标的和被执行人明确；（5）义务人在生效法律文书确定的期限内未履行义务；（6）属于受申请执行的人民法院管辖。"

② 张勇健，程新文，辛正郁，王丹．《关于审理涉及农村土地承包经营纠纷调解仲裁案件适用法律若干问题的解释》的理解与适用．人民司法，2014（3）．

立案庭，立案并进入诉讼程序；调解成功的，按照当事人意愿，以和解、公证调解协议、赋强公证或司法确认调解协议效力等方式结案。

2. 委托公证调解。立案后，如果发现有调解可能，则可以在征询当事人意见后，将案卷材料移送公证调解。调解成功的，按照当事人意愿进行处理，如果当事人要求出具调解书，则将案卷移送审判人员，出具调解书；如果当事人申请对调解协议进行公证或赋强公证，则可以对调解协议进行公证或赋强公证，然后将案卷移送审判人员，以当事人申请撤诉结案。

根据《关于人民法院推行立案登记制改革的意见》的规定，对符合法律规定的起诉、自诉和申请，一律接收诉状，当场登记立案。那么，符合立案条件时不立案而委派调解，这是否和立案登记制度相冲突？在此情况下，如果调解成功则皆大欢喜；如果未调解成功，则会产生当事人的立案日期利益和法院的审限的冲突。对此问题可通过控制调解期限，防止一方恶意拖延的方式解决；另外，可以参考我国台湾地区"民事诉讼法"的规定[①]，在调解不成功时，将接收立案材料的日期视为立案日期，公证调解时间则可以视为当事人庭外和解时间，在审限中进行扣除。

二、公证机构参与调解的职责

（一）调解的范围

"公证参与调解的案件范围应根据纠纷涉及事项或事务是否属于可公证的范围来确定，如果纠纷涉及公证机构的业务范围，则公证机构可以参与调解，如果纠纷涉及事项本身是不可公证的，就不宜列入公证调解范围，公证调解的纠纷案件均必须含有《公证法》规定的公证业务的因素。"[②] 超出公证业务范围的案件，公证机构参与调解并没有优势，而且，必须时刻注意，尽管在诉调对接中公证机构参与调解与法院有紧密的关系，但公证机构仍是以独立身份运行的，其业务必须符合法定职权范围。

最高人民法院《深化多元化改革意见》和《公证参与司法辅助通知》均明确的是公证在家事、商事等领域开展调解，该规定基本涵盖在《公证法》第11条、第12条的范围内。根据统计情况来看，实践中，公证机构与法院

---

① 我国台湾地区"民事诉讼法"第419条第1款、第2款规定：当事人两造于期日到场而调解不成立者，法院得依一造当事人之声请，按该事件应适用之诉讼程序，命即为诉讼之辩论。但他造声请延展期日者，应许可之。前项情形，视为调解之声请人自声请时已经起诉。

② 陈梅英. 论公证调解的模式、类型及其受案范围. 中国公证，2017 (4).

合作调解的案件类型也主要集中在家事纠纷、简易商事与民间借贷案件。因此，公证参与调解的案件类型主要集中在家事和商事领域。在具体运行中，法院与公证机构就合作范围可以以类型化和兜底约定相结合的方式确定公证机构参与调解的案件范围，遇到具体案件有疑问的，委派或委托公证机构调解时，可先听取公证机构意见，再决定是否委派或委托。

（二）公证调解的原则

公证机构参与调解应与其他组织参与调解一样，遵循自愿、平等、保密等原则。但基于公证机构参与调解自身的特性，其应同时遵循独有的工作准则。

首先，独立调解。独立性是公证机构参与调解的一个独特优势，那么，公证机构在参与调解时，必须独立进行调解工作，杜绝其他组织和个人的"过问"。特别是在其与法院的对接上，应特别注意工作的对接和独立，对于调解不成的案件，除了按照程序需向法院移送的案卷外，未经当事人同意，不得向法院披露调解过程中一些需要保密的内容，包括当事人为达成调解协议而作出的让步、承诺，或者向调解员透露的调解底线等。在公证参与调解机制比较成熟时，原则上审判人员不参与调解，一则因为调解是"拉锯战"，审判人员参与调解降低整体办案效率，在有其他调解资源时，不应浪费审判资源；二则是防止当事人直接寻求法院调解而略过其他调解，架空公证机构参与审判辅助事务的作用。在审理过程中，如果当事人有调解意愿，建议当事人和解或委托公证调解；如果当事人达不成和解协议或调解协议，就及时判决。

其次，双重规则。公证机构参与调解既然是独立的公证工作，就需要遵循公证机构自身的工作准则。除《公证法》的基本规定外，司法部和中国公证协会还制定了一系列规则和指导意见，就普遍性工作和一些类型化工作作出了详细规定，公证机构在参与调解工作时，应当遵循这些工作规定。

同时，公证机构参与调解的形式是特邀调解，就具体案件的调解权限来源于法院的委派或委托，那么，其调解工作应同时遵循法院的工作准则，例如遵守最高人民法院关于特邀调解的规定，保守在调解工作中获得的审判秘密，按程序移送案卷，等等。

（三）公证调解程序的终结

1. 调解达成调解协议或和解协议的，根据当事人的选择处理。根据《公证参与司法辅助试点通知》《诉非衔接意见》《司法确认规定》的规定，经委派调解达成协议的，当事人可以有以下几种选择：一是公证调解达成协议后，当事人可以自动履行，结束争议；二是当事人申请公证机构对具有给付内容的和解、调解协议办理公证，并赋予其强制执行效力；三是公证机构可以将调解协议及相关材料移交人民法院，由人民法院出具民事调解书；四是可以申请调解协议的司法确认。

2. 调解未达成调解协议的，法院遵循"适当承接"原则。在程序上，对于公证调解过程已经作出的与诉讼程序要求相同的内容，法院可以直接顺延继续进行下一诉讼程序。"在实体权利义务上，进行无争议事实记载，公证机构可以在征得各方当事人同意后，用书面形式记载调解过程中双方没有争议的事实，并由当事人签字确认，在诉讼程序中，除涉及国家利益、社会公共利益和他人合法权益的外，当事人无须对调解过程中已确认的无争议事实举证，提高审理效率，缩短审理周期。对于记载内容应慎重，应仅限于对事实本身的记载，不应包含公证人员的意见和争议焦点等内容，争议焦点的梳理是法官审理案件认定事实的核心内容，不宜被先入为主的内容干扰，影响独立判断。"[①]

（四）公证参与调解的经费保障

在任何工作中，经费保障始终是绕不开的话题。关于公证参与调解的经费来源，目前的司法政策文件规定的主要是"争取党委政法委、财政等部门的支持配合"。在当前公证机构作为特邀调解组织参与调解的情况下，经费保障应主要是法院争取财政的支持。至于公证调解是否能对当事人收费的问题，在现阶段还需要慎重考虑。如果公证调解不对当事人收取费用，一方面可能导致当事人不珍惜公证调解，另一方面不能调动调解人员的积极性，使公证调解流于形式。但是，任何事情都是有利有弊。如果对当事人收取公证调解费用，则可能导致当事人不愿支付费用而排斥调解，对公证调解产生厌恶和戒备。特别是对于既缴纳了公证调解费，但调解未成又承担了诉讼费用的一方当事人来说，会产生不满情绪，极大制约公证调解的推广。因此，在当前公证调解在实践中不断摸索的阶段，不宜对当事人收费，以激励民众选择公证调解解决纠纷。当前的经费还是通过财政经费支持较为适宜。至于对

---

① 黄鸣鹤. 公证在多元化纠纷解决机制中的功能定位——《关于进一步深化多元化纠纷解决机制改革的意见》解读. 中国公证，2016（12）.

公证调解人员的工作激励，对于未调解成功的案件，可以按件支付相关费用；对于调解成功的案件，除按件支付调解费用外，还可以参考其他公证收费标准和案件标的给予一定的绩效奖励。

习近平总书记站在促进国家治理体系和治理能力现代化的高度，多次强调要"把非诉讼纠纷解决机制挺在前面"。解纷方式的衔接通畅程度直接影响多元化纠纷解决机制的公正、高效、便捷程度。运转良好的衔接机制也将有助于让多元解纷方式之间实现"1+1＞2"的效果。多种方式的优势互补有助于实现整体的统筹性、系统性，可以帮助具体个案优选最佳路径，实现纠纷的实质化解决，回避单一解纷方式的突出缺点。① 2019年10月15日，最高人民法院周强院长在全国审判执行工作推进会上强调，要依托科技硬实力，解决法院所面对的"案多人少"难题。要全面推进"两个一站式"建设，坚持把非诉讼纠纷解决机制挺在前面，强化诉讼服务中心实体解纷功能，加快推进网上立案、跨域立案，不断增强化解纠纷和诉讼服务能力。②

在多元化纠纷解决机制的衔接工作中，信息化建设同样重要，衔接机制可以通过现代信息技术打破信息壁垒，构建多元化纠纷解决机制的衔接平台，实现调解、仲裁、公证和诉讼之间的有效信息共享。"让信息多跑路，让群众少跑路"，让纠纷可以通过最优解决方式组合得以化解。

---

① 龙飞．论多元化纠纷解决机制的衔接问题．中国应用法学，2019（6）．
② 孙航．周强在全国法院审判执行工作推进会上强调：深化司法改革、加强审判管理，确保圆满完成全年审判执行任务．[2019-10-15]．https：//www.chinacourt.org/article/detail/2019/10/id/4560319.shtml．

第六章　多元化纠纷解决机制促进法中的保障体系

为了确保多元化纠纷解决机制运转有效，必须建立全方位的保障体系。该保障体系包括组织保障、经费保障、人才保障以及信息技术保障等内容。关于组织保障体系，已在本书第三章关于多元化纠纷解决机制促进法中相关主体的职能定位中予以论述。本章重点论述经费保障、人才保障和信息化保障等三部分内容。

第一节　健全多元立体的经费保障体系

构建多元立体的经费保障体系是当前完善矛盾纠纷多元化解机制建设的重要任务。"多元化纠纷解决体系中的人民调解、行政调解、劳动人事争议仲裁、农村土地承包经营纠纷仲裁是由国家财政予以保障的公共服务形式。"[1] 商事仲裁的市场化运行模式正在逐步与国际商事仲裁模式接轨。调解领域中除了国家财政提供保障的人民调解、行政调解之外，还有其他社会化、市场化调解模式的发展空间。

一、目前纠纷解决机构经费保障面临的障碍

经费保障是多元化纠纷解决机制有效运行的物质基础。当前制约调解组织发展的一个主要问题是经费保障问题。除了人民调解、行政调解由国家财政保障之外，还需要建立支持其他民间化、市场化调解组织并存发展、多层

---

[1] 龙飞. 多元化纠纷解决机制立法的定位与路径思考——以四个地方条例的比较为视角. 华东政法大学学报，2018（3）.

次、多样化的经费保障体系，才能实现纠纷解决机制效益的最大化。当前，我国纠纷解决机构经费面临的障碍和困难有以下几点：

1. 国家层面的纠纷解决保障体系还未建立。在中央文件中规定了各地要对矛盾纠纷多元化解工作所需经费给予必要的支持和保障，在财政预算中安排人民调解委员会补助经费和人民调解员补贴经费；为行政调解提供必要的工作条件；通过购买服务等方式，委托社会力量承担；支持商事调解组织、律师事务所等按照市场化方式运作；探索建立矛盾纠纷多元化解相关基金会，鼓励社会捐赠、资助等方式。但是，这些文件规定太原则、太笼统，落地执行起来还有许多细节问题需要研究。

2. 保障标准太低。实践中，各地对人民调解予以补贴的标准较低，无法保证人民调解员投入调解工作的积极性。通常的补贴标准是调解员调解每个案件100元到300元不等。有的法院是给特邀调解员每月基本工资，再加上调解每个案件的补贴。如四川省眉山市中级人民法院制定《调解工作经费使用办法》，对委托、委派、邀请调解给予不同标准的补助。如，受邀请的调解人员可获100元/天的误工补助，案件调解成功另行给予200～300元/件的调解经费。对入驻法院的调解员采取固定工资加个案补助的经费保障方式。如，调解员月基本工资为1 200～1 600元，每调解成功一件案件奖励150～200元。但是，这样的补贴标准还是太低，不能吸引调解员长期从事调解工作。

3. 市场化调解的发展趋势受限。由于国内商事调解组织是作为民办非企业单位来运作的，不能成为以营利为目的的市场化主体，故其市场化运作很受限制，无法与国际上市场化的调解公司进行竞争。国内市场化运作的商事调解组织和律师调解组织正处在发展初期，其收费模式也因一些体制原因受到限制。

二、经费保障体系中的财政保障机制

针对目前我国纠纷解决经费保障体系存在的问题，当务之急是建立多元立体化的经费保障体系。在公共财政层面：采用直接拨款和政府购买服务相结合的方式，大力支持人民调解、行政调解、人民团体等的公益性调解，增加对人民调解、特邀调解的专项经费。对村（居）委会、街镇等人民调解委员会的人员工资、办公经费通过列入财政预算由财政部门向司法行政机关统一拨款，由区县司法行政机关统一管理，各街镇、各主管部门专款专用。在社会筹集层面：鼓励行政机关、人民法院、群团组织通过购买服务方式，将纠纷交由社会调解组织进行调解，构建公共服务多元化供给模式；对行业性、专业性人民调解组织、社会组织参与调解等建议采用政府购买服务方式支付，依据购买合同约定的标准进行效果评估，监测经费使用的效率。鼓励企事业单位的人民调解协会自筹资金支持自身调解工作；设立调解基金会向公众募集调解经费。在市场化运作层面：支持商事调解组织、律师调解组织进行市场化运作，构建市场化运作的民间调解系统，探索成立个人调解工作室或者调解公司的可行性，促使调解组织提升自我生长和发展的能力[①]。

（一）国家财政保障机制

通过人民调解、劳动人事争议仲裁、农村土地承包经营纠纷仲裁、行政调解等方式处理的纠纷，大多涉及基层社会矛盾、劳动者权益保护、农民土地权益保护，涉及民生或者公共利益，符合公共产品国家供给、财政支持的原则，应当由财政预算予以保障。根据《人民调解法》、财政部、司法部《关于进一步加强人民调解工作经费保障的意见》（财行〔2007〕179号）、财政部、民政部、工商总局《关于印发政府购买服务管理办法（暂行）的通知》（财综〔2014〕96号）等要求，政府财政应为行业性、专业性的人民调解工作提供经费保障[②]。按照司法部、中央综治办、最高人民法院、民政部《关于推进行业性、专业性、人民调解工作的指导意见》（司发通〔2016〕号）的要求，鼓励社会各界通过社会捐赠、公益赞助等方式，为行业性、专业性人民调解工作提供经费支持。相应地，调解员资质认证制度可考虑"以政府公共财政保障为主、以社会筹集为辅"的经费保障方案。这样不仅可明确保障责任主体，也为社会组织对调解工作的投入提供制度支持。

（二）法院对调解组织的奖励保障机制

实践中，各地法院在诉调对接工作探索各具特色的经费保障机制，大体

---

① 龙飞.多元化纠纷解决机制立法的定位与路径思考——以四个地方条例的比较为视角.华东政法大学学报，2018（3）.

② 《人民调解法》规定，设立行业性、专业性人民调解委员会的单位应为人民调解委员会开展工作提供办公场所、办公设施和必要的工作经费。财政部、司法部《关于进一步加强人民调解工作经费保障的意见》（财行〔2007〕179号）要求，切实落实行业性、专业性人民调解工作指导经费、人民调解委员会补助经费、人民调解员补贴经费，并建立动态增长机制。财政部、民政部、工商总局《关于印发政府购买服务管理办法（暂行）的通知》（财综〔2014〕96号）要求，把人民调解作为社会管理性服务内容纳入政府购买服务指导性目录，并按照规定的购买方式和程序积极组织实施，提高行业性、专业性人民调解工作经费保障水平。

有如下几种：法院编报财政预算，专项纳入财政保障①；同级地方财政给予专项资金保障，调解员有补贴②；既有财政专项经费，又有法院自筹的部分经费保障③。在经费保障中各地对调解员的奖励方式也各有不同：有的根据调解员的结案数通过"以案定补""以奖代补"的方式给予调解员奖励，列入同级财政保障④；有的通过底薪和计件补贴相结合的方式支付调解员报酬⑤；有的采取补助与调解经费相结合的方式进行保障⑥；有的对调解员采取固定工资制度⑦；此外，还有的从专项经费中拿出资金，采取岗位补贴、办案补贴、生活补贴、成绩突出补贴等方式，对调解员进行激励⑧。法院确定特邀调解员的经费保障主要考虑以下因素："以地区经济发展水平、财政承受能力、法律服务人员的工资水平为主要考虑因素，并兼具考虑调解组织以及调解员调解纠纷的数量、质量和纠纷的难易程度、社会影响大小等。"⑨

（三）司法行政机关对律师调解的经费保障

"律师参与调解工作不以营利为目的，更多体现公益性与社会责任，但也应兼顾律师调解的市场化需求。"⑩ 目前，在律师调解工作模式中，人民法院、公共法律服务中心设立律师调解工作室和律师协会律师调解中心的模式具有公益性。按照财政部、民政部《关于支持和规范社会组织承接政府购买服务的通知》（以下简称《社会组织购买服务通知》）的规定，矛盾调解服务可以通过政府购买服务的方式予以保障⑪。由此，律师提供公益调解服务，可以通过财政保障或者由政府采购服务渠道解决经费问题。律师事务所设立

---

① 北京市西城区法院将诉调对接工作一般性经费支出纳入全院年度财政预算中；对一些重点项目、特色项目，单独申报专项预算，由区财政部门审批单独列支。
② 北京市高级人民法院申请了纠纷化解专项经费，对调解组织和调解员发放补贴。
③ 江西省赣州市南康区法院由市财政每年拨出专项经费 20 万元，法院拿出办案经费 30 万元，合计 50 万元，用于调解组织的硬件建设、教育培训、奖励和补助等支出。
④ 如宁夏回族自治区青铜峡市法院、内蒙古自治区巴彦淖尔市临河区法院、云南省曲靖市中级法院、吉林省吉林市昌邑区法院等，均采取这种方式。
⑤ 如福建省厦门市中院出台的调解员收费规定。
⑥ 如四川省眉山市中级法院制定的《调解工作经费使用办法》。
⑦ 如青海省西宁市城东区法院对驻点调解的调解员每月发放固定工资 2 000 元。
⑧ 如浙江省杭州市西湖区法院、江西赣州市南康区法院、河南省许昌市中级法院、上海市浦东新区法院等地法院均以对调解员考核等方式发放补贴，激励调解员的积极性。
⑨ 董小红，张申峰．人民调解员职业准入制度的探索．怀化学院学报，2014（10）.
⑩ 龙飞．律师调解制度的探索创新与完善路径．中国律师，2018（5）.
⑪ 财政部、民政部《关于支持和规范社会组织承接政府购买服务的通知》（财综［2014］87号）规定："在社会治理领域，重点购买社区服务、社会工作、法律援助、特殊群体服务、矛盾调解等服务项目。"

调解工作室进行调解属于收费业务，因为律师事务所和律师是靠提供法律服务生存的，只强调公益性不利于律师调解事业的可持续发展。美国加利福尼利州律师调解员每天工作6小时，一般收费标准是7 500美元，而金牌调解员每天收费15 000美元。在美国，许多优秀的律师调解员的收入并不低于诉讼代理律师的收入。他们帮助当事人摆脱争端困局，促成纠纷解决，往往更受到社会的尊重和当事人的信赖。

目前，由财政保障的律师调解付费标准总体偏低，远不能与传统律师业务相比，甚至不能覆盖成本。故律师作为中立第三方调解员，将调解作为拓展律师法律服务的新领域，要想有长远的发展前景，要有规模、成业态，市场化应当是其必然的趋势。关于收费标准，《律师调解试点意见》第14条仅规定律师事务所设立的调解工作室按照有偿和低价的原则收费，未规定具体的收费标准，各地要根据实际情况合理确定。例如，《山东省关于开展律师调解试点工作的实施意见》规定，律师调解费的收取标准和办法由省律师协会根据实际情况确定，标准不超过法院应收诉讼费的50%。因此，人民法院在委托律师调解或引导当事人申请律师调解时，应侧重于商事案件，激发律师参与调解的积极性，让市场在调解资源配置中起决定性作用，促使律师调解组织提升自我生长和发展的能力。

(四) 发挥诉讼费的杠杆作用

现行《诉讼费用交纳办法》将诉讼收费定位为普通行政性收费，在制度设计上将重点放在限缩收费范围、降低收费标准。降低收费标准固然同步降低了诉讼门槛，但由于诉讼费均由败诉方负担，诉讼费越低，意味着违法成本越低，违法者反而成了受益者。由于诉讼成本降低，社会失信现象得不到有效惩戒，滥用诉权、恶意诉讼、虚假诉讼等现象屡禁不绝。由此可见，《诉讼费用交纳办法》主要存在以下问题：第一，具体制度设置不符合司法特点。诉讼费的预交、退费、追缴、管理监督和争议解决等均按照普通行政性收费设置，不符合司法运行特点，导致实践中出现交费机制衔接不畅、退费程序烦琐、退费经费保障不足、费用追缴不到位等一系列问题。除针对简易程序、调解、撤诉案件规定减半收费外，收费模式未精准区分诉讼流程，退费比例没有与审判进程科学对接，不利于激励当事人尽早解决纠纷。第二，未能起到调节诉讼的应有作用。有研究数据显示，诉讼费用支出在当事人诉讼成本中的占比不到10%，可见"诉讼收费在引导程序选择、优化配置资源、调控案件规模、调整诉讼结构、抑制滥诉现象、实现便捷诉讼等方面的作用没有得到充分体现"①。第三，制约了矛盾纠纷多元化解体系建设。诉讼收费标准和模式影响到当事人在各种纠纷化解方式之间的选择，在各国诉讼制度中发挥着"减压阀"和"分流器"作用。而《诉讼费用交纳办法》容易将司法置于纠纷化解的最前沿，不利于构建多元化纠纷解决机制。部分案件收费标准规定过低，导致大量案件涌向法院，非诉讼纠纷解决发展受到挤压，分层递进、有序衔接的多元化纠纷解决体系建设遭遇现实瓶颈。如劳动争议案件一律按件收取 10 元受理费，导致劳动仲裁等纠纷化解功能弱化，一方面刺激劳动者轻率诉讼，另一方面刺激用人单位滥用诉权拖延诉讼，严重影响劳动者合法权益及时兑现。又如非财产类案件的总体基准过低，50 元至 100 元的诉讼费几乎只有象征意义，当事人选择诉讼的成本，远远低于其他纠纷化解方式，诉讼费杠杆调节和矛盾分流作用未能有效发挥。第四，诉权保障和程序引导不足，抑制滥诉力度不够，不适应审判工作的形势变化。近年来，人民法院受理的案件数量已经由 2007 年《诉讼费用交纳办法》适用之初的 1 070 余万件，上升至 2017 年的 2 300 多万件，诉讼规模和结构类型深刻调整，现行诉讼收费制度已跟不上审判工作形势的新变化、新要求。诉权保障受阻，财产案件收费不封顶不合理。比如小额诉讼程序收费规则缺乏明确规定。诉讼收费制度与立案登记制改革配套协调不足。立案登记制改革后案件数量大幅增长，诉讼收费制度尚未在分流、引导、调节案件等方面发挥更大作用。

当法院作为公共资源为诉讼双方提供审判服务时，当事人作为使用公共资源的受益人，应当根据其受益程度，向服务者支付一定对价，或对服务者所投入的资源给予补偿。这是世界绝大部分国家和地区普遍认可的理念。其原理在于，司法作为全体纳税人缴纳税款而形成的公共资源，本应由每一个社会成员同等享用。如果由少数纳税人无偿享用公共司法资源，就意味着分配不均衡。因此，由使用司法资源当事人分担一部分司法公共成本，既有合理性，也有必要性。各法域为了鼓励当事人通过其他纠纷解决机制解决矛盾，以诉讼费用作为变量影响当事人争议解决的策略的选择。如在设立了小额诉讼程序的法域，诉讼费用的差异为当事人提供了足够动力，选择更经济快捷的争议解决方式。在调解或和解的案件中，相当多法域根据调解与和解的时点，给予不同程度的诉讼费用减免，以必要性原则划定移转诉讼费用范

---

① 吕巍. 把纠纷化解在诉前，把矛盾化解在源头. 人民政协报，2018 - 03 - 19.

围,鼓励当事人节约司法资源。在我国台湾地区,在调解与和解成立时,当事人可以在调解成立之日起3个月内申请退还已缴裁判费的三分之二。

最高人民法院《深化多元化纠纷解决机制改革意见》规定,探索建立发挥诉讼费用杠杆作用的新机制[1]。因此,建议全面修订现行《诉讼费用交纳办法》,具体如下:一是明确诉讼费的基本性质为国家规费,不同于普通行政性收费,具有预交性、可缓减免性、可裁决性、可退还性等司法特征。诉讼收费的正当性基础在于,民事诉讼和行政诉讼实质上是动用国家资源解决私权纠纷,由此产生的费用,不应当由国家财政即全体纳税人全部负担。二是完善相关制度发挥诉讼费的杠杆调节作用。加大对虚假诉讼、恶意诉讼等非诚信诉讼行为的打击力度,遏制诉讼过程中不必要的资源浪费以及滥诉情况,应当在明确败诉方负担诉讼费用的一般规则下,以必要性原则划定移转诉讼费用范围,鼓励当事人节约司法资源。三是发挥诉讼收费制度在诉非衔接机制中的桥梁作用。鼓励当事人通过其他纠纷解决机制解决矛盾,以诉讼费用作为变量影响当事人争议解决策略的选择。赋予法官对诉讼费承担的自由裁量权,明确当事人选择调解、公证、仲裁等非诉讼方式解决纠纷的,法官可以判决适当减免诉讼费;在调解或和解的案件中,根据调解与和解的时点,给予不同程度的诉讼费用减免。四是建立诉讼费惩罚机制。最高人民法院《关于进一步完善委派调解机制的指导意见》明确规定:"对于当事人滥用权利、违反诚信原则、故意阻碍调解等导致其他当事人诉讼成本增加的行为,人民法院可以酌情增加其诉讼费用的负担部分。无过错一方当事人提出赔偿诉前调解额外支出请求的,人民法院可以酌情支持。"除此之外,人民法院对无过错方依法提出的赔偿合理的律师费用等正当要求予以支持[2]。

三、经费保障体系中的社会保障机制

在经费保障体系中,社会筹集层面的保障是当前需要重点关注的。随着国家对公共服务改革的发展需要,向社会购买服务,引入社会保险机制是鼓

---

[1] 最高人民法院《深化多元改革意见》第38条:发挥诉讼费用杠杆作用。当事人自行和解而申请撤诉的,免交案件受理费。当事人接受法院委托调解的,人民法院可以适当减免诉讼费用。一方当事人无正当理由不参与调解或者不履行调解协议、故意拖延诉讼的,人民法院可以酌情增加其诉讼费用的负担部分。

[2] 胡仕浩,刘树德,罗灿. 全面深入推进符合司法规律的繁简分流改革. 人民法治,2016(10).

励和支持社会力量参与纠纷化解两种比较常用和有效的方式。

(一) 政府购买服务

根据国务院对深化公共服务改革的部署,《社会组织购买服务通知》对政府购买矛盾调解服务进行了规定。向社会力量购买纠纷解决服务,是"小政府、大社会"发展的必然走向,打破政府包办一切的固化思维。鼓励社会力量参与纠纷解决,可以推动纠纷解决产品的市场供给侧改革,丰富纠纷解决产品的市场化供给,吸引专业人才、高端人才从事纠纷解决行业。

实践中,购买纠纷解决服务的主体可以是行政机关、人民法院和群团组织。已经出台的地方多元化纠纷机制条例均规定了"鼓励行政机关、人民法院、群团组织通过购买服务方式,将纠纷交由社会调解组织进行调解,探索公共服务多元化供给模式"[1]。除了调解服务之外,一些有助于纠纷解决的配套性、辅助性服务项目,也可以考虑购买服务。例如,未成年人保护中的社会调查工作,离婚纠纷中的婚姻关系辅导、心理咨询等,劳动争议纠纷中的心理疏导等。根据《中国法院的司法改革(2013—2018)》白皮书的数据,2018年广东省深圳市中级人民法院通过社会购买调解协助服务,成功在诉前调解纠纷15 829件[2]。

(二) 引入社会保险机制

"保险具有多重属性,既是保障属性与金融属性的统一,也是财务属性与服务属性的统一。保险的本质是互助,保险的功能是造血。保险的'互助'和'造血'既是保险得以存在的固有基因,也是保险得以发展的源泉所在。"[3] 目前,在纠纷解决机制中引入保险机制的主要有道路交通事故损害赔偿保险机制和医疗保险机制。一是机动车交通事故责任强制保险,这是我国首个由国家法律规定实行的强制保险制度[4],具有及时救助交通事故损害受害方,也能快速有效地化解道路交通事故纠纷的作用。二是医疗保险机制,

---

[1] 龙飞. 多元化纠纷解决机制立法的定位与路径思考——以四个地方条例的比较为视角. 华东政法大学学报, 2018 (3).

[2] 《中国法院的司法改革 (2013—2018)》白皮书全文. [2019-03-01]. http://www.sohu.com/a/298046502_117927.

[3] 魏华林. 保险的本质、发展与监管. 金融监管研究, 2018 (8).

[4] 《机动车交通事故责任强制保险条例》规定:交强险是由保险公司对被保险机动车发生道路交通事故造成受害人(不包括本车人员和被保险人)的人身伤亡、财产损失,在责任限额内予以赔偿的强制性责任保险。

国务院公布《医疗纠纷预防和处理条例》鼓励患者参加医疗意外保险[①]。医疗风险分为过错医疗责任保险和无过错医疗意外保险。国外医疗责任保险机制主要有以美国为代表的自保型、以英国为代表的政府投保型以及以日本为代表的互助型3种分担模式[②]。我国的医疗风险分担机制刚刚开始建立，还没有采取像交强险那样的强制保险的做法。在《医疗纠纷预防和处理条例》中仅规定了"鼓励医疗机构参加医疗责任保险，鼓励患者参加医疗意外保险"。通过保险机制来分担医疗事故的风险以及化解医疗纠纷还有很长的路要走。

四、经费保障体系中的市场化运作机制

在中国当前的社会治理格局中，纠纷解决机制的理想状态应是实现调解的社会自治化改革，构建一个强大有效的市场化运作的民间调解系统，把调解推向市场，让调解组织在市场化运作中提升自我生长和发展的能力。"市场化是指在开放的市场中，以市场需求为导向，以竞争的优胜劣汰为手段，实现资源充分合理配置、效率最大化目标的机制。"[③]

（一）调解市场化的发展趋势

"从世界各国调解事业的发展趋势来看，调解服务越来越市场化和产业化，调解组织除了有政府资助以外，很多采用市场化运作的方式经营，根据案件类型提供有偿服务。这种市场化运作模式可以促使调解组织健康发展，保持其长远的发展活力和竞争力。"[④] 例如，美国司法仲裁调解服务有限公司（JAMS）、纠纷管理公司、美国律师协会小额纠纷解决专门委员会、英国争议解决中心（CEDR）等，都是世界上成立较早、市场化运作较为成功的私

---

① 国务院《医疗纠纷预防和处理条例》第7条规定，国家建立完善医疗风险分担机制，发挥保险机制在医疗纠纷处理中的第三方赔付和医疗风险社会化分担的作用，鼓励医疗机构参加医疗责任保险，鼓励患者参加医疗意外保险。

② 美国的自保型医疗责任保险主要是由医疗机构和医师协会向保险公司投保，出现医疗纠纷后，根据医院判断医生是否有过错和赔偿的金额，由保险公司承担赔偿责任。英国的政府投保型模式源于完善的社会保障制度，医疗机构属于公益性福利机构，由政府投保，由保险公司负责赔偿责任。日本是团体互助型模式的代表，日本的执业医师都加入日本医师会并交纳会费，由医师会拿出一部分会费资金投保，来保证医疗纠纷的赔偿。任华玉，等．关于完善我国医疗分线分担机制的研究．中国卫生经济，2014（9）：40；姚小康，等．医疗风险分担机制的国际比较与经验借鉴．卫生软科学，2011（2）：73-74.

③ 周建平．论调解的市场化运作．兰州学刊，2016（4）：132.

④ 龙飞．多元化纠纷解决机制立法的定位与路径思考——以四个地方条例的比较为视角．华东政法大学学报，2018（3）.

人调解公司。尤其是"美国 JAMS 公司，完全是按照私人公司化经营管理，在全球设有 26 个纠纷解决中心（办公室）。目前，拥有 360 个中立第三方调解员，均是业绩斐然的退休法官和律师，还有 195 名辅助人员。平均每年处理 13 000～14 000 宗复杂疑难民商事纠纷案件"[①]。律师事务所设立调解工作室进行调解属于收费业务，因为律师事务所和律师是靠提供法律服务生存的，只强调公益性不利于律师调解事业的可持续发展。

（二）关于域外调解机构的收费标准

域外许多调解机构是公司化运作模式，将调解作为一项高端法律服务，按照市场需求来收费。例如，美国司法仲裁调解服务有限公司（JAMS）、英国争议解决中心（CEDR）、新加坡国际调解中心（SIMC）等。

1. 美国司法仲裁调解服务有限公司（JAMS）的收费标准。JAMS 公司作为全球最大的调解公司，其调解员的收费比较可观。因为 JAMS 调解员将近一半以前是诉讼律师，现在专职做调解律师。公司确定的纠纷解决收费清单包括三部分：案件管理费、调解员费用和取消政策。案件管理费每人 450 美元；调解员收费标准主要以调解员自我定价为主，以案件管理人与当事人律师协商定价为补充。调解员收费平均每天在 5 000 美元以上，顶尖调解员每天收费 15 000 美元。调解员一般按照一天 10 个小时/半天 5 个小时进行计费，调解员一天收费 7 500 美元，半天收费 4 500 美元。其中一天包括最长 8 小时调解会议与 2 小时调解前准备工作收费；半天包括最长 4 小时调解会议与 1 小时调解前准备工作收费。如果超过清单规定的基本时间，调解员会根据本案具体花费的时间，指令案件管理人员进行记录的，按照每小时 750 美元进行记段收费。

2. 英国争议解决中心（CEDR）的收费形式为服务固定收费。该价格涵盖当天的所有调解前准备和调解时间，最长不超过 7 小时。CEDR 将代表各方选择调解员，或者只需支付少量额外费用，即可提供各方可以选择的调解员名单。CEDR 将费用列为三档，分别为争议金额 75 000 英镑以下、75 000～125 000 英镑、125 000～250 000 英镑。调解员费用为各方当事人支付的费用，随着标的金额相应调整，从 600 英镑到 1 200 英镑、1 500 英镑不等。费用包括调解员调解会议准备和 7 小时的调解时间。如果调解时间超出 7 小时（每日），则根据上述争议金额的划分收取超时费用。CEDR 不受理争议金额

[①] 龙飞，江和平．商事调解收费制度的构建．[2020-09-15]．https://mp.weixin.qq.com.

超过 250 000 英镑的案件①。

3. 新加坡国际调解中心（SIMC）的调解收费标准。新加坡国际调解中心的调解规则规定，争议当事人首先应当缴纳案件登记费 1 000 新币，该费用不予退还。之后所有当事人提交一笔或多笔保证金用于管理费、调解员报酬以及其他调解相关费用。在调解程序终止时，SIMC 应对调解的总费用进行结算，并将多缴付的部分退还当事人或要求当事人补缴未缴足的部分。除非各方当事人另有书面约定，否则 SIMC 所要求缴付的所有保证金及结算的费用应由各方当事人平均承担。除上述提及费用之外，新加坡国际调解中心所收取的费用还包括调解员任命费、场地设置费、案件前管理费、案件调解当日费用、调解超时/加班费用（以小时为基础）②。

（三）国内商事调解收费现状及标准

目前，国内仅有几家商事调解组织在探索市场化收费模式，逐步与国际商事调解的发展趋势接轨。

1. 中国贸促会商事调解中心的调解收费。费用主要分为登记费、机构费用、调解员报酬等。申请调解时，提交申请的当事人须向中心缴纳案件登记费人民币 1 000 元，用于对调解申请的审查、案件登记、案卷管理等。案件登记费收取后不予退还。机构费用包括案件秘书报酬、邮递费、通信费、场地使用费、办公设备使用费和机构为管理调解程序支出的其他费用。机构费用和调解员报酬则依据争议案件标的金额而变动，即案件标的金额越高则两者费用越高。调解员可以和当事人就调解费用达成一致，但是需要经过机构的许可。各方应当自收到调解中心发送的收费通知之日起 5 日内，按照调解中心调解收费标准预交同等比例的调解费用③。

2. 上海经贸商事调解中心现有两种收费方法，即诉调对接的案件收费模式以及社会案件的收费模式。上海经贸商事调解中心直接受理当事人申请的案件，其案件登记费为每方当事人 300 元，共计 600 元。社会案件的收费方式分为按小时以及按标的两种方式。选择按小时收费的，则预收 3 小时的调解费用，不够的再增加时段，必须在调解开始之前付清。但是调解员在调解

---

① 英国有效争议解决中心 CEDR 调解收费标准. [2019 - 02 - 21]. https://www.cedr.com/consumer/holidays-travel/ba-holidays/.

② 新加坡国际调解中心调解收费标准. [2019 - 02 - 20]. http://simc.com.sg/.

③ 中国贸促会调解中心收费表. [2019 - 02 - 20]. http://adr.ccpit.org/CH/Guides/47e65dc5 - b843 - 4d1e - 9beb - 417fb35f5cb9.html.

开始前3小时的阅卷时间不计算费用①。调解员一般仅调解两次6个小时（3小时/次），两次调解不成即结束（见表3）。

表3　　　　　　　上海经贸商事调解中心的调解收费标准

争议金额 （人民币）	按标的金额一定比例 （人民币）		按每小时费率 （人民币）
50万元以下	争议金额的4%收费，最低不少于3 000元	或者	3 000元/小时
50万~100万元	争议金额的2.5%收费，最低不少于5 000元		4 000元/小时
100万元以上	争议金额的1.75%收费，最低不少于10 000元		5 000元/小时

诉调对接案件的收费方式：调解不成的，调解中心不收费；调解成功的，根据收案的不同时段收费。法院在立案前委派给调解中心调解的案件，由于法院没有立案，原则上不涉及收取案件受理费的问题。由于该案件是法院委派的，为了体现低成本解决纠纷，调解费按照诉讼费用的20%~25%收取。法院立案后委托给调解中心调解的案件，由于这些案件已经立案，法院将预收案件受理费。如果此案经调解中心调解成功，法院将退还当事人一半的诉讼费。然后，当事人再按照诉讼费的20%向调解中心支付调解费用。这就意味着当事人需要支出原诉讼费的70%。上海市浦东区人民法院与财政部门进行协商后采取了比较灵活的低成本创新做法。调解中心在诉前阶段接受法院委派调解达成调解协议的，按案件受理费的20%收取费用；立案后委托调解中心调解的案件达成调解协议的，法院退还当事人60%的诉讼费，只收取当事人案件受理费的20%，另外20%由当事人交纳给调解机构。这种收费机制鼓励当事人更多地选择诉讼外的调解方式解决纠纷。

3. 北京仲裁委员会调解中心收取的费用包括注册费、日常管理费用、调解员报酬、场地费等内容。每位当事人首先缴纳注册费500元（不论争议标的金额的大小）。日常管理费的收取则依据案件标的金额的大小确定，调解员报酬同日常管理费用一致，其多少取决于争议标的金额的大小：20万元以下，收取调解费用、管理费各1 000元；50万元至100万元（含100万元），按照0.50%比例收取4 000元加争议金额50万元以上部分的0.5%；4 000万元以上，按照0.01%的比例，收取24 000元加争议金额4 000万元以上部

---

① 上海经贸商事调解中心调解收费办法. [2019-02-20]. http://www.scmc.org.cn/page67? article_id=77.

分的 0.01%。如果使用场地超过一天，机构则会收取场地费①。

4. 北京融商"一带一路"国际商事调解中心的调解费用包括案件登记费、调解费、案件处理费等内容。案件登记费为每一方当事人 200 元，提交申请时交纳，不因任何原因退还。调解费以争议标的金额的比例确定，争议金额不能确定的，由调解中心与调解员按原则协商后确定。当事人在调解开始前向调解中心及时足额支付调解费（见表 4）。

表 4　　北京融商"一带一路"国际商事调解中心的调解收费标准

争议金额（人民币）	按标的金额一定比例（人民币）
50 万元（含）以下	8 750 元
超过 50 万元至 500 万元（含）的部分	按争议金额的 1% 交纳
超过 500 万元至 2 000 万元（含）的部分	按争议金额的 0.8% 交纳
超过 2 000 万元至 5 亿元（含）的部分	按争议金额的 0.5% 交纳
超过 5 亿元的部分	按争议金额的 0.2% 交纳

案件处理费包括调解过程中的合理开支，包括但不限于办理线上线下案件所发生的因聘请调解员、翻译、速记、专家、证人等产生的差旅费用以及因邮递、通信、场地和地点变更登记发生的费用，由调解中心按照合理的标准予以确定后向当事人收取②。

5. 香港和解中心的调解收费。如果是调解中心转介的案件，中心收取 2 000 港币行政费用（不予退还）。调解员是按小时收费的，每小时的专业费由每位调解员自行确定，按照调解员要求、资历及个案复杂程度等因素确定，收费幅度在近千元至数千元不等。调解员的准备工作及调解前会议不多于 4 小时，每小时收费约港币 1 000 元至 3 000 元。调解会议每小时收费约港币 1 000 元至 3 000 元。某些特殊情况下，部分调解员可能收取定时定额费用。如需租用会议室，再按照会议室及其他设施租用收费表的标准收取费用。所有费用由各方当事人平均或者按协议分担③。

（四）我国调解的市场化运作方式

主要包括以下三种方式："一是调解市场的结构完善；二是调解组织的

---

① 北京仲裁委调解费用表．[2019-02-20]．http://www.bjac.org.cn/page/tj/shoufei.html.
② "一带一路"国际商事调解收费管理办法．[2019-02-20]．http://www.bnrmediation.com/Home/Center/detail/id/172/aid/154.html.
③ 香港和解中心专业调解服务．[2019-02-20]．http://www.mediationcentre.org.hk/tc/services/Fees.php.

商业化管理；三是调解职业培训的市场化运作。依据经济学中有关宏观市场构成要素的理论，调解市场结构的完善应当包括商品、供给、需求这三个基本要素。这里的'商品'应是符合买方需求的'专业化的调解服务'，卖方的'供给'要定在'合理的价格'范围内，买方能够接受且愿意买单，买方的'需求'能够在一个合适的'调解服务市场'与卖方的'供给'联系上，由此调解服务产品能够在供需双方之间形成有序的流通，稳步推进调解的持续发展。"[1] 针对调解的市场化，国家"只有遵循权利义务对等的市场规则管理，通过契约的约定保障促进其解纷功能的发挥"[2]。

"《厦门多元条例》前瞻性地规定了提供有偿调解服务的商事调解，以及其他形式的市场化纠纷解决服务。《福建多元条例》也规定了商事调解、律师调解、基层法律服务所调解或者依法成立的咨询、评估、鉴定、在线调解、民商事仲裁等机构参与调解的，经物价部门核准后可以收取费用。"[3] 调解的市场化运作方式逐渐成为一些商事调解组织的选择。如，中国贸促会/中国国际商会调解中心、上海经贸商事调解中心、北京融商"一带一路"商事调解中心等等。这些商事调解组织正在以市场化运作的方式逐渐与世界商事调解组织接轨。通过这些实践，"不断探索推行职业调解服务的市场化运营方式，建立适应不同解纷组织、不同解纷方式特点的多层次、多样化的经费保障体系，实现纠纷解决机制效益的最大化和质量最优化"[4]。

第二节 完善多元化纠纷解决机制的人才保障

多元化纠纷解决机制中人员很多，包括法官、仲裁员、公证员、律师等，这些群体均有单独的法官法、仲裁法、公证法、律师法等法律规范其行为及管理，故不在本章节研究之列。本节重点论述调解员的人才培养机制，包括资质认证、管理培训以及必要的行为规范指引。

调解员作为从事调解活动的核心主体和调解组织肌体的细胞，是调解成

---

[1] 周建平. 论调解的市场化运作. 兰州学刊，2016（4）：133.
[2] 梁平. 多元化纠纷解决机制的制度构建——基于公众选择偏好的实证考察. 当代法学，2011（3）.
[3] 龙飞. 多元化纠纷解决机制立法的定位与路径思考. 华东政法大学学报，2018（3）.
[4] 胡仕浩. 多元化纠纷解决机制的"中国方案". 中国应用法学，2017（3）.

败的关键，更是调解可持续健康发展的重要支撑。在多元化纠纷解决机制立法中，调解员作为重要的解纷力量，其公信力和素质、能力和水平是评价调解的重要标准，直接关系到调解组织的公信力、调解程序运行的公正性，以及调解的质量。当前社会分工日益细密、责任边界日渐扩大、利益诉求日趋多元化，加快推进调解人员专业化、职业化进程已经成为调解改革和发展的重要课题。调解员的资质认证和管理培训是其中重要的一环，对调解员实现自我突破、始终保持旺盛活力具有重要意义。而调解员的行为规范，是调解运作和发展的必要前提和调解法治化、规范化的目标。域外许多国家都制定了调解员的资格准入、管理制度以及规范的调解人行为准则，这也是我国构建调解员管理体系和行为规范需要学习借鉴之处。

一、调解员的资质认证和管理培训的现状和问题

设定调解员的资质准入条件，对调解员进行分级管理，以及建立调解员培训机制，是提高调解服务质量和公信力、赢得当事人和社会满意度的重要一环。但是，关于调解员的资格是否必须具备职业背景，调解员到底是应当走向职业化还是大众化，在世界各国一直存在争论。由于调解的类型和纠纷的种类千差万别，法律纠纷需要有法律职业背景的调解员，相反，民间纠纷、社区纠纷则适合基层的人民调解来化解。建立调解员资格标准和行为规范，不是通过规范来扼杀调解的生命力和灵活性，而是为了加强规范，更好地为社会提供多元化、规范化的调解服务。

（一）调解员的资格准入和管理培训现状

我国的调解员因形式不同，其资质认证和管理培训机制是不同的。《人民调解法》规定了人民调解员的聘任资格和条件，而其他形式的行业调解、商事调解、行政调解等，因没有法律规定，大多是依照行业自律规则予以管理。《人民调解法》第13条、第14条[①]规定了人民调解员的选聘标准、管理培训的基本内容，标志着人民调解制度"法律化"的重大转变。为贯彻落实党的十八届四中全会关于"发展人民调解员队伍"的决策部署，2018年4月，司法部会同中央综治办、最高人民法院、民政部、财政部、人力资源和

[①]《人民调解法》第13条规定："人民调解员由人民调解委员会委员和人民调解委员会聘任的人员担任。"第14条规定："人民调解员应当由公道正派、热心人民调解工作，并具有一定文化水平、政策水平和法律知识的成年公民担任。县级人民政府司法行政部门应当定期对人民调解员进行业务培训。"

社会保障部共同出台了《关于加强人民调解员队伍建设的意见》，对人民调解员的选聘、培训、管理、保障等作出具体规定①。

根据上述规定，司法行政部门负责建立健全人民调解员分类、分级管理制度，研究制定人民调解员等级评定办法，明确评定条件、评定程序、报酬补贴、考核惩戒等评定要求。部分地方进行了一些有益的探索，但做法不一，尚未形成全国"一盘棋"的格局。从总体上而言，人民调解员虽然数量多，但因各种保障机制不到位，整体效果并不理想。为了提高人民调解员的素质，近年来，我国一些地方陆续出现了有关调解员资格认定的办法和调解员培训的相关制度。聘任人民调解员，主要有以下几个步骤：一是基层群众自治性组织等基层单位推选适合人民调解工作的公民；二是司法行政部门对被推选的公民进行考核后择优录取为人民调解员；三是司法行政部门等对人民调解员进行包括调解理论与技巧的岗前培训；四是人民调解员在培训合格后正式上岗②。各地司法机关对人民调解员进行培训。也有一些调解组织邀请法学院校、学术机构开展培训。例如，中国法学会接受地方司法行政部门邀请，组织多起人民调解员培训班。有的借助高等院校培训基地开展培训，例如湘潭大学与司法部共建调解理论研究与人才培训基地，打造调解理论研究高地、调解人才培养高地、调解决策辅助高地、调解交流合作高地，不断推动调解理论创新、制度创新、实践创新，丰富和完善中国特色的调解制度③。

在商事调解、行业调解、律师调解培训方面，各地也在不断探索，涌现出一些专业性的调解培训机构。例如，上海凯声商事调解专业资格培训中心推出"中国商事调解员资格证书高级研修课程"，对资质考核合格者颁发《中国商事调解员资格证书》④；北京多元调解发展促进会于2015年12月23日成立，是为各调解组织提供服务保障的省一级的自律性组织，组织了七期

---

① 《关于加强人民调解员队伍建设的意见》全文发布．[2019-02-20]．http://news.sina.com.cn/c/2018-04-27/doc-ifztkpip4038972.shtml.

② 李勇．浅析人民调解员队伍建设——以成都市龙泉驿区为例．重庆科技学院学报（社会科学版），2012（10）．

③ 司法部在湘潭大学设立全国首个调解理论研究与人才培训基地．[2019-02-21]．http://www.moj.gov.cn/news/content/2018-12/28/bnyw_182523.html.

④ 上海凯声商事专业调解资格培训中心成立仪式暨调解技能高级培训班（第一期）开班典礼隆重举行．[2019-02-22]．http://law.sjtu.edu.cn/Detail16255.aspx.

培训班，为律师、行业调解员、商事调解员颁发证书[1]；中国造价协会组织"建筑工程纠纷调解专业培训"，为合格者颁发《建筑工程造价纠纷调解员执业资格证书》；中国劳动学会劳动人事争议处理专业委员会组织调解员培训，为合格者颁发《劳动争议预防调解师专业能力证书》；中国管理科学研究院职业资格认证培训中心组织培训，对合格者颁发《法律事务调解师执业资格证书》等。

（二）调解员的选任标准和资格认证存在的问题

我国调解员的选任标准和资格认证制度建设处在发展的初级阶段，虽然取得一定成效，但还是存在诸多问题，主要反映在以下几个方面：

第一，选任标准模糊不清。根据法律规定，人民调解员资格的取得主要通过群众选举或接受聘任两种方式，而在调解员的资格条件方面并没有具体明确的要求。如此宽泛的规定在实践中并不具有可操作性。行业调解员、商事调解员、律师调解员更是没有法律规定，只是依照各自不同的行业规则进行选任。

第二，等级划分标准不一。《人民调解法》仅规定了分类、分级管理制度，但对如何分类、如何分级没有规定具体的标准。各地的做法不一。例如，四川省成都市人民调解员的等级评定就分为五、四、三、二、一级；江苏省昆山市将调解员分为调解员、助理调解师、调解师、高级调解师四个等级[2]；上海市闵行区分首席人民调解员、调解能手和见习人民调解员三个等级。各地方规定的等级名称也存在区别，如高级与初级、一级与二等。尤其是同一省市各区县的不同做法，更显得混乱繁复，不利于统一规范、管理，不利于协同发展。

第三，培训的制度与内容不健全。培训的专业性和实务性还不够，法律专业知识的内容不够突出，心理学、社会学等综合学科被忽视，实用的调解技巧等未引起足够的重视；培训后的考核不够规范。此外，名目各异的社会性培训机构众多，水平参差不齐，缺乏统一规范，个别机构还存在借机敛财的问题。

---

[1] 北京多元调解发展促进会第七期调解员培训班圆满结束．[2019-02-22]．http：//www.bjdytjfzcjh.com/．

[2] 2009年11月江苏省昆山市司法局与人事局联合出台的《人民调解员职称资格评审办法》，对全市人民调解员分调解员、助理调解师、调解师、高级调解师4个等级，分别评定职称资格。凡从事人民调解工作，必须具备调解员资格。

第四，对其他类别调解员的管理缺乏统一规定。目前，《人民调解法》《关于加强人民调解员队伍建设的意见》对人民调解员的指导与培训进行了规定。行业调解员、商事调解员、律师调解员，因缺乏各自相应的主管部门，在组织建设和人员培训方面都面临着许多障碍。有的是参加行业协会组织的资质认证和培训，有的是参加法院特邀调解员的培训，有的是参加司法行政部门的人民调解培训，培训机构水平参差不齐，也没有建立统一的资质认证制度，不利于调解员的培养和发展。

第五，律师调解员资质认证不完善。目前，有的试点地区对律师调解员的资质认证标准不明确，也未建立规范化、常态化的律师调解培训机制，导致律师调解员的素质良莠不齐，直接影响律师调解队伍的职业化、法治化水平。

第六，调解员队伍建设亟待加强。一是调解员因调动频繁，导致人才流失严重。人民调解委员会一旦换届选举，许多工作骨干往往被提拔到更重要的岗位上，直接影响调解员队伍的稳定和整体业务水平的提高。二是调解员队伍中兼职的比例较大。这种做法表面上使调解员的数量得以壮大，但调解员难以集中精力开展调解工作，实际上影响了人民调解作用的正常发挥。三是调解员的专业素质有待加强。商事调解员、行业调解员、律师调解员的专业能力还难以适应新时期调处多样化、复杂化矛盾纠纷的需要。

第七，财政保障力度有待加强。总的来说，调解工作的经费保障普遍不足。调解员的薪酬与其能力、水平不匹配，调解员经常要自费或者出于公益心来化解纠纷，长此以往严重制约了调解员的工作积极性。对行业调解员的补贴，通常是通过行业协会来补贴，经费保障远远不足。商事调解市场化运行的环境还未形成，社会和当事人对调解收费的认识还不到位。

二、域外调解员管理经验的比较研究

域外一些国家和地区对调解员的资质、管理与培训等问题的研究已形成了较为完备的理论体系，实践中也将这些问题的完善作为主要工作任务。对域外先进经验进行比较研究，将有利于提高我国高素质调解人才的培养水平。

(一) 美国调解员的资质认证和管理培训制度

美国律师在开展调解业务方面发展很快，调解成为美国律师法律事务的增长点和律师业务的拓展领域。从20世纪70年代末刚刚发展起来的律师调解，经历短短几十年的时间，就形成了调解律师职业化与其他非法律职业调解人相互竞争、争夺调解服务市场的局面。但是，美国并没有因此形成法律职业对调解的垄断。《美国统一调解法》明确规定：本法不要求调解人具有某项专门的职业背景或职业资格。而且，在社区调解中强调尽可能不选择律师担任调解员。这也充分说明，美国调解人职业背景并未导向法律化，仍然保持着多元化的特点[①]。

随着现代调解运动的发展，无论是公共领域还是私人领域，调解在全美普及并扩张。为了提高调解的质量，美国一些组织和法院的调解项目一直在研究如何设计一套调解员的资格条件，这是调解走向职业化和专业化道路的重要一步。但是，在大量的实践验证的基础上，无论是在法律上、实证调查上还是法律注释上，调解员资格条件都没有获得一致认同。《美国统一调解法》没有要求调解人必须具备特定职业背景，调解人不必是律师。正如美国律师协会纠纷解决部门所声明的："纠纷解决项目应当允许所有受过适当培训的符合一定条件的个人来担任中立者，不论他是否是律师。"[②]但是，这并不意味着调解员资格不重要，而是认为不需要统一规定，觉得最好由各个州、法院、政府部门或者当事人作出决断。同样，2005年《美国模范调解人行为准则》也没有对调解人的资格作出统一规定，只是要求调解人应当具备"能够满足当事人合理期望的能力（competence）"[③]。这将在后面的行为规范中详细论述。所以，美国选择的是更具开放性和多元化的调解人资格标准和准入机制。

但在调解员的管理培训中，调解人的素质主要是通过严格的培训和行业自律来保证的，尤其是在法院参与的调解项目中。其中，佛罗里达州被认为是促进法庭调解制度化的领导者[④]。为了更好地推广调解的运用，许多州设

---

① 范愉，史长青，邱星美.调解制度与调解人行为规范——比较与借鉴.北京：清华大学出版社，2010：98.

② ABA section of Dispute Resolution Council Res，April 28，1999.

③ 范愉，史长青，邱星美.调解制度与调解人行为规范——比较与借鉴.北京：清华大学出版社，2010：106.

④ 《佛罗里达州ADR法律和法庭规则选编》（Selected Florida ADR Statutes & Court Rules）第44.106条规定："州最高法院应根据授权，制定调解员和仲裁员资格、认证、专业行为、纪律和培训等方面的最低标准和程序。根据佛罗里达州立法的一般性规定，县法院的调解员必须年满21周岁，至少拥有高中以上学历证书，完成佛罗里达州最高法院认证的调解培训项目和导师制培训。欲获得郡法庭、家事法庭、巡回法庭、初审或上诉调解员资格证书，必须取得相应分数，一般要求完成经州最高法院认证的专项调解培训项目、教育或调解经验培训和导师制培训等内容。

有州纠纷解决办公室,其主要任务是宣传调解、培训调解员、统一全州调解服务,以及政府纠纷调解的制度化。无论是社区调解,还是私营调解公司,都十分重视调解培训。许多教育机构,尤其是法学院纷纷开设纠纷解决理论、谈判、调解和其他 ADR 课程等独立的课程,提高公众对调解的认识。目前,在美国律师协会(ABA)认可的 182 所法学院中开设了至少 830 门纠纷解决课程。课程的安排既有理论也有实践,并且包括众多的选修课程,如 ADR 程序与政策、调解、仲裁、高级辩论术以及公共政策调解等等[①]。

(二)澳大利亚调解员的资质认证和管理培训机制

澳大利亚的调解事业发展不到 15 年,但它向国际先进水平看齐,大胆地迈出了改革的步伐。澳大利亚采取与美国截然不同的做法,在全国建立统一的调解员资格标准。之所以这样考虑,主要是出于以下几个原因:(1)缺乏统一的标准,容易导致使用调解的人和提交调解的组织对调解员不信任,对调解服务质量不满意;(2)不同的标准导致学习调解的学生和从事调解实践的人无所适从,反复培训入门课程;(3)不同的标准将使不同的调解机构提出不同的要求,导致社会对调解行业的信赖减少;(4)不同的组织建立各自的资格认可体系,导致公共和私人资源的浪费。

于是,澳大利亚在 2000 年开始运作"全国调解人资格认可系统",2005 年开始对调解员进行认证,2007 年制定了《澳大利亚调解人认可标准》和《澳大利亚调解人从业标准》。上述标准明确了申请调解员资质认证的基本要求,界定了申请人的最低资格条件与培训要求,主要包括适用范围、调解程序、认证标准、教育培训、准入培训和续展认证等内容。从事特定领域、采用特殊模式进行调解的人员除满足以上最低要求外,还需要遵守其他特定的标准或者要求。

1. 调解员认证标准。"调解员必须具备一定的个人素质、社会阅历与工作经验,以便独立、专业地主持整个调解过程。认证机构要求申请人出具下列证明材料:品行端正;遵守现行执业准则、立法要求和认证标准;参加了执业保险、具有从业保证金或者具有劳动合同;具有正规协会或组织的会员资格;具备专业调解技能等。"[②] 调解员认证机构可以是专业团体、调解机构或调解中心、法院、裁判所以及其他机构,其必须符合相应的条件。

---

① 娜嘉·亚历山大. 全球调解趋势. 北京:中国法制出版社,2011:374.
② 澳大利亚调解员协会. 澳大利亚调解员资质认证审批国家标准. 蒋惠岭,译. 人民法院报,2010-09-10.

2. 调解员的认证程序。在澳大利亚成为调解员需要四个步骤：第一步，调解员应当完成基础培训；第二步，申请人应当经澳大利亚国家调解认证资格（The National Mediator Accreditation Standards）测评合格；第三步，在此后6个月内应当向注册调解员机构申请注册资格；第四步，调解员注册机构将申请人名字加入国家注册调解员名录，每次注册有效期为两年。

3. 续展认证。即指"调解员向认证机构证明其仍符合调解员认证标准。另外，还需在两年的周期之内向认证机构提供以下材料：（1）具有一定的调解实践经验，包括在两年周期内从事过25小时以上的调解、共同调解或调停工作。（2）两年周期内完成25小时以上的调解职业拓展活动。调解员定期资质认证要求调解员符合《调解员执业准则》中规定的执业标准和能力水平。若资质认证机构根据证据材料认定调解员存在不遵守《调解员执业准则》、相关职业道德守则、专业要求的情况时，有权撤销或暂停其调解员资质，但应当在14天内通知该调解员，并给予其答辩的机会。"[1]

澳大利亚通过制定统一的调解员资格标准，使司法主导和市场化体制有机结合，促进了调解机构的多元化发展格局和调解的快速普及发展。虽然这些标准、准入制度等不具有国家强制性，但是其可以有效地规范调解有序竞争的市场秩序，为整个调解行业的发展提供基础性的制度保障。

（三）奥地利调解员的资质认证和管理培训机制

在大陆法系国家中，奥地利是最早对所有民事案件调解员职业资格制定成文法的国家[2]。2004年5月1日生效的《民事案件调解员训练细则》，规定了依据奥地利调解法而获得奥地利联邦司法部授权的调解员训练的内容和知识储备的标准。该训练细则规定了对来自不同学科背景的调解员申请人的不同的课程要求，其需要完成220至365课时的职业训练。

"调解员的职业训练分为两个部分，第一部分集中在调解理论基础（136至165个课时），包括沟通理论、性格理论、团队心理学、冲突分析、法律、经济学和调解伦理；第二部分包括实践技巧训练、监督和同行业内辅导（84至165个课时）。申请人在申请参加训练时必须年满28周岁以上，并且为日后调解的每个案件购买价值4万欧元的保险。获得资质的调解员每五年还需

---

[1] 澳大利亚调解员协会. 澳大利亚调解员资质认证审批国家标准. 蒋惠岭，译. 人民法院报，2010-09-10.

[2] 齐树洁. 外国调解制度. 厦门：厦门大学出版社，2018：196.

要参加 50 课时的进阶训练，以在奥地利司法部的委任调解员名单上保留资格。"①

（四）法国调解员的资质认证和管理培训机制

"法国的调解从 20 世纪 70 年代开始复兴，在国家主导的模式下逐步发展。法国通过的第一部关于调解的法律是 1973 年 1 月 3 日制定的调解员法。20 年后，法国在受害人与罪犯之间的调解领域、民事调解领域、家庭调解领域，以及金融领域，都设立了调解员，并制定了相应的法律。

法国的调解员组织机构更愿意承认大学或大型调解组织颁发的调解文凭，要求为调解建立一种等同于其他冲突管理职业的大学文凭。根据这一要求，要担任家事调解员必须拿到国家颁发的家事调解文凭。学生必须参加两年社会实践工作或获得法律、心理学或社会学等方面的本科或硕士学位。在其他调解领域，如 1996 年 7 月 22 日法令规定，从事民事案件调解的调解员应获得相关领域或案件类型的调解培训资质，并应提供证据证明参加过相关培训或者具有相关的经验。"②

2001 年 6 月 28 日法令规定了担任受害人与罪犯之间纠纷的调解员的条件，明确调解员在做调解员期间不得从事律师活动。在社区调解领域设立了"调解员职业培训文凭"，这实际上是由教育和就业部承认并颁发的全国性专业文凭。最初的调解培训课程基本上是关于家庭纠纷调解、受害者与罪犯之间的调解等领域的基本内容和教学方法的方案，主要的培训方式是角色扮演或个案分析。培训内容包括主持商讨、倾听艺术、复述能力或者通过公平谈判寻求解决方案。培训是跨学科的，融合心理学、法律和社会学等方法③。

（五）借鉴意义

根据上文介绍可以看出，域外的调解员更偏向于一种社会职业，独立性较强，不受政府的干预。美国佛罗里达州法院对参与培训认证、百分制的培训考核以及心理学、会计学等专业工作经历给予加分；澳大利亚申请认证材料全面、强调准入培训、以两年为周期进行续展认证以及调解员退出机制等做法都对我国调解员资质认证制度的设计具有很大的借鉴意义。但是，美国

---

① 娜嘉·亚历山大.全球调解趋势.2 版.王福华，等译.北京：中国法制出版社，2011：77-78；齐树洁.外国调解制度.厦门：厦门大学出版社，2018：196.

② 皮埃尔·伯纳菲·施密特.调解培训和资质认证的全球化趋势——以法国为例.龙飞，译.人民法院报，2011-06-10.

③ 龙飞.调解培训和资质认证的全球化趋势//蒋惠岭.域外 ADR：制度·规则·技能.北京：中国法制出版社，2012：149-153.

也强调调解的多元化,既要有职业化的律师调解,也给予非职业背景的社区调解发展的空间。

在调解员的认证标准方面,许多国家都规定了调解员首次认证的基础培训时间。有些国家的规定相对简单,例如捷克的法律要求调解员必须完成职业测试,然后司法部才能将其任命为调解员。有些国家已经建立了完善的调解员注册培训体系,例如在比利时,联邦调解委员会规定了调解员的基本培训(25小时理论培训和25小时实践)、后续培训的事项。在澳大利亚,想要成为调解员需要进行四个步骤的程序。在意大利,调解员必须满足大学学历或者已经在专业组织机构中通过经司法部认证的2年以上学习或培训,并且在2年的再培训中至少在20个调解案件中见习过。有资格颁发调解证书的机构必须经司法部认证。"也有一些国家,例如瑞典、保加利亚、丹麦等,没有在国家层面建立调解名录或者培训的标准化流程。"[1] 但是,"这并不意味着这些国家没有调解培训机构,而是这些国家的培训机构是私人性质的,没有在国家层面建立注册调解员制度,没有统一调解名册,也没有统一的认证体系"[2]。

域外有些国家建立调解员职业资质的认定规范,或政府主管,或行业自律,或立法交由社会组织代为资质认定,例如新加坡的调解员资质认证。2013年4月2日,香港成立调解资历评审协会有限公司(以下简称"调评会")。调评会以评审调解员资历及树立调解员规范为己任,是香港唯一的调解员资历评审机关,现有会员数目已经超过1000人。在调评会成立之前,要获取调解员资格,是由不同的评审机构采用不同的标准,这也导致调解员的水平参差不齐。调评会成立后,调解课程的内容未进行大的变化,但考虑了培训课程各方面的标准,其中包括课程时数、师资、由一般调解员转为家事调解员的补修课程等等。在考评方式上,要成为合格调解员,必须通过角色扮演的考试,以评核考生是否达到一定的水平。角色扮演的考评标准非常完善,注明了每一个调解阶段的核心能力、目标成果及该阶段应掌握的技巧,如沟通、促进双方对话、谈判、创造力、提出方案等。调评会建立的培训和考核机制,基本上保留了过往沿用的元素,只是在形式及内容上把不同机制的做法稍作微调、融合,进行统一。[3] "在新加坡,大多数调解员由各自

---

[1] 朱昕昱. 发展中的保加利亚调解制度. 人民法院报,2017-03-24.
[2] 龙飞. 替代性纠纷解决机制立法的域外比较与借鉴. 中国政法大学学报,2019(1):91.
[3] 吕哲盈. 香港调解员评审机制死而复生. 谈判,2013(2).

的专业或行业组织中的同事提名。获得提名者在参与新加坡调解中心的培训后接受评估，经评估合格后被任命为调解员。为保证调解员素质，新加坡调解中心设立了定期培训计划和调解员认证制度，对调解员的委任期限为一年，期满之后重新任命。调解中心还专门设立了首席调解员制度，确保对其他调解员的辅助和提高。首席调解员是由专业或行业组织提名后，参与调解中心组织的调解研讨会，在研讨会结束后进行评估，经评估合格的人由调解中心委员会认可其资质及任命，任期一年，一年后再重新进行评估。首席调解员至少需要连续8年参加专业培训，每年至少需要调解5个案件。"[1]

由此可见，域外调解员的资质认证制度对于提高调解员的素质，提高调解的公信力，建立调解员职业化队伍至关重要。这也是我国调解员管理制度需要重点借鉴和学习的地方。

三、我国调解员资质认证和管理培训的制度设计

我国调解员的角色定位更偏向于司法行政人员。现行法律框架下，司法行政部门是指导人民调解工作的主体。然而，当前我国处于社会转型期，矛盾不仅多发，而且呈现多样性，人民群众法治意识明显增强，但司法资源又非常有限。总的来说，调解员资质认证制度设计的目标就是建设一支政治合格，文化水平、政策水平、法律水平较高，擅长解决各种复杂矛盾纠纷的高素质的调解队伍。

（一）调解员资质认证和管理培训制度需遵循的原则

调解员资质认证制度是科学评价调解员的一项重要制度，对加强专业领域人才队伍的建设具有积极作用，需遵循以下原则：

1. 科学性原则。

调解员的资质认证必须坚持科学性的原则。准入资格不同于等级认定：什么样的人能够成为调解员，是一个资格准入问题；什么样的调解员能够评定为某一等级，是一个资质评定的问题，侧重能力高低的考量。具有调解员资格后，即使未经等级认证亦可以开展调解工作。

2. 专业性原则。我国已从计划经济转向市场经济，突出表现为利益主体多元化、纠纷诉求多元化；从熟人社会逐步发展到"半熟人社会"甚至"陌生社会"，传统的单纯依靠乡土社会权威、人情、道德及风俗习惯的调解模

---

[1] 龙飞. 新加坡 ADR 制度的发展及启示. 人民法院报，2013-08-16.

式日益受到挑战。调解是一项具有挑战性和专业性的争议解决艺术，矛盾纠纷的彻底解决越来越多地倚仗专业性和高素质的人员。调解员要有能力真正定纷止争，有技巧分清调解的症结所在，有能力打破当事人之间的僵局，还要根据纠纷双方的需求，制作规范、合法的调解协议；即使调解不成，也要做好当事人身份资料、有效送达地址、证据材料及争议焦点的固定工作，为诉讼打下基础。

3. 基层性原则。当前矛盾纠纷虽然日益复杂、日趋多元，但绝大多数仍然属于民间纠纷的范畴。人民调解扎根于基层，又有完善的工作网络，是化解矛盾纠纷的最重要支柱。在构建调解员资质认证制度的过程中，也要坚持基层性的原则，进行等级评定和管理时都要强调基层实践经验。

4. 职业化原则。目前，我国的调解员大多是兼职，不利于调解事业的长久发展。未来，我们应当将调解作为一项职业来发展，让越来越多的人做专职调解员。从高等院校法学院开始培养专业的调解人才，从调解组织发展培养专职调解员，从律师队伍中培养专职的调解律师。只有调解员成为人们向往和追求的一项职业，其才有广阔的发展前景。

（二）具体制度设计内容

当前我国还未形成统一的调解员资质认证和管理培训制度，部分地区开展了一些有益尝试，但这些成功经验也未进行有效推广。因此，探讨构建在全国范围内实施的调解员分级资质认证和管理培训制度就显得十分迫切和必要。调解员的资质认证和管理培训体系应当包括调解员的职业准入、培训考评、等级认证、薪酬补贴等四项制度。这四项制度相互协同、相互联系、有机统一，共同构成调解员资质认证制度的整体，才能发挥资质认证制度的作用，体现其意义，促进其可持续发展。现针对前三项制度分析论述如下，薪酬补贴制度在第六章第一节经费保障体系中已论述，在此不再赘述。

1. 职业准入制度

职业准入强调的是调解员的准入资格。现阶段，调解员兼职过多，无法专注于调解工作的问题日益突出。行业调解不规范，商事调解起步晚，这些都需要大力推进调解员专业化、职业化。要构建科学合理的调解员资质认证制度，就必须结合调解员专业化、职业化的发展需求。

（1）选任标准。主要包括以下四个方面：一是良好的文化教养和必要的学历。学历是体现人的知识和教育的基本标尺，文化教养则是调解员必备的一种素质。为了应对各种矛盾纠纷大量涌现、经济类纠纷和疑难复杂纠纷频发的现象，调解员的文化程度一般宜设置为大专以上，对年纪较大者可以适当放宽要求，但在社区、农村的基层调解员、民间调解员，尤其是有一定身份的"五老"调解员、宗教族长等不一定要求具有高学历。这点在域外一些国家也是灵活掌握的。二是一定的专业知识。调解的专业性特征要求调解员具备必要的法律功底和娴熟的调解技巧。在某些专业性纠纷领域，还需要调解员具备一定的专业知识。例如，家事调解员应当具有心理学知识；医疗纠纷调解员具有一定医学资格或知识背景；证券期货、知识产权、建筑工程、国际贸易等领域的调解员，应当具备相应的专业知识。三是丰富的社会实践经验。调解的专业性和极强的社会性以及调解工作的质量和效率，要求调解员在社会实践中积累一定的社会常识、公序良俗、人生阅历、生活经验、工作经验等，便于更好地与当事人进行沟通，提出合理方案，促成当事人之间的合意。四是较高的人格道德水准。调解员的个人品德、威信和魅力是获得当事人信赖的前提，也是保证调解公正、中立的保障。调解员应当具备适合调解工作的个性，如热爱调解、热心公益、助人为乐；应不存在犯罪记录、不良行为等；应当具有高尚的道德品质，为人公正、公道正派，关心维护当事人的利益，并致力于专业技能和调解能力的提高。

（2）选聘方式。建议原则上采用向社会公开招聘的方式：设定具体的招考条件，进行笔试考核与面试考核相结合的考试形式，并根据考核成绩择优录取。此时被录取者就有了调解员资格，但需经过一定的任职培训后方可开展调解工作。当然，准入考试的考核难度应适当把握。要根据不同地区的经济、文化、人口等差异，因地制宜地确定各地调解员的任职标准。上述选任方式有一定的超前性，在现阶段调解队伍以兼职调解员为主、调解员水平普遍较低的情况下，建议采取双轨制。即在发展水平较高的地区，选聘调解员时采取统一招考的方式；在发展水平相对落后的地区，宜采取"推荐-审核-公示"的模式，即先由基层群众自治性组织等基层单位推荐适合进行调解工作或具有调解经验的人，再由司法行政部门对他们进行资格审核，择优选任并公示。

2. 培训考评制度

鉴于调解工作专业性、基层性的要求，构建上下贯通、点面结合、覆盖全面的培训网，可以考虑建立"初任培训、示范培训、岗位培训、实务培训、日常培训"等培训模块，人员覆盖新任调解员、调解能手，培训内容包含实践层面、理论层面，通过建立多层面、全覆盖的培训体系，实现资源整合、力量集聚，为调解员提供实战演练机会，提高调解质量，提升调解员的调解能力。

(1) 培训主体。根据当前我国的实际，对于人民调解员的培训，可由司法行政机关协同法院对人民调解员进行相关的教育培训。对于行业调解员、商事调解员、律师调解员的培训，则可以更加多元，既可以由行业协会、商事调解组织组织，也可以兼用法院特邀调解的培训机制。在美国，与 ADR 有关的各类课程已经成为法学院学生的必修课，许多大学都拥有颁发学位的纠纷解决项目，并带来了法律职业教育的革命性变革[①]。在我国，目前有湘潭大学、上海政法学院等高等院校开设了谈判、调解课程，并培养调解方向的本科生。

(2) 培训方式。主要包括岗位培训和继续教育培训两种方式。岗位培训包括调解员的任职培训和职业资质等级晋升培训。前者的主要目标是确保新招录、新选聘的调解员初步具备开展调解工作的业务素质。对晋升职业资质等级的调解员进行专业知识的培训，则是为了使其具备与专业等级匹配的业务知识，形成不同类型、不同等级调解人员的培训梯度。继续教育培训可以采取年度培训的方式，对在岗调解员进行知识更新和技能强化，帮助他们及时了解有关调解工作的新法规、新政策，强化调解方法和技能训练，不断适应调解工作发展的需要。培训后，组织培训的机构对参训人员进行考试或考核，作为评比、奖励、职业晋升的重要依据。域外许多国家规定了培训时间，例如，奥地利根据 2004 年《民事案件调解培训法》规定调解员必须完成司法部批准的有资质的调解培训机构提供的 200 小时的培训课程；加拿大的综合家事调解员的培训时间至少 150 小时；法国、比利时、意大利的调解员培训时间通常是 40～50 小时[②]。我国的调解员培训没有规定具体的培训时间。但是在实践中，一些培训机构逐步与国际接轨，培训时间基本掌握在 5 天 40 小时。

(3) 培训内容和方法。调解是一门跨域学科。调解员的培训内容应包括法律、谈判学、心理学、社会学等多学科内容，在培训方式上宜采取案例教

[①] 斯蒂芬·B. 戈尔德堡，等. 纠纷解决——谈判、调解和其他机制. 蔡彦敏，等译. 北京：中国政法大学出版社，2004：574. 如密苏里州密苏里大学法学院、佛罗里达州诺瓦东南大学、弗吉尼亚州乔治梅森大学、波士顿马萨诸塞大学等学校均开办纠纷解决课程，颁发纠纷解决学位证书。

[②] 范愉，史长青，邱星美. 调解制度与调解人行为规范——比较与借鉴. 北京：清华大学出版社，2010：115，123.

学或诊所教学模式,理论与案例相结合。要结合岗位职责的要求和不同专业、不同类别调解员的特点,制定不同的培训大纲和培训方法。世界各国的调解员培训课程千差万别,但是已经形成了系统的培训项目,包括调解原理、规律、程序知识和操作技能等,其中一个共性是特别注重角色扮演、实习参与等调解实践和技能的训练。例如,"澳大利亚的《全国调解人标准:从业标准》,要求调解人掌握对纠纷属性的认识、调解的准备、案件的过滤与准入、沟通模式和谈判立场;调解程序的原理、步骤和功能;调解人的角色和作用;调解的保密义务、调解协议的执行、调解人的责任等内容。而奥地利的《调解培训法》规定培训分为两个部分:第一部分是理论基础科目(136~165小时),包括沟通理论、人格理论、群体心理学、争议分析、法律、经济学以及调解伦理;第二部分包括操作技巧训练、监管和同行讨论(84~165小时)"[①]。

在人民调解员培训方面,可以采取开班培训、研讨交流、实地考察、模拟调解、参与法院审判实践等,注意因人制宜。针对人民调解工作程序性欠缺的特点,强调人民调解协议书、卷宗的规范制作培训。例如上海市普陀区人民法院,创新性地以"社区法官"指导人民调解的工作方式,拓展了培训的范畴。此外,培训中可强调"小时制"的课时要求,还要突出模拟调解的实践以及培训教师对每位学员参加模拟调解情况所做的书面反馈,将培训绩效作为等级认证的依据之一。

在特邀调解员培训方面,就其培训的时间划分,可为分为岗前培训和岗位培训。岗前培训即为特邀调解员入册管理前和专职调解员上岗前的业务培训,重点应着力于基础法律知识、调解的基本规范和调解员职业伦理三个方面的培训。基础法律知识是调解员调解纠纷的基础,因调解应当依法进行,调解协议的内容,不得违反法律、法规强制性规定,调解员应当了解相关的基础法律知识;调解的基本规范是让调解员掌握调解的一般性程序、标准化文书样式。调解员职业伦理是规范与调整调解员在工作过程中的行为,保障调解程序专业公正的伦理规范。岗位培训即对特邀调解员、专职调解员阶段性在岗培训,目的在于调解员调解技能的提升、新近颁布的法律规范的更新学习、调解经验的交流等,是一种在职学习。对特邀调解员、专职调解员的

[①] 范愉,史长青,邱星美.调解制度与调解人行为规范——比较与借鉴.北京:清华大学出版社,2010:131.

培训可以具体化、有针对性，组织调解员之间的经验交流，或由优秀调解员担任讲师，可以在法官与调解员之间结对教学，建立导师制度。

在律师调解员培训方面，建议司法行政部门、律师协会会同人民法院尽快研究建立律师调解员培训机制，设置以实践教学为主的调解培训课程，以此提高律师调解员的专业化水平，满足人民群众对调解专业性、规范性的需求。

3. 等级认证制度

等级认证制度强调的是能力水平，区别于职业准入门槛，注重对素质、水平和技能的考核和测评。缺少晋升机制与职称管理机制是当前阻碍调解员队伍职业化发展的重要瓶颈。因此，需要制定合理的调解员等级认证制度与等级评价体系，以此提高调解员队伍的管理水平。

第一，调解员职称管理。建议人民调解员共分为初级调解员、中级调解员、高级调解员三个职称资格，并专门成立调解员资格评审机构，定期进行职称评审工作。每个等级对学历、岗位培训的情况、工作年限、调解技能的娴熟程度等要求不同，根据不同的等级设置不同的权力范围，享受不同的补贴。无论是专职调解员还是兼职调解员，要想获得一定级别的调解员资质，均需要根据自身工作实绩，自行申报，提供相应证明材料，由调解员资格评审组织进行审核评定后，颁发证书。

第二，调解员资格认证。有必要成立一个调解员资格评审组织。采取统一招考的方式，设定具体的报考条件，对通过考试的人员颁发相应的调解员资格证书，实行调解员持证上岗制度。对于调解员的资质认定，法律、行政法规、地方法规、规章有明确规定的，依其规定；没有规定的，应本着"谁管理，谁认证"的原则，进行调解员的资质认证。一般要求相关人员在被聘请或委任为调解员前，应当完成必要的业务培训和调解员职业伦理教育，资质认证也不是一认终身有效，应当规定认证的有效年限，以及违反职业道德行为时的退出机制。

第三，调解员资质续展认证。调解员的等级不应具有终身性与不变性，应根据调解员的工作情况与自身素质进行综合性的动态考量，予以晋升、保留、降级或者是撤销；并且每隔两年重新认证一次，认证时需审查调解员是否符合《调解员认证标准》。申请续展认证的调解员需提供材料证明其两年周期内具有一定的调解实践经验，并完成一定的调解职业拓展活动，两项内容均以小时数计。

第四,建立覆盖所有调解员的调解员协会。人民调解并不能涵盖调解组织和调解员的全部,调解还有行业调解、商事调解等调解类型。就目前调解行业的发展趋势,包括行业调解、商事调解在内的调解组织不断涌现,数量持续增长,类型仍在创新,调解行业需要建立一个更广泛、更有包容性的调解员协会,制定行业规范,实现行业自律,引导行业健康发展,维护当事人合法权利,保障调解组织和调解员合法权益。调解员协会可以吸收个人会员,也可以吸收单位会员。

第五,行业性、专业性调解员的选聘和认证机制。行业性、专业性调解员由设立单位聘任。"要充分利用社会资源,根据矛盾纠纷的行业、专业特点,选聘具有相关行业、专业背景和法学、心理学、社会工作等专业知识的人员担任专职调解员,聘请教学科研单位专家学者、行政事业单位专业技术人员作为兼职调解员,建设一支适应化解行业性、专业性矛盾纠纷需要,专兼结合、优势互补、结构合理的调解员队伍。"[1]

第六,律师调解员的资质认证培训机制。律师调解作为一项新型律师业务,对参与律师事务所及律师的职业素质、专业能力、责任心和管理水平等都有更高的要求。为此,2017年《律师调解试点意见》规定建立健全律师调解工作资质管理制度。从各地试点情况来看,有的地方制定了具体的管理办法。如北京市《关于开展律师调解试点工作的实施意见》规定,律师协会律师调解中心的律师调解员,原则上由律师协会代表、理事、监事,专业委员会主任、副主任,及在行业内有一定影响的律师担任。律师事务所设立律师调解中心的必须要有执业律师10人以上,专业特色突出,在某个领域有丰富经验。律师调解员必须公道正派、诚实信用、认真勤勉、热爱调解,执业8年以上(在区、街乡镇公共法律服务中心担任律师调解员的,执业年限可放宽到3年以上),具有较强的沟通协调能力、语言表达能力等。各试点地区应建立律师调解员资格认证及准入机制,形成成熟做法后建议司法行政部门、律师协会会同人民法院共同研究制定律师调解员的资质认证标准,明确选任标准和退出机制,确保律师调解队伍的职业化和专业化。

---

[1] 大力推进行业性 专业性人民调解工作 服务平安中国建设——司法部负责人就司法部、中央综治办、最高人民法院、民政部制定印发《关于推进行业性、专业性人民调解工作的指导意见》答记者问.人民调解,2016(2).

四、调解员的行为准则以及评价体系

我国目前尚未有统一的调解员行业组织,也没有提出制定统一的调解员行为准则的要求。《人民调解法》仅是规定了人民调解员的职业道德规范,中央对人民调解员的专业化、职业化发展提出了新的要求。《关于加强人民调解员队伍建设的意见》(司发〔2018〕2号)要求,"把符合条件的人民调解员纳入社会工作专业人才培养和职业水平评价体系,积极探索人民调解员专业化、职业化发展的途径。"[①] 行业调解、商事调解、律师调解等,因没有统一的调解行业组织来管理,更是缺乏对调解员职业群体的职业道德约束。所以,在当前形势下,建议司法行政机关肩负起指导调解机构和调解员的职责,建立全国调解员协会,研究制定具有普遍意义和基本要求的调解员行为准则,制定国家统一的调解员职业道德标准,以推进调解的法治化和规范化目标。

(一)调解员行为准则的基本内容

调解员的行为准则,也称为调解员的职业道德规范,是调解员作为一项职业应当遵守的职业伦理。尤其是在调解市场化比较发达的国家,一般都对调解员的行为建立统一的行为准则(code of conduct)。在行为准则中一般会对调解的定义、原则、调解的程序及质量进行详细规定。例如,2005年美国仲裁协会、美国律师协会、争议解决协会共同制定的《美国调解员行为示范规范》就对调解的定义、自决、公正、利益冲突、资质、保密、调解质量、广告宣传、报酬、促进调解等内容作出了规定。《美国JAMS调解员职业道德准则》也规定了类似的内容。大陆法系中调解最发达的荷兰,也建立了调解员的行为准则[②]。澳大利亚的《调解人行为准则》更是规定了公平、利益冲突、能力等9项行为准则。借鉴域外一些国家调解员行为准则中的共性内容,我国调解员的行为准则应当包括以下几项基本内容:

第一,中立公平。保持中立与公平是调解员的立身之本,意味着调解员不能有偏爱、偏私或者偏见。当事人如果认为调解员有失中立公平,可以拒绝调解员继续参与。

---

① 大力推进行业性 专业性人民调解工作 服务平安中国建设——司法部负责人就司法部、中央综治办、最高人民法院、民政部制定印发《关于推进行业性、专业性人民调解工作的指导意见》答记者问. 人民调解, 2016 (2).

② 龙飞. 替代性纠纷解决机制立法的域外比较与借鉴. 中国政法大学学报, 2019 (1): 91.

第二，尊重当事人自治。调解员不得基于任何原因损害任何一方当事人的自治权，必须尊重当事人的意愿。

第三，利益冲突。利益冲突是指调解员与案件实体问题有利害关系，或者与另一方当事人之间存在某种关系，有可能引起对调解员公正性的合理质疑。"利益冲突原则是要求调解员必须对是否存在潜在的或者实际的利益冲突进行合理调查，披露所有调解员理应知晓的被合理认为有可能影响公正性的利益冲突。如果调解员的利益冲突被合理认为破坏了调解的公正性，调解员必须不顾当事人的留任意愿而退出调解。"[1] 为解决律师作为代理人或者调解员的职业冲突问题，建立利益冲突的回避制度至关重要。对违反回避制度、泄露当事人隐私或秘密的律师，应当视情节限期或禁止从事调解业务，或依法依规给予行业处分和行政处罚。

第四，能力。满足当事人合理期望是调解员必须具备的能力。调解员必须向当事人和公众证明其具有主持调解的能力。

第五，保密原则。调解的保密原则是调解不同于其他纠纷解决方式的最大特点，也是当事人不愿在法庭解决纠纷而选择调解的重要原因。所以，调解保密原则是调解的生命力所在。除了法律特别规定或者当事人同意外，调解员必须对在调解过程中获得的所有信息予以保密。

（二）违反职业道德规范的惩戒

《人民调解法》第 15 条规定，人民调解员有偏袒一方当事人的，侮辱当事人的，索取、收受财物或者牟取其他不正当利益的，泄露当事人的个人隐私、商业秘密的，应当受到惩戒[2]。《特邀调解规定》进一步规定了特邀调解员的禁止行为，如强迫调解、违法调解、接受当事人请托或收受财物、泄露调解过程或调解协议内容以及其他违反调解员职业道德的行为。根据上述规定，对调解员的惩戒措施按照情节轻重，分为批评教育、责令改正；情节严重的，由推选或者聘任单位予以免职或者解聘，造成严重后果的，依法追究其相关法律责任。

---

[1] 范愉，史长青，邱星美. 调解制度与调解人行为规范——比较与借鉴. 北京：清华大学出版社，2010：87.

[2] 《人民调解法》第 15 条规定："人民调解员在调解工作中有下列行为之一的，由其所在的人民调解委员会给予批评教育、责令改正，情节严重的，由推选或者聘任单位予以罢免或者解聘：（一）偏袒一方当事人的；（二）侮辱当事人的；（三）索取、收受财物或者牟取其他不正当利益的；（四）泄露当事人的个人隐私、商业秘密的。"

(三) 调解员评价体系的建立

我国未建立严格的调解员资格准入或者职业资格认证制度，对于调解员的职业水平评价，更没有统一规范的评价标准，大多是由调解员协会组织进行，有时也由调解员所在的调解组织进行。对入册管理的人民法院特邀调解员，可由人民法院通过向当事人发放满意度测评表、委托中立第三方进行评估、建立特邀调解员业绩考核档案或廉政监察档案等方式，对特邀调解员进行职业水平评价。"综治组织要将行业性、专业性人民调解纳入综治工作（平安建设）考核评价体系。"[1]

关于评价的内容和方式，国外的调解员评价体系对完善我国的调解员评价体系有一定的借鉴意义。国外的调解员评价准则是：纠纷解决领域的资格认可与职业化；纠纷解决领域的多样化；伦理准则的有效实施；当事人权益保护以及服务质量标准；调解员在促进交流和提出适当解决方案方面的知识和技能，调解员对当事人需求的响应，调解员具有的专业知识，调解质量保障程序的公正性、正当性和可操作性；等等[2]。

我国调解员的评价标准可以参考外国的标准、结合中国的国情来制定，具体的评价方式有以下几种：(1) 通过公开的方式，邀请社会公众参与调解员职业道德监督和职业水平评价。通过调解员管理名册的公开，公开调解员的个人情况、专业优势领域、历年业绩、所获荣誉、经手的精品典型案例等。(2) 对被当事人投诉较多的调解员，应当由法院纪检监察部门或委托、会同所在地调解员协会对投诉内容进行调查核实，若确实存在违反调解员职业伦理的不当行为，应根据行为的严重程度，作出相应的处罚，或进行诫勉谈话，或将其移除出特邀调解员名册，并将处理结果通报所在地的调解员协会。(3) 对违反职业回避制度的调解律师，则应当有律师协会、律师事务所等机构予以处理。

---

[1] 大力推进行业性 专业性人民调解工作 服务平安中国建设——司法部负责人就司法部、中央综治办、最高人民法院、民政部制定印发《关于推进行业性、专业性人民调解工作的指导意见》答记者问. 人民调解，2016 (2).

[2] 范愉，史长青，邱星美. 调解制度与调解人行为规范——比较与借鉴. 北京：清华大学出版社，2010：134.

第三节　构建多元化纠纷解决机制的信息化保障

从党的十九大提出完善党委领导、政府负责、社会协同、公众参与、法治保障的社会治理体制，到党的十九届四中全会提出完善党委领导、政府负责、民主协商、社会协同、公众参与、法治保障、科技支撑的社会治理体系，建设人人有责、人人尽责、人人享有的社会治理共同体，这是重大制度创新，是党的十九届四中全会的一个突出亮点[①]。社会治理体系中新增"科技支撑"，说明科技进步是社会发展的引擎，也是提高社会治理效能的推动力。要善于把大数据、人工智能等现代科技与社会治理深度融合起来，通过现代科技推进社会沟通、改进管理服务，打造数据驱动、人机协同、跨界融合、共创分享的智能化治理新模式。在全球化信息技术迅猛发展的背景下，多元化纠纷解决机制必须要强化和推广现代信息技术，构建智慧精准、开放互动、交融共享的信息化保障。

一、互联网时代的纠纷解决机制

互联网在当今社会受到如此关注，不仅在于互联网技术本身，还在于它对经济、社会的巨大作用和深刻影响。当今的中国社会呈现出革命性、颠覆性的发展趋势。互联网技术的应用影响着人们的思维方式、消费方式和生活方式。大数据、云计算、智能硬件、AR、VR、3D 打印等技术的背后其实最重要的就是互联网思维，包括碎片化思维、创新思维、非线性思维，实现碎片化的重聚等。信息革命、经济全球化已改变了原有的社会结构、经济结构、地缘结构、文化结构。在纠纷解决领域，信息技术作为"第四方"，催生了新的跨界思维，随之带动跨界纠纷解决方式、平台和机制的建设[②]。

随着改革进入攻坚期和深水区，深层次社会矛盾明显增多，各种利益冲突日益明显，纠纷日趋多样复杂。随着全球经济一体化和中国"一带一路"建设的推进，中国互联网的发展势头和电子商务的快速兴起也呈现出蓬勃发

[①] 郭声琨. 坚持和完善共建共治共享的社会治理制度. 人民日报，2019 - 11 - 28.
[②] 龙飞. 人工智能在纠纷解决领域的应用和发展. 法律科学，2019 (1).

展之势。前瞻产业研究院 2017 年发布的《中国电子商务行业市场前瞻与投资战略规划分析报告》统计数据显示，2017 年全国电子商务交易规模达 29.16 万亿元，同比增长 11.7%。初步测算 2018 年全国电子商务交易规模达到了 37.05 万亿元左右。预测 2019 年全国电子商务交易规模将达 37.75 万亿元。未来五年（2019—2023）年均复合增长率约为 11.52%，并预测在 2023 年全国电子商务交易规模将达到 58.38 万亿元①。中国电子商务协会数据显示，2019 年我国电子商务交易规模达到 36.8 万亿元，同比增长 13.1%②。电子商务的迅猛发展导致很多电子交易采用在线方式解决纠纷，催生了在线纠纷解决机制发展的新需求。国家推出的"互联网＋行动计划"中的创业创新、协同制造、普惠金融、益民服务、电子商务等计划都与互联网时代的纠纷解决服务和机制建设息息相关。

随着我国多元化纠纷解决机制建设的发展，国内在线纠纷解决机制的发展轨迹和世界在线纠纷解决平台（online dispute resolution，ODR）发展轨迹相似，也经历了电商平台的纠纷解决平台，电子法院的兴起，再到两者的对接融合等阶段。"早期 ODR 程序的设计者主要是模仿传统 ADR 纠纷解决程序，只是为其提供一种新的在线方式"③，ODR 是逐步获得其独立地位的。"ODR 是 ADR 移至网络世界的产物，但并不是简单地将现代技术应用到传统纠纷解决模式中，而是以互联网思维与技术为基础重新构建一种新的在线纠纷解决机制。目前，ODR 呈现出两种主要发展方向：其一，是把 ADR 的方法和经验运用到全球电子商务环境中，以解决大量出现的在线纠纷的一种机制；其二，是在互联网思维与背景下对传统法院体系以及传统诉讼程序进行电子化、智慧化的改造。纠纷解决将不再是司法系统的纠纷解决与替代性纠纷解决机制各自的事情，而是更多地强调其两者之间的多元性、包容性、共存性。世界 ODR 的发展呈现出多元化的趋势，不仅限于司法系统之外的纠纷解决平台，而是将司法系统之外的在线纠纷解决平台和在线法院平台联通起来，充分整合资源，交由一个核心系统管理，汇聚所有的数据和软件，建立全方位立体化的纠纷解决体系，以帮助当事人在最早和最佳时机达成协

---

① 2019 年中国电子商务行业市场现状及趋势分析 数字技术驱动行业不断创新发展．[2019-02-22]．http://www.sohu.com/a/295904096_99922905．
② 2020 年中国电子商务行业交易额逐年提升 B2B 电商占据近 6 成市场份额．[2020-05-10]．http://jingzheng.chinabaogao.com/it/0414V6212020.html．
③ 伊森·凯什·奥娜·拉比诺维奇．数字正义——当纠纷解决遇见互联网科技．赵蕾，赵精武，曹建峰，译．北京：法律出版社，2019：45．

议解决纠纷，更有利于接近正义。"①

（一）企业自我管理的纠纷解决平台

为解决日益增多的电子商务纠纷，各大电子商务平台寻求自己的在线解决机制。如淘宝、京东、苏宁易购、国美在线、当当、亚马逊等电商通过电子邮件、在线聊天、400电话等客服投诉途径解决纠纷。据不完全统计，淘宝2010年总共处理的维权是216万起，2014年共有710多万个案例得到解决，2012年下半年推出大众评审机制，主要处理消费者维权类、恶评鉴定类、市场共建类等业务②。至2017年，淘宝平台已有260万个争议通过该机制解决，其中2014年全年就有73.7万个③。2010年，新浪微博就建立了一个双盲判定的机制。首先从微博的海量用户中选择了40 000人作为微博社区委员会委员，然后选定其中2 000多人为专家委员，构成了双层机制。这些委员受理微博用户线上的投诉和举报，对事实和责任进行判定。最后将依据新浪微博社区的社区公约给予相应处理④。

国外ODR平台常用的方法包括在线交涉、在线调解、在线仲裁等方式：一是不公开报价和请求的处理模式⑤。请求方与被请求方可以在统一系统中输入自己对纠纷解决的报价，各自报价对对方均保密，当双方报价数额差值达到一定标准，则有专门规则确定解决纠纷的具体金钱数额，以上过程均由专门的计算机程序监控自动运行。二是在线ADR模式。运用现代的网络技术，把ADR的服务运用到网络环境下，以营造一个虚拟的调解场所解决争议。三是计算机辅助交涉模式。美国最大的电子商务平台eBay成立于1995年，是一家提供C2C在线销售服务的跨国电子商务公司，也是全球最大的电子商务平台之一。它通过把各方的争议分解成可量化的要素，然后通过一种

---

① 龙飞. 中国在线纠纷解决机制的发展现状及未来前景. 法律适用，2016（10）.
② 大众评审机制：主要处理消费者维权类、恶评鉴定类、市场共建类等业务，将一些有争议、适合大众参与的案件分发给不同的评审员，大家通过网络投票、在线发言等方式参与，以少数服从多数的方式结案。相关数据显示，"主动加入大众评审队伍的志愿者近636万人，有超过1.7亿人次参与纠纷评审，调处成功率达95%以上。截止到2018年12月，共有292万余人次参与纠纷判定，成功处理1587万余起纠纷"。近636万人参与阿里巴巴"大众评审团"，互联网公司如何运用"枫桥经验"？. [2019-02-22]. https://finance.sina.cn/2019-01-08/detail-ihqfskcn5164382.d.html?oid=&vt=4&gp=2123.151.28.65c8. 张培. 探索社会治理新解法. 中国国门时报，2019-01-09.
③ 疏义红，徐记生. 从在线争议解决到互联网法院. [2019-05-09]. https://www.chinacourt.org/article/detail/2017/11/id/3071479.shtml.
④ 张长旻. 多元在线纠纷解决平台的创新探索. [2019-02-22]. http://news.sina.com.cn/sf/news/fzrd/2017-10-09/doc-ifymrcmm9581421.shtml.
⑤ 龙飞. 人工智能在纠纷解决领域的应用与发展. 法律科学（西北政法大学学报），2019（1）.

专门设计的计算机程序,辅助争议各方都能达成最大满意的综合解决方案①。据 2015 年年底的数据统计,eBay 每年解决 6 000 万件电子商务纠纷。而从 2017 年的情况来看,每年通过 ODR 机制解决的 eBay 交易纠纷数量达到美国司法系统每年受理诉讼案件的 3 倍。②

(二) 综治部门牵头的矛盾纠纷多元化解平台

为了做好社会综合治理工作,在中央政法委的统一部署下,一些省、市、区也逐步建立了在线多元解纷平台。目前已经上线运行的比较具有代表性的主要有浙江省的"矛盾纠纷多元化解平台"、云南省的"云解纷"平台,北京市石景山区的"矛盾纠纷多元化解平台"、安徽省芜湖市的"解纷无忧"平台、河南省郑州市中原区的"和顺中原"平台以及广州市广州互联网法院的在线多元解纷平台等,后五个矛盾纠纷多元化解平台都是以浙江省"矛盾纠纷多元化解平台"为雏形发展而来的,基本功能沿袭了前者,未有较大改变③。以浙江省的"矛盾纠纷多元化解平台"(https://yundr.gov.cn)为例,该平台具有在线咨询、在线评估、在线调解、在线仲裁、在线诉讼等功能,建立分层递进的"漏斗式"矛盾纠纷解决模型④。该平台无论是在调解能力储备,还是在纠纷分层过滤方面,抑或是在解纷效果层面,都取得了显著成效。自 2017 年 3 月"矛盾纠纷多元化解平台"上线运行以来至 2020 年 3 月 3 日,平台总访问量 592.56 万余人次,注册各类调解员 4.60 万人,注册咨询师 1 309 人,智能咨询数量为 82.71 万次,人工咨询数量为 18 267 次,出具评估报告 2 996 份,调解案件总数 74.1 万余件,调解成功案件总数 65.17 万件,申请司法确认 3.39 万件⑤。目前,ODR 平台已实现与法院审判系统、移动微法院、网上立案平台以及人民调解等平台间的信息互通、数据共享。目前,综治部门牵头的矛盾纠纷多元化解平台基本形成了"社会问题社会解,线下问题线上解,专业问题专业人士解"的局面,浙江省"矛盾纠纷多元化解平台"更是被最高人民法院周强院长称作"枫桥经验"在互联网时代的新继承和新发展,先后被评为中国互联网法治大会"优秀'互联网+

---

① 徐继强. 在线纠纷解决机制 (ODR) 研究. [2017-12-01]. http://article.chinalawinfo.com/ArticleHtml/Article_2903.shtml.html.
② 龙飞. "互联网+解纷机制"的六大发展趋势. 人民法院报,2015-12-18.
③ 只有广州互联网法院的在线多元解纷平台增加了在线和解功能。
④ 龙飞. 人工智能在纠纷解决领域的应用与发展. 法律科学(西北政法大学学报),2019 (1);龙飞. 智慧法院建设给司法带来的十大变化. 人民法院报,2018-10-31.
⑤ 以上数据来源于浙江省矛盾纠纷多元化解平台 [2020-03-03]. (https://yundr.gov.cn).

法律'创新项目"、中央综治委"矛盾纠纷多元化解工作创新优秀项目"第一名以及第四届世界互联网大会全国优秀项目。

(三) 人民法院在线调解平台

以法院为主建设的"人民法院在线调解平台"(tiaojie.court.gov.cn)是最高人民法院2017年在部分省市试点一年后在全国法院铺开的平台。该平台与各法院联通后,汇集各级法院特邀调解组织信息资源库,整合入册的人民调解员、特邀调解员、律师调解员、行业调解员、商事调解员信息资料,与各级法院的立案分流速裁机制相衔接,将适合调解的案件以及当事人有意愿调解的案件先行分流到相关的调解组织调解,实现调解资源的人工智能优化分配。该平台通过当事人填写基本资料、选填纠纷要素、描述事实过程、上传印证材料、完成诉求提出,按照纠纷类型与当事人意愿,将具体纠纷调配纳入人民调解、行政调解、行业调解、商事调解、律师调解等不同类别的调解渠道,并分配给事先标识了专业类别的调解员进行调解,将原本需要"面对面"进行的调解活动改变为线上材料审阅、视频对话、在线协商、在线调解、在线司法确认等方式。通过建立网上调解相关制度机制,完善网上调解统计分析,增强在线调解平台宏观部署的前瞻性、系统性、针对性[1]。2019年7月31日,最高人民法院发布《两个一站式意见》,要求推动形成分层递进、繁简结合、衔接配套的一站式多元解纷机制,加快建设立体化集约化信息化的一站式诉讼服务中心,增强多元解纷和诉讼服务的精准性、协同性、实效性,到2020年年底,全国法院一站式多元解纷机制基本健全,一站式诉讼服务中心全面建成[2]。《两个一站式意见》规定,推动建设应用在线调解平台。全面开展在线调解工作,加快各地法院审判流程管理系统或者自建调解平台与最高人民法院在线调解平台对接,实现本地区解纷资源全部汇聚到网上,做到调解数据网上流转,为当事人提供在线咨询评估、调解、确认、分流、速裁快审等一站式解纷服务。

各级人民法院在总结推广"网上枫桥经验"的基础上,积极探索在线纠纷解决机制建设,逐步从简单的线上调解向实现"数据流转、信息共享、资源聚合"的综合性平台转变。截至2020年5月10日,全国共有2 820家法院接入统一在线调解平台,有32 128家调解组织入驻在线调解平台,包括人

---

[1] 龙飞.人工智能在纠纷解决领域的应用和发展.法律科学,2019(1).
[2] 最高人民法院关于建设一站式多元解纷机制——站式诉讼服务中心的意见.[2019-12-30].http://www.court.gov.cn/fabu-xiangqing-174602.html.

民调解委员会、行政调解组织、行业协会调解中心、商事调解中心、律师事务所等；有125 060名调解员入驻在线调解平台。在线调解平台共调解案件6 035 065件；其中诉前调解250万件、调解成功49%；诉中调解416万件，调解成功67%①。2019年，重庆法院通过"易解"平台办理委派、委托调解案件78 685件，调解成功39 125件，转司法确认12 814件，实现了委派委托调解案件三分之二以上线上运行。云南法院将"云解纷"平台接入人民法院在线调解平台，全省法院系统共录入案件40 551件，占在线调解平台录入案件总量的90%，调解成功18 283件；视频调解9 733件，调解成功5 900件，以信息化智能化为支撑的在线调解体系初步形成。广州互联网法院2018年3月2日上线运行粤港澳大湾区首个一体化纠纷多元化解平台，已有阿里、腾讯、百度、京东等互联网企业的24个纠纷调处机构人民调解委员会入驻平台，诉前委派调解各类纠纷共12 338件，其中调解成功9 870件，成功率80%。从以上各法院公布的在线调解案件的数据可以看出在线调解纠纷机制的蓬勃发展态势。

二、在线纠纷解决平台（ODR）的功能

在线纠纷解决平台通过互联网技术、人工智能技术和大数据技术，对解纷资源进行智能调配、对解纷过程进行智能管控、对解纷成果进行智能分析，实现解纷全过程的自动化、智能化、知识化②。ODR平台将信息科学技术和解纷服务资源相互融合，通过"咨询、评估、调解、仲裁、诉讼"的顺序将矛盾纠纷逐层消化分解，构建科学、系统的社会解纷新模式，为用户提供"一站式"多元化纠纷解决服务，并利用大数据分析，对矛盾纠纷的数据进行统一检索、分析以及深度挖掘，实现对未来的社会矛盾预估以及平台知识库的构建和完善。

（一）智能咨询

ODR平台具有智能咨询功能，提供7×24小时随时解答用户各类法律咨询的智能机器人服务。该法律机器人集互联网、大数据、云计算与人工智能为一体，并以平台本身搭建的案例库与法律法规库等数据为支撑。通过人机互动的形式，用户可以向法律机器人咨询相关法律问题，机器人根据问题

---

① 以上数据来源于人民法院在线调解平台数据．[2020-05-10]．(tiaojie.court.gov.cn)．
② 陈辽敏，杨丽．在线矛盾纠纷多元化解平台的构建．人民法院报，2017-09-20．

向用户自动推送相关法律法规、案例、解纷流程和法律文书范本以供参考。同时，平台可以通过对语音转录等功能的开发，极大便捷用户的使用。该项功能提供纠纷相关法律知识，利用大数据分析、人工智能以及平台搭建的案例库和法律法规库，最大限度地帮助用户抓取纠纷的关键问题以及对纠纷结果形成心理预估，从而理性地选择适合的纠纷解决方式。

（二）智能评估

平台以裁判文书及案例库的大数据分析为支撑，结合人工智能，为用户或调解员自动生成包含法律风险提示、诉调成本对比、对策建议等内容的评估报告，让用户提前预判纠纷的处理结果，从而引导其选择最佳化解方式[1]。用户仅需要输入基本的案情描述，提出诉讼请求，上传相关文件材料并提交申请后即可生成法律评估报告。以浙江ODR为例，采用"大数据自动分析＋人工审核"模式，在涉及民间/金融借贷、交通事故、婚姻家庭纠纷时已实现30分钟内生成法律评估报告，其他案件也能保证在24小时内生成法律评估报告。

（三）在线解纷

"事实证明，在互联网背景下通过复制ADR来设计ODR的路子完全行不通"[2]。因此，多元解纷平台的建设，并非单纯地将线下的纠纷模式转到线上，而是结合大数据分析、区块链、云计算等技术手段以多元化的方式促进现有纠纷得到有效且迅速的解决，甚至后期通过对数据的挖掘和分析实现对未来的社会矛盾的预测和预防。

1. 举证方式的更新。平台通过对区块链技术的运用为用户开展存证服务，利用区块链不可篡改、共识机制和可追溯等特点，实现电子数据的全流程记录、全链路可信、全节点见证[3]。这种存证方式改变了传统通过当事人递交实物或纸质材料的模式，更便于当事人在解纷过程中存证和举证，同时也保障了证据的真实性，不会被随意篡改。广州互联网法院搭建的"网通法链"系统，还建立"可信电子证据平台"，注重规则的制定，严格规范技术要求、安全标准，对存证格式也作出了统一，为用户提供电子合同、维权和

---

[1] 互联网＋"枫桥经验"：在线调解 人工智能出报告．（2019-01-08）[2019-05-08]．http://www.rmfz.org.cn/contents/2/186656.html．

[2] 伊森·凯什，奥娜·拉比诺维奇．数字正义——当纠纷解决遇见互联网科技．赵蕾，赵精武，曹建峰，译．北京：法律出版社，2019：45．

[3] 广州互联网法院"网通法链"系统上线，华为云区块链助力平台建设．[2019-05-09]．http://www.itbear.com.cn/html/2019-04/343859.html．

服务流程等证据线索一键调取的技术支持。统计显示，该系统试运行的第一周，存证数量已逾 26 万条，其中涉及互联网金融类证据材料 12 万多条；网络购物、网络服务类证据材料 10 万多条；网络著作权类证据材料近 3 万条①。

2. 解纷模式的更迭。平台最大的特点就是将当事人之间的线下面对面的交流转化为通过视频会议远程交流甚至是实现异步调解。在调解过程中，通过对 IVR（互动式语音应答）智能在线语音调解系统、OCR（光学字符识别）图片文字智能识别检索、流程机器人等信息化技术的开发和运用，为纠纷当事人和调解员提供便利，提升解纷的效率。对于调解成功的案件，平台可以智能生成调解协议，当事人则通过电子签名完成签署。

3. 优化对案例数据的利用。当所有的解纷流程在互联网进行时，产生的数据以及材料可以全部通过云储存而保存在平台的数据库中。信息化的储存模式，摒弃了传统纸质模式繁重、易丢失等缺点。数据库的搭建，结合大数据，对平台处理的案件数据进行深度挖掘和分析，可以提取更有效信息，为多元解纷服务。同时，"ODR 数据收集功能也为开发和改进算法提供了各种途径，算法不仅可以用于识别不同的纠纷类型，如纠纷起源于卖方提供的运输模式模糊不清，而且还可以用以制定各种有效解决纠纷的策略，如算法在早期就能为当事人提供纠纷解决方案，用以预防纠纷和改善纠纷解决程序"②。

（四）创新司法职能

法院不再仅仅是一位裁判者，还应当作为平台运营者中的一员，引导纠纷的解决以及输出相关司法规则。首先，法院通过典型案例、裁判文书、司法治理规则的发布或是在平台进行庭审直播活动，为平台的多元解纷方式提供司法指引。其次，法院还可将相应的司法资源调配至平台的管理和运营、调解规则的提炼等环节，创新传统的司法审判职能。

纠纷通过平台得到有效解决后，通过与法院的对接，可以帮助用户完成一键申请司法确认，从而保障调解协议的法律效力，同时也提升调解的公信力。当然，若调解失败，或者无法通过平台非诉方式解决纠纷，诉讼依旧是

---

① 依托区块链技术打造智慧信用生态系统——广州互联网法院"网通法链"上线．[2019-05-09]．https：//www.chinacourt.org/article/detail/2019/03/id/3808242.shtml.

② 伊森·凯什，奥娜·拉比诺维奇．数字正义——当纠纷解决遇见互联网科技．赵蕾，赵精武，曹建峰，译．北京：法律出版社，2019：67.

保障当事人权益的兜底救济途径。通过 ODR 平台与法院平台数据库的联通和共享，当事人可以在线申请立案，启动诉讼模式，寻求司法救济。借助流程机器人，案件信息和相关材料将会自动填报并录入法院平台，避免当事人重复性的事务性工作，也便于诉讼活动进行得更加顺利，使纠纷得以高效解决。

（五）促进治理现代化

现阶段的社会矛盾纠纷现状存在底数不清、总体数量不知、类型比例不详、分布状况不能等情况，还存在重复统计、遗漏统计等现象，导致国家无法精准、全面地掌握矛盾纠纷情况，从而无法对症下药预防矛盾纠纷。而在线纠纷解决平台恰好可以运用大数据技术对平台上获取的数据进行深度挖掘，寻找有用的信息，揭示数据背后的内在规律和发展趋势，为政府决策提供数据支持[①]。

1. 通过平台可视化技术分析矛盾纠纷全貌。平台可根据丰富的动态数据视图，包括区域内的纠纷数量、纠纷类型、分布状况、解纷资源、解纷方式、解纷时长、解纷成效、当事人满意度等综合状况，从多个角度观察解纷数据全貌，成功把海量"沉睡"数据变活；还可以运用实时数据处理和消息队列技术，对各类纠纷信息进行分流，决定该类纠纷最适合的解纷方式，实现全社会解纷资源的实时分配和调度。

2. 通过挖掘数据规律对预防纠纷提供依据。在线纠纷解决平台从基础数据入手，提炼、总结、分析区域内矛盾纠纷的基本情况，通过深度挖掘技术对矛盾纠纷进行分析，总结纠纷发生数量、发生类型、发生概率等规律性问题，可以为政府相关决策提供有价值的信息参考和数据支撑，充分发挥平台数据的定位与预测功能，对特殊矛盾或者有可能突发的矛盾进行预警。

3. 通过大数据技术实现社会治理决策的精准度。在线纠纷解决平台通过大数据技术，实现各行政机关、司法机关纠纷统计渠道的确定性和清晰性，可以做到矛盾纠纷底数清晰、类型清晰，不仅有利于对症下药制定相应预案，还通过对矛盾纠纷数据的深度分析、自主研判，促进纠纷解决机制的生态平衡，为社会治理提供有力的数据支撑和服务，确保社会治理决策的精准度。

---

① 在线矛盾纠纷多元化解平台的实践与展望——以浙江省矛盾纠纷多元化解平台为样本//社会治理：新时代"枫桥经验"的线上实践．北京：中国社会科学出版社，2019：34．

三、在线纠纷解决平台存在的问题

在线纠纷解决平台基于法律经济学的效率评估体系,通过精准分析,使得纠纷情节要素化、当事人诉求结构化、纠纷争议点明晰化,将咨询、评估、调解、仲裁等各类替代性纠纷手段进行有序整合,规范整体解纷流程,并接入政府相关权威部门的解纷资源,通过在线方式提供高效便捷的解纷服务[①]。但是,在线纠纷解决平台在当前实践中也存在一些需要重视和关注的问题。

(一)在线纠纷解决平台建设缺乏系统化的立法支持

法律的特性决定了法律具有滞后性,且在互联网领域中这种滞后性体现得更为明显,而在探索在线多元化解纷机制的过程中,必然会应用到各种各样的新兴技术,这些技术的使用规范或者法律效力认定问题缺乏相应的法律支持。目前,我国关于在线纠纷解决机制的规定主要散见于最高人民法院出台的司法解释、政策性文件以及地方立法中。如最高人民法院出台的《五五改革纲要》以及《深化多元化纠纷解决机制改革意见》;山东、厦门两地对"在线调解"作出了原则性规定,且规则效力层级较低。2018年9月7日最高人民法院发布施行的《关于互联网法院审理案件若干问题的规定》对互联网法院审理案件进行了规范,也涉及了相关在线司法活动效力的认定,但依旧缺乏对现有在线多元化纠纷解决机制系统化的立法支持。相比欧盟相继出台了《欧盟电子商务指令》《ODR条例》《ADR指令》等法律文件,我国亟须出台关于ODR平台运作的系统性法律法规,从而促进多元解纷机制在国内甚至国际的健康发展。

(二)在线纠纷解决平台发展的地方差异明显未形成合力

实践中探索的在线纠纷解决平台虽然取得了一定成果,但仍属于各自为政、推广性不强的"地方性知识"。还有部分人民法院或是没有认识到在线纠纷解决平台建设的重要性,或是受到经济、技术等因素的制约无法开展在线纠纷解决平台建设,使得在线纠纷解决平台在我国出现地域发展不平衡的

---

① 在线矛盾纠纷多元化解平台的实践与展望——以浙江省矛盾纠纷多元化解平台为样本 [J]. 社会治理:新时代"枫桥经验"的线上实践. 北京:中国社会科学出版社,2019:29.

现象①。据 2018 年年底数据统计，浙江省 ODR 平台的案件申请量已达 42 万余件，云南省"云解纷"平台的案件量仅 6 000 余件，而北京市石景山区 ODR 平台只有 460 多件。目前，各个平台之间的数据传输问题、证据效力认定问题、解纷资源的存储问题、个人信息保护问题等都是平台未形成合力的主要原因。因此，强调在线纠纷解决平台建设的重要性，对全国在线纠纷解决平台的资源进行有机整合，共享平台的数据、算法、运行模式等，是实现各地区纠纷解决平台协调统一发展的关键问题。

（三）在线纠纷解决平台发展欠缺市场化运行模式

当前，我国在线纠纷解决平台的发展主要属于政府主导的"自上而下"的发展模式，例如浙江省在线"矛盾纠纷多元化解平台"是中央综治委主导的试点项目，粤港澳大湾区首个在线纠纷多元化解平台是广州互联网法院联合司法局，依托各个 IT 公司的技术支持建成并上线的。这些平台的建立往往通过法律法规或政策的规定，使律师等纠纷解决资源入驻在线多元化解平台，无偿或低价为当事人提供服务，长此以往，将导致在线纠纷解决平台的发展逐渐丧失积极性与创造性②。今后应将在线纠纷解决平台提供的解纷服务看作是一种商品，需受市场"供求关系"的调控，平台的蓬勃发展最终无法离开市场，而政府应主要扮演监管者的角色。

（四）当事人主动申请调解案件量占比较低

以浙江省在线"矛盾纠纷多元化解平台"为例，平台的 2018 年度数据分析报告显示，通过用户个人申请调解的案件仅占 5%，由基层单位和法院登记的案件占比却达 78%。平台的使用主要依靠机构的引导，而非用户主动注册申请使用。造成该现象可能的原因主要有以下三个：一是我国目前能有效使用在线纠纷解决平台的用户仍较少，这可能是因对网络环境不信任，不熟练、不习惯网上操作方式而导致的，也是在线纠纷解决平台推广的主要阻力。二是在线纠纷解决平台的用户体验度有待提高。当前，部分在线纠纷解决平台的使用规则和流程仍较为复杂，在登录认证、资料传输、签字确认等方面的用户体验度不高。三是缺乏为消费者考虑的纠纷解决系统设计。应当

---

① 部分人民法院正在探索在线调解机制，比如，安徽省合肥市蜀山区法院建设"E 调解"平台，四川省成都市中级人民法院、浙江省杭州市中级人民法院等开设在线调解，吉林电子法院平台开通"空中调解室"，河北开展"互联网＋诉非衔接人民法庭工作机制"等。龙飞．中国在线纠纷解决机制的发展现状及未来前景．法律适用，2016（10）．

② 戴勇坚，李少强．遇见未来的律师：在线纠纷解决机制中律师的机遇与挑战．湘江青年法学，2016（1）．

借鉴欧盟 ODR 平台的经验，制定相关规则从而确保消费者能够更加便捷地反映问题或进行投诉。

（五）新兴科技的开发和运用缺少财政支持

ODR 平台的最大特点就是集合了当下最先进的信息技术，而对技术及功能的进一步开发必然需要有强大的财政支持。虽然我国《人民调解法》规定相关部门对人民调解工作所需经费要给予必要的支持和保障，但是在实践调研过程中发现，这个规定往往因基层组织的财力不足而难以落实。而且在对整个行业都缺乏立法支持的大环境下，对 ODR 平台开发的财政保障更是几乎没有。调解员作为多元化纠纷解决机制的重要组成部分，能够直接影响到该机制的发展进度。但由于科学技术更新的势态迅猛，部分有经验的调解员年龄偏大，对新兴事物的学习存在一定困难，而部分会操作平台的年轻调解员调解经验还有欠缺。目前调解员队伍的总体能力和当前多元解纷机制的发展趋势还存在一定的差距。

（六）平台的发展和应用缺乏国际化

目前的在线多元化纠纷解决平台的受众群体以内地用户为主，还不能较好地解决涉外纠纷或者域外纠纷。技术层面存在境外用户和外国用户的平台信息认证难的问题，这也直接导致了该类用户群体无法跨过多元解纷的门槛。平台自身数据库的搭建缺乏国际化案例及法律法规等资源的引入，仍需加强与其他国家和地区司法机构、仲裁机构、调解组织的交流合作。

四、纠纷解决机制信息共享平台的建设

在法律层面，国家宜加快立法的步伐，开展对在线矛盾纠纷多元解决机制工作的研究，制定综合性的、系统性的法律法规。在具体实施和应用层面，各级人民政府和有关部门、人民法院、人民检察院应当加强信息化建设，推进大数据运用，完善信息共享平台，开展在线协商、在线调解、在线仲裁和诉讼案件在线立案、在线审判、在线司法确认、电子督促程序、电子送达、联网核查等工作，促进多元化解纠纷工作的信息化发展。

（一）实现在线资源的整合

当前，各类纠纷解决组织各自为战的现象明显，缺乏信息共享和有效衔接，且多元化解工作推动难度较大，亟须运用在线纠纷解决方式的一体化平台去推动多元化解机制的建设和完善，实现各类纠纷解决机制之间的有效衔接、信息共享，实现资源效用的最大化，确保法院专注于重大、疑难、复杂

案件的审理，发挥审判的规范、指引、评价、引领社会价值等职能[1]。利用互联网平台的搭建，将各个解纷资源整合于一个平台，并结合流程机器人，将信息同步填报各个组织的内部系统，从而方便解纷人员对案件情况的全面掌握，提高解纷效率。

（二）为人民群众提供咨询和其他服务

纠纷解决一体化平台的构建，需要融合咨询、谈判、调解、仲裁、诉讼、执行等多种解纷方式，全方位地满足人民群众的多元化司法需求。在现有诉调对接的基础上，应丰富可解决的案件类型，探索开展"仲调对接"模式，开发信息化执行方式，将纠纷彻底化解。"纠纷解决机制与审判机制具有一定共通性，亦可以从调解人员整合、数据深度应用、纠纷信息采集和动态监控各方面入手，实现在线纠纷解决机制的体系化和智能化。'人工智能＋纠纷解决机制'不仅可以提高个案纠纷处理的效率与质量，为公平合理解决纠纷提供参考，还会基于强大的数据分析功能，促使纠纷解决机制在宏观社会治理方面的功能升级。"[2]

（三）通过大数据对决策提供支撑

当前，我国矛盾纠纷化解存在纠纷数量总数不清、类型比例不明确等问题，致使无法精确全面掌握矛盾纠纷情况。因此，建立统一的纠纷解决一体化平台，或者将现有各个平台的数据库进行对接和共享，结合大数据，对数据进行统计、挖掘和分析，帮助各行政司法机关实现统计渠道的确定性和清晰性，通过数据分析对未来趋势的预估，制定相应政策预防机制，促进纠纷解决机制的生态平衡，更好地维护良好的社会秩序，实现国家治理体系和治理能力现代化的目标。

（四）注重信息安全，建立信息安全防范体系

互联网的不安全性、不机密性与纠纷解决的便捷性如影随形，当前信息技术存在固有的缺陷，容易导致涉及当事人隐私的信息被泄露，使得纠纷解决机制的权威性、公正性存在隐患。所以，不仅在政策方面需要出台相关网络信息安全保护的法律法规，还需建立信息安全防范体系，在建设在线纠纷解决平台时需要重点考虑保障当事人的信息安全。通过密码技术对信息进行加密保护，对用户的身份进行在线认证，并结合云计算和大数据，对数据进

---

[1] 龙飞. 大数据时代纠纷解决模式之变革. 人民法院报，2016－11－02.
[2] 龙飞. 人工智能在纠纷解决领域的应用和发展. 法律科学，2019（1）.

行统一储存和管理，为互联网时代下的数据提供多级保护。

（五）积极探索信息科技发展，引领解纷模式的更新换代

"不断探索信息技术的发展，运用信息技术推进多元化纠纷解决机制的建设，是发展智慧解纷的重要内容，对引领现代纠纷解决方式的升级换代具有重要现实意义和实践价值。"[①] 政府与企业应当在互联网时代下，顺应信息技术的发展潮流，运用新兴技术完善多元化纠纷解决机制的建设，包括运用区块链技术将证据完整、真实记录在区块中，从而保证数据记录不可篡改且可被追踪与查询，便于纠纷的解决。利用算法大数据的预测、预警功能，通过对纠纷案件的数量、类型、当事人特征、解纷效果等情况的分析以及同类案件的特点作类型与热点分析，并针对纠纷案件的问题进行归纳和总结，从现有数据中提取出有价值的信息，预估未来社会纠纷的态势。机制的发展不应当仅仅立足于解决现有社会矛盾，更应追求对未来社会纠纷的预防，推进社会现代化治理进程。

习近平总书记多次强调，要利用好互联网和网络信息技术，提升社会治理的智能化水平[②]。多元化纠纷解决机制作为社会治理的重要组成部分，要主动与政府和综治机关等信息化平台对接互联，参与社会治安防控体系建设，共同构建多元化纠纷解决网络，提升社会治理信息化、精细化、科学化水平。

---

① 在线矛盾纠纷多元化解平台的实践与展望——以浙江省矛盾纠纷多元化解平台为样本//. 社会治理：新时代"枫桥经验"的线上实践. 北京：中国社会科学出版社，2019：57.

② 习近平在中共中央政治局第三十六次集体学习时强调：加快推进网络信息技术自主创新 朝着建设网络强国目标不懈努力. 人民日报，2016-10-10（1）.

结　论

社会的多元化决定了法律的多样化以及纠纷解决机制的多元化。在这样的背景之下，最基础的社会价值（fundamental social values）乃至多元文化的认同（diversified culture identity），共同决定了纠纷的本质、恰当的纠纷状况回应方式以及合适的救济途径[①]。随着多元化纠纷解决理念的推广和发展，纠纷解决的多元化、法治化已经成为全球发展趋势。因为现代法治社会的社会控制和治理都依赖于公正、合理和有效的纠纷解决机制，其中立法是建立有效机制最强有力的手段。多元化纠纷解决机制立法研究就是探讨以立法的方式统一规定调解、仲裁以及诉讼等重要的纠纷解决方式，并建立这些纠纷解决方式之间的衔接机制，实现以特定程序来快速有效地解决纠纷、恢复社会平衡和秩序。

本书以制定我国特色的多元化纠纷解决机制促进法为主要目标，希望可以实现多元化纠纷解决机制的规范化、体系化、立法化，从根本上推动我国多元化纠纷解决机制的发展，更加适应全球纠纷解决发展趋势，满足国内外对于纠纷解决多元化的需求。通过对我国多元化纠纷解决机制立法背景、立法原则、立法内容等问题进行宏观视角的全面研究以及对于调解、仲裁与诉讼等多元化纠纷解决的机制设置、衔接机制、组织建设与保障体系进行中观视角的深入研究，得出以下四个结论。

结论一：三种需求为多元化纠纷解决机制立法提供了必要性

多元化纠纷解决机制立法的必要性源于当事人的需求、国家治理的需求、纠纷解决市场的需求。首先，多元化纠纷解决机制不仅在于解决纠纷，放在更加广阔的社会背景下来考察，还反映了法律秩序中个人与国家、当事

---

① 西蒙·罗伯茨，彭文浩. 纠纷解决过程：ADR与形成决定的主要形式. 刘哲玮，李佳佳，于春露，译. 傅郁林，校. 北京：北京大学出版社，2011：1.

人与法律体系之间的关系①。正如范愉教授所言,"对于发展中国家,特别是通过法律移植实现法制现代化的国家而言,ADR更为重要的意义实际上并非为了应对所谓的'诉讼爆炸',而是一种法律和社会可持续发展的需求:一方面可以缓和本土社会与现代法律规则的冲突,满足当事人的多元化需求;另一方面,可以起到保护司法资源的作用"②。其次,中国治理理论首先要解决一个核心问题,即国家治理系统自身的结构与功能优化③。从党的十八届五中全会提出"构建全民共建共享的社会治理格局",再到党的十九大提出"打造共建共治共享的社会治理格局",可以说从社会管理向社会治理的转变是新时期国家治理范式的重大变革,"社会治理"强调整合各类社会资源,充分调动各类主体的积极性,进而实现国家、社会、个人的共同参与、共同协作、共同治理。多元化纠纷解决机制立法正是对于"打造共建共治共享的社会治理格局"的回应。最后,随着第三次调解浪潮所形成的全球调解趋势,各国当事人对调解与ADR理解与认识程度的不断加深,全球纠纷解决市场也日益成熟。2019年国际商会仲裁院(ICC)正式宣布成立"一带一路"委员会,以应对中国"一带一路"倡议下的争端解决市场。那么中国作为"一带一路"倡议国,更加有责任回应国内外争端解决市场的需求,推动全国多元化纠纷解决机制促进型立法的进程。

结论二:三种准备为多元化纠纷解决机制立法提供了可行性

多元化纠纷解决机制立法的可行性在纠纷解决理念、司法实践、地方性立法三个方面已经成熟。首先,近年来,在我国社会公共事务日趋复杂和社会管理模式的功能局限之间的紧张关系不断加剧的背景下,人民群众的纠纷解决理念从"有纠纷打官司"的诉讼救济方式,逐渐演进成"国家主导、司法推动、社会参与、多元并举、法治保障"的现代纠纷解决理念④。其次,随着中国特色社会主义法律体系的不断完善,多元化纠纷解决机制的司法实践发展迅速。从最高人民法院2005年发布《二五改革纲要》到2016年颁布《深化多元化纠纷解决机制改革意见》以及《特邀调解规定》,我国多元化纠纷解决机制改革经历了从探索试点到示范推广、从基层实践到理论升华、从改革政策到制度构建的改革历程。从实务层面来说,我国基本形成了人民调

---

① 赵蕾. 多元化纠纷解决机制改革的理论提升. 人民法院报,2017-07-13.
② 范愉. 当代中国非诉讼纠纷解决机制的完善与发展. 学海,2003(1):78.
③ 沈德咏,曹士兵,施新州. 国家治理视野下的中国司法权构建. 中国社会科学,2015(3).
④ 龙飞. 论国家治理视角下我国多元化纠纷解决机制建设. 法律适用,2015(7).

解、劳动仲裁、行政调解、行业调解、商事仲裁、商事调解等多种非诉讼纠纷解决机制共存的局面。最后，近年来地方性立法实践为全国多元化纠纷解决机制立法提供了基础和样本。福建厦门（2015年），山东省（2016年）、黑龙江省（2017年）、福建省（2017年）、安徽省（2018年）、四川省（2019年）等多元化纠纷解决机制建设的地方性法规相继出台；其他省地方立法也在积极推进中。多元化纠纷解决机制的立法工作逐渐呈现出繁荣景象。多元化纠纷解决机制已经在理念变化、司法实践推进层面逐渐从地方性立法转向全国性立法发展阶段。

结论三：促进型立法是目前最适合的多元化纠纷解决机制立法形式

从立法模式上看，"促进型立法"是一种不同于20世纪"管理型立法"的新的立法模式。促进型立法不仅是国家干预经济和社会发展的新的手段，更为重要的是，促进型立法往往将"国家鼓励社会团体和公众参与"作为一项基本原则予以规定，通过加强社会力量的参与，寻求政府有效干预与全民参与的有机配合与协调[①]。首先，矛盾纠纷的社会属性，决定了其化解机制应当是一个连同多种社会力量的复合式共建共治共享的社会治理体系。从多元化纠纷解决机制促进型立法内容上看，"多元"这一定语，就决定了立法内容需要明确各个单元主体，即提炼归纳实践中参与纠纷化解的各个主体的属性与职能，并对其在既有机制中权责不清、规则不明之处进行明确；同时，对纠纷化解方式与路径进行诉讼与非诉讼性质的划分，规范非诉讼纠纷化解的基本规则，并重点打通诉讼与非诉讼路径因权力模式不同而形成的天然隔离，使其有效进行衔接。

其次，在未来的多元化纠纷解决机制立法中，国家层面建立多元化纠纷解决机制的"促进型立法"；设置当事人拒绝调解的风险负担；修改民事诉讼法对调解前置程序进行适当规定；兼顾调解的民间性与职业性；统筹推进调解事业的大发展；推动多元化纠纷解决机制的社会自治和市场化发展。在促进型立法模式下，机制的保障体系也是立法的重要内容，毕竟促进型立法模式的主旨就在于推动与倡导，而作为立法对象的机制本身应具备组织保障、经费保障、人才保障、信息技术保障等保障体系，方能促成机制的有效运行。

结论四：纠纷解决机制的设置与衔接是多元化纠纷解决机制立法核心

首先，协商、调解、仲裁等非诉讼纠纷解决方式各有特点，也各有优

---

① 李艳芳．"促进型立法"研究．法学评论，2005（3）．

势。协商是一种旨在相互说服、达成一致的交流或者对话过程,是当事人遇到纠纷时的一种权利自决处理方式。调解是在第三方协助下进行的、当事人自主协商性的纠纷解决活动。仲裁在国内与跨境商事纠纷解决中都发挥着重要作用,也是国际社会普遍认可的纠纷解决方式。目前在中国,协商、调解、仲裁等非诉讼纠纷解决方式已经与诉讼一起形成多元化纠纷解决机制的模式。而多元化纠纷解决机制促进法最重要的立法目的之一就是从国家立法层面为当事人提供更加符合纠纷解决需要以及当事人需求的解决方式,为丰富救济权利的渠道以及传输正义的体系提供法律支持与保障。

其次,诉讼与非诉讼的程序衔接是多元化纠纷解决机制建设中的关键环节。"多元化纠纷解决机制的最基本理念强调诉讼与非诉讼、国家司法制度与社会制度、国家权力与社会自治、国家救济与社会救济之间的相互配合与协调,最终达到纠纷的有效化解。"[1] 程序能否有效衔接决定了各纠纷化解方式的职能发挥。程序上的衔接既包括主体上的衔接、法律程序上的先后承接,也包括效力上的衔接。其中,调解与诉讼的衔接,是多元化纠纷解决机制衔接程序中最为重要的内容。多元化纠纷解决机制立法应当建立更加完善、更加顺畅的"诉调对接机制",即建立起诉讼与人民调解、行政调解、行业调解与商事调解的四大诉调对接机制;而且按照法院受理案件时间顺序,建立起贯穿于全部审判程序,在立案前、立案后以及一审、二审等重要节点的调解程序;在扩大司法确认的范围提供更多事前分流、事后确认的途径;此外设计最高人民法院一站式解纷平台,与以省为单位的诉调对接平台进行对接,打通全国四级法院存在的信息壁垒,实现案件管理、调解员管理、数据管理,更多运用互联网科技与人工智能实现诉调对接平台以及多元化纠纷解决机制的科技化与智能化。

最后,组织建设是多元化纠纷解决机制立法的重要保障。立法是科学,是社会资源与财富分配与再分配的重要手段,是推动社会、经济发展的重要杠杆[2]。任何一部法律的制定和出台,都是一项规模浩大的工程。"多元化纠纷解决机制促进法"需要组织保障、经费保障、人才保障和信息化保障。多元化纠纷解决促进法涉及部门众多,例如涉及社会治理部门、人民政府、人民法院、人民检察院、基层社会组织以及人民团体;涉及解纷组织众多,例

---

[1] 梁瑾. 建构多元化纠纷解决机制的法理解析. 山西经济管理干部学院学报,2012 (9).
[2] 周汉华. 变法模式与中国立法法. 中国社会科学,2000 (1).

如人民调解组织、行业调解组织、商事调解组织等民间性社会调解组织，法院附设调解组织、商事仲裁机构、公证机构等司法关联型纠纷解决机构；涉及法律关系众多、案件众多。那么，相关部门的职能如何准确定位，各种纠纷解决机构和组织如何分工协作，法律关系如何厘清，案件如何筛选分类分流，是一项非常复杂的立法工作。

特别是，多元化纠纷机制立法工作既要确保多元纠纷化解制度的科学性和实效性，确定各类解纷机制自身的特性和功能及相互间的关系，实现各个解纷机制之间内部的协调性和衔接性以及回应性，优化不同种类解纷机制之间的关系以促进多元化纠纷解决机制、制度的体系化和现代化，又要通过完善路径以最大限度的发挥制度的功能和价值目标，确保在制度规范与实践层面皆以公正与效率为灵魂追求、以高效便捷解纷为核心目标，最终在具体制度层面与实践层面皆遵循纠纷化解的基本原理和基本规律。通过立法条文具体到制度框架上，就是既要建构一个各种纠纷解决制度或程序独立运行的空间，又要构建一个诉讼与非诉讼有机衔接、相互配合、功能互补的多元化纠纷解决体系；既要强调法治思维和法治方式，又要强调法治与其他社会控制、法律与其他社会规范、国家执法系统与民间社会自治的协调互动，实现社会善治。

参考文献

一、中文论著

1. 范愉. 非诉讼纠纷解决机制研究. 北京：中国人民大学出版社，2000.
2. 范愉，李浩. 纠纷解决——理论、制度与技能. 北京：清华大学出版社，2010.
3. 季卫东. 法治秩序的构建. 北京：中国政法大学出版社，1999.
4. 江必新，王红霞. 国家治理现代化与社会治理. 北京：中国法制出版社，2016.
5. 强世功. 调解、法制与现代性：中国调解制度研究. 北京：中国法制出版社，2011.
6. 强世功. 法制与治理——国家转型中的法律. 北京：中国政法大学出版社，2003.
7. 梁治平. 寻求自然秩序中的和谐. 北京：中国政法大学出版社，1997.
8. 王万华. 2003年中国立法研究报告. 北京：中国民主法制出版社，2003.
9. 何兵. 现代社会的纠纷解决. 北京：法律出版社，2003.
10. 徐昕. 论私力救济. 北京：中国政法大学出版社，2005.
11. 沈恒斌. 多元化纠纷解决机制原理与实务. 厦门：厦门大学出版社，2005.
12. 王亚新. 法律程序运作的实证分析. 北京：法律出版社，2005.
13. 左卫民. 变革时代的纠纷解决. 北京：北京大学出版社，2007.
14. 宋朝武. 调解立法研究. 北京：中国政法大学出版社，2008.
15. 邱星美，王秋兰. 调解法学. 厦门：厦门大学出版社，2008.

16. 唐峰. 纠纷和解研究. 北京：中国政法大学出版社，2011.

17. 章武生，等. 司法现代化与民事诉讼制度的构建. 北京：法律出版社，2000.

18. 宋冰. 程序、正义与现代化. 北京：中国政法大学出版社，1998.

19. 张勤，彭文浩. 比较视野下的多元纠纷解决理论与实践. 北京：中国政法大学出版社，2013.

20. 齐树洁. 英国民事司法改革. 北京：北京大学出版社，2004.

21. 齐树洁. 外国 ADR 制度新发展. 厦门：厦门大学出版社，2017.

22. 齐树洁. 外国调解制度新发展. 厦门：厦门大学出版社，2018.

23. 汪世荣，褚宸舸. "枫桥经验"：基层社会治理体系和能力现代化实证研究. 北京：法律出版社，2018.

24. 汪世荣. "枫桥经验"：基层社会治理的实践. 北京：法律出版社，2018.

25. 汪世荣，朱继萍. 人民调解的"枫桥经验". 北京：法律出版社，2018.

26. 朱景文. 中国法律发展报告 2012·中国法律工作者的职业化. 北京：中国人民大学出版社，2013.

27. 杜明聪，黄锦坤. 厦门市多元化纠纷解决机制的立法与实践. 厦门：厦门鹭江出版社，2015.

28. 于建成. 山东省多元化解纠纷促进条例解读. 北京：法律出版社，2016.

29. 顾培东. 社会冲突与纠纷解决. 北京：法律出版社，2004.

30. 彭勃. 化解社会矛盾的合作治理方式. 北京：中国法律出版社，2008.

31. 俞可平. 治理与善治. 北京：社会科学文献出版社，2000.

32. 赵秀文. 国际商事仲裁现代化研究. 北京：法律出版社，2010.

33. 陈家刚. 协商民主与政治发展. 北京：社会科学文献出版社，2011.

34. 陈广胜. 走向善治. 杭州：浙江大学出版社，2007.

35. 季卫东，等. 中国的司法改革. 北京：法律出版社，2016.

36. 全国人大常委会法制工作委员会民法室. 中华人民共和国民事诉讼法条文说明、立法理由及相关规定. 北京：北京大学出版社，2012.

37. 全国人民代表大会常务委员会法制工作委员会. 中华人民共和国民

事诉讼法释义．北京：法律出版社，2012.

38. 全国人大常委会法制工作委员会民法室．民事诉讼法修改决定条文解释．北京：中国法制出版社，2012.

39. 李少平．最高人民法院多元化纠纷解决机制改革意见和特邀调解规定的理解与适用．北京：人民法院出版社，2017.

40. 徐勇．现代国家乡土社会与制度建构．北京：中国物资出版社，2009.

41. 蔡彦敏，祝聪，刘晶晶．谈判学与谈判实务．北京：清华大学出版社，2011.

42. 蒋惠岭．域外ADR：制度·规则·技能．北京：中国法制出版社，2012.

43. 徐伟，杨华中．商事纠纷调解实务．北京：清华大学出版社，2013.

44. 北京仲裁委，北京国际仲裁中心．中国商事争议解决年度观察（2018）．北京：中国法制出版社，2018.

45. 张树义．纠纷的行政解决机制研究——以行政裁决为中心．北京：中国政法大学出版社，2006.

46. 范愉，等．多元化纠纷解决机制与和谐社会的构建．北京：经济科学出版社，2011.

47. 赵旭东．通过合意的纠纷解决——合意性纠纷解决机制研究．北京：法律出版社，2017.

48. 应松年，袁曙宏．走向法治政府——依法行政理论研究与实证调查．北京：法律出版社，2001.

49. 湛中乐，等．行政调解、和解制度研究．北京：法律出版社，2009.

50. 闫庆霞．法院调解制度研究．北京：中国人民公安大学出版社，2008.

51. 郭晓光．民事诉讼调解新论．北京：中国政法大学出版社，2013.

52. 范愉，史长青，邱星美．调解制度与调解人行为规范——比较与借鉴．北京：清华大学出版社，2010.

53. 郑世保．在线纠纷解决机制（ODR）研究．北京：法律出版社，2012.

54. 沈志先．诉讼调解．北京：法律出版社，2000.

55. 黄鸣鹤．调解员培训简明教程．北京：中国法制出版社，2014.

56. 陈葵. 审前调解实务指南. 北京：北京大学出版社，2014.

57. 赵相林. 国际民商事争议解决的理论与实践. 北京：中国政法大学出版社，2009.

58. 周建华. 司法调解：合同还是判决？——从中法两国的比较视野出发. 北京：中国法制出版社，2012.

59. 李静一. 司法附设 ADR 建构中的先行调解制度研究. 北京：法律出版社，2015.

60. 沈德咏. 最高人民法院民事诉讼法司法解释理解与适用（下）. 北京：人民法院出版社，2015.

61. 孙巍. 《联合国关于调解所产生的国际和解协议公约》立法背景及条文释义. 北京：法律出版社，2018.

62. 廖永安，覃斌武，戴维德·麦茨. 谈判调解实训教程. 湘潭：湘潭大学出版社，2016.

63. 廖永安. 中美调解培训启示录. 湘潭：湘潭大学出版社，2016.

64. 贾宇. 新时代"枫桥经验"检察实践案例精选. 杭州：浙江人民出版社，2018.

65. 浙江省人民检察院. 新时代"枫桥经验"检察实践资料选编. 内部资料.

66. 齐树洁. 美国民事司法制度. 厦门：厦门大学出版社，2011.

67. 齐树洁. 纠纷解决与和谐社会. 厦门：厦门大学出版社，2010.

68. 赵云. 调解实务与技能. 北京：清华大学出版社，2011.

69. 梁平，杨奕. 纠纷解决机制的现状与理想构建. 北京：中国政法大学出版社，2014.

70. 赵蕾. 非诉讼程序论. 北京：中国政法大学出版社，2013.

71. 刘敏. 当代中国民事诉讼调解率变迁研究. 北京：中国政法大学出版社，2013.

72. 周旺生. 立法学. 北京：法律出版社，2009.

73. 朱力宇，叶传星. 立法学. 北京：中国人民大学出版社，2015.

74. 刘和海，李玉福. 立法学. 北京：中国检察出版社，2001.

75. 刘平. 立法原理、程序与技术. 上海：学林出版社，2017.

76. 夏正林，王胜坤，林木林. 地方立法评估制度研究. 北京：法律出版社，2017.

77. 刘作翔，冉井富．立法后评估的理论与实践．北京：社会科学文献出版社，2013．

二、外国译著

1. 庞德．通过法律的社会控制．沈宗灵，董世忠，译．北京：商务印书馆，1984．

2. 查尔斯·霍顿·库里．社会过程．洪小良，等，译．北京：华夏出版社，2000．

3. 罗伯特·C. 埃里克森．无需法律的秩序——邻人如何解决纠纷．苏力，译．北京：中国政法大学出版社，2003．

4. 小岛武司．自律型社会与正义的综合体．陈刚，林剑锋，段文波，等，译．北京：中国法制出版社，2006．

5. 小岛武司，伊藤真．诉讼外纠纷解决法．丁婕，译．北京：中国政法大学出版社，2005．

6. 小岛武司．诉讼制度的法理与实证．陈刚，等，译．北京：法律出版社，2001．

7. 谷口安平．程序的正义与诉讼．王亚新，刘荣军，译．北京：中国政法大学出版社，2002．

8. 棚濑孝雄．纠纷解决与审判制度．王亚新，译．北京：中国政法大学出版社，2004．

9. 高见泽磨．现代中国的纠纷与法．何勤华，译．北京：法律出版社，2003．

10. 田中成明．现代社会与审判．郝振江，译．北京：北京大学出版社，2016．

11. 西蒙·罗伯茨（Boberts S.），彭文浩（Palmer M.）．纠纷解决过程：ADR 与形成决定的主要形式．2 版．刘哲玮，李佳佳，于春露，译．北京：北京大学出版社，2011．

12. 斯蒂芬·B. 戈尔德堡（Stephen B. Goldberg），弗兰克·E. A. 桑德（Frand E. A. Sander），南茜·H. 罗杰斯（Nancy H. Rogers）．纠纷解决：谈判、调解和其它程序．蔡彦敏，曾宇，刘晶晶，译．北京：中国政法大学出版社，2004．

13. 詹姆斯·E. 麦奎尔，陈子豪，吴润卿．美国调解与替代诉讼纠纷解决方案．北京：法律出版社，2011．

14. 娜嘉·亚历山大. 全球调解趋势. 北京：中国法制出版社，2011.

15. 唐纳德·布莱克. 冲突处理的基本形式. 徐昕，田璐，译//徐昕. 迈向社会和谐的纠纷解决. 北京：中国检察出版社，2008.

16. 爱丽丝·弗雷泽·埃文斯，罗伯特·A. 埃文斯，罗纳德·S. 克雷比尔. 冲突调解的技巧. 魏可钦，何钢，译. 南京：南京大学出版社，2011.

17. X. M. 弗拉斯科纳，H. 李·赫瑟林顿. 法律职业就是谈判——律师谈判胜利战略. 高如华，译. 北京：法律出版社，2005.

18. 斯蒂芬·B. 戈尔德堡，等. 纠纷解决——谈判、调解和其他机制. 蔡彦敏，等译. 北京：中国政法大学出版社，2004.

19. 迈克尔·努尼. 法律调解之道. 杨利华，玉立英，译. 北京：法律出版社，2006.

20. 罗杰·费希尔，威廉·尤里，布鲁斯·巴顿. 谈判力. 王燕，罗昕，译. 北京：中信出版社，2011.

21. 博登海默. 法理学：法律科学与法律方法. 邓正来，译. 北京：中国政法大学出版社，1999.

22. 劳伦斯·M. 弗里德曼. 法律制度——从社会科学角度观察. 李琼英，林欣，译. 北京：中国政法大学出版社，2004.

23. 伊森·凯什，奥娜·拉比诺维奇·艾尼. 数字正义——当纠纷解决遇见互联网科技. 赵蕾，赵精武，曹建峰，译. 北京：法律出版社，2019.

三、中文期刊文章

1. 李少平. 发挥司法职能作用 提升多元解纷水平 打造新时代"枫桥经验"法院升级版. 人民法院报，2018-11-09.

2. 贾宇. 陕甘宁边区刑事和解制度研究. 法律科学，2014（6）.

3. 贾宇. 特邀调解：多元解纷机制的制度性创新. 人民法院报，2016-10-12.

4. 季卫东. 调解制度的法律发展机制——从中国法制化的矛盾入手. 比较法研究，1999（3/4）.

5. 范愉. 多元化的法律实施与定量化研究方法. 江苏大学学报（社会科学版），2013（2）.

6. 陈弘毅. 调解、诉讼与公正——对现代自由社会和儒家传统的反思. 现代法学，2001（6）.

7. 李浩. 调解的比较优势与法院调解制度的改革. 南京师大学报（社会科学版），2002（4）.

8. 李浩. 调解归调解，审判归审判：民事审判中的调审分离. 中国法学，2013（3）.

9. 李浩. 当下法院调解中一个值得警惕的现象——调解案件大量进入强制执行研究. 法学，2012（1）.

10. 蒋惠岭. 诉调对接注活力各得其所真多元. 人民法院报，2015-04-17（2）.

11. 汤维建. 多元化纠纷解决机制改革的时代意义及其要点. 人民法院报，2016-06-30.

12. 陈国猛. 大力推进在线纠纷解决机制建设. 人民法院报，2016-12-28（5）.

13. 范愉. 委托调解比较研究——兼论先行调解. 清华法学，2013（3）.

14. 左为民. 变革时代的纠纷解决及其研究进路. 四川大学学报，（哲学社会科学版），2007（2）.

15. 江必新，王海霞. 社会治理的法治依赖及法治的回应. 法制与社会发展，2014（4）.

16. 胡仕浩. 中国特色多元共治解纷机制及其在商事调解中应用. 法律适用，2019（19）.

17. 俞可平. 中国治理评估框架. 经济社会体制比较，2008（6）.

18. 杨荣新，邢军. 人民调解制度研究. 南阳师范学院学报（社会科学版），2003，2（5）.

19. 顾培东. 试论我国社会中非常规性纠纷的解决机制. 中国法学，2007（3）.

20. 顾培东. 当代中国司法生态及其改善. 法学研究，2016（2）.

21. 齐树洁. 论我国民事审前程序之构建. 法治研究，2010（4）.

22. 龙飞. 中国在线纠纷解决机制的发展现状及未来前景. 法律适用，2016（10）.

23. 肖建国. 司法 ADR 建构中的委托调解制度研究——以中国法院的当代实践为中心. 法学评论，2009（3）.

24. 宋朝武，黄海涛. 调解真实原则质疑——从程序保障看调解制度改革. 法律适用，2005（5）.

25. 崔永东. 社会司法：理念阐释与制度进路. 政治与法律，2015（12）.

26. 潘剑锋. 论民事司法与调解关系的定位. 中外法学，2013（1）.

27. 江伟，廖永安. 简论人民调解协议的性质与效力. 法学杂志，2003（2）.

28. 王亚新. 民事诉讼准备程序研究. 中外法学，2000（2）.

29. 范愉. 诉前调解与法院的社会责任——从司法社会化到司法能动主义. 法律适用，2007（11）.

30. 史长青. 裁判、和解与法律文化传统——ADR对司法职能的冲击. 法律科学，2014（2）.

31. 徐钝. 司法确认制度及其价值的法哲学拷问——一个合法性范式分析视角. 法律科学，2014（4）.

32. 胡洁人. 当前新型社会纠纷解决机制研究. 当代法学，2012（2）.

33. 潘剑锋，刘哲玮. 论法院调解与纠纷解决之关系——从构建和谐社会的角度展开. 比较法研究，2010（4）.

34. 徐昕. 迈向社会自治的人民调解. 学习与探索，2012（1）.

35. 陈桂明，赵蕾. 比较与分析：我国非讼程序构架过程中的基本问题. 河北法学，2010（7）.

36. 范愉. 中国非诉讼程序法的理念、特点和发展前景. 河北学刊，2013（5）.

37. 龙飞. 多元化纠纷解决机制立法的定位与路径思考——以四个地方条例的比较为视角. 华东政法大学学报，2018（3）.

38. 李明哲. 多元化纠纷解决机制的地方立法探索——以厦门为样本. 法律适用，2015（7）.

39. 熊浩. 知识社会学视野下的美国ADR运动——基于制度史与思想史的双重视角. 环球法律评论，2016（1）.

40. 张泽涛，肖振国. 德国《调解法》述评及其启示. 法学评论，2013（1）.

41. 范愉. 中国非诉讼程序法的理念、特点和发展前景. 河北学刊，2013（5）.

42. 范愉. 中国多元纠纷解决机制的现状及未来. 人民法院报，2015-04-14.

43. 龙飞. 论国家治理视角下我国多元化纠纷解决机制建设. 法律适用，2015（7）.

44. 廖永安. 当代调解的新理念与新思维. 人民法院报，2017-06-16.

45. 贾玉慧．推进律师调解工作的几点看法．人民法院报，2017-11-22．

46. 汤维建．多元化纠纷解决机制改革的时代意义及其要点．人民法院报，2016-06-30．

47. 江和平．美国替代性纠纷解决机构的代表——JAMS．人民法院报，2011-11-11．

48. 赵蕾．纠纷解决服务市场化运行的领跑者——美国司法仲裁调解服务有限公司的最新发展．人民法院报，2018-06-22．

49. 赫然，张荣艳．中国社会纠纷多元调解机制的新探索．当代法学，2014（2）．

50. 韩宝．民事诉讼、纠纷解决、诉讼外纠纷解决机制．政法学刊，2016，33（1）．

51. 孙冯英．纠纷解决中ADR思路的法理依据及其合理性分析．湖北经济学院学报（人文社会科学版），2016（1）．

52. 梁平．实证视角下契合民意与法治的诉讼调解．法学杂志，2016（7）．

53. 刘敏．人民调解制度的创新与发展．法学杂志，2012（3）．

54. 唐力，毋爱斌．法院附设诉前调解的实践与模式选择——司法ADR在中国的兴起．学海，2012（4）．

55. 郭翔．社区化解民事纠纷的实践：制度困境、认识偏差及其克服．北京师范大学学报（社会科学版），2013（3）．

56. 李明哲．多元化纠纷解决机制的地方立法探索——以厦门为样本．法律适用，2015（7）．

57. 唐力．诉讼调解合意诱导机制研究．法商研究，2016（4）．

58. 龙飞．多元纠纷解决机制的国际发展趋势．中国审判，2013（1）．

59. 刘加良．论人民调解制度的实效化．法商研究，2013（4）．

60. 于浩，徐媛媛．法治框架下的"大调解"考略．法律适用，2013（4）．

61. 朱素明．人民调解协议司法确认制度的发展及其完善．学术探索，2012（8）．

62. 郝铁，王寨华．人民调解协议司法确认制度的完善机制．法制博览，2016（11）．

63. 汪永涛，陈鹏．诱导型调解：法院调解的一个解释框架．法制与社会发展，2016（5）．

64. 占善刚．人民调解协议司法确认之定性分析．法律科学，2012（3）．

65. 章武生，张大海．论德国的起诉前强制调解制度．法商研究，2004（6）．

66. 郑世保．ODR 裁决书强制执行机制研究．法学评论，2014（3）．

67. 郑世保．在线纠纷解决机制的困境和对策．法律科学，2013（6）．

68. 方旭辉．网上纠纷解决机制的新发展——从网络陪审团到大众评审制度．江西社会科学，2014（11）．

69. 郭雪慧．欧盟视角下的电子商务在线纠纷解决．河北经贸大学学报，2013，34（6）．

70. 程琥．在线纠纷解决机制与我国矛盾纠纷多元化解机制的衔接．法律适用，2016（2）．

71. 许少波．先行调解的三种含义．海峡法学，2013（3）．

72. 赵钢．关于"先行调解"的几个问题．法学评论，2013（3）．

73. 郑军．浅析在线纠纷解决制度（ODR）在中国的发展——以淘宝网争议处理模式为例．法制与社会，2014（7）．

74. 赵蕾．先行调解案件的类型化研究．法律适用，2016（11）．

75. 范登峰，李江．从美国法院附设 ADR 调解制度探索中国法院调解的改革之路．西南政法大学学报，2013，15（5）．

76. 杨临萍，龙飞．德国家事审判改革及其对我国的启示．法律适用，2016（4）．

77. 熊浩．知识社会学视野下的美国 ADR 运动——基于制度史与思想史的双重视角．环球法律评论，2016（1）．

78. 朱景文．中国诉讼分流的数据分析．中国社会科学，2008（3）．

79. 张丽艳，夏锦文．国家治理视域下的区域司法协同治理．南京社会科学，2016（5）．

80. 何哲．善治概念的核心分析——一种经济方法的比较观点．理论与改革，2011（5）．

81. 张尚仁．道德经"善治"的社会管理理论．思想战线，2012（2）．

82. 郁建兴，吕明再．治理：国家与市民社会关系理论的再出发．求是学刊，2003（4）．

83. 王春福．多元治理模式与政府行为的公正性．理论探讨，2012（2）．

84. 陈益龙．纠纷解决的法社会学研究：问题及范式．湖南社会科学，2009（1）．

85. 程骞，徐亚文．中国农村治理变迁与获致司法正义——法律赋能的启示．北方法学，2015（1）．

86．季卫东．中国需要什么样的法治指数体系．财经，2015-12-22．

87．陈冬梅．司法实践中利益衡量的必然性与局限性之分析．商场现代化，2006（9）．

88．龙飞．律师调解制度的探索创新与完善路径．中国律师，2018（5）．

89．卢芳霞．走向"社会治理"的枫桥经验．学习时报，2018-01-22．

90．李辉，蔡林慧．论基层治理的制度变迁与基层协商治理．社会主义研究，2015（4）．

91．陈勇，高陈．当前社会解纷资源整合与利用的若干思考——以美国纽约州和我国部分地区社区纠纷调处中心为分析样本．法律适用，2013（6）．

92．吴晓．论类型化方法对宪法学研究的意义．政法学刊，2006（1）．

93．熊跃敏，周扬．我国行业调解的困境及其突破．政法论丛，2016（3）．

94．齐树洁，李叶丹．商事调解的域外发展及其借鉴意义．中国海商法年刊，2011（2）．

95．蒋惠岭．行政调解的"座次"之争．人民法院报，2009-08-07．

96．刘莘．行政调解是一种柔性之治．人民日报，2010-12-22．

97．乔亚南．我国行政调解制度基本问题的理论廓清和完善路径．广州广播电视大学学报，2013（3）．

98．曹洋．我国劳动人事争议调解仲裁现状、问题及对策研究．北京劳动保障职业学院学报，2017（4）．

99．喻少如．多元化纠纷解决机制中的行政调解．学术界，2007（6）．

100．江凌，卢申伟．和谐语境下的权力运作．行政法学研究，2012（1）．

101．齐树洁，丁启明．完善我国行政裁决制度的思考．河南财经政法大学学报，2015（6）．

102．张卫平．公证证明效力研究．法学研究，2011（1）．

103．江和平．东莞二院：纠纷解决的专业化之路．中国审判，2015（8）．

104．蒋惠岭．司法改革进入新时代，六大配套工程应当成为改革重点．财经，2018年刊：预测与战略．

105．傅郁林．迈向现代化的中国民事诉讼法．当代法学，2011（1）．

106．潘剑锋．民诉法修订背景下对"诉调对接"机制的思考．当代法学，2013（3）．

107．李浩．先行调解制度研究．江海学刊，2013（3）．

108. 王福华．论诉前强制调解．上海交通大学学报（哲学社会科学版），2010（2）．

109. 范愉．委托调解比较研究——兼论先行调解．清华法学，2013（3）

110. 赵钢．关于"先行调解"的几个问题．法学评论，2013（3）．

111. 李德恩．先行调解制度重述：时间限定与适用扩张．法学论坛，2015（2）．

112. 张艳丽．法院调解前置模式选择：民事审前调解．法学杂志，2011（10）．

113. 王胜明．关于《中华人民共和国民事诉讼法修正案（草案）的说明》．中华人民共和国全国人民代表大会常务委员会公报，2012（5）．

114. 万鄂湘、于喜富．我国仲裁司法监督制度的最新发展——评最高人民法院关于适用仲裁法的司法解释．法学评论，2007（1）．

115. 蒋慧．《仲裁法》二十周年回望：民商事仲裁危机与重塑．学术交流，2016（7）．

116. 张金明，陈利根．农村土地承包纠纷解决机制的多元化构建——基于土地诉讼、仲裁和调解的定位与协调．河北法学，2011（6）．

117. 陈梅英．论公证调解的模式、类型及其受案范围．中国公证，2017（4）．

118. 黄鸣鹤．公证在多元化纠纷解决机制中的功能定位——《关于进一步深化多元化纠纷解决机制改革的意见》解读．中国公证，2016（12）．

119. 章武生．督促程序的改革与完善．法学研究，2002（2）．

120. 何炼红．英国知识产权纠纷行政调解服务的发展与启示．知识产权，2011（7）．

121. 潘乾．行政调解制度之比较法启示．行政与法，2008（12）．

122. 任华玉，等．关于完善我国医疗风险分担机制的研究．中国卫生经济，2014（9）．

123. 周建平．论调解的市场化运作．兰州学刊，2016（4）．

124. 梁平．多元化纠纷解决机制的制度构建——基于公众选择偏好的实证考察．当代法学，2011（3）．

125. 朱昕昱．发展中的保加利亚调解制度．人民法院报，2017-03-24（8）．

126. 龙飞．替代性纠纷解决机制立法的域外比较与借鉴．中国政法大学学报, 2019 (1).

127. 江和平. 美国替代性纠纷解决机构的代表——JAMS. 人民法院报, 2011-11-11.

128. 赵蕾. 纠纷解决服务市场化运行的领跑者——美国司法仲裁调解服务有限公司的最新发展. 人民法院报, 2018-06-22.

129. 龙飞. 新加坡 ADR 制度的发展及启示. 人民法院报, 2013-08-16.

130. 赖婷, 郭晓珍. 调解员资格与培训之比较法考察. 东南司法评论, 2012 年卷.

131. 龙飞. 人工智能在纠纷解决领域的应用和发展. 法律科学, 2019 (1).

132. 秦前红. 宪政视野下的中国立法模式变迁. 中国法学, 2005 (3).

133. 左为民. 变革时代的纠纷解决及其研究进路. 四川大学学报 (哲学社会科学版), 2007 (2).

134. 朱景文. 中国诉讼分流的数据分析. 中国社会科学, 2008 (3).

135. 鄢爱红. 我国公民社会的兴起与公民意识的培育. 中国特色社会主义研究, 2004 (6).

136. 何哲. 善治概念的核心分析——一种经济方法的比较观点. 理论与改革, 2011 (5).

137. 张尚仁. 道德经 "善治" 的社会管理理论. 思想战线, 2012 (2).

138. 王辛梓. 善治理论视角下基本公共服务公共性的流失及回归. 群文天地, 2012 (3).

139. 王春福. 多元治理模式与政府行为的公正性. 理论探讨, 2012 (2).

140. 陈益龙. 纠纷解决的法社会学研究: 问题及范式. 湖南社会科学, 2009 (1).

141. 程骞, 徐亚文. 中国农村治理变迁与获致司法正义——法律赋能的启示. 北方法学, 2015 (1).

142. 季卫东. 中国需要什么样的法治指数体系. 财经, 2015-12-22.

143. 赵蕾. 多元化纠纷解决机制改革的理论提升. 人民法院报, 2016-07-13 (2).

144. 陈冬梅. 司法实践中利益衡量的必然性与局限性之分析. 商场现代化, 2006 (9).

145. 范愉. 中国非诉讼程序法的理念、特点和发展前景. 河北学刊,

2013 (5).

146. 卢芳霞. 走向"社会治理"的枫桥经验. 学习时报, 2018 - 01 - 22.

147. 李辉, 蔡林慧. 论基层治理的制度变迁与基层协商治理. 社会主义研究, 2015 (4).

148. 熊跃敏, 周扬. 我国行业调解的困境及其突破. 政法论丛, 2016 (3).

149. 齐树洁, 李叶丹. 商事调解的域外发展及其借鉴意义. 中国海商法年刊, 2011 (2).

150. 陈勇, 高陈. 当前社会解纷资源整合与利用的若干思考——以美国纽约州和我国部分地区社区纠纷调处中心为分析样本. 法律适用, 2013 (6).

151. 吴晓. 论类型化方法对宪法学研究的意义. 政法学刊, 2006 (1).

152. 乔亚南. 我国行政调解制度基本问题的理论廓清和完善路径. 广州广播电视大学学报, 2013 (3).

153. 曹洋. 我国劳动人事争议调解仲裁现状、问题及对策研究. 北京劳动保障职业学院学报, 2017 (4).

154. 范愉. 委托调解比较研究——兼论先行调解. 清华法学, 2013 (3).

155. 江凌, 卢申伟. 和谐语境下的权力运作. 行政法学研究, 2012 (1).

156. 齐树洁, 丁启明. 完善我国行政裁决制度的思考. 河南财经政法大学学报, 2015 (6).

157. 张卫平. 公证证明效力研究. 法学研究, 2011 (1).

158. 傅郁林. 迈向现代化的中国民事诉讼法. 当代法学, 2011 (1).

159. 潘剑锋. 民诉法修订背景下对"诉调对接"机制的思考. 当代法学, 2013 (3).

160. 李浩. 先行调解制度研究. 江海学刊, 2013 (3).

161. 王福华. 论诉前强制调解. 上海交通大学学报（哲学社会科学版）, 2010 (2).

162. 张艳丽. 如何落实"调解优先、调判结合"——对新民事诉讼法有关"审前调解"的理解与适用. 民事程序法研究, 2013 (6).

163. 乔欣. 支持仲裁 发展仲裁——对最高人民法院关于适用《中华人民共和国仲裁法》若干问题的解释之解读与评析. 北京仲裁, 第60辑.

164. 赵秀文. 论仲裁规则的性质及其与仲裁法之间的关系. 河北法学,

2008（6）.

165. 哈书菊，张淇. 论仲裁裁决司法监督. 齐齐哈尔大学学报（哲学社会科学版），2016（9）.

166. 陈梅英. 论公证调解的模式、类型及其受案范围. 中国公证，2017（4）.

167. 黄鸣鹤. 公证在多元化纠纷解决机制中的功能定位——《关于进一步深化多元化纠纷解决机制改革的意见》解读. 中国公证，2016（12）.

168. 潘乾. 行政调解制度之比较法启示. 行政与法，2008（12）.

169. 姚小康，等. 医疗风险分担机制的国际比较与经验借鉴. 卫生软科学，2011（2）.

170. 周建平. 论调解的市场化运作. 兰州学刊，2016（4）.

171. 梁平. 多元化纠纷解决机制的制度构建——基于公众选择偏好的实证考察. 当代法学，2011（3）.

172. 冯怡. 完善制度不断提升劳动人事争议处理效能. 中国人力资源保障，2016（1）.

173. 周汉华. 变法模式与中国立法法. 中国社会科学，2000（1）.

174. 李艳芳. "促进型立法"研究. 法学评论，2005（3）.

175. 沈德咏，曹士兵，施新州. 国家治理视野下的中国司法权构建. 中国社会科学，2015（3）.

176. 梁瑾. 建构多元化纠纷解决机制的法理解析. 山西经济管理干部学院学报，2012（9）.

四、外文期刊文章

1. Ferrigno, Brittany N. International Conflict Resolution & Management-The Ways in Which Israel and Palestine Integrate Dispute Resolution Techniques to Promote Peaceful Stability in Multiple Disciplines. Journal of Alternative Dispute Resolution, Vol. 5, Issue 3 (2015): 3 - 39.

2. Melin, Molly M. Commitment Problems: Understanding Variation in the Frequency of International Conflict Management Efforts. International Negotiation, Vol. 19, Issue 2 (2014): 221 - 256.

3. Benner, Peter W. Corporate Conflict Management 4.0: Reflections on How to Get There from Here, Vol. 16, Issue 2 (2016): 289 - 302.

4. Modirzadeh, Naz K. Folk International Law: 9/11 Lawyering and the

Transformation of the Law of Armed Conflict to Human Rights Policy and Human Rights Law to War Governance. Harvard National Security Journal, Vol. 5, Issue 1 (2014): 225-304.

5. Cochrane, Feargal. The Paradox of Conflict Tourism: The Commodification of War or Conflict Transformation in Practice. Brown Journal of World Affairs, Vol. 22, Issue 1 (Fall/Winter 2015): 51-70.

6. Petsche, Markus A. International Commercial Arbitration and the Transformation of the Conflict of Laws Theory. Michigan State University College of Law Journal of International Law, Vol. 18, Issue 3 (2010): 453-494.

7. Sobrinho de Morais Neto, Arnaldo, Targino, Harrisson Alexandre, Mota Vidal Nobrega, Thalysor. Legal Systems in Transformation and Transnational Conflict Solution in Information Society Journal of International Commercial Law and Technology, Vol. 7, Issue 4 (2012): 363-369.

8. Yates, Susan M., Salem, Peter. Family Court ADR: Decades of Cultivating Innovation Dispute Resolution Magazine, Vol. 20, Issue 1 (Fall 2013): 4-8.

9. Emery, Kimberly C. Assisting Indigent Families in Conflict: A Pro Bono Test Drive for a Family Alternative Dispute Resolution (ADR) Clinic. Washington University Journal of Law & Policy, Vol. 34: 239-260.

10. Broyde, Michael J. Multicultural ADR and Family Law: A Brief Introduction to the Complexities of Religious Arbitration. Cardozo Journal of Conflict Resolution, Vol. 17, Issue 3 (Spring 2016): 793-822.

11. Michel, Andres F. The New ADR Era: Forms, Social Theory, and Business Advice regarding Commercial and Cyber-Consumer Arbitration Clauses, Resolved. Journal of Alternative Dispute Resolution, Vol. 4, Issue 2 (2014): 25-49.

12. Hopt, Klaus J., Felix Steffek. Mediation: Principles and regulation in comparative perspective. Oxford University Press, 2013.

13. Spencer, David, Michael Brogan. Mediation law and practice. Cambridge University Press, 2006.

14. Pieckowski, Sylwester. How the New Polish Civil Mediation Law

Compares with the Proposed EU Directive on Mediation. Dispute Resolution Journal, Vol. 61, Issue 3 (2006): 66.

15. Hodson, David. The EU mediation directive: The European encouragement to family law ADR. International Family Law (2008): 209 -216.

16. Kuhn, Susan C. Mandatory mediation: California civil code section 4607. Emory LJ, 33 (1984): 733 - 735.

17. Robel, Lauren. Fractured Procedure: The Civil Justice Reform Act of 1990. Stanford Law Review (1994): 1447 - 1485.

18. S. Press. International Trends in Dispute Resolution' 3 Alternative Dispute Resolution Bulletin21, 21 - 22 (2000)

19. Nadja Alexander, Mediation and the Art of Regulation, 8 Queensland U. Tech. L. & Just. J. 1 (2008)

20. Emmanuel Jolivet. ADR-International Applications (2001), ICC Publishing S. A. Naomi Creutzfeldt. Ombudsmen and ADR: A Comparative Study of Informal Justice in Europe (2018).

21. Gerardus Blokdyk. ADR Complete Self-assessment Guide (2017).

22. Norman W. Spaulding. The Impersonation of Justice: Lynching, Dueling, and Wildcat Strikes in Nineteenth-CenturyAmerica// The Routledge Research Companion to Law and Humanities in Nineteenth-Century America (Nan Goodman & Simon Stem eds. , 2017).

23. Jack M. Beermann. Administrative Law. Alphen: Aspen Publishers, 2010: 76.

24. Peter Leyland, Gordan Anthony. Texbook on Adiministrative Law. Oxford: Oxford University Press, 2012: 155.

附　录

附录1 《中华人民共和国多元化纠纷解决机制促进法》（建议稿）

第一章　总　则
第二章　纠纷化解职能部门的职责分工
第三章　纠纷解决途径及引导
第四章　非诉纠纷解决机制的组织建设
第五章　纠纷解决机制的程序衔接
第六章　纠纷解决机制的责任落实及考核监督
第七章　附　则

第一章　总　则

第一条　（立法目的）为建立与完善多元化纠纷解决机制，合理配置社会资源，满足纠纷当事人的自由选择和多样需求，促进非诉讼纠纷解决方式的运用和发展，及时便捷有效地解决纠纷，维护社会和谐，促进公平正义，制定本法。

第二条　（概念界定）本法所称多元化纠纷解决机制，是指通过和解、调解、仲裁、行政裁决、行政复议和诉讼等途径，运用各种纠纷化解方式，为当事人提供多样、便捷、适宜的纠纷化解服务，形成诉讼与非诉讼方式有机衔接、相互协调的纠纷解决体系。

第三条　（机制构建原则）建立和完善多元化纠纷解决机制应当坚持以下原则：

（一）党委领导、政府负责、社会协同、公众参与、法治保障、科技支撑；

（二）鼓励民间和社会力量参与纠纷解决；

（三）坚持预防和化解相结合；

（四）便利当事人对适宜程序的自主运用；

（五）实现程序的合理衔接和相互协调；

（六）促进纠纷解决机制的创新和多元化发展。

第四条 （当事人遵循的原则）当事人在纠纷化解活动中应遵循下列原则：

（一）依法自愿选择纠纷化解途径；

（二）自愿、公平、诚实信用；

（三）尊重当事人意思自治和程序选择权；

（四）不损害社会公共利益、第三人合法权益；

（五）不违反法律、法规强制性规定和社会公序良俗。

第五条 （当事人义务）当事人在纠纷化解活动中应当履行下列义务：

（一）如实陈述纠纷事实；

（二）尊重纠纷化解工作人员；

（三）尊重对方当事人行使权利；

（四）及时履行达成的协议和生效法律文书。

第六条 （源头预防）各级人民政府及有关部门、社会治理部门、人民法院、人民检察院、人民团体、企事业单位、基层群众性自治组织和其他社会组织，应当按照各自职责，建立健全社会稳定风险防范、纠纷排查调解处理等制度，推进多元化纠纷解决机制建设，从源头上预防和化解纠纷。

鼓励和支持公道正派、群众认可的社会人士和其他社会力量依法参与化解纠纷。

第七条 （宣传教育）国家机关、人民团体、企事业单位、新闻媒体等应当按照各自职责开展法治宣传教育，弘扬和践行社会主义核心价值观，普及多元化解纠纷法律知识，宣传典型案例，增进公众对多元化解纠纷的理解和认同，培育新型纠纷解决文化，培育自尊自信、理性平和、积极向上的社会心态。

第二章 纠纷化解职能部门的职责分工

第八条 （组织协调）社会治理部门统筹协调有关部门共同推进多元化

纠纷解决工作机制，制定发展规划，建立协调机制，统筹指导工作开展，负责政策调研、组织推动、监督考核。

社会治理部门协调建立统一的纠纷解决中心，将多元化解纠纷"一站式"服务纳入县（市、区）、乡镇（街道）、村（社区）综治中心工作范围，组织开展纠纷排查、分流处置、归口管理和跟踪落实工作，协调推动各个纠纷解决资源合理配置、分工负责、化解纠纷。

第九条　（发展规划）人民政府应当将多元化纠纷解决机制建设纳入法治政府建设规划，健全协调机制和化解纠纷责任制度，落实化解纠纷工作职责，引导社会力量参与化解纠纷。

各级人民政府应当加强预防和化解纠纷能力建设，培育纠纷解决组织，制定相关政策和提供必要的公共财政支持，促进各类纠纷解决组织的发展，动员相关社会组织、专业人员、志愿者等共同参与，提供公益性的纠纷解决服务，督促有关部门落实化解纠纷职责。

第十条　（法院职责）人民法院应当发挥司法在多元化纠纷解决机制建设中的引领、推动和保障作用。建立健全诉讼与非诉讼纠纷解决方式有机衔接、相互协调的工作制度，与行政机关、调解组织、仲裁机构和公证机构协调配合，推动程序安排、效力确认、生效法律文书执行和法律指导等方面的有机衔接，支持、监督非诉讼纠纷解决方式的运行。加强对调解组织的业务指导，积极参与培育社会调解组织，培训调解员队伍。

第十一条　（检察职责）人民检察院应当依法履行法律监督职责，健全检察建议、检察宣告等制度，建立健全检调对接等制度，完善参与化解纠纷工作机制，引导当事人选择适宜的途径解决纠纷。

第十二条　（公安职责）公安机关支持和参与乡镇、街道、社区、居民委员会、村民委员会开展和解、调解工作，化解基层社会矛盾。依法完善治安、交通事故调解、轻微刑事案件和解工作机制，对符合和解、调解条件的，依法协调当事人和解、调解。

第十三条　（司法行政职责）司法行政部门负责指导人民调解工作，推动设立行业性、专业性人民调解组织，加强人民调解组织网络化建设，完善人民调解工作机制，促进人民调解与行政调解、司法调解等衔接联动；负责行政调解的综合协调和指导，完善行政裁决、行政复议、行政应诉等工作机制，推动行政争议和行政管理涉及的民事纠纷得到有效化解；组织、推动律师事务所、公证机构、基层法律服务所、法律援助机构等法律服务组织参与化解纠纷；建立完善律师参与化解涉法涉诉信访案件等相关工作机制。

第十四条 （信访职责）信访工作机构应当通过法定途径分类处理信访事项，理顺信访与行政裁决、行政复议、仲裁和诉讼等制度的关系，畅通信访渠道，跟踪、督促和协调信访事项的办理。

第十五条 （政府其他部门职责）人力资源和社会保障、卫生健康、自然资源和规划、农业农村、市场监督管理、民政、住房和城乡建设、生态环境、文化和旅游、教育、交通运输、退役军人事务等行政主管部门，应当按照各自职责，依法开展行政调解、行政复议和行政裁决工作，推动、指导和监督本领域行业性、专业性调解组织建设。

法律法规授权的具有社会公共事务管理职能的组织，应当结合各自职能参与调解工作。

第十六条 （社团职责）工会、共青团、妇女联合会、归国华侨联合会、残疾人联合会、工商业联合会、消费者委员会、法学会和行业协会等人民团体和社会组织应当按照各自职责，参与多元化解纠纷机制建设，共同做好化解纠纷工作。

第十七条 （劳动部门职责）劳动人事争议仲裁机构应当依法及时化解劳动人事争议。

人力资源社会保障行政部门应当加强对劳动人事争议调解工作的指导，会同工会、企业联合会、工商联完善协调劳动关系三方机制，推动劳动人事争议调解组织建设。

县级以上工会组织应当督促、帮助有条件的用人单位依法设立劳动人事争议调解组织，推动乡镇（街道）以及行业性、区域性劳动人事争议调解组织建设。

第十八条 （政府指导土地承包仲裁）设区的市、县（市、区）人民政府依法指导设立农村土地承包仲裁机构，建立完善仲裁与诉讼有机衔接的纠纷化解机制，及时化解农村土地承包经营中的各类纠纷，保护农民合法权益。

第十九条 （社区自治）基层社区应当将最大限度地减少纠纷作为社区治理目标，提高社区自治、风险预防和治理能力，及时有效地解决民间纠纷。

第二十条 （人民调解）村民委员会、居民委员会应当建立健全人民调解组织，组织人民调解员、社会工作者、法律顾问、心理工作者及时、就地排查和化解纠纷。探索村（居）民议事会、理事会、恳谈会等协商形式，预防和化解纠纷。

企事业单位、社会团体、其他组织设立的人民调解委员会调解民间纠纷。

设区的市、县（市、区）可以设立道路交通事故损害赔偿、医疗纠纷、物业纠纷等领域的行业性、专业性人民调解委员会，调解有关纠纷。公安、司法行政、卫生健康、保险监管、住房建设等部门应当联动配合，及时高效化解纠纷。

第二十一条 （行业主管职责）行业主管部门应当支持、推动设立本行业的行业性、专业性调解组织。

交通运输、医疗保障、卫生健康、婚姻家庭、劳动人事、物业管理、征地拆迁、消费者权益保护、生态环境保护等领域的社会团体以及其他社会组织可以设立行业性、专业性调解组织。

第二十二条 （商事主管职责）商会、行业协会、民办非企业单位、商事仲裁机构等在投资、贸易、金融、房地产、工程承包、运输、知识产权、技术转让等领域可以设立相关商事调解组织，为化解商事纠纷提供服务。

第二十三条 （公证职责）公证机构可以在家事、商事等领域开展调解服务，可以对具有给付内容的和解协议、调解协议办理具有强制执行效力的债权文书公证。

第二十四条 （律师职责）律师、律师调解工作室或者律师调解中心可以作为中立第三方主持调解，协助纠纷当事人达成协议化解纠纷。

鼓励和支持人民调解员、法律专家和法律服务工作者等依托相应调解组织设立个人调解工作室。

第二十五条 （联动机制）有关国家机关和社会组织应当在社会治理部门协调下，建立工作联动机制，形成化解纠纷协同工作格局；坚持"属地管理"和"谁主管谁负责"原则，对跨行政区域、跨部门、跨行业以及涉及人数众多、社会影响较大的纠纷，加强配合，共同化解。

第二十六条 （社会力量）化解纠纷过程中，可以邀请有关组织以及党代表、人大代表、政协委员、法律专家、心理专家、社区工作者、社会志愿者等参与化解纠纷。

第二十七条 （财政保障）各级人民政府应当为多元化纠纷解决工作提供必要的经费保障，并纳入本级财政预算。对人民调解、劳动争议仲裁、人事争议仲裁、农村土地承包经营纠纷仲裁工作所需经费纳入财政预算予以保障。

行业主管部门应当将所设立的调解组织的工作经费纳入本部门预算，提供必要的工作条件。

对其他公益性调解组织按照规定给予补贴，提供必要的物质保障和经费支持。

鼓励社会各界为公益性纠纷解决服务提供捐赠、资助。

第二十八条 （政府购买服务）行政机关、人民法院、群团组织可以通过购买服务方式，委托具有资质的社会组织、专业人员设立专门的调解机构或者参与特定类型纠纷的调解组织等社会力量承接纠纷调解。

前款规定的购买调解服务应当进行效益评估，根据评估结果核拨经费。评价结果向社会公布，并作为以后选择购买服务承接主体的重要依据。

第二十九条 （调解费用）行政机关、人民团体、人民调解组织、行业调解组织、劳动人民争议仲裁机构、农村土地承包仲裁机构化解纠纷，不得收取任何费用或者以任何名义收取报酬，鉴定费、评估费等实际发生的费用应当由当事人承担的除外。

商事调解组织调解纠纷，可以选择按照争议标的金额或者调解时间收取调解费。具体收费标准经市物价部门核准后向社会公开，在受理案件前告知当事人。

第三十条 （非诉讼法律援助）法律援助机构可以根据当事人的委托，参与协商、主持调解或者开展中立评估，促成双方协商解决纠纷。

当事人采用非诉讼方式解决纠纷，符合法律援助条件的，法律援助机构应当依法提供法律援助。

第三十一条 （表彰奖励）人民政府和有关部门对在纠纷解决工作中作出显著成绩的单位和个人，给予表彰和奖励，增强从事纠纷解决人员的职业尊荣感。

第三十二条 （调解员管理培训）司法行政部门应当制定调解员职业道德准则、调解员资质认定办法，明确评定条件、评定程序、报酬补贴、考核惩戒等，建立完善人民调解员分类、分级管理制度，定期组织培训。

人民法院应当制定特邀调解员职业道德规范，加强对特邀调解员的业务培训。

有关国家机关、人民团体、商会、行业协会和其他社会组织应当加强调解员队伍建设，组织调解员培训，提高其职业道德水平和业务能力，推动调解员专业化建设。

第三十三条 （信息化保障）各级人民政府及其有关部门、人民法院、人民检察院应当加强多元化纠纷解决机制信息化建设，推进大数据应用，完善信息共享平台，提高纠纷解决工作效率。

多元化纠纷解决机制工作情况应当纳入社会治理系统，及时总结工作成效，分析研判新情况、新问题，扩大系统的开发运用范围，实现多元化纠纷解决工作的资源共享。

第三十四条 （舆论宣传）各级人民政府、人民法院、人民检察院应当加强多元化纠纷解决机制宣传和普及工作，增进社会公众对非诉讼纠纷解决方式的理解，为多元化纠纷解决机制的运行和发展营造良好社会环境。

第三十五条 （理论研究与实务培训）鼓励高等院校设立专门课程，开展协商、调解和仲裁等纠纷解决方式的理论研究与实务培训。

第三章 纠纷解决途径及引导

第三十六条 （纠纷解决途径）当事人可以自主选择下列纠纷解决途径，法律、行政法规另有规定的从其规定：

（一）协商和解；

（二）人民调解、行业调解、商事调解以及其他具有调解职能的组织和个人调解；

（三）行政调解、行政裁决、行政复议以及其他行政机关处理纠纷方式；

（四）商事仲裁、劳动人事争议仲裁、农村土地承包经营权仲裁；

（五）诉讼；

（六）法律、行政法规规定或者当事人认可的其他方式。

第三十七条 （鼓励选择非诉方式）鼓励和引导当事人合理选择成本较低、对抗性较弱、利于修复关系的非诉讼方式解决纠纷，通过对纠纷的合理分流，尽可能地避免诉讼。

第三十八条 （引导选择）引导当事人选择纠纷解决途径，按照下列次序进行：

（一）引导和解；

（二）当事人不愿和解或者和解不成的，引导调解；

（三）当事人不愿调解或者调解不成，或者纠纷不适宜调解的，引导当事人选择其他非诉讼或者诉讼途径。

依法应当由行政机关或者仲裁机构先行处理的，告知当事人申请行政机关或者仲裁机构先行处理。

行政机关对不属于其职权范围内的事项，或者调处不成的纠纷，应当告知当事人获得救济的权利和渠道，引导当事人通过适当途径解决。

第三十九条 （纠纷预防）各级人民政府及有关部门应当健全纠纷排查分析预警调处工作制度。对纠纷易发多发领域，应当加强排查和调处工作。发生重大自然灾害、事故灾难、公共卫生事件和社会安全事件等突发事件时，应当同步开展纠纷排查和调处，依法启动应急预案。

行政机关应当建立行政决策风险评估机制，建立信息公开、对话、听证机制，定期分析与本部门业务工作相关的纠纷的特点和规律，加强纠纷信息收集、报送、研判和预测工作，预防和减少纠纷。

第四十条 （调解引导）当事人之间涉及婚姻家庭（确认身份关系的除外）、邻里关系、人身和财产权益等民事纠纷可以向人民调解组织提出调解申请。

涉及劳动争议的，可以向企业劳动争议调解委员会、人民调解组织或者在乡镇、街道设立的具有劳动争议调解职能的组织提出调解申请。

涉及投资、贸易、金融、证券期货、保险、房地产、工程承包、运输、技术转让、电子商务、知识产权等商事纠纷的，可以向商事调解组织提出调解申请，也可以向仲裁机构提出仲裁申请。

涉及房屋土地征收、社会保障、治安管理等方面的行政争议和交通损害赔偿、医疗卫生、消费者权益保护等与行政管理职能有关的民事纠纷，可以向有关行政主管部门提出行政调解申请，或者依照有关规定向行业性、专业性调解组织提出调解申请。

对违法犯罪行为造成的损害赔偿纠纷可以依法申请公安机关、人民法院进行调解。

第四十一条 （评估引导）人民法院可以在立案前对纠纷进行评估，对当事人进行诉前辅导，提供程序选择的建议，引导当事人选择适当的非诉讼方式解决纠纷。

第四十二条 （协商首选）纠纷发生后，鼓励当事人先行协商，通过对话、磋商、谈判、第三方斡旋等方式，在自愿平等、互谅互让的基础上，达成和解协议。

第四十三条 （第三方参与协商）当事人可以委托律师、会计师、建筑师等专业人员或者其他人员参与协商，提供咨询意见、沟通信息等，协助达成和解。

当事人在协商过程中，可以申请相关行政主管部门、调解组织对和解活动进行协调。

第四十四条 （中立评估）当事人可以将纠纷提交给共同委托的律师、相关专家或者其他中立第三方，对相关事实、法律依据和处理结果进行评估，中立评估报告作为协商和调解的参考依据。

中立评估应当秘密进行。评估结束后，评估员可以引导当事人达成和解协议。

第四十五条 （调解启动）当事人可以向调解组织申请调解，调解组织也可以主动调解。在期限内调解不成的或其他导致调解活动难以进行的，应当终止调解，并如实记载当事人申请调解和调解终止时间。

第四十六条 （无争议事实记载）调解未达成调解协议的，经双方当事人同意，调解员可以对双方当事人没有争议的事实进行记载，由当事人在调解笔录上签字确认。

第四十七条 （无异议调解方案认可）调解未能达成调解协议，但当事人之间分歧不大的，经双方当事人同意，调解员可以提出调解方案并书面送达当事人。当事人在规定期限内提出书面异议的，视为调解不成立；未提出书面异议的，该调解方案即视为双方自愿达成的调解协议。

第四十八条 （调解保密）调解不公开进行，但当事人同意公开的除外。

调解组织、调解员及其他有关人员对涉及当事人的个人隐私和商业秘密负有保密义务。

第四十九条 （调解依据）调解员在不违反法律法规强制性规定的前提下，可以参考行业惯例、交易习惯、村规民约、社区公约和公序良俗，引导当事人达成调解协议。

第五十条 （调解协议制作）经调解达成调解协议的，调解组织应当制作调解协议书，由双方当事人在调解协议书上签字或者盖章，调解员签字并加盖调解组织印章。当事人认为无须制作调解协议书的，可以采取口头协议方式，调解员应当记录协议内容。

第五十一条 （和解、调解协议效力）依法达成的和解协议、调解协议具有合同效力，当事人应当按照约定履行。

调解组织应当对调解协议的履行情况进行监督，督促当事人履行约定的义务。

第五十二条 （仲裁调解）各类仲裁机构应当依法公正及时地解决纠纷。

仲裁机构对民商事纠纷作出裁决前，可以引导当事人和解或者调解。劳动人事争议仲裁机构和农村土地承包仲裁机构对受理的争议或者纠纷，应当先行调解。

没有仲裁协议的当事人申请商事仲裁机构对民商事纠纷进行调解的，由该仲裁机构专门设立的调解组织按照调解规则进行调解。经过调解达成一致的，签订调解协议。

当事人不能达成和解或者调解不成的，仲裁机构依法及时作出裁决。

第五十三条 （行政调解）行政调解实行属地管理和首问负责制。行政机关或者法律法规授权的具有行政管理职能的组织对与履行行政管理职责有关的民事纠纷或者行政争议，可以根据当事人的申请，依法进行行政调解。对自然资源、生态环境、公共安全、食品药品安全等领域的纠纷，以及涉及人数较多、影响较大、可能影响社会稳定的纠纷，应当依法主动进行调解。

行政机关依职权处理具有民事权利义务内容的纠纷时，经当事人同意，可以委托、邀请或者联合人民调解组织调解，相关人民调解组织应当予以配合。

第五十四条 （行政裁决）行政机关或者法律法规授权的具有行政管理职能的组织对与行政管理活动有关的民事纠纷，可以根据当事人的申请，依照法律法规授权进行裁决。行政裁决过程中可以先行调解，调解不成的，依法作出行政裁决，并告知当事人救济途径。

第五十五条 （多方参与调解）调解组织在调解过程中，可以会同相关部门、组织、个人参与调解。对于一些疑难复杂、专业性较强的纠纷，也可以邀请相关领域专家参与调解。

鼓励志愿者、志愿服务组织为化解纠纷提供志愿服务。鼓励心理工作者参与化解纠纷志愿服务，提供免费的心理辅导、危机干预和心理救援服务。

第四章 非诉纠纷解决的组织建设

第五十六条 （组织建设）调解组织包括社会调解组织、行政调解组织、法院附设调解组织以及其他具有调解职能的组织。

第五十七条 （调解员协会建设）鼓励成立调解员协会。调解员协会可以吸收个人和单位会员。

调解员协会应当实行行业自律管理，维护调解员的合法权益。

第五十八条 （人民调解组织建设）司法行政部门应当加强对人民调解工作指导，推进人民调解组织规范化、网络化建设，发挥人民调解及时就地解决民间纠纷、维护社会稳定的功能。

村（居）民委员会、镇人民政府（街道）应当设立人民调解组织，企业事业单位根据需要设立人民调解组织。镇人民政府（街道）人民调解组织应当聘用两名以上专职调解员。

第五十九条 （个人调解工作室）鼓励和支持优秀人民调解员、法律专家、法律服务工作者，建立以个人名字命名的调解工作室。

第六十条 （行业调解组织）行业主管部门、社会团体和组织根据需要，设立行业调解组织，调解相关行业性、地域性以及特定类型的民间纠纷。

行业调解组织可以采用人民调解组织的形式，也可以采用其他组织形式。

鼓励行业协会、商会发挥行业自治和行业服务功能，调解成员之间以及成员与其他主体之间的民商事纠纷。

第六十一条 （劳动争议调解组织建设）人力资源和社会保障部门应当加强对劳动争议调解工作指导，会同工会、企业方面代表，建立协调劳动关系三方机制，加强劳动争议调解组织建设。

行业工会与行业协会可以设立行业性劳动争议调解组织，根据行业特点开展劳动争议调解工作。

第六十二条 （商事调解组织建设）商会、商事仲裁机构或者具备相应资质的专业机构可以依法设立商事调解组织，提供有偿的商事纠纷解决服务。

商事调解组织应当制定机构章程、调解规则。

第六十三条 （律师调解组织）鼓励律师协会、律师事务所建立律师调解中心或律师调解工作室，由律师调解员独立主持调解纠纷。

第六十四条 （其他服务机构）依法注册登记的咨询、评估、鉴定、在线调解等机构，根据许可的经营范围提供纠纷解决服务，可以收取费用。

第六十五条 （行政调解组织建设）司法行政部门应当加强对行政调解工作指导，明确行政调解的范围，规范行政调解程序。

有关行政部门应当明确一个内设机构受理纠纷，或者设立专门调解机构，组织协调本部门的行政调解工作。

第六十六条 （仲裁机构）鼓励、支持商事仲裁、劳动争议仲裁、人事争议仲裁和农村土地承包纠纷仲裁等仲裁机构发展，规范仲裁程序和运作机制。

第六十七条 （一站式纠纷调处平台建设）鼓励和支持在劳动争议、道路交通、医疗卫生、旅游、物业管理、消费者权益保护、土地承包、环境保护以及其他纠纷集中的领域，推进建立一站式纠纷解决服务平台，提供化解纠纷服务。

市、县、乡镇人民政府、街道办事处根据需要，可以建立综合性的一站式纠纷解决服务平台，整合政府有关部门、人民法院、人民检察院以及仲裁机构、公证机构、人民调解组织、行业性专业性调解组织等化解纠纷力量，为化解纠纷提供便利条件。

第六十八条 （名册管理）调解组织和调解员名册应当向社会公开，便利当事人选择合适的调解组织和调解员调解纠纷。

人民调解组织名册由司法行政部门负责建立和管理。其他调解组织名册由行业主管部门或者登记机关负责建立和管理。调解员名册由所在的调解组织建立和管理。

人民法院特邀调解组织由设立特邀调解组织的人民法院管理。

第五章 纠纷解决机制的程序衔接

第六十九条 （诉调对接中心功能）人民法院在诉调对接中心建立纠纷过滤机制，在诉讼辅导环节充分运用非诉讼方式解决民事纠纷。诉调对接中心承担纠纷解决程序引导、诉非衔接、调解协议司法确认等功能，完善工作制度、工作流程，建立法院专职调解员、特邀调解员、特邀调解组织名册，便利当事人选择合适的调解组织和调解员调解纠纷。

相关调解组织可以在法院诉调对接中心设立调解室，办理法院委派或委托调解的案件。

第七十条 （诉讼与人民调解衔接）人民法院应加强与人民调解组织的衔接关系，为人民调解员设立专门的调解室并提供业务指导和工作便利，与人民调解组织建立固定的联系渠道，并协助其完善相关管理制度。

第七十一条 （诉讼与行政调解衔接）人民法院应当加强与公安、司法行政、工商、卫生、交通、劳动保障等行政机关的衔接关系，协调指导相关调解工作，与有关行政机关建立定期沟通联络机制。在纠纷较多的行政机关设立调解工作站，及时化解矛盾纠纷。

第七十二条 （诉讼与商事调解、行业调解衔接）人民法院应加强和完善商事调解、行业调解等专门领域的衔接机制，按照各自领域的特点，推进商事、医患、保险、消费、物业等专门领域多元化纠纷解决机制建设。

第七十三条 （委派、委托调解）人民法院对一审民商事案件、告诉才处理的案件、轻微刑事案件立案审查时，通过诉讼辅导，引导当事人自愿选择非诉讼方式解决纠纷。当事人同意非诉调解的，可以通过委派调解机制进行调解。当事人不能在期限内通过非诉讼方式解决纠纷的，人民法院应当依法及时立案。

经当事人同意，人民法院可以在民商事案件立案后，委托给适合的调解组织调解。

第七十四条 （调解前置程序）对家事纠纷、相邻关系、小额债务、消费者权益保护、交通事故、物业管理、医疗纠纷等适宜调解的纠纷，应当由调解组织先行调解。对于无法达成调解协议的纠纷，当事人可以起诉至人民法院。

登记立案后，适宜调解的，人民法院可以依法进行调解或者委托调解，但当事人拒绝调解的除外。

第七十五条 （调解协议司法确认）经行政机关、人民调解组织、行业调解组织、商事调解组织以及具有调解职能的组织调解达成的具有民事合同性质的协议，当事人可以依法申请有管辖权的人民法院或者专门人民法院确认其效力。人民法院依法作出确认裁定后，一方当事人不履行的，对方当事人可以依法向人民法院申请执行。

第七十六条 （公证与支付令）对经公证的以给付为内容并载明债务人愿意接受强制执行承诺的和解协议、调解协议，债务人不履行的，债权人可以依法向人民法院申请执行。

对以金钱或者有价证券给付为内容的和解协议、调解协议，当事人可以依法向人民法院申请支付令。

第七十七条 （诉讼与仲裁衔接）人民法院加强与商事仲裁、劳动人事争议仲裁、农村土地承包仲裁等机构的沟通联系。对当事人申请执行仲裁裁决的，人民法院应当按照规定进行审查，对符合法律规定的应当执行，对在仲裁过程中申请证据保全、财产保全的，人民法院应当依法及时办理。

第七十八条 （其他衔接）人民法院及其派出法庭应当定期向所在地社会治理部门通报民商事案件万人起诉率、诉前调解率和委托、委派调解成功率，及时将通过非诉纠纷解决的后续情况反馈给非诉讼纠纷解决机构。

第七十九条 （公调对接）公安机关对可以调解的民间纠纷、治安案件和轻微刑事案件，经当事人同意，可以移送或者委托人民调解组织调解。

公安机关依法调解治安案件和轻微刑事案件，可以邀请人民调解员参加。

人民调解组织调解民间纠纷，可以邀请公安机关参加。

第八十条 （检调对接）人民检察院在办理轻微刑事案件过程中，经当事人同意，可以委托、邀请或者联合人民调解组织调解，共同促进当事人达成和解。

第八十一条 （调解与仲裁衔接）仲裁机构经当事人同意，可以委托调解组织调解。

对双方当事人共同提出的确认调解协议的申请，商事仲裁机构可以依据双方当事人达成的仲裁协议，依法出具仲裁调解书或者裁决书；其他仲裁机构可以依法出具仲裁调解书。

第八十二条 （和解、调解协议公证）和解协议、调解协议具有给付内容的，双方当事人可以共同向公证机构申请办理具有强制执行效力的债权文书公证。

第八十三条 （互联网技术创新）社会治理部门、人民政府及相关部门、人民法院与纠纷解决组织应当共同建立矛盾纠纷多元化解平台，通过在线咨询、在线协商、在线仲裁、在线调解等新型沟通方式，实现各类纠纷网上化解。

第六章 纠纷解决机制的责任落实及考核监督

第八十四条 （责任落实）社会治理部门应当将矛盾纠纷多元化解机制纳入平安建设考评体系，设定考核指标，明晰责任追究。

人民政府和有关部门应当建立和落实纠纷解决工作责任制和过错责任追究制，将纠纷解决工作绩效纳入机关效能考评。

第八十五条 （对调解组织和调解员监督管理）有关国家机关、人民团体、企业事业单位、基层群众性自治组织和其他社会组织应当建立健全调解组织名册管理制度，加强对调解组织和调解员的监督管理。

第八十六条 （调解组织责任落实）调解组织应当建立健全各项调解工作制度，对调解员进行绩效考评，落实调解工作责任制和过错责任追究制。

第八十七条 （调解员职业道德）调解员应当保持中立、客观。与当事人存在可能影响公正调解的关系，或者与调解事项有利害关系的，应当在调解前主动披露。一方当事人要求调解员回避的，调解员应当回避。

第八十八条 （调解员责任追究）调解员在调解工作中有下列行为之一的，由其所在的调解组织给予批评教育、责令改正；情节严重的，由推选或者聘任单位给予罢免或者解聘，依法追究法律责任：

（一）偏袒一方当事人的；

（二）侮辱当事人的；

（三）索取、收受财物或者牟取其他不正当利益的；

（四）泄露当事人个人隐私、商业秘密的；

（五）其他违反调解员职业道德的行为。

第八十九条 （行政机关责任）有关国家机关或者其他组织未履行法定职责，不及时处理纠纷，由其主管机关责令限期改正；逾期未改正的，对直接负责的主管人员和其他责任人员依法给予处分或者相应处理。

国家公职人员或其他机关人员在多元化解纠纷工作中，存在违法行为，滥用职权、玩忽职守，依法给予行政处分或者相应处理。构成犯罪的，依法追究刑事责任。

第七章 附 则

第九十条（施行日期）本法自　　年　　月　　日起施行。

附录 2 国内多元化纠纷解决机制促进条例

1. 厦门经济特区多元化纠纷解决机制促进条例
2. 山东省多元化解纠纷促进条例
3. 黑龙江省社会矛盾纠纷多元化解条例
4. 福建省多元化解纠纷条例
5. 安徽省多元化解纠纷促进条例
6. 四川省纠纷多元化解条例
7. 吉林省多元化解纠纷促进条例①
8. 海南省多元化解纠纷条例②

扫码可查看以上条例全文

---

①② 《吉林省多元化解纠纷促进条例》和《海南省多元化解纠纷条例》分别于 2020 年 6 月 5 日和 6 月 16 日审议通过并公布，书中未对该两部条例做分析。

后 记

这本书是我的博士论文完成一年之后修改完成的。在 2019 年 6 月博士毕业之后，我离开了工作了 12 年的最高人民法院司法改革领导小组办公室，调入民事审判第四庭从事国际商事法庭协调指导工作。国际商事法庭作为最高人民法院落实中央《关于建立"一带一路"国际商事争端解决机制和机构的意见》而设立的专门处理国际商事纠纷的常设审判机构，以构建调解、仲裁和诉讼有机衔接的多元化纠纷解决平台为依托，致力于为中外当事人提供公正、高效、便利和低成本的法律服务。中国国际商事法庭"一站式"国际商事争端解决机制的建设，借鉴和发扬了多元化纠纷解决机制改革成果处理国际商事纠纷的优势，充分体现了中国法院为"一带一路"建设保驾护航的司法智慧。

回想起 2015 年刚考入中国政法大学司法文明协同创新中心攻读博士学位的时候，中心的老师对我们在职博士生寄予了厚望，希望我们倍加珍惜中国政法大学为司法实务部门在职人员开放学术殿堂的机会，带着实践中遇到的困惑踏上学术研究之路，深入探究司法实践中迫切需要解决的问题，通过理论研究指导司法实践。非常感念在中国政法大学司法文明协同创新中心学习的机会，感谢黄进校长、中心联席主任张文显教授、张保生教授以及各位悉心授课的专家教授为我们提供的学术盛宴，让我们在短时间内了解国内外最前沿的学术研究成果。

尤其要感谢我的导师贾宇老师。当年，贾老师是西北政法大学的校长，同时作为中国政法大学司法文明协同创新中心的博士生导师，我有幸成为他教导的众多学生中的一员。读博期间，贾宇老师先后调任陕西省检察院副检察长、浙江省检察院检察长。虽然贾老师公务非常繁忙，但他一直悉心指导和不断鼓励我进行理论研究。每次进京开会时，都会对我博士论文的选题、框架体例、研究方法和研究思路提出指导意见。从他身上，我能深刻体会到老师对学生的殷殷教导之情。看到学生有一点小小进步，贾宇老师总是十分欣慰。

感谢论文答辩委员会的汤维建老师、王亚新老师、宋朝武老师、纪格非老师、熊跃敏老师，他们给我提出非常宝贵的修改意见和建议，让我的论文更加完善。感谢这些年在一起交流多元化纠纷解决机制的专家学者，范愉老师、季卫东老师、李浩老师、汪世荣老师、齐树洁老师、廖永安老师、左卫民老师、熊秋红老师、肖建国老师、杨力老师、赵蕾老师等给予我很多思考和启迪。

之所以选择多元化纠纷解决机制立法研究作为研究选题，主要是缘于我从事的多元化纠纷解决机制改革工作。在最高人民法院司法改革领导小组办公室工作的十二年，是人民法院大力推进司法体制改革的阶段。多元化纠纷解决机制改革从初始在最高人民法院指导下的地方探索试点发展到全国法院示范推广，从循序渐进到全面铺开，从基层实践到顶层设计，逐步上升到国家治理体系和治理能力现代化的战略高度，成为中央统筹、党政主导、社会协同、多元共治、司法保障的全社会共同参与的重大系统工程。这项改革已经不能仅限于改革政策层面的研究，而应当纳入国家法律体系的构建之中。在该书的写作研究中，非常感谢最高人民法院李少平副院长、罗东川副院长，杨万明副院长的关心和指导，感谢时任最高人民法院司法改革领导小组办公室主任胡仕浩、副主任蒋惠岭以及各位同事的支持和帮助，感谢民四庭王淑梅庭长的热心指导，也感谢全国各地热心于多元化纠纷解决机制改革的同仁。正是各位领导和改革同仁的鼓励、支持、交流与启发，让我深化了本书研究的思路和拓展了研究的视角。

时光荏苒，岁月如歌。回想自己学习、工作的近三十年时光，都有我的家人和朋友们陪伴，带着你们的爱和关怀，我会一直前行在路上。

最后，还要感谢湘潭大学廖永安副校长，将本书纳入"中国调解研究文丛"（理论系列），感谢中国人民大学出版社编辑的辛勤努力，使此书得以顺利出版。这本书既是对自己从事多元化纠纷解决机制改革的系统梳理和总结回顾，也是作为改革见证者和实践者对多元化纠纷解决机制改革发展的思考结晶，希望该书能为构建适应中国现代化进程和独具中国特色的纠纷解决体系作出一点自己微薄的贡献。

在本书即将出版之时，全国人民代表大会常务委员会《关于授权最高人民法院在部分地区开展民事诉讼程序繁简分流改革试点工作的决定》已经开始实施，我们欣喜地看到多元化纠纷解决机制改革正以更高站位、更深层次、更宽领域、更大力度融入民事诉讼法修改的进程，迈向一个崭新的历史阶段。全国已有八个省市颁布多元化纠纷解决机制条例的地方性法规。在展望多元化纠纷解决机制改革美好前景的同时，我们深深期待《中华人民共和国多元化纠纷解决机制促进法》能早日提上国家立法议程，为促进共建共治共享的社会治理体系建设增添浓墨重彩的一笔。

龙　飞

2020年7月1日

图书在版编目(CIP)数据

多元化纠纷解决机制促进法研究/龙飞著. -- 北京：中国人民大学出版社，2020.10
(中国调解研究文丛 / 廖永安总主编. 理论系列)
ISBN 978-7-300-28569-6

Ⅰ.①多… Ⅱ.①龙… Ⅲ.①民事纠纷-调解（诉讼法）-研究-中国
Ⅳ.①D925.114.4

中国版本图书馆CIP数据核字（2020）第171034号

中国调解研究文丛（理论系列）
总主编 廖永安
多元化纠纷解决机制促进法研究
龙 飞 著
Duoyuanhua Jiufen Jiejue Jizhi Cujinfa Yanjiu

出版发行	中国人民大学出版社			
社　　址	北京中关村大街31号	邮政编码	100080	
电　　话	010-62511242（总编室）		010-62511770（质管部）	
	010-82501766（邮购部）		010-62514148（门市部）	
	010-62515195（发行公司）		010-62515275（盗版举报）	
网　　址	http://www.crup.com.cn			
经　　销	新华书店			
印　　刷	固安县铭成印刷有限公司			
规　　格	170 mm×228 mm　16开本	版　次	2020年10月第1版	
印　　张	20 插页2	印　次	2022年9月第2次印刷	
字　　数	333 000	定　价	88.00元	

版权所有　侵权必究　印装差错　负责调换